Japanisch
ohne Mühe
- Band 2 -

Die Methode für jeden Tag

Japanisch
ohne Mühe
- Band 2 -

VON
Catherine GARNIER
und
MORI TOSHIKO

Deutsche Übersetzung und Bearbeitung von
Dorothea McEwan

Zeichnungen von J.-L. GOUSSÉ

Der Sprachverlag
Körnerstrasse 12
50823 Köln
Deutschland

© Assimil 1990-2013   ISBN 978-2-7005-0151-3

Der Assimil-Verlag bietet folgende Sprachkurse an:

Grundkurse Niveau A1–B2 / Reihe „ohne Mühe"

Amerikanisch • Arabisch • Brasilianisch
Bulgarisch • Chinesisch • Chinesische Schrift
Dänisch • Deutsch (als Fremdsprache) • Englisch
Finnisch • Französisch • Griechisch • Hindi
Indonesisch • Italienisch • Japanisch • Kanji-Schrift
Koreanisch • Kroatisch • Latein • Luxemburgisch
Niederländisch • Norwegisch • Persisch • Polnisch
Portugiesisch • Rumänisch • Russisch • Schwedisch
Spanisch • Suaheli • Thai • Tschechisch
Türkisch • Ungarisch • Vietnamesisch

Vertiefungskurse Niveau B2–C1 / Reihe „in der Praxis"
Englisch • Französisch • Italienisch • Russisch • Spanisch

Weitere Sprachkurse in Vorbereitung

... Aktuelles und weitere Infos unter **www.AssimilWelt.com**

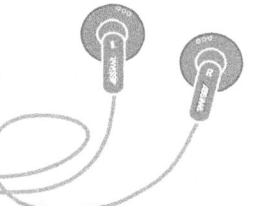

Die Tonaufnahmen
mit den fremdsprachigen Texten aller Lektionen und Verständnisübungen aus diesem Buch – insgesamt 180 Min. Spieldauer – können Sie im Internet oder bei Ihrem Buchhändler bestellen: **日本語 / Japanisch - 2**

4 Audio-CDs ISBN 978-3-89625-149-7

Der Schriftband „Die Kanji-Schrift"
mit den 926 chinesischen Kanji-Zeichen aus Band 1 und 2 von Japanisch ohne Mühe hat die ISBN 978-2-7005-0152-0 und ist ebenfalls bei Ihrem Buchhändler erhältlich. Der Band folgt der gleichen Progression wie die 99 Lektionen des Komplettkurses.

INHALT

Einleitung	V
Lektionen 50-99	1-490
Lösungen zu den Lautschriftübungen (ab Lekt. 85)	492-494
Erklärungen zum Wörterverzeichnis	496-499
Wörterverzeichnis (Index)	500-555
Themenübersicht für die Wiederholungslektionen	556-559
Literaturhinweise	560-563

EINLEITUNG

Willkommen beim zweiten Band des Assimil-Kurses **Japanisch ohne Mühe** bzw. bei der Fortsetzung der passiven Phase und dem Beginn der aktiven Phase Ihres Japanischkurses. がんばって！ *ganbatte* ①, wie man auf Japanisch in solch einem Fall sagt, d. h. „Standhalten!/Weitermachen!". Sie sind auf dem richtigen Weg.

① Das Schriftzeichen ん, das wir mit n umschreiben, wird manchmal [m] ausgesprochen: vor **p / b / m**. Hier spricht man es [*gan.m.bat'te*] aus.

In den 49 Lektionen des ersten Bandes haben Sie Wörter und Redewendungen kennengelernt. Damit geht es in diesem Band weiter. Sie lesen weiterhin die Dialoge mehrere Male laut. Sie werden die Texte mit Hilfe der Übersetzungen und Anmerkungen verstehen, und Sie werden die Übungen machen. All das kennen Sie schon. Sie eignen sich **passive Kenntnisse** an. Aber gleichzeitig beginnen Sie mit der aktiven Phase des Kurses. Sie spielt sich auf zwei Ebenen ab:

- Nachdem Sie eine Lektion in diesem zweiten Band durchgenommen haben, befassen Sie sich aktiv mit einer Lektion aus dem ersten Band: Nach Lektion 50 wiederholen Sie die Lektion 1; nach Lektion 51 die Lektion 2 usw. Am Ende jeder Lektion werden Sie an die Lektion im 1. Band erinnert, die sie als Wiederholungs- bzw. als „Zweite-Welle"-Übung durchnehmen werden. Sie hören sich die Tonaufnahmen der Dialoge noch einmal an, dann lesen Sie die Dialoge und die Übersetzung. Anschließend versuchen Sie, die deutschen Texte wie ein Dolmetscher auf Japanisch wiederzugeben, ohne gleich den japanischen Text anzuschauen. In Zweifelsfällen behelfen Sie sich mit der wörtlichen Übersetzung. Auf diese Art und Weise werden Sie die Grundbegriffe des Wortschatzes und die typischen Redewendungen progressiv assimilieren, so daß Sie mit der Zeit das Japanische aktiv beherrschen werden, d.h. Sie werden nicht nur verstehen, sondern auch sprechen und in der Lage sein, selbst Sätze zu formulieren. Verwenden Sie ruhig auch etwas Zeit auf die Wiederholungslektionen (jede 7. Lektion), auch für die des ersten Bandes. Sie werden hiermit weitere Fortschritte feststellen und Ihre Kenntnisse festigen können.

- Wir beginnen in diesem Band ab Lektion 57 auch mit Schreibübungen, und zwar sowohl mit den Hiragana- als auch den Katakana-Silbenreihen, erst ganz langsam, mit jeweils fünf Schriftzeichen pro Lektion. Es gibt natürlich eine ganze Menge, die Sie schon kennen! Nun kommt es darauf an, daß Sie die Anleitungen zur Schreibung der Silben genau einhalten. Nach den beiden Übungen folgt ein kleines Diktat. Das ist vielleicht etwas altmodisch, aber sehr wirksam! Am Ende dieses zweiten Bandes werden Sie eine große Anzahl von Wörtern angetroffen haben (schauen Sie sich auch die Wörterliste im ersten Band an, sie ist recht umfangreich), außerdem werden Sie fast alle Strukturen der japanischen Sprache kennen, und Sie werden mit Hiragana- und Katakana-Zeichen schreiben können. Es bleiben also nur noch die chinesischen Schriftzeichen. Aber alles zu seiner Zeit, nur nichts überstürzen! Wir werden am Ende dieses Bandes noch einmal auf diesen Punkt zurückkommen.

Also verlieren Sie keine Zeit, machen Sie sich ans Werk: Entdecken Sie gleich den neuen Dialog der Lektion 50, und wenn Sie ihn nach einigen Wiederholungen gut verstehen, vergessen Sie nicht die "zweite Welle", d.h. die 1. Lektion aus Band 1 zu wiederholen bzw. zu aktivieren.

Weiterhin viel Spaß!

第五十課 (dai go juk ka) 美術館 (bi jutsu kan)

1- ところで 新しい 現代 美術館 に 行った こと が あります か。
to ko ro de atara shi i gen dai bi jutsu kan ni i t ta ko to ga a ri ma su ka **(1)**

2- いいえ、 まだ です。
i i e, ma da de su

3- 明日 また は あさって 一緒 に 見 に 行きましょう。
ashita ma ta wa a sa t te is sho ni mi ni i ki ma shô

4- はい、では さっそく 明日 の 午後 行きましょう。
ha i, de wa sa s so ku ashita no go go i ki ma shô

美術館 の 中 で
bi jutsu kan no naka de

5- 何 を 見て います か。
nani o mi te i ma su ka

発音
hatsuon **1.** bidschuzukan

Die Aussprache sollte Ihnen keine Schwierigkeiten mehr bereiten! Wir werden Ihnen daher nur noch einige wenige Ausspracheanleitungen geben. Zum Beispiel werden Sie schon bemerkt haben, daß der Laut, der *ei* oder *ai* in der Lautschrift geschrieben wird, fast immer wie ej oder aj ausgesprochen wird. Nur sehr selten wird er als eine getrennte Aussprache - eï oder aï - umschrieben. Von nun an werden wir Sie nur noch auf den zweiten Fall hinweisen.

Im Museum
(Kunstmuseum)

Fünfzigste Lektion
ste / fünf-zehn / Lektion)

1 — Übrigens, haben Sie das neue Museum für moderne Kunst schon besucht?
(übrigens / neu sein / modern-Kunstmuseum / [Ort] / gegangen sein / die Tatsache, daß / [Sgg] / sich befinden / [Frage])
2 — Nein, noch nicht.
3 — Gehen wir morgen oder übermorgen gemeinsam dorthin.
(morgen / oder auch / übermorgen / gemeinsam / [ustw] / schauen / [Ziel] / gehen wir)
4 — Gut, gehen wir doch gleich morgen Nachmittag.
(ja / doch / gleich / morgen / [Bzw] / Nachmittag / gehen wir)

Im Museum
(Kunstmuseum / [Bzw] / innen / [Ort])

5 — Was betrachten Sie?
(was / [Erg. 4. F.] / dabei sein anzuschauen / [Frage])

来月 まで に は できあがらない と 思います。

ANMERKUNGEN
(1)... こと が あります *koto ga arimasu*. Vgl. Lektion 42, Absatz 3.

6 — この 緑色 の 絵 を 見て
   ko no midori iro no e o mi te

います。
i ma su

7 — 何 です か、これ は？ 非常 に
   nan de su ka, ko re wa? hi jô ni

不思議 な 絵 です ね。
fu shi gi na e de su ne (2)

8 — 顔 だ と 思います。
   kao da to omoi ma su (3)

9 — あ、そう です か。私 に は、
   a, sô de su ka. watashi ni wa,

猫 に 見えます。
neko ni mi e ma su

10 これ が 足 で、これ が 頭
   ko re ga ashi de, ko re ga atama

でしょう。
de shô (4) (5) (6)

ANMERKUNGEN (Fortsetzung)

(2) 不思議 な 絵 *fushigi na e*. Vgl. Lektion 33, Anmerkung 1.

(3) だ *da*, niedrige Stufe von です *desu* „das ist". Vor と 思います *to omoimasu* muß diese Form verwendet werden.

(4) でしょう *deshô*, kommt von です *desu* „das ist". Wir verwenden es dann, wenn wir etwas nicht allzu fest behaupten wollen, sei es, weil man sich selbst nicht ganz sicher ist, sei es, weil man dem Gesprächspartner gegenüber höflich sein will. Es entspricht dem Ausdruck „das muß... sein" oder „es scheint...".

6 — Ich schaue mir dieses grüne Bild an.
(diese / grüne Farbe / [Bzw] / Bild / [Erg. 4. F.] / dabei sein anzuschauen)

7 — Was ist denn das? Das ist ein äußerst seltsames Bild!
(was / das ist / [Frage] / dies / [Hinweis]) (äußerst / [ustw] / seltsam / das ist / Bild / das ist / [ü.einst.])

8 — Ich glaube, das ist ein Gesicht.
(Gesicht / das ist / [Zitat] / glauben)

9 — Aha! Ich sehe darin eher eine Katze.
(aha) (ich / [Erg. 3. F.] / [Vstk] / Katze / [Ziel] / sichtbar sein)

10 Das muß eine Pfote sein und das dort der Kopf.
(das / [Sgg] / Pfote / das ist // dies / [Sgg] / Kopf / das muß sein)

ANMERKUNGEN (Fortsetzung)

(5) Wir sehen hier zum ersten Mal die Grundkonstruktion, die verwendet wird, wenn ein Satz aus mehreren Satzteilen besteht. Nehmen wir die zwei folgenden Sätze: Der erste Satz lautet これ が 足 でしょう。 *kore ga ashi deshô* „das muß eine Pfote sein" (das / [Sgg] / Pfote / das muß sein). Der zweite Satz lautet これ が 頭 でしょう。 *kore ga atama deshô* „das muß der Kopf sein" (das / [Sgg] / Kopf / das muß sein). Nun wollen wir beide Sätze miteinander verbinden. Was machen wir im Deutschen? Wir verbinden die beiden Sätze mit einem „und". Das heißt, daß wir das konjugierte Verb wiederholen: „das muß sein... und das muß sein...". Die Japaner, die mit allem sehr sparsam umgehen, haben auch hier ein ganz einfaches System erfunden. Wie Sie wissen, steht das Verb immer am Satzende, und wenn es mehrere Sätze gibt, so hat jeder Satz sein eigenes Verb, das immer am Satzende dieses Satzes steht. Darüber hinaus haben wir gesehen (vgl. Lektion 28, Absatz 4), daß es ganz bestimmte Formen gibt, die nur am Satzende stehen können. Dies ist der Fall mit でしょう *deshô*. Da wir aus beiden Sätzen einen

Lektion 50

11- いいえ、そう では ありません。
iie, sô de wa arimasen

これ は 人の 目で、これ は
kore wa hito no me de, kore wa

鼻 です よ。
hana desu yo (5)

12 猫の 頭 では ない と
neko no atama de wa nai to

思います。
omoimasu (7)

13- 絵の 題を 見ましょう。何と
e no dai o mimashô. nan to

書いて あります か。
kaite arimasu ka

14 「夢の 森」
yume no mori

14. jüme

練習
renshû

1. 後ろの 大きい 建物 は 現代
ushiro no ookii tatemono wa gendai

美術館 では ない よ。駅 だ よ。
bijutsukan de wa nai yo. eki da yo

2. 来月 までに は できあがらない と
raigetsu made ni wa dekiagaranai to

思います。
omoimasu

11 — Nein, das stimmt nicht! Das ist das Auge eines Menschen und das seine Nase.
(nein / so / das ist nicht) (dies / [Hinweis] / Mensch / [Bzw] / Auge / das ist // dies / [Hinweis] / Nase / das ist / [behauptend])

12 Ich glaube nicht, daß das der Kopf einer Katze ist.
(Katze / [Bzw] / Kopf / das ist nicht / [Zitat] / Glauben)

13 — Schauen wir doch den Bildtitel an. Was steht da geschrieben?
(Bild / [Bzw] / Titel / [Erg. 4. F.] / schauen wir) (was / [Zitat] / geschrieben sein / [Frage])

14 ,,Traumwald''.
(Traum / [Bzw] / Wald)

ANMERKUNGEN (Fortsetzung)

machen, ist es unmöglich das でしょう *deshô* im ersten Satz zu behalten. Man verwendet daher für das Verb des ersten Satzes eine Spezialform, die uns ganz einfach andeutet: Achtung, das ist nicht das Satzende, der Satz geht weiter. Diese Spezialform ist unveränderlich, sie wird nicht konjugiert. Für です *desu* (だ *da*, でしょう *deshô*...) ist die Spezialform で *de*.

(6) 足 *ashi*, ein Begriff mit vielen Bedeutungen, wie: ,,Der Fuß'', ,,das Bein'' und dann sogar ,,die Pfote'' bei Tieren. Im Japanischen gibt es für Tiere und Menschen die gleichen Ausdrücke.

(7) で は ない *de wa nai*, niedrige Stufe von で は ありません *de wa arimasen* (mittlere Stufe), Verneinen von です *desu*.

Übungen

1. Dieses große Gebäude da hinten ist kein Museum für moderne Kunst. Es ist ein Bahnhof!
2. Ich glaube nicht, daß es bis zum nächsten Monat fertig sein wird.

3. この 新しい ビル は 銀行 で、
   kono atarashii biru wa ginkô de,

   その 隣 の 白い 建物 は 病院
   sono tonari no shiroi tatemono wa byôin

   です。
   desu

4. この 新しい ビル は 銀行 で、
   kono atarashii biru wa ginkô de,

   その 隣 の 白い 建物 は 病院
   sono tonari no shiroi tatemono wa byôin

   だ と 聞きました。
   da to kikimashita

5. 月曜日 に 妹 と 財布 を 買い に
   getsuyôbi ni imôto to saifu o kai ni

   行きました。
   ikimashita

... に 言葉 を 入れ なさい。

ni kotoba o ire nasai

1. *Vorgestern bin ich einem seltsamen Menschen begegnet.*

   . . . . hito . . . .

2. *Diese Maschine ist äußerst billig.*

   . . . .

* *

3. Dieses neue Gebäude ist eine Bank, und das weiße Gebäude daneben ist eine Klinik.
4. Ich habe gehört, daß dieses neue Gebäude eine Bank und das weiße Gebäude daneben eine Klinik ist.
5. Am Montag bin ich mit meiner kleinen Schwester eine Geldbörse einkaufen gegangen.

---

3. *Ich glaube nicht, daß er mir seinen neuen Wagen leihen wird.*

. . . . wa kashite kure . . . . .

. . . .

4. *Mein Mann ist Sänger, und mein Sohn ist Komponist.*

. . . . , ...

. . . .

5. *Es heißt, daß er den ganzen Tag Briefe schreibt.*

ichinichijû . . . .

Antwort: **1.** ototoi fushigi na - ni aimashita. **2.** kono kikai wa hijô ni yasui desu. **3.** atarashii kuruma - nai to omoimasu. **4.** shujin wa kashu de, musuko wa sakkyokuka desu. **5.** - tegami o kaite iru sô desu.

Wiederholen Sie bitte die 1. Lektion 第一課

* *

第五十一課　タクシー
dai go jû ik ka　　　　　　　**ta ku shî**

1- レストラン・ナポレオン まで 急いで おねがい します。
   re su to ra n　na po re o n　ma de　i so i de　o ne ga i　shi ma su

2- えっ、何 です か。
   e t,　nan de su ka

3- ナポレオン と いう 名前 の フランス料理 の レストラン です。
   na po re o n　to　i u　na mae　no　fu ra n su ryô ri　no　re su to ra n　de su

4- どの 辺 に ある の です か。
   do no hen　ni　a ru　no　de su　ka

5- サントリー 美術館 の すぐ そば に ある と 聞きました。
   sa n to rî　bi jutsu kan　no　su gu　so ba　ni　a ru　to　ki ki ma shi ta

6- あ、港区 に ある 美術館 です ね。(1)
   a, minato ku ni　a ru　bi jutsu kan　de su　ne

美術館 の 前
bi jutsu kan no mae

7 ここ が サントリー 美術館 です。これ から どう 行きます か。
   ko ko　ga　sa n to rî　bi jutsu kan　de su　ko re　ka ra　dô　i ki ma su　ka

Im Taxi
(Taxi)

Einunfünfzigste Lektion
(ste / fünf-zehn-eins / Lektion)

1 — Bitte, schnell, zum Restaurant Napoleon.
(Restaurant-Napoleon / bis / sich beeilend / bitte)
2 — Was ist denn das?
3 — Das ist ein französisches Restaurant mit dem Namen „Napoleon".
(Napoleon / [Zitat] / sagen / Name / [Bzw] / Restaurant / das ist)
4 — In welcher Gegend liegt es?
(welche / Umgebung / [Ort] / sich befinden / nämlich / [Frage])
5 — Es soll gleich neben dem Suntorymuseum sein.
(Suntory-Museum / [Bzw] / gleich / neben / [Ort] / sich befinden / [Zitat] / gehört haben)
6 — Ah, ist das das Museum, das sich in Minatoku befindet?
(ah / Minato-ku / [Ort] / sich befinden / Museum / das ist / [ü.einst.])

Vor dem Musem
(Museum / [Bzw] / vor)

7   Hier ist das Suntorymuseum. Aber wie muß ich jetzt fahren?
(hier / [Sgg] / Suntory-Museum / das ist) (dies / von / wie / gehen / [Frage])

ANMERKUNGEN

(1) 港区 *minato-ku.* Die Stadt Tokio ist in Bezirke eingeteilt: 区 *ku.* Sie sind nicht numeriert, sondern tragen Namen. Sie sind oft nach dem jeweiligen Ort benannt. Hier 港区 *minato-ku* heißt wörtlich: „der Hafenbezirk". Wir dürfen nicht vergessen, daß Tokio am Meer liegt.

8- これ が 住所 です。
ko re ga jû sho de su

9- 住所 だけ で は わからない な。
jû sho da ke de wa wa ka ra na i na

どこ で 降りる の です か。

10- あそこ の にぎやか な 所 に
a so ko no ni gi ya ka na tokoro ni

公衆 電話 が ある と 思います
kô shû den wa ga a ru to omo i ma su

から、電話 で くわしい 道 を
ka ra , den wa de ku wa shi i michi o

聞いて みます。
ki i te mi ma su **(2)**

発音 *hatsuon*

10. kooschüü ... kuwaschïi

8 — Hier ist die Adresse.
   (dies / [Sgg] / Adresse / das ist)
9 — Mit der Adresse allein weiß ich nicht, wie ich dorthin komme.
   (Adresse / nur / [Mittel] / [Vstk] / nicht verständlich sein / [überlegend])
10 — Ich denke, daß es an diesem belebten Ort dort öffentliche Fernsprecher gibt, ich werde telefonisch nach dem genauen Weg fragen.
   (dort / [Bzw] / belebt / das ist / Ort / [Ort] / öffentlich-Telefon / [Sgg] / sich befinden / [Zitat] / glauben / weil // Telefon / [Mittel] / genau sein / Weg / [Erg. 4. F.] / ich will fragen)

ANMERKUNGEN (Fortsetzung)

(2) 聞いて みます *kiite mimasu*. Es kommt oft vor, so wie hier, daß zwei Verben einander folgen, wobei das erste immer auf て *te* endet. Die Verbindung, die wir schon häufig gesehen haben, ist ein Verb auf て *te*, mit います *imasu* (oder いる *iru*), いました *imashita* (oder いた *ita*). In der Mehrheit der Fälle wird diese Kombination verwendet, wenn der Ablauf einer Handlung dargestellt wird (vgl. Lektion 11, Anmerkung 2). Aber es gibt auch Kombinationen, die andere Aspekte einer Handlung unterstreichen. Z.B. haben wir in der Lektion 31, Satz 14 使って しまいました *tsukatte shimaimashita* gesehen, 使う *tsukau* heißt „benutzen". Wenn wir dem Verb das Wort しまう *shimau* anhängen, so drücken wir aus, daß wir etwas **ganz** benutzt haben, daß nichts mehr übrigbleibt. Hier ist みます *mimasu* (みる *miru*) das zweite Verb. Wir kennen es schon sehr gut. Wenn es allein steht, bedeutet es „schauen". Aber hier als zweites Verb benutzt, sagt es uns, daß man für die durch das vorhergehende Verb ausgedrückte Handlung bereit ist, daß man gleich damit anfängt.

Lektion 51

11 - こまかい お金を 持って います か。
ko ma ka i o kane o mo tte i ma su ka

12 - 十円玉 を たくさん 持って いる から 大丈夫 です。
jû en dama o ta ku sa n mo tte i ru ka ra, dai jô bu de su

電話 を かけて から
den wa o ka ke te ka ra

13 友達 が 迎え に 来ます から、 ここ で 降りる こと に します。
tomo dachi ga muka e ni ki ma su ka ra, ko ko de o ri ru ko to ni shi ma su

練習
renshû

1. 電話 を かけたい と 思いました が、こまかい お金 が なかった ので、できません でした。
denwa o kaketai to omoimashita ga, komakai o kane ga nakatta node, dekimasen deshita.

2. どこ で 降りる の です か。
doko de oriru no desu ka

11 — Haben Sie Kleingeld?
   (klein sein / [ungezw.]-Geld / [Erg. 4. F.] / haben / [Frage])
12 — Das ist kein Problem, ich habe viele 10 Yenstücke.
   (zehn-Yen-Geldstück / [Erg. 4. F.] / viel / haben / weil // ohne Problem / das ist)

Nach dem Telefongespräch
(Telefon / [Erg. 4. F.] / in Betrieb nehmen / danach)
13   Unser Freund wird uns abholen, wir steigen hier aus.
   (Freund / [Sgg] / kommen zum Treffpunkt / [Ziel] / kommen / weil // hier / [Ort] / aussteigen / die Tatsache, daß / [Ziel] / machen)

3. タクシー に 乗って 行きました
   takushî ni notte ikimashita

   けれども、遅れて しまいました。
   keredomo, okurete shimaimashita

4. ちょっと 待って 下さい。すぐ
   chotto matte kudasai. sugu

   調べて みます。
   shirabete mimasu

5. この 有名 な 村 は にぎやか で、
   kono yûmei na mura wa nigiyaka de,

   とても きれい です。
   totemo kirei desu

Übungen

1. Ich wollte anrufen, aber da ich keine Münzen hatte, konnte ich es nicht tun.
2. Wo steigen Sie aus?
3. Ich bin mit einem Taxi gefahren, bin aber trotzdem zu spät gekommen.
4. Warten Sie einen Moment. Ich schaue sofort danach.
5. Dieses berühmte Dorf ist voller Leben und wirklich sehr schön.

Lektion 51

... に 言葉 を 入れ なさい。
ni kotoba o ire nasai

1. *Ich werde mit ihm sprechen.*

   hanashi . . . .

2. *Es tut mir leid, aber ich habe die Adresse völlig vergessen.*

   sumimasen ga, ...

   . . . .

3. *Der blaue Wagen, der neben dem alten Lastwagen steht, ist ein Taxi,*

   und der rote Wagen, der dahinter steht, ist auch ein Taxi.

   . . . . aoi

   . . . ., sono . . . . . . ni aru

   . . . .

* *

第五十二課　　スポーツ
dai go jû ni ka　　su pô tsu

1- 電車 から 見える あの 巨大 な 網
den sha ka ra mi e ru a no kyo dai na ami

は 何 です か。
wa nan de su ka

Da Sie schnell Fortschritte machen, werden wir jetzt kompliziertere Sätze bilden können - Sätze mit Angaben wie z.B. „als, wir, da, aber" usw.
Wir werden jedoch versuchen, Ihnen so oft wie möglich die verschiedenen Abstufungen (Hierarchien) zwischen Haupt- und Nebensätzen anzugeben. Bis jetzt hatten wir

4. *Als ich in Shizuoka wohnte, arbeitete ich in einer australischen Firma, die Plazza hieß.*

. . . . , ...

. . . .

. . . .

5. *Mit nur zehntausend Yen ist das undenkbar.*

. . . . , muri desu

Antwort: 1. - te mimasu. 2. - jûsho o wasurete shimaimashita. 3. furui torakku no soba ni aru - jidôsha wa takushî de, - ushiro - akai jidôsha mo takushî desu. 4. shizuoka ni sunde ita toki, puraza to iu ôsutoraria no kaisha de hataraite imashita. 5. ichi man en dake de wa, -.

Wiederholen Sie bitte die 2. Lektion 第二課

* *

Sport   **Zweiundfünfzigste Lektion**
                              (ste / fünf-zehn-zwei / Lektion)

1 — Was ist denn das, dieses riesige Netz, das man vom Zug aus sieht?
(Zug / von / sichtbar sein / dieses dort / riesig/ das ist / Netz / [Hinweis] / was / das ist / [Frage])

Ihnen die Trennung zweier Satzteile mit Hilfe der zwei Querstriche angegeben.
Dieses System werden wir beibehalten, nur werden wir die Zahl dieser Querstriche erhöhen: Im 5. Satz dieser Lektion sehen Sie z.B. drei davon ///, dann zwei //. Dies bedeutet, daß die Haupttrennung sich da befindet, wo die größte Anzahl an Querstrichen steht (hier also 3). Meistens sind es auch nur drei Querstriche, aber in einigen Sätzen können es sogar vier sein! Das kommt jedoch eher selten vor. Nur Mut!

Lektion 52

2- ああ、あれ？ あれ は ゴルフ
　　aa,　are?　are　wa　go ru fu

練習場 です。
ren shû jô　de su

3- あれ が、 ゴルフ 練習場 です か。
　　a re　ga,　go ru fu　ren shû jô　de su ka

日本 の サラリーマン は ゴルフ を よく します。

4- 日本 の サラリーマン は ゴルフ を
　　ni hon　no　sa ra rî ma n　wa　go ru fu　o

よく します が、 なかなか 町 の
yo ku　shi ma su　ga,　na ka na ka machi no

中 で は、 練習 する 場所
naka　de　wa,　ren shû　su ru　ba sho

が ありません。
ga　a ri ma sen (1)

発音 *hatsuon*

2. golufu

ANMERKUNGEN

(1) サラリーマン *salarî.man,* aus dem Englischen „salary-man" ist eines der Schlüsselwörter der japanischen Gesellschaft. Es bezeichnet die Angestellten in einem

2 — Ach, das dort unten? Das ist ein Golfplatz.
(ach / dies dort unten) (dies dort unten / [Hinweis] / Golf-Trainingsplatz / das ist)

3 — Das, ein Golfplatz?
(dies dort unten / [Sgg] / Golf-Trainingsplatz / das ist / [Frage])

4 — Die Angestellten in Japan spielen oft Golf, aber in den Städten ist es schwer, einen Ort zum Üben zu finden.
(Japan / [Bzw] / Arbeitnehmer / [Hinweis] / Golf / [Erg. 4. F.] / oft / machen / aber // nicht leicht / Stadt / [Bzw] / innen / [Ort] / [Vstk] / Training-machen / Platz / [Sgg] / sich nicht befinden)

ANMERKUNGEN (Fortsetzung)

Unternehmen und, was vielleicht noch wichtiger ist, eine bestimmte Lebensweise, in der die Arbeit König ist und in der auch die Freizeit läufig im Kreis der männlichen Kollegen verbracht wird. Das Wort 練習 *renshû* bedeutet sowohl „Übung" wie „Training".

(2) 張って *hatte*. In der Lektion 50, Anmerkung 5, haben wir die Form で *de* besprochen, die です *desu* entspricht, aber das Ende eines Satzteiles anzeigt, nicht das Ende des Satzes. Hier ist dies genauso. Die Form auf て *te* zeigt einfach, daß damit das Ende eines Satzteiles erreicht worden ist, der Satz aber weitergeht. Diese Form ist unveränderlich. Das Verfahren an sich ist also sehr einfach, aber die Schwierigkeit besteht darin, die Art der Beziehung, die zwischen den beiden Satzteilen besteht, zu erkennen, denn es gibt viele verschiedene Möglichkeiten. Daher müssen Sie besonders auf die Übersetzung achten, wenn Sie diese Form am Ende eines Satzteiles finden. Manchmal drückt sie eine Reihe aufeinanderfolgender Tätigkeiten aus (vgl. z.B. Übung 1, Satz 3); manchmal wiederum, wie hier, gibt der erste Satzteil das Mittel an, mit dessen Hilfe die Handlung im zweiten Teil ausgeführt wird (vgl. die Übersetzung des Satzes 5, Übung 1).

Lektion 52

5 それで、広い田舎の練習場
   so re de, hiro i inaka no ren shû jô

   に行く代りに、建物の
   ni i ku kawa ri ni, tate mono no

   屋上に網を張って、ゴルフ
   oku jô ni ami o ha t te, go ru fu

   練習場を作りました。
   ren shû jô o tsuku ri ma shi ta (2)

6- 日本では、他にどんな
   ni hon de wa, hoka ni do n na

   スポーツをしますか。
   su pô tsu o shi ma su ka

7- テニスも最近盛んに
   te ni su mo sai kin saka n ni

   なりました。
   na ri ma shi ta

8- 佐々木さんは、何のスポーツ
   sa sa ki sa n wa, nan no su pô tsu

   が好きですか。
   ga su ki de su ka (3) (4)

9- 野球が一番好きです。
   ya kyû ga ichi ban su ki de su (5)

10- どこで野球をしますか。
    do ko de ya kyû o shi ma su ka

---

5. okudschoo 6. spoozu 9. jakjüü

5 Anstatt also zum Üben auf die großen Plätze auf dem Land zu fahren, hat man auf den Hausdächern Netze gespannt und so Trainingsplätze eingerichtet.
(daher / groß sein / Land / [Bzw] / Trainingsplatz / [Ziel] / gehen / an Stelle von /// Gebäude / [Bzw] / Dach / [Ziel] / Netz / [Erg. 4. F.] / befestigen // Golf-Trainingsplatz / [Erg. 4. F.] / eingerichtet haben)

6 — Welche anderen Sportarten betreibt man in Japan?
(Japan / [Ort] / [Vstk] / andere / [ustw] / was für / Sport / [Erg. 4. F.] / machen / [Frage])

7 — Seit kurzem ist Tennis sehr beliebt.
(Tennis / auch / jüngst / blühend / [Ziel] / geworden sein)

8 — Und Sie, welchen Sport bevorzugen Sie?
(Sasaki-Herr / [Hinweis] / was / [Bzw] / Sport / [Sgg] / beliebt sein / das ist / [Frage])

9 — Am liebsten mag ich Baseball.
(Baseball / [Sgg] / am meisten / beliebt sein / das ist)

10 — Wo trainieren Sie?
(wo / [Ort] / Baseball / [Erg. 4. F.] / machen / [Frage])

ANMERKUNGEN (Fortsetzung)

(3) Wenn man seinen Gesprächspartner anspricht, sagt man nicht wie bei uns „Sie", sondern verwendet seinen Namen oder Titel.

(4) 佐々木 sasaki, vgl. Lektion 10, Anmerkung 3.

(5) Sie werden sich vielleicht wundern, daß man in Japan Baseball spielt, aber diese Sportart wurde in Japan schon vor 1890 eingeführt und nimmt denselben Platz ein wie Fußball bei uns mit Starspielern, Fans, Spezialzeitschriften und Fernsehübertragungen. Wenn es einen japanischen Nationalsport gibt, dann ist dies Baseball.

Lektion 52

11- 僕 が 好き な の は、テレビ
boku ga suki na no wa, terebi

で 見る こと です。
de miru koto desu **(6)**

練習
renshû

1. あれ は 野球場 だ と、 ホテル
   are wa yakyûjô da to, hoteru

   の 人 が 答えました。
   no hito ga kotaemashita
2. 一番 近い 地下鉄 の 駅 は どこ
   ichiban chikai chikatetsu no eki wa doko

   に あります か。
   ni arimasu ka
3. 三分 ぐらい 歩いて、 左 に
   sanpun gurai aruite, hidari ni

   まがって、 また 五分 ぐらい 歩いて
   magatte, mata gofun gurai aruite

   右 に まがって、 すぐ です。
   migi ni magatte, sugu desu
4. このごろ 一番 盛ん な の は、
   konogoro ichiban sakan na no wa,

   テニス です。
   tenisu desu

11 — Ich schaue ihn mir am liebsten im Fernsehen an.
(ich / [Sgg] / geliebt sein / das ist / [ersetzend] / [Hinweis] / Fernsehen / [Mittel] / anschauen / die Tatsache, daß / das ist)

ANMERKUNGEN (Fortsetzung)
(6) 好きな の は *suki na no wa*, vgl. Lektion 38, Anmerkung 1.

---

5. 建物 の 屋上 に 網 を 張って、
tatemono no okujô ni ami o hatte,

 ゴルフ 練習場 を 作ります。
gorufu renshûjô o tsukurimasu

Übungen
1. Der Herr im Hotel hat mir geantwortet, daß das ein Baseballplatz ist.
2. Wo ist die nächste Untergrundstation?
3. Sie gehen ungefähr drei Minuten, biegen dann links ab, gehen noch fünf Minuten weiter und biegen rechts ab, dann sind Sie dort.
4. Was zur Zeit am beliebtesten ist, ist Tennis.
5. Man legt Golfplätze an, indem man Netze auf Hausdächern spannt.

... に 言葉 を 入れ なさい。

ni kotoba o ire nasai

1. *Ich mag Sport gern. Am liebsten mag ich Golf.*

. . . .

. . . .

Lektion 52

2. *Er hat seine Diplomprüfung im März gemacht und im April geheiratet.*

sangatsu ni sotsugyô shi . . shigatsu ni kekkon

. . . .

3. *Welche ist die größte Stadt in Japan?*

. . . . de . . . .

doko desu ka

4. *Wenn das Baseball ist, gehe ich sofort hin.*

. . . . , sugu iku yo

****

第五十三課　　　　　見舞
dai go jû san ka　　　　　mi mai

1 − 橋本 さん の お 見舞 に
　　 hashi moto sa n　no　o　mi mai　ni

　　行かなければ なりません。
　　i ka na ke re ba　na ri ma se n

2 − どこ に 入院 して います か。
　　 do ko　ni　nyû in　shi te　i ma su　ka

3 − 日赤病院 に 入院 して いる
　　 nis seki byô in　ni　nyû in　shi te　i ru

　　そう です。
　　sô　de su **(1) (2)**

ANMERKUNGEN

(1) 日赤 *nisseki*. In Europa kürzen wir die Namen von öffentlichen oder privaten Einrichtungen ab, indem wir den Anfangsbuchstaben eines jeden Wortes behalten wie z.B. UNO oder UNESCO usw. In Japan wird das genauso gemacht: man behält das erste Schriftzeichen.

5. *Er ist vor Sorgen krank geworden.*

amari shinpai shi . . byôki ni narimashita

Antwort: 1. supôtsu ga suki desu. ichiban suki na no wa gorufu desu. 2. - te - shimashita. 3. nihon - ichiban ookii machi wa -. 4. yakyû nara, -. 5. - te -. ·

Wiederholen Sie bitte die 3. Lektion 第三課

* *

Der Besuch	**Dreiundfünfzigste Lektion**
(Besuch)	(ste / fünf-zehn-drei / Lektion)

1 — Wir müssen Herrn Hashimoto besuchen.
  (Hashimoto-Herr / [Bzw] / [höflich]-Besuch / [Ziel] / man muß gehen)
2 — In welchem Krankenhaus ist er?
  (wo / [Ort] / Eingang ins Krankenhaus-machen / [Frage])
3 — Ich habe gehört, daß er im Roten-Kreuz-Krankenhaus ist.
  (rot Kreuz von Japan-Krankenhaus / [Ort] / Eingang ins Krankenhaus-machen / es scheint, daß)

ANMERKUNGEN (Fortsetzung)

Der ausgeschriebene Name der Organisation ist: 日本赤十字 *nihon seki jûji* (Japan / rot / Kreuz), das heißt „das japanische Rote Kreuz". Vgl. dazu auch die Lektion 27, Satz 3 und Anmerkung 1.

(2) ... そう です *... sô desu.* Am Satzende deutet dieses そう です *sô desu* nach einem Verb in der niedrigen Stufe an, daß der Sprecher die Aussage einer dritten Person weitergibt. Der Sprecher ist für die Richtigkeit der Information nicht verantwortlich. Vgl. auch weiter unten, Satz 8, auch Lektion 41, Satz 12.

4- 何曜日 に しましょう か。
nan yô bi ni shi ma shô ka

5- 今日 は 水曜日 ですから、
kyô wa sui yô bi de su ka ra,

明後日 の 金曜日 に しましょう。
myô go nichi no kin yô bi ni shi ma shô

金曜日
kin yô bi

6 お見舞 に 何 を 持って
o mi mai ni nani o mo t te

いきましょう か。
i ki ma shô ka

7- 果物 か お花 が いい です
kuda mono ka o hana ga i i de su

ね。
ne

8- 食べ物 は 控えた 方 が いい
ta be mono wa hika e ta hô ga i i

でしょう。 腸 の 手術 だった
de shô. chô no shu jutsu da t ta

そう です から。
sô de su ka ra

発音 *hatsuon*

5. ßuijoobi **7.** kudamono **8.** schüdschuzu

4 — An welchem Tag gehen wir?
(welcher Tag der Woche / [Ziel] / machen wir / [Frage])

5 — Heute ist Mittwoch, laß uns übermorgen, am Freitag, gehen.
(heute / [Hinweis] / Mittwoch / das ist / weil // übermorgen / [Beifügung] / Freitag / [Ziel] / machen wir)

Am Freitag
(Freitag)

6 Was bringen wir bei unserem Besuch mit?
([höflich]-Besuch / [Ziel] / was / [Erg. 4. F.] / halten-gehen wir / [Frage])

7 — Blumen oder Obst wär gut.
(Obst / oder auch / [ungezw]-Blume / [Sgg] / gut sein / das ist / [ü.einst.])

8 — Vermeiden wir lieber Nahrungsmittel. Er soll sich ja einer Darmoperation unterzogen haben.
(Nahrungsmittel / [Hinweis] / vermeiden / Seite / [Sgg] / gut sein / das muß sein) (Darm / [Bzw] / chirurgische Operation / das war / es scheint, daß / weil)

Lektion 53

9 この 赤い チューリップ と 黄色い
ko no aka i chû ri p pu to ki iro i

チューリップ を 全部 で 十本
chû ri p pu o zen bu de jup pon

持って いきましょう。
mo t te i ki ma shô **(3)**

病院 で
byô in de

10- いかが です か。
i ka ga de su ka

11- お かげ さま で 大分 よく
o ka ge sa ma de, dai bu yo ku

なりました。
na ri ma shi ta

12 あと 一週間 で 家 に 帰れる
ato is shû kan de uchi ni kae re ru

そう です。
sô de su

13- それでは お 大事 に。
so re de wa o dai ji ni **(4)**

14- どうも わざわざ ありがとう
dô mo wa za wa za a ri ga tô

ございました。
go za i ma shi ta **(5)**

9. tschüülip'pu ... dschüp'pon 12. isch'schüükan

9 Nehmen wir diese roten und gelben Tulpen, insgesamt zehn.
(diese / rot sein / Tulpe / und / gelb sein / Tulpe / [Erg. 4. F.] / insgesamt / zehn-langer Gegenstand / halten-gehen wir)

Im Krankenhaus
(Krankenhaus / [Ort])

10 — Wie geht es Ihnen?
(wie / das ist / [Frage])
11 — Sehr gut, danke, es geht mir schon besser.
(dank Ihnen / genug / gut / geworden sein)
12 Es heißt, daß ich in einer Woche nach Hause darf.
(nach / eins-Woche / [Mittel] / nach Hause / [Ort] / zurückkommen können / es scheint, daß)
13 — Passen Sie gut auf sich auf.
14 — Vielen Dank für Ihren Besuch.

ANMERKUNGEN (Fortsetzung)
(3) ... 本 ... *hon,* vgl. Lektion 22, Anmerkung 3. 本 *·hon (bon-pon),* nach einer Ziffer, beschreibt die Form des Gegenstandes: lange und zylinderförmige Gegenstände (die Tulpen). Dasselbe Wort verwenden wir, wenn wir Bleistifte oder auch Flaschen zählen.
(4) お 大事 に *o daiji ni.* Mit diesem Gruß verabschiedet man sich von einem Kranken. Man will damit sein Mitgefühl ausdrücken.
(5) Es gibt viele Möglichkeiten „danke" zu sagen, je nach Gegebenheit. Hier bedankt man sich bei jemandem, der einem einen Besuch abgestattet hat. Generell können Sie diesen Ausdruck verwenden, um sich bei jemandem zu bedanken, der speziell für Sie gekommen ist.

Lektion 53

練習
renshû

1. ビール を 七本 下さい。
   bîru o nanahon kudasai

2. あと 四週間 で 旅行 に 出ます。
   ato yonshûkan de ryokô ni demasu

3. 金曜日 まで に 払わなければ
   kinyôbi made ni harawanakereba

   なりません。
   narimasen

4. 明日 は 休み な のに はやく
   ashita wa yasumi na noni hayaku

   起きなければ なりません。
   okinakereba narimasen

5. 十年 前 に 両親 から もらった
   jû nen mae ni ryôshin kara moratta

   ベッド と のみ の 市 で 買った
   beddo to nomi no ichi de katta

   江戸 時代 の 茶碗 を 売りました。
   edo jidai no chawan o urimashita

... に 言葉 を 入れ なさい。

ni kotoba o ire nasai

1. Es heißt, daß er am Dienstag oder Donnerstag nach Hause kommen wird.

   . . . . ni . . . .

* *

Übungen

1. Sieben Flaschen Bier, bitte.
2. In vier Wochen verreise ich.
3. Man muß vor Freitag zahlen.
4. Obwohl morgen ein Feiertag ist, muß ich früh aufstehen.
5. Ich habe das Bett verkauft, das mir meine Eltern vor zehn Jahren gegeben haben und die Tassen aus der Edo-Epoche, die ich auf dem Flohmarkt gekauft hatte.

---

2. *Es heißt, daß sie gelbe Blumen sehr gern hat.*

. . . .

3. *Ich muß am Dienstag und am Donnerstag hingehen.*

. . . .

. . . .

4. *Ich hätte gern diese grüne Tasche und die blaue Dose daneben.*

. . . . to . . . .

. . . . hako . . . .

5. *Gehen wir ihn übermorgen besuchen.*

. . . . ni . . . .

Antwort: **1.** kayôbi ka mokuyôbi - kaeru sô desu. **2.** kiiroi hana ga daisuki da sô desu. **3.** kayôbi mo mokuyôbi mo ikanakereba narimasen. **4.** kono midori iro no baggu - sono tonari no aoi - o kudasai. **5.** myôgonichi - o mimai ni ikimashô.

Wiederholen Sie bitte die 4. Lektion 第四課

* *

第五十四課　海岸 で
dai go jū yon ka　　kaigan de

1- まず 海 の 家 を 借りましょう。
　　ma zu umi no ie o ka ri ma shô **(1)**

2　荷物 を ここ に 置きましょう。
　　ni motsu o ko ko ni o ki ma shô

3- さあ、水着 に 着替えて、すぐ
　　sa a, mizu gi ni ki ga e te, su gu

　　泳ぎ に 行きましょう。
　　oyo gi ni i ki ma shô **(2)**

4　哲雄 は 水中眼鏡 を
　　tetsu o wa sui chû me gane o

　　持ちました か
　　mo chi ma shi ta ka **(3)**

5　真規 は 帽子 を 忘れないで...
　　ma ki wa bô shi o wasu re na i de **(3)**

6　太陽 が 強い から、帽子 を
　　tai yô ga tsuyo i ka ra, bô shi o

　　被らない と、今晩 頭 が 痛く
　　kabu ra na i to, kon ban atama ga ita ku

　　なります よ。
　　na ri ma su yo **(4)**

発音
4. ßuïtschüü

Vierundfünfzigste Lektion
(ste / fünf-zehn-vier / Lektion)

Am Meer
(Meeresstrand / [Ort])

1 — Zuerst werden wir ein Strandhaus mieten.
 (zuerst / Meer / [Bzw] / Haus / [Erg. 4. F.] / mieten wir).
2 Stellen wir unsere Sachen hier ab.
 (Gepäck / [Erg. 4. F.] / hier / [Ort] / stellen wir)
3 — Gut, ziehen wir uns um und gehen wir gleich schwimmen.
 (gut / Badekostüm / [Ziel] / Kleidung umziehen // gleich / schwimmen / [Ziel] / gehen wir)
4 Tetsuo, hast du deine Taucherbrille mitgenommen?
 (Tetsuo / [Hinweis] / Taucherbrille / [Erg. 4. F.] / mitgenommen haben / [Frage])
5 Maki, vergiß deinen Hut nicht!
 (Maki / [Hinweis] / Hut / [Erg. 4. F.] / vergiß nicht)
6 Da die Sonne herunterbrennt werdet Ihr am Abend Kopfweh haben, wenn ihr eure Hüte nicht aufsetzt.
 (Sonne / [Sgg] / stark sein / weil /// Hut / [Erg. 4. F.] / nicht aufsetzen / wenn // dieser Abend / Kopf / [Sgg] / schmerzhaft sein / werden / [behauptend])

ANMERKUNGEN

(1) 海 の 家 *umi no ie*. Auf gut besuchten Stränden gibt es diese kleinen Bauten. Sie sind einen Stock hoch, haben aber keine Wände. Im Erdgeschoß befindet sich oft ein Geschäft, während sich im ersten Stock Badelustige für einige Stunden niederlassen. Man kann dort essen und vor der Sonne geschützt ausruhen.
(2) Vgl. Lektion 52, Anmerkung 2.
(3) Tetsuo ist ein männlicher, Maki ein weiblicher Vorname.
(4) Vgl. Lektion 35, Absatz 3.

Lektion 54

7- わあ、水は冷たいな。
wa a, mizu wa tsume ta i na (5)

8 あそこの岩まで競争しよう。
a so ko no iwa ma de kyô sô shi yô (6)

9- いいよ。でも僕が勝つよ。
i i yo. de mo boku ga ka tsu yo

10- 真規は危ないから、ここで
ma ki wa abu na i ka ra, ko ko de

おとなしくしていなさい。
o to na shi ku shi te i na sa i (7)

11- あら、アイス・クリームを売って
a ra, a i su ku rî mu o u tte

いる。
iru

12- じゃ、この砂の上に座って
ja, ko no suna no ue ni suwa t te

食べましょう。
ta be ma shô (8)

ANMERKUNGEN (Fortsetzung)
(5) 水 *mizu* bedeutet „Wasser", aber nur in der Bedeutung „kaltes Wasser". Es gibt ein anderes Wort お湯 *oyu* für „heißes Wasser".
(6) しよう *shiyô* ist die niedrige Form der mittleren Stufe しましょう *shimashô* „machen wir".
(7) おとなしくしていなさい. おとなしい: „artig, ruhig, brav sein". おとなしくする: „sich ruhig verhalten". おとなしくしている: „im Moment sich ruhig verhalten". いなさい, Befehlsform für いる. おとなしくしていなさい. „Sei doch artig!".

7 — Hu! Das Wasser ist eiskalt!
(hu / Wasser / [Hinweis] / sehr kalt sein / [überlegend])

8 — Schwimmen wir bis zum Felsen dort um die Wette?
(dort / [Bzw] / Fels / bis / Wettkampf-machen)

9 — Einverstanden. Aber ich werde gewinnen!
(gut sein / [behauptend]) (aber / ich / [Sgg] / gewinnen / [behauptend])

10 — Maki, das ist gefährlich für dich, bleibe lieber ganz brav hier!
(Maki / [Hinweis] / gefährlich sein / weil // hier / [Ort] / artig / machst du)

11 — Schau her, es gibt Eis!
(ah / Eis / [Erg. 4. F.] / verkaufen)

12 — Gut, setzen wir uns hier auf den Sand zum Essen.
(gut / hier / Sand / [Bzw] / oben / [Ort] / sich setzen // essen wir)

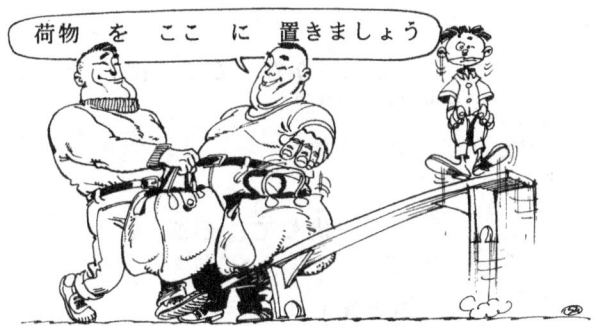

荷物をここに置きましょう

ANMERKUNGEN (Fortsetzung)

(8) Vergleichen Sie noch einmal mit Lektion 52, Anmerkung 2. Hier drückt der Satzteil この 砂 の 上 に 座って *kono suna no ue ni suwatte* den Rahmen der Hauptaktion aus: 食べましょう *tabemashô*.

Lektion 54

夜
yoru

13 日焼け で 背中 が 痛くて
hi ya ke de se naka ga ita ku te

たまらない。
ta ma ra na i **(9)**

14 明日 どうやって 洋服 を 着よう
ashita dô ya t te yô fuku o ki yô

かな。
ka na

練習
renshû

1. 海 の 家 を 借りて、そこ に
   umi no ie o karite, soko ni

   荷物 を 置きます。
   nimotsu o okimasu

2. 海 の 家 を 借りて、そこ に
   umi no ie o karite, soko ni

   荷物 を 置きました。
   nimotsu o okimashita

3. 海 の 家 を 借りて、そこ に
   umi no ie o karite, soko ni

   荷物 を 置きましょう。
   nimotsu o okimashô

4. 危ない と いう と、子供 は 気
   abunai to iu to, kodomo wa ki

Am Abend
(Abend)

13 Der Sonnenbrand auf meinem Rücken tut mir schrecklich weh!
(Sonnenbrand / [Mittel] / Rücken / [Sgg] / schmerzhaft sein//nicht aushalten können)

14 Wie werde ich mich morgen anziehen können?
(morgen / wie / Kleidung / [Erg. 4. F.] / tragen / [Frage] / [überlegend])

ANMERKUNGEN (Fortsetzung)

(9) Die unveränderliche Endung て *te* kann sowohl an Verben als auch an Adjektive angehängt werden. Im Falle von Adjektiven wird sie an die Form く *ku* angeschlossen, genau wie in der Verneinungsform:

„schmerzhaft sein" 痛い *itai,* „nicht schmerzhaft sein" 痛くない *itakunai*. Die Form auf て *te* hat bei Adjektiven und Verben dieselbe Funktion. Hier 痛くて たまらない *itakute tamaranai,* wörtlich: „Das ist schmerzhaft, ich kann es nicht aushalten".

を 付けました。
o tsukemashita

5. 海岸 に 着く と、 すぐ 水着 に
kaigan ni tsuku to, sugu mizugi ni

着替えました。
kigaemashita

Übungen

1. Man mietet ein Strandhaus und stellt dort seine Sachen ab.
2. Wir haben ein Strandhaus gemietet und dort unsere Sachen abgestellt.
3. Mieten wir ein Strandhaus und stellen wir dort unsere Sachen ab.
4. Als man ihm gesagt hat: „das ist gefährlich", hat das Kind aufgepaßt.
5. Sobald wir am Strand angekommen waren, haben wir uns umgezogen.

Lektion 54

... に 言葉 を 入れ なさい。
ni kotoba o ire nasai

1. *Die Sonne wird heiß, setz deinen Hut auf.*

. . . . naru kara, ...

kabutte kudasai

2. *Ich habe diese Gemälde gekauft, indem ich mir von Kollegen Geld ausborgte.*

. . . . o kane . kari . . , ...

. . . .

* *

第五十五課　　日本 へ 行く
dai go jû go ka　　ni hon e i ku

1- 今年 の 夏 の バカンス は
kotoshi no natsu no ba ka n su wa

どこ へ 行きます か。
do ko e i ki ma su ka

2- 日本 へ 行きます。
ni hon e i ki ma su

3- 去年 も 行った の で は ない
kyo nen mo i t ta no de wa na i

です か。毎年 行けて、
de su ka mai toshi i ke te,

うらやましい です ね。
u ra ya ma shi i de su ne **(1)**

3. *Obwohl das Wasser eisig ist, gehe ich schwimmen.*

. . . . , ...

4. *Als ich das Kaffeehaus betrat, war der Professor schon da.*

kissaten . . . . , ...

kite imashita

5. *Da ich Rückenschmerzen habe, kann ich nicht mehr gehen.*

. . . . , arukenai no desu

Antwort: 1. taiyô ga tsuyoku - bôshi o -. 2. dôryô kara - o - te, kono e o kaimashita. 3. mizu wa tsumetai noni, oyogi ni ikimasu. 4. - ni hairu to, sensei ga mô -. 5. senaka ga itakute, -.

Wiederholen Sie bitte die 5. Lektion 第五課

* *

Fünfundfünfzigste Lektion
(ste / fünf-zehn-fünf / Lektion)

Reise nach Japan
(Japan / [R. Ang.] / gehen)

1 — Wohin fahren Sie dieses Jahr in den Sommerferien?
(dieses Jahr / [Bzw] / Sommer / [Bzw] / Urlaub / [Hinweis] / wo / [R. Ang.] / gehen / [Frage])
2 — Ich fahre nach Japan.
(Japan / [R. Ang.] / gehen)
3 — Sind Sie nicht schon letztes Jahr dorthin gefahren? Ich beneide Sie darum, jedes Jahr dorthin fahren zu können.
(vergangenes Jahr / auch / gegangen sein / die Tatsache, daß / nämlich nicht / das ist / [Frage])
(jedes Jahr / gehen können // neidisch sein / das ist / [ü.einst.])

ANMERKUNGEN

(1) 行った の で は ない です か

itta no de wa nai desu ka

Na endlich! War das lang! Hier haben wir eine ganze Reihe

Lektion 55

4 — ええ、そう ですが、今年(ことし)は
汽車(きしゃ)で 行(い)くん です。(2)

5 シベリア 経由(けいゆ)の 汽車(きしゃ)で 行(い)くん です。

6 飛行機(ひこうき)の 方(ほう)が はやい です が、つまらない です。

7 でも パリ から モスクワ まで は 飛行機(ひこうき)で 行(い)きます。

8 そして モスクワ で 汽車(きしゃ)に 乗(の)り換(か)えて、ウラジオストック まで 行(い)きます。

9 それから 日本(にほん)まで 船(ふね)か 飛行機(ひこうき)です。

4 — Ja, aber dieses Jahr fahre ich mit dem Zug.
(ja / das ist so / aber // dieses Jahr / [Vstk] / Zug / [Mittel] / gehen / nämlich)
5 Ich fahre mit der Transsibirischen Eisenbahn.
(Sibirien-via/ [Bzw] / Zug / [Mittel] / gehen / nämlich)
6 Mit dem Flugzeug ist es schneller, aber es ist langweilig.
(Flugzeug / [Bzw] / Seite / [Sgg] / schnell sein / das ist / aber // uninteressant sein / das ist)
7 Ich fliege jedoch mit dem Flugzeug von Paris nach Moskau.
(jedoch / Paris / von / Moskau / nach / [Vstk] / Flugzeug / [Mittel] / gehen)
8 In Moskau steige ich in den Zug und fahre bis Wladiwostok.
(dann / Moskau / [Ort] / Zug / [Ziel] / umsteigen // Wladiwostok / bis / gehen)
9 Danach nehme ich entweder ein Schiff oder ein Flugzeug bis nach Japan.
(danach / Japan / bis / Schiff / oder auch / Flugzeug / das ist)

ANMERKUNGEN (Fortsetzung)

von Verben und Endungen, für die die Japaner so schwärmen. Aber lassen Sie sich nicht verwirren: Wir werden die Formen zerlegen und sie denen gegenüberstellen, die wir schon kennen. Sie erinnern sich doch: ...の です *... no desu,* am Satzende (vgl. Lektion 30, Anmerkung 2). Im Deutschen entspricht es am ehesten „nämlich". Soweit, so gut. で は ない *de wa nai* ist die Verneinung der niedrigen Stufe von の です *no desu* (vgl. Lektion 50, Anmerkung 7). Man fügt hier です *desu* dazu, um die mittlere Stufe zu bilden.

(2) 行く ん です *iku n desu.* Im Japanischen, wie in allen Sprachen, werden in der gesprochenen Sprache oft gewisse Wortteile verschluckt. Hier handelt es sich um das *o* in の です *no desu.* ん です *n desu* bleibt übrig.

10 — 随分 時間 が かかる でしょう。
zui bun ji kan ga ka ka ru de shô **(3) (4)**

11 — ええ、しかし それ で 行った こと
ee, shi ka shi so re de i t ta ko to

の ある 友達 に よる と、時間
no a ru tomo dachi ni yo ru to, ji kan

の 感覚 が なくなる ので 全然
no kan kaku ga na ku na ru no de zen zen

退屈 しない そう です。
tai kutsu shi na i sô de su **(5)**

12 — いつ 出発 します か。
i tsu shup patsu shi ma su ka

随分 時間 が かかる でしょう。

ANMERKUNGEN (Fortsetzung)
(3) 時間 が かかる *jikan ga kakaru* „das dauert".
Wörtlich: „Zeit wird verwendet". . . . かかる... *kakaru*
bedeutet: „das dauert... (10 Minuten, 3 Stunden...)". Sie
werden in den Übungssätzen weitere Beispiele finden.

10 — Das muß sehr lange dauern!
(enorm / Zeit / [Sgg] / gebraucht werden / das muß sein)
11 — Ja, aber einem Freund zufolge, der bereits so gereist ist, soll man das Zeitgefühl verlieren und sich daher gar nicht langweilen.
(ja / jedoch / dies / [Mittel] / gegangen sein / die Tatsache, daß / [Sgg] / sich befinden / Freund / [Ziel] / sich stützen / wann /// Zeit / [Bzw] / Gefühl / [Sgg] / verschwinden / weil // ganz / Langeweile-nicht machen / es scheint als ob)
12 — Wann reisen Sie ab?
(wann / Abreise-machen / [Frage])

ANMERKUNGEN (Fortsetzung)

(4) でしょう *deshô*. Eigentlich ist es eine Form von です *desu*. です *desu*: „das ist", でしょう *deshô*: „das muß sein", vgl. Lektion 50, Anmerkung 4. Aber hier, nach einem Verb in der niedrigen Stufe, funktioniert es wie die Partikel, die wir schon lange kennen - die erste ね *ne* bereits in der ersten Lektion! Diese Partikel dienen dazu, die Haltung des Sprechers auszudrücken. Der Sprecher weiß genau, daß eine derartige Reise lange dauert, daher stellt er eigentlich keine Frage. Gleichzeitig will er aber auch keine zu bestimmte Behauptung aufstellen, da er persönlich diese Erfahrung nicht gemacht hat. Der Gebrauch von でしょう *deshô* entspricht unserem: „**Ich kann mir vorstellen,** daß das lange dauert".

(5) それ で 行った こと の ある 友達
sore de itta koto no aru tomodachi
Vgl. zuerst Lektion 42, Absatz 3. Bis jetzt haben wir den Ausdruck こと が ある *koto ga aru* nur am Satzende oder am Ende eines Satzteiles gesehen. Hier sieht es anders aus: Der Ausdruck hängt vom Wort 友達 *tomodachi* ab, „ein Freund, **der** auf diese Art und Weise schon dorthin gegangen ist". In diesem Fall, und **nur in diesem Fall,** kann man が *ga* durch の *no* ersetzen, um den Satzgegenstand zu bezeichnen.

13 - まだ はっきり 決めて いません が、
ma da　ha k ki ri　ki me te　i ma se n　ga,

七月 の 初め ごろ に なる と
shichi gatsu no haji me go ro ni na ru to

思います。
omo i ma su **(6)**

練習
renshû

1. ラジオ の ニュース に よる と、
rajio no nyûsu ni yoru to,

今朝 とても 不思議 な 交通 事故
kesa totemo fushigi na kôtsû jiko

が 起こった そう です。
ga okotta sô desu

2. 走って 四分 かかります。
hashitte yonpun kakarimasu

3. 横 の 建物 が できあがる まで は、
yoko no tatemono ga dekiagaru made wa,

三年 かかりました。
san nen kakarimashita

4. インド 象 は 耳 が 小さい です。
indo zô wa mimi ga chiisai desu.

アフリカ 象 は 耳 が 大きい です。
afurika zô wa mimi ga ookii desu

5. 耳 の 小さい インド 象 と 耳 の
mimi no chiisai indo zô to mimi no

大きい アフリカ 象 を 見ました。
ookii afurika zô o mimashita

13 — Das ist noch nicht genau entschieden, aber ich glaube, daß es gegen Ende Juli sein wird.
(noch nicht / mit Präzision / nicht entschieden sein / aber // Juli / [Bzw] / Anfang-ungefähr / [Zeit] / werden / [Zitat] / glauben)

ANMERKUNGEN (Fortsetzung)

(6) 初め ごろ *hajime goro*. Wenn wir das Wort ごろ *goro* einer Zeitangabe anhängen, so wird diese Zeitangabe etwas unbestimmter:
七月 の 初め に *shichigatsu no hajime ni* „zu Beginn des Monats Juli", 七月 の 初め ごろ に *shichigatsu no hajime goro ni* „gegen Beginn des Monats Juli".

Übungen

1. Den Nachrichten im Radio zufolge, soll heute Vormittag ein seltsamer Verkehrsunfall passiert sein.
2. Wenn man läuft, dauert es vier Minuten.
3. Es hat drei Jahre gedauert bis die Seitengebäude fertig waren.
4. Bei dem Elefanten aus Indien sind die Ohren klein. Bei dem Elefanten aus Afrika sind die Ohren groß.
5. Ich habe Elefanten aus Indien, bei denen die Ohren klein, und Elefanten aus Afrika, bei denen die Ohren groß sind, gesehen.

... に 言葉 を 入れ なさい。

ni kotoba o ire nasai

1. *Wir sind gegen sechs Uhr abgefahren.*

. . . . ni . . . .

2. *Es muß langweilig sein, mit dem Zug nach Moskau zu fahren.*

. . . . wa

tsumaranai . . . . .

Lektion 55

3. *Haben wir uns nicht schon für Anfang Juli dieses Jahres entschieden?*

. . . . ni

kimeta . . . .

4. *Sie fahren zuerst mit dem Bus nach Meguro, dort steigen Sie um und nehmen den Zug bis nach Ueno.*

. . . . it . . ., ...

norikae . . , ...

* *

<ruby>だい<rt></rt></ruby> <ruby>ご<rt></rt></ruby> <ruby>じゅう<rt></rt></ruby><ruby>ろっ<rt></rt></ruby> <ruby>か<rt></rt></ruby>
第五十六課 　　まとめ
dai go jû rok ka 　　**ma to me**

Wie fühlen Sie sich in dieser **zweiten Welle?** Haben Sie auch wirklich daran gedacht, nach jeder neuen Lektion die angegebene Lektion zu wiederholen? Wir wissen, daß das von Ihnen etwas mehr Arbeit erfordert, aber wir wissen auch, daß es Ihnen helfen wird. Haben Sie die Anweisung verstanden? Mit jeder Lektion der zweiten Welle geben Sie die Dialoge wieder, ohne ins Buch zu schauen (!). So wird alles, was Sie während der ersten Phase, der Passivphase, aufgenommen haben, ganz natürlich „aktiv". Und Sie können nun beginnen, eigene Sätze zu bilden.

1. Ausnahmsweise widmen wir heute diese Wiederholungslektion einem einzigen Grammatik-Problem. Wir brauchen etwas Zeit, um es zu erklären. Es handelt sich um zwei Verbformen: **die Form auf** て *te* und **die Form auf** た *ta,* **die die niedrige Stufe der Vergangenheit ist**. Wir verwenden sie schon seit einer ganzen Weile, haben aber etwaige Fragen Ihrerseits bisher unbeant-

5. *Ich habe es endlich verstanden, nachdem ich in dem Buch, das mir meine Schwester empfohlen hat, nachgeschlagen habe.*

ane ga . . . . ga . . . . . . shirabe . . ,

yatto . . . .

Antwort: 1. roku ji goro - shuppatsu shimashita. 2. mosukuwa made kisha de iku no - deshô. 3. kotoshi no shichigatsu no hajime - no de wa nai desu ka. 4. mazu basu de meguro e - te, soko de - te, ueno made densha de ikimasu. 5. - oshiete kureta hon o - te, - wakarimashita.

Wiederholen Sie bitte die 6. Lektion 第六課

* *

**Sechsundfünfzigste Lektion
(ste / fünf-zehn-sechs / Lektion)
Wiederholung und Anmerkungen**

wortet gelassen. Diese beiden Formen bilden die einzige wirklich große Schwierigkeit bei den Verben. Bisher haben Sie ja ohne große Mühe schrittweise gelernt, wie man die verschiedenen Formen der Verben bildet. Jetzt müssen wir jedoch Farbe bekennen und zugeben, daß Sie ein bißchen schwitzen werden, aber... alles ist relativ!

Es genügt, sich die Zeit zu nehmen, die Erklärungen genau durchzulesen, zurückzublättern, falls notwendig, und Sie werden sehen... es ist nicht allzu schlimm!

た *ta* dient also dazu, die Vergangenheit in der niedrigen Stufe zu bilden (mittlere Stufe ました *mashita*), das wissen Sie bereits. Vgl. Lektion 17, Anmerkung 4 und Lektion 21, Absatz 4.

て *te* dient dazu, eine „Form auf て *te*" zu konstruieren, entweder, um eine Form zu bilden, z.B. wenn wir sagen wollen: „ich bin gerade dabei...", „ich bin im Begriff... (etwas zu tun)", (食べて いる *tabete iru* „ich bin gerade

Lektion 56

beim Essen", Lektion 11, Anmerkung 2 und Lektion 35, Absatz 4) oder - und das haben wir gerade entdeckt -, um einen Satzteil zu beenden (vgl. Lektion 52, Anmerkung 2).

Sie haben es erraten... Hier hängt auch alles von der Art des Verbes ab: entweder mit einer Grundform oder mit mehreren Grundformen, vgl. Lektion 49, Absatz 1.

Die Verben mit einer Grundform: Hier gibt es kein Problem, man hängt た *ta* oder て *te* an den Stamm an, wie in allen anderen Fällen auch! Das trifft auch für する *suru* ,,machen" zu.

Wir haben daher schon für die **Vergangenheit in der niedrigen Stufe** auf た *ta* folgendes gesehen:
やられる *yarareru* ,,getäuscht werden", やられた *yarareta* ,,getäuscht worden sein" (Lektion 17, Satz 13); 食べる *taberu* ,,essen", 食べた *tabeta* ,,gegessen haben" (Lektion 30, Satz 11); 忘れる *wasureru* ,,vergessen", 忘れた *wasureta* ,,vergessen haben" (Lektion 31, Satz 10); つける *tsukeru* ,,anhängen", つけた *tsuketa* ,,angehängt haben" (Lektion 36, Satz 12); 生まれる *umareru* ,,geboren werden", 生まれた *umareta* ,,geboren worden sein" (Lektion 38, Satz 4); できる *dekiru* ,,beendet sein", できた *dekita* ,,beendet worden sein" (Lektion 40, Satz 5); 離れる *hanareru* ,,sich entfernen", 離れた *hanareta* ,,sich entfernt haben" (Lektion 44, Satz 7); 始める *hajimeru* ,,beginnen", 始めた *hajimeta* ,,begonnen haben" (Lektion 47, Satz 7); 控える *hikaeru* ,,einschränken", 控えた *hikaeta* ,,eingeschränkt haben" (Lektion 53, Satz 8); und schließlich する *suru* ,,machen", した *shita* ,,gemacht haben" (Lektion 32, Satz 9; Lektion 37, Satz 7; Lektion 39, Satz 10; Lektion 44, Satz 12; Lektion 45, Satz 9).

Bisher haben wir folgende **Form auf** て *te* gesehen:
して *shite*, von する *suru* ,,machen" (Lektion 12, Satz 11;

Lektion 20, Sätze 12 und 13; Lektion 23, Satz 9; Lektion 30, Satz 10; Lektion 31, Satz 2; Lektion 38, Sätze 1 und 9; Lektion 40, Satz 10; Lektion 41, Sätze 8 und 10; Lektion 46, Satz 2; Lektion 53, Sätze 2 und 3); 見せて *misete*, von 見せる *miseru* „zeigen" (Lektion 17, Satz 7; Lektion 18, Satz 6); 勤めて *tsutomete*, von 勤める *tsutomeru* „arbeiten (als Angestellter)" (Lektion 23, Satz 7); つれて *tsurete*, von つれる *tsureru* „begleiten" (Lektion 26, Satz 4); 教えて *oshiete*, von 教える *oshieru* „unterrichten" (Lektion 29, Satz 4); 出て *dete*, von 出る *deru* „ausgehen" (Lektion 30, Satz 9; Lektion 43, Satz 9); 別れて *wakarete*, von 別れる *wakareru* „trennen" (Lektion 34, Satz 5); 食べて *tabete*, von 食べる *taberu* „essen" (Lektion 39, Satz 8); つけて *tsukete*, von つける *tsukeru* „anhängen" (Lektion 40, Satz 4); 離れて *hanarete*, von 離れる *hanareru* „sich entfernen" (Lektion 44, Satz 12); 控えて *hikaete*, von 控える *hikaeru* „einschränken" (Lektion 46, Satz 13); 預けて *azukete*, von 預ける *azukeru* „anvertrauen" (Lektion 45, Satz 6); 増えて *fuete*, von 増える *fueru* „vermehren" (Lektion 45, Satz 7); 見て *mite*, von 見る *miru* „anschauen" (Lektion 46, Satz 9; Lektion 48, Satz 4; Lektion 50, Sätze 5 und 6); 入れて *irete*, von 入れる *ireru* „stecken in..." (Lektion 47, Satz 12 und in jeder Übung); 着替えて *kigaete*, von 着替える *kigaeru* „(Kleidung) wechseln" (Lektion 54, Satz 3); 決めて *kimete*, von 決める *kimeru* „entscheiden" (Lektion 55, Satz 13).

Wir müssen dieser Liste noch 来て *kite* zufügen, von 来る *kuru* „kommen" (Lektion 29, Satz 8). Dieses Verb sowie する *suru* „machen" ist unregelmäßig; es hat weder eine Grundform noch mehrere Grundformen, es hat nur zwei Grundformen. Die erste ist き *ki*, alle Endungen werden daran angehängt, mit Ausnahme einer einzigen. Z.B.: 来ます *kimasu* „ich komme" (mittlere Stufe), 来ました *kimashita* „ich (du, er...) bin gekommen" (mittlere Stufe), 来た *kita* „ich bin gekommen" (niedrige Stufe). Die zweite ist こ *ko* und wird zur Bildung der Verneinung verwendet: 来ない *konai* „ich komme nicht".

Sie werden zugeben, daß es bis jetzt nicht zu kompliziert ist.

Gehen wir nun zu **den Verben mit mehreren Grundformen** über: Hier müssen wir gut aufpassen. Wenn Sie Japanisch vor mehreren Jahrhunderten gelernt hätten, hätten sie kein Problem: die Endungen て *te* und た *ta* wurden wie die meisten anderen Endungen (vgl. Lektion 49, Absatz 1) an die Grundform auf *i* angehängt. Aber die Zeit hat uns einen Streich gespielt, denn in einigen Fällen ist das *i* oder ein anderer Laut (das *k* oder das *g*...) ganz verschwunden. Das kommt in allen Sprachen vor, daß es eines schönen Tages gewisse Laute vorziehen zu verschwinden!

Das bringt einige Veränderungen im Wort mit sich und hat folgendes Ergebnis:

● **Die einzigen Verben, die diese Entwicklung nicht mitgemacht haben und regelmäßig geblieben sind, sind die Verben auf** す *su*. 貸す *kasu* „leihen": 貸して *kashite* (Lektion 32, Satz 1; Lektion 45, Satz 13); 捜す *sagasu* „suchen": 捜して *sagashite* (Lektion 34, Satz 1); 動かす *ugokasu* „in Bewegung setzen": 動かして *ugokashite* (Lektion 40, Satz 11); 出す *dasu* „spannen": 出して *dashite* (Lektion 46, Satz 9). Die niedrige Stufe der Vergangenheit: „geliehen haben": 貸した *kashita*, „gesucht haben": 捜した *sagashita* usw.

● **Bei den Verben auf** く *ku* **ist das** *k* **verschwunden, das** *i* **aber geblieben:**
Die Form auf て *te:* 働く *hataraku* „arbeiten", 働いて *hataraite* (Lektion 11, Satz 8; Lektion 30, Satz 10, Lektion

40, Satz 13); 書く *kaku* ,,schreiben'', 書いて *kaite* (Lektion 17, Satz 13; Lektion 25, Satz 1; Lektion 50, Satz 13); 歩く *aruku* ,,zu Fuß gehen'', 歩いて *aruite* (Lektion 24, Satz 3; Lektion 31, Satz 3; Lektion 39, Satz 10); 驚く *odoroku* ,,sich wundern, erstaunt sein'', 驚いて *odoroite* (Lektion 39, Satz 11); 置く *oku* ,,setzen, stellen, legen'', 置いて *oite* (Lektion 40, Satz 5); 聞く *kiku* ,,hören, fragen'', 聞いて *kiite* (Lektion 43, Satz 13; Lektion 47, Satz 9; Lektion 51, Satz 10); 輝く *kagayaku* ,,funkeln'', 輝いて *kagayaite* (Lektion 48, Satz 6).

Die Form auf た *ta:* つく *tsuku* ,,anhängen, festmachen'', ついた *tsuita* ,,angehängt, festgemacht haben'' (Lektion 31, Satz 11). Suchen Sie selbst andere Beispiele! ,,Ich habe geschrieben'': 書いた *kaita;* ,,ich habe gehört'': 聞いた *kiita.* Ja! Bravo!

● **Bei den Verben auf** ぐ *gu* ist das *g* verschwunden, das *i* bleibt und aus dem *t* wird ein *d:* 急ぐ *isogu* ,,sich beeilen'', 急いで *isoide* (Lektion 32, Satz 9, Lektion 51, Satz 1).

● **Bei den Verben auf** む *mu,* **auf** ぶ *bu* **und auf** ぬ *nu* verschwindet das *i,* das *t* wird in ein *d* verwandelt, aber der Konsonant, der diesem *d* vorausgeht, wird in allen Fällen zu einem *n.*

Wir sind schon der Form auf て *te* begegnet: 住んで *sunde,* von 住む *sumu* ,,wohnen'' (Lektion 15, Satz 2; Lektion 36, Sätze 9,12 und 13; Lektion 38, Satz 7); 混んで *konde,* von 混む *komu* ,,überfüllt sein'' (Lektion 32, Satz 3; Lektion 44, Satz 7); 飲んで *nonde,* von 飲む *nomu* ,,trinken'' (Lektion 48, Satz 11); 並んで *narande,* von 並ぶ *narabu* ,,in einer Reihe stehen, liegen'' (Lektion 39, Satz 12); 浮かんで *ukande,* von 浮かぶ *ukabu* ,,treiben'' (Lektion 48, Satz 3).

Wir haben noch kein Beispiel für die Vergangenheit gesehen: es genügt, wenn wir で *de* durch だ *da* ersetzen. Versuchen wir es: „Ich habe getrunken": 飲んだ *nonda;* „ich habe mich (in der Schlange) angestellt": 並んだ *naranda*.

● **SCHLIESSLICH UND ENDLICH: Bei den Verben auf** う *u,* つ *tsu* **und** る *ru* - und für die wir schon zahlreiche Beispiele kennengelernt haben -, verschwindet das *i* und man erhält eine Form, die auf って *tte* oder った *tta* ausgeht:

Verben auf う *u:* 買う *kau* „kaufen", 買って *katte* (Lektion 27, Satz 12; Lektion 29, Satz 12; Lektion 39, Satz 13); 飼う *kau* „(ein Tier) halten", 飼って *katte* (Lektion 33, Satz 8); 思う *omou* „denken, glauben", 思って *omotte* (Lektion 34, Satz 4); 思った *omotta* „gedacht haben" (Lektion 36, Satz 10); 言う *iu* „sagen", 言って *itte* (Lektion 46, Satz 1), 言った *itta* „gesagt haben" (Lektion 41, Satz 10); もらう *morau* „empfangen", もらった *moratta* „empfangen haben" (Lektion 31, Satz 10); 会う *au* „treffen", 会った *atta* „getroffen haben" (Lektion 41, Sätze 1 und 2); 酔っぱらう *yopparau* „sich betrinken", 酔っぱらった *yopparatta* „beschwipst sein" (Lektion 48, Satz 11).

Ruhen wir uns nun ein bißchen aus! Das ist vielleicht eine Wiederholungslektion! Eigentlich hatten Sie diese Formen ja schon aufgenommen, nicht wahr? Aber Sie müssen sie auch verstehen, damit Sie selbst diese Formen auf neuen Verben anwenden können. Noch ein wenig Mut, dann haben Sie es geschafft!

Verben auf つ *tsu:* 持つ *motsu* „halten, haben", 持って *motte* (Lektion 4, Sätze 1 und 2; Lektion 16, Sätze 9 und 11; Lektion 36, Sätze 2 und 11; Lektion 40, Satz 13; Lektion 51, Sätze 11 und 12; Lektion 53, Sätze 6 und 9); 立つ *tatsu* „sich aufrichten, stehen", 立って *tatte*

(Lektion 24, Satz 10); 待つ *matsu* „warten", 待って *matte* (Lektion 27, Sätze 7 und 13; Lektion 29, Satz 11).

Verben auf る *ru:* 知る *shiru* „wissen", 知って *shitte* (Lektion 6, Sätze 1 und 2; Lektion 37, Satz 8; Lektion 46, Satz 1); 入る *hairu* „eintreten", 入って *haitte* (Lektion 24, Satz 11); 取る *toru* „nehmen", 取って *totte* (Lektion 29, Satz 6); やる *yaru* „machen", やって *yatte* (Lektion 29, Satz 9; Lektion 47, Satz 5); 降る *furu* „fallen (Regen, Schnee...)", 降って *futte* (Lektion 31, Satz 5); かかる *kakaru* „hängen, verwendet werden", かかって *kakatte* (Lektion 31, Satz 7; Lektion 41, Satz 11); よる *yoru* „vorbeigehen", よって *yotte* (Lektion 31, Satz 13); 走る *hashiru* „laufen, fahren (Fahrzeug)", 走って *hashitte* (Lektion 32, Satz 5); 捉まる *tsukamaru* „einholen", 捉まって *tsukamatte* (Lektion 32, Satz 12); 送る *okuru* „schicken, begleiten", 送って *okutte* (Lektion 33, Satz 9); 帰る *kaeru* „heimkehren", 帰って *kaette* (Lektion 33, Satz 10; Lektion 37, Satz 4); 飛び移る *tobiutsuru* „springen", 飛び移って *tobiutsutte* (Lektion 39, Satz 9); 作る *tsukuru* „herstellen", 作って *tsukutte* (Lektion 40, Satz 3), 作った *tsukutta* „hergestellt haben" (Lektion 33, Satz 3); なる *naru* „werden", なって *natte* (Lektion 45, Sätze 9 und 11; Lektion 46, Sätze 9 und 14; Lektion 48, Satz 6); 張る *haru* „festmachen", 張って *hatte* (Lektion 52, Satz 5); 売る *uru* „verkaufen", 売って *utte* (Lektion 54, Satz 11); 座る *suwaru* „sich setzen", 座って *suwatte* (Lektion 54, Satz 12); できあがる *dekiagaru* „beenden", „beendet haben", できあがった *dekiagatta* (Lektion 40, Satz 5); 変わる *kawaru* „sich verändern", „sich verändert haben" 変わった *kawatta* (Lektion 41, Satz 7); 残る *nokoru* „bleiben", „geblieben sein" 残った *nokotta* (Lektion 45, Satz 6).

DIE EINZIGE AUSNAHME ist ein sehr häufig verwendetes Verb: 行く *iku* „gehen". Die Formen auf て *te* und auf た *ta* sind: 行って *itte* (Lektion 30, Satz 3; Lektion 39, Satz 1) und 行った *itta* „ich bin gegangen" (Lektion 30, Satz 2; Lektion 39, Satz 2; Lektion 46; Satz 3; Lektion 50, Satz 1; Lektion 55, Sätze 3 und 11).

Leben Sie noch? Tja, das wäre alles. Jetzt wissen Sie über die einzelnen Formen Bescheid. Wir werden natürlich noch den unbekannten begegnen, aber Sie werden sie sofort identifizieren können. Falls Sie ein Fanatiker oder Masochist sind, können Sie sich amüsieren, in den Übungen die Formen auf て *te* oder た *ta* herauszusuchen

* *

第五十七課　　歴史　の　道
dai go jû nana ka　　reki shi no michi

1 －　奈良　に　「歴史　の　道」　と
　　　na ra　ni　reki shi no michi　to

　　　いう　ところ　が　ある　の　を　知って
　　　i u　to ko ro　ga　a ru　no　o　shi t te

　　　います　か。
　　　i ma su　ka **(1) (2) (3)**

2 －　いいえ、聞いた　こと　が　ありません。
　　　i i e,　ki i ta　ko to　ga　a ri ma se n

ANMERKUNGEN

(1) Unser Wort „Geschichte" hat zwei Bedeutungen: 1. die Geschichte eines Volkes, eines Landes usw. und 2. jede Art von Erzählung. Das Wort 歴史 *rekishi* entspricht nur der ersten Bedeutung. Für die zweite Bedeutung gibt es andere Wörter (vgl. Lektion 25, Satz 6).

(2) 奈良 *nara*. Zu Beginn der historischen Periode von Japan (zwischen dem 6. und 8. Jahrhundert) errichtete jeder Kaiser seine Hauptstadt an einem anderen Ort. Nara

und anhand der Wortliste herausfinden, woher sie stammen.

Natürlich werden Sie sagen: Das ist ja alles recht gut, aber das wichtigste ist doch, daß man weiß, ob ein Verb eine Grundform hat oder mehrere! Das ist leicht. Wir haben an alles gedacht! In der Wortliste am Ende dieses Bandes ist bei jedem Verb angeführt, zu welcher Gruppe es gehört. Auf jeden Fall machen Sie aber jetzt eine Pause. Und danach sehen wir Sie bei der 57. Lektion wieder! Und vergessen Sie nicht:

Zweite Welle: 第七課 **7. Lektion**

* *

Siebenundfünfzigste Lektion
(ste / fünf-zehn-sieben / Lektion)

Der Weg der Geschichte
(Geschichte / [Bzw] / Weg)

1 — Weißt Du, daß es in Nara einen Ort gibt, den man den „Weg der Geschichte" nennt?
(Nara / [Ort] / Geschichte / [Bzw] / Weg / [Zitat] / sagen / [Sgg] / sich befinden / die Tatsache, daß / [Erg. 4. F.] / wissen / [Frage])

2 — Nein, davon habe ich nichts gehört.
(nein / gehört haben / die Tatsache, daß / [Sgg] / sich nicht befinden)

ANMERKUNGEN (Fortsetzung)

war Japans erste feste Hauptstadt und blieb es auch über ein Jahrhundert, bis der kaiserliche Hof in Kyôto errichtet wurde und dort bis 1868 blieb. Danach wurde die Hauptstadt nach Tokio verlegt. Die Stadt Nara existiert auch heute noch. Es ist ein sehr hübsches Städtchen südlich von Kyôto. Während Nara die Hauptstadt war, wurde der Buddhismus in Japan eingeführt. Es gibt daher eine große Anzahl von prächtigen buddhistischen Klöstern in Nara, die zu dieser Zeit gegründet worden sind. Sie sind wahre Kunstwerke.

(3) ... ある <u>の</u> を ... *aru no o,* vgl. Lektion 47, Anmerkung 4.

Lektion 57

3 — それ は 奈良 の 町 の 回り を
sore wa nara no machi no mawari o

通る 道 です。
tooru michi desu (4)

4 畑 に そって、 ほとんど の
hatake ni sotte, hotondo no

奈良 の 有名 な お 寺 の そば
nara no yûmei na o tera no soba

を 通ります。
o toorimasu (5)

青い 傘 も 黄色い 傘 も ありません でした。

5 たとえば、 東大寺、 法隆寺、 薬師寺、
tatoeba, tôdaiji, hôryûji, yakushiji,

唐招提寺 など です。
tôshôdaiji nado desu (6)

6 小さくて 静か な お 寺 の そば
chiisakute shizuka na o tera no soba

も 通ります。
mo toorimasu (7)

発音 *hatsuon* 6. hooljüüdschi

3 — Das ist der Weg, der rund um die Stadt Nara führt.
(das / [Hinweis] / Nara / [Beifügung] / Stadt / [Bzw] / Rundgang / [Erg. 4. F.] / durchlaufen / Weg / das ist)
4   Er führt an den Feldern und an fast allen berühmten Klöstern von Nara entlang.
(Feld / [Ort] / vorbeiführen // fast alle / [Bzw] / Nara / [Bzw] / berühmt / das ist / [ungezw]-buddhistisches Kloster / [Bzw] / Seite / [Erg. 4. F.] / durchlaufen)
5   Zum Beispiel Tôdaiji, Hôryûji, Yakushiji, Tôshôdaiji.
(zum Beispiel / Tôdaiji / Hôryûji / Yakushiji / Tôshôdaiji / diese Art von Gegenstand / das ist)
6   Er führt auch an kleinen, stillen Klöstern vorbei.
(klein sein / ruhig / das ist / [ungezw]-Kloster / [Bzw] / Seite / auch / durchlaufen)

ANMERKUNGEN (Fortsetzung)

(4) 奈良 の 町 *nara no machi.* の *no* gibt an, daß es sich hier um eine Beifügung handelt. Vgl. Lektion 13, Anmerkung 1.

(5) そって *sotte* ist eine Form, die auf て *te* endet. Das Verb そう ist *sou* (so.u) „vorbeiführen".

(6) Man kann viele Dinge aufzählen, jedes Element wird durch ein Komma getrennt, also durch eine Pause. Hier handelt es sich um die vier wichtigsten Klöster, die vor dem 10. Jahrhundert gegründet worden sind. Die Gebäude, die man heute sieht, sind natürlich nicht die Originalbauten. Da sie aus Holz gebaut sind, müssen die Teile regelmäßig erneuert werden. Aber die ursprüngliche Form wird genauestens beibehalten.

(7) Vgl. Lektion 54, Anmerkung 8.

Lektion 57

7 歩いて 行く 人 も 自転車 で 行く
aruite iku hito mo jitensha de iku

人 も います。
hito mo imasu

8 歩く と 全部 で 十五時間
aruku to zenbu de jūgo jikan

ぐらい かかります。
gurai kakarimasu **(8)**

9 出来れば 奈良 に 泊まって、 毎日
dekireba nara ni tomatte, mainichi

少し ずつ 歩いて 見る こと
sukoshi zutsu aruite miru koto

です ね。
desu ne

10 – あなた は その 歴史 の 道 を
anata wa sono rekishi no michi o

全部 歩きました か。
zenbu arukimashita ka

11 – 以前 二日 だけ 奈良 へ 行った
izen futsuka dake nara e itta

時、 三分 の 一 歩きました。
toki, sanbun no ichi arukimashita **(9)**

7 Es gibt Leute, die den Weg zu Fuß gehen und andere, die mit dem Fahrrad fahren.
(zu Fuß / gehen / Mensch / auch / Fahrrad / [Mittel] / gehen / Mensch / auch / sich befinden)

8 Zu Fuß dauert es insgesamt ungefähr 15 Stunden.
(zu Fuß gehen / wenn // insgesamt / zehn-fünf-Stunde / ungefähr / gebraucht werden)

9 Am besten ist es, wenn möglich, in Nara zu verweilen und jeden Tag ein Stück zu gehen.
(wenn man kann // Nara / [Ort] / Aufenthalt nehmen // jeden Tag / ein wenig / jede / zu Fuß gehen / anschauen / die Tatsache, daß / das ist / [ü.einst.])

10 — Und du, bist du den Weg der Geschichte in seiner ganzen Länge gegangen?
(du / [Hinweis] / diese / Geschichte / [Bzw] / Weg / [Erg. 4. F.] / das Ganze / zu Fuß gegangen sein / [Frage])

11 — Vor einiger Zeit, als ich nur zwei Tage in Nara war, bin ich ein Drittel davon abgelaufen.
(vor / zwei Tage / nur / Nara / [R.Ang.] / gegangen sein / Zeit // drei-Teil / [Bzw] / eins / gegangen sein)

ANMERKUNGEN (Fortsetzung)

(8) Vgl. Lektion 55, Anmerkung 3.

(9) 三分 *sanbun*. Blättern Sie zurück zur Lektion 52, Satz 3 der Übung 1, dort haben wir genau dieselben Schriftzeichen verwendet, aber dort wird es *sanpun* ausgesprochen und bedeutet soviel wie ,,drei Minuten''. Das Zeichen 分 bedeutet ursprünglich ,,ein Teil''. Und was ist eine Minute anderes als ein Teil einer Stunde? Damit Sie sich ein bißchen besser auskennen: ,,Teil'' wird immer wie *bun*, aber ,,Minute'' wird manchmal wie *fun*, manchmal wie *pun* ausgesprochen, je nachdem, welche Ziffer voransteht. Vgl. die folgende Wiederholungslektion. Raffiniert, nicht war?

三分 の 一 *sanbun no ichi*, wörtlich ,,einer von drei Teilen'', auf diese Art und Weise werden Brüche gebildet. Also: 1/3, ein Drittel.

Lektion 57

12 その あと、足 が 痛くて、
一週間 近く 歩く の が
つらかった です。(3)(7)

13 でも すばらしかった です。また
行って 見たい です。

練習
renshû

1. 伯父 に 先週 もらった お 酒 は、
非常 に おいしかった ので、もう
四分 の 三 飲んで しまいました。

2. モスクワ の 町 は 広くて、
すばらしい 美術館 が たくさん
あります。

3. 青い 傘 も 黄色い 傘 も ありません
でした。

12 Danach habe ich derartige Schmerzen in den Beinen gehabt, daß ich fast eine Woche lang nur mit Mühe gehen konnte.
(nach dem / Bein / [Sgg] / schmerzhaft sein // eins-Woche / fast / gehen / die Tatsache, daß / [Sgg] / Mühe gehabt haben / ist)

13 Aber es war wunderbar. Ich würde sehr gern dorthin zurückkehren.
(aber / wunderbar gewesen sein / das ist) (wieder / gehen / ich will anschauen / das ist)

---

4. 青くて 黄色い 傘 が あった の で
   aokute kiiroi kasa ga atta no de

   は ない でしょう か。
   wa nai deshô ka

5. 奈良 に 一週間 泊まって、歴史
   nara ni isshûkan tomatte, rekishi

   の 道 を 全部 歩く こと が
   no michi o zenbu aruku koto ga

   できました。
   dekimashita

Übungen

1. Der Sake, den mir mein Onkel letzte Woche gegeben hat, war derartig gut, daß ich schon drei Viertel davon getrunken habe.
2. Die Stadt Moskau ist sehr groß und besitzt viele wunderschöne Kunstmuseen.
3. Es gab weder blaue noch gelbe Regenschirme.
4. Gab es nicht einen blau-gelben Regenschirm?
5. Als ich eine Woche in Nara war, konnte ich den ganzen Weg der Geschichte ablaufen.

Lektion 57

... に 言葉(ことば) を 入(い)れ なさい。
ni kotoba o ire nasai

1. *Ich bin durch eine sehr belebte Straße gekommen.*

. . . .

kimashita

2. *Ist es schwierig, sich die Hiragana zu merken?*

. . . . oboeru . . . .

3. *Der Zug fährt an den Feldern vorbei.*

. . . .

ikimasu

4. *Ich habe gehört, daß du dich seit einiger Zeit für Geschichte interessierst und daß du viele Geschichtsbücher kaufst. Ist das wahr?*

konogoro . . . . natte, ...

. . . . katte iru . . . . yo

. . . .

5. *Ich kam. Ich sah. Ich siegte.*

. . . .

Antwort: 1. totemo nigiyaka na michi o tootte -. **2.** hiragana o - no wa muzukashii desu ka. **3.** kisha ga hatake ni sotte hashitte -. **4.** - rekishi ga suki ni -, rekishi no hon o takusan - to kiita -. hontô ka. **5.** kita. mita. katta.

Endlich! Ab heute können Sie sich mit den **Schriftzeichen** vergnügen. Auch damit werden wir ganz langsam vorgehen. Mit fünf **Hiragana**- oder **Katakana**zeichen pro Lektion, werden Sie alle Zeichen bis zum Ende des 2. Bandes gelernt haben.

Wie Sie schon wissen, werden einige Wörter immer mit Hiragana geschrieben, andere mit Katakana und wieder andere mit den Kanji, den chinesischen Schriftzeichen. Im letzten Fall können Sie die Wörter auch mit Hiragana schreiben, wenn Sie die Kanji nicht kennen. Wir haben über die Kanji immer die Aussprache in Hiragana angegeben. Wir werden die Hiraganaschriftzeichen mit Wörtern üben, die immer mit Hiragana geschrieben werden, aber auch mit solchen, für die normalerweise Kanji verwendet werden.

Jedes Hiragana oder Katakana, das wir in einer Lektion lernen, werden wir folgendermaßen angeben:
— Kleine Pfeile, die Ihnen die Schreibrichtung angeben.
— Ziffern, die angeben, in welcher Reihenfolge die einzelnen Zeichen geschrieben werden.

Wie gehen wir vor? Zunächst schlagen wir vor, daß Sie jedes Zeichen abzeichnen, **indem Sie genau auf die Vorlage im Buch schauen und auf die angegebenen Ziffern und Richtungen achten.** Dann versuchen Sie, die Schriftzeichen zu schreiben, ohne ins Buch zu schauen. Und schließlich, wenn Sie glauben, soweit zu sein, schreiben Sie das Diktat.

平仮名 の 練習
hira ga na   no   ren shû

Hiraganaübungen
(Hiragana / [Bzw] / Übung)

A   I   U   E   O

Lektion 57

書き取り
kakitori
Diktat

1. *ie* (Haus) 2. *iu* (sagen) 3. *aoi* (blau sein) 4. *au* (begegnen) 5. *ue* (oben) 6. *iie* (nein)

* *

第五十八課　　　　選挙
dai go jû hak ka　　　　sen kyo

1 – 今朝 変 な 自動車 を 見ました。
   kesa, hen na ji dô sha o mi ma shi ta (1)

2 – 何 が 変 だった の です か。
   nani ga hen da t ta no de su ka

3 – ええ と、車 の 回り に
   e e to, kuruma no mawa ri ni

   たくさん の 旗 が ついて
   ta ku sa n no hata ga tsu i te

   いました。
   i ma shi ta

4 それに 車 の 上 に スピーカー
   so re ni kuruma no ue ni su pî kâ

   が ついて いて、盛ん に 何か
   ga tsu i te i te, saka n ni nani ka

   を 言って いました。
   o i t te i ma shi ta

Antwort

1. いいえ 2. いう 3. あおい 4. あう
5. うえ 6. いいえ

Zweite Welle: 第八課 8. Lektion

* *

Die Wahlen	Achtundfünfzigste Lektion
(Wahlen)	(ste / fünf-zehn-acht / Lektion)

1 — Heute früh habe ich einen seltsamen Lieferwagen gesehen.
(heute früh / seltsam / das ist / Wagen / [Erg. 4. F.] / angeschaut haben)
2 — War war daran seltsam?
(was / [Sgg] / seltsam / das war / nämlich / [Frage])
3 — Naja, rund herum waren eine Menge Fahnen befestigt...
(naja / Wagen / [Bzw] / ringsherum / [Ort] / viel / [Bzw] / Fahne / [Sgg] / befestigt worden sein)
4 Und oben drauf war ein Lautsprecher befestigt, der irgendwelche Parolen verbreitete.
(darüber hinaus / Wagen / [Bzw] / oben / [Ort] / Lautsprecher / [Sgg] / befestigt sein // intensiv / [ustw] / etwas / [Erg. 4. F.] / gesagt haben)

ANMERKUNGEN

(1) Sie haben sicher schon bemerkt, daß die Bedeutung eines japanischen Wortes oft im Deutschen nicht genau wiedergegeben werden kann. Auf deutsch sprechen wir z.B. von drei Fahrzeugtypen mit vier Rädern: Personenkraftwagen, Lieferwagen, Lastkraftwagen. Im Japanischen gibt es dafür zwei Wörter: 自動車 *jidôsha* (oder 車 *kuruma*) und トラック *torakku*, vgl. Lektion 32, Satz 6. In der Umgangssprache wird 自動車 *jidôsha* für unsere beiden ersten Kategorien verwendet, für Personenwagen wie für Lieferwagen.

Lektion 58

5 - スピーカー は 何を 言って
　　su pî kâ　 wa nani o　i t te

いました か。
i ma shi ta ka

6 - 人 の 名前 を 繰り返し、
　　hito no　na mae o　ku ri kae shi,

繰り返し、言って いました。
ku ri kae shi,　i t te　i ma shi ta **(2)**

7 - ああ、 それ は 選挙 運動 の
　　a a,　　so re　wa sen kyo un dô　no

自動車 でしょう。
ji dô sha　de shô

8　大通り を 走りながら、
　　oo doo ri　o hashi ri na ga ra,

立候補者 の 名前 を 何度も
rik kô ho sha no　na mae o　nan do mo

繰り返して 言います。
ku ri kae shi te　i i ma su **(3)**

9 - 変わった 選挙 運動 の 仕方 です
　　ka wa t ta　sen kyo un dô　no shi kata　de su

ね。
ne

ANMERKUNGEN (Fortsetzung)
(2) In der Lektion 32, Anmerkung 2, haben wir Ihnen die Rolle der Form auf て *te* bei den Verben erklärt. Dieselbe Rolle kann eine noch einfachere Form spielen: ganz

5 — Was sagte der Lautsprecher?
   (Lautsprecher / [Hinweis] / was / [Erg. 4. F.] / gesagt haben / [Frage])
6 — Er hat immer wieder den Namen von jemandem wiederholt.
   (Mensch / [Bzw] / Name / [Erg. 4. F.] / wiederholen // wiederholen /// gesagt haben)
7 — Ach! Das war sicher ein Auto für die Wahlkampagne.
   (ach / das / [Hinweis] / Wahl-Bewegung / [Bzw] / Wagen / das muß sein)
8 Sie fahren Hauptverkehrsstraßen und wiederholen, ich weiß nicht wie oft, den Namen des Kandidaten.
   (große Straße / [Erg. 4. F.] / durchlaufen-während /// Kandidat / [Bzw] / Name / [Erg. 4. F.] / ich weiß nicht wie oft / wiederholen // sagen)
9 — Eine komische Art von Wahlkampagne!
   (geändert haben / Wahl-Bewegung / [Bzw] / Art zu machen / das ist / [ü.einst.])

ANMERKUNGEN (Fortsetzung)

einfach die Grundform bei den Verben, die nur eine haben und die Grundform auf *i* bei den Verben, die mehrere Grundformen haben. Wie hier: 繰り返し *kurikaeshi,* von 繰り返す *kurikaesu* „wiederholen". Diese Form und die Form auf て *te* gibt an: „Das ist nicht das letzte Verb, der Satz geht weiter". Die Form auf て *te* wird allgemein bevorzugt.

(3) 走りながら *hashirinagara.* 走る *hashiru* heißt entweder „fahren", wenn man von Fahrzeugen spricht und „laufen", wenn man von einer Person spricht. Die Endung ながら *nagara* wird an die Grundform der Verben mit nur einer Grundform und an die anderen Verben mit der Grundform auf *i*. Es drückt aus, daß die Handlung dieses Verbs zur selben Zeit wie die Handlung des Verbs im Hauptsatz stattfindet; beide Handlungen müssen notwendigerweise von derselben Person ausgeführt werden.

Lektion 58

10- 日本 で は そう いう やりかた
ni hon de wa sô i u ya ri ka ta

です。
de su

11- 選挙 が 近づく と 町 は
sen kyo ga chika zu ku to machi wa

うるさく なる でしょう ね。
u ru sa ku na ru de shô ne (4)

やりかた が わからない ので あきらめました。

12- そう です ね。日曜日 でも
sô de su ne. nichi yô bi de mo

ゆっくり 休む こと が
yu kku ri yasu mu ko to ga

できません。
de ki ma se n

13- 今回 は 何 の 選挙 です か。
kon kai wa nan no sen kyo de su ka

14- 都知事 選挙 です。
to chi ji sen kyo de su

10 — In Japan wird das so gemacht.
(Japan / [Ort] / [Vstk] / so / sagen / Art zu machen / das ist)
11 — Wenn die Wahlen bevorstehen, muß die Stadt laut werden!
(Wahl / [Sgg] / sich nähern / wenn // Stadt / [Hinweis] / laut / werden / das muß sein / [ü.einst.])
12 — O ja! Sogar am Sonntag kann man nicht mehr ungestört ausruhen.
(das ist so / [ü.einst.]) (Sonntag / sogar / ruhig / sich ausruhen / die Tatsache, daß / [Sgg] / nicht möglich sein)
13 — Um welche Wahlen handelt es sich diesmal?
(dieses Mal / [Hinweis] / was / [Bzw] / Wahl / das ist / [Frage])
14 — Um die Bürgermeisterwahlen in Tokio.
(Stadtverwaltung von Tokio-Wahl / das ist)

ANMERKUNGEN (Fortsetzung)

(4) 近づく *chikazuku*. Heute wollen wir Sie auf eine kleine Unregelmäßigkeit in der Schrift aufmerksam machen. Die Silbe *zu* wird normalerweise durch das Hiragana ず wiedergegeben. Aber Reste eines früheren Brauches, als es zwei verschiedene Hiragana für *zu* gab (ず und づ), haben sich erhalten. Zum Beispiel hier, wo das Wort 近づく *chikazuka* aus 近 *chika* „Nähe" und aus dem Verb つく *tsuku* zusammengesetzt ist. Durch eine Lautverschiebung wurde aus *tsu zu,* man behält das Hiragana つ , aber fügt ihm zwei kleine Punkte an づ . Dies ist immer dann der Fall, wenn das Wort *tsuku* als zweites Element in einem zusammengesetzten Wort vorkommt.

Lektion 58

練習
renshû

1. 家 の そば まで 帰って くる と、
   uchi no soba made kaette kuru to,

   息子 が 歌って いる の が
   musuko ga utatte iru no ga

   聞こえました。
   kikoemashita

2. 佐々木 さん は 今回 も お寺 の
   sasaki san wa konkai mo o tera no

   裏 に 住んで いる 親戚 の ところ
   ura ni sunde iru shinseki no tokoro

   に 泊まる でしょう。
   ni tomaru deshô

3. 料理 を しながら、時々 音楽 を
   ryôri o shinagara, tokidoki ongaku o

   聞きます。
   kikimasu

4. やりかた が わからない ので、
   yarikata ga wakaranai node,

   あきらめました。
   akiramemashita

5. 子供 でも わかる 説明 です。
   kodomo demo wakaru setsumei desu

Übungen

1. Als ich in die Nähe des Hauses kam, hörte ich meinen Sohn singen.
2. Zweifelsohne wird Herr Sasaki auch dieses Mal bei seinen Verwandten, die hinter dem Kloster wohnen, bleiben.
3. Manchmal höre ich beim Kochen Musik.
4. Da ich nicht gewußt habe, wie ich es machen sollte, habe ich aufgegeben.
5. Das ist eine Erklärung, die sogar ein Kind verstände.

... に 言葉 を 入れ なさい。
ni kotoba o ire nasai

1. *Wie du groß geworden bist, Kaoru!*

   kaoru chan wa . . . .

2. *Ich nehme oft meine Mahlzeiten ein, während ich mir die Nachrichten im Radio anhöre.*

   yoku . . . . ,

   shokuji o shimasu

3. *Es ist gefährlich, auf der Straße zu gehen und in den Himmel zu schauen.*

   . . . .

   wa . . . .

4. *Von dieser Wohnung im 18. Stock muß man das Meer sehen können. Das muß eine herrliche Aussicht sein.*

   . . . . kara . . . . . .

   . . . .

   . . . .

Lektion 58

5. *Ich suche. Ich laufe. Er amüsiert sich. Wir schreiben. Erinnern Sie sich?*

. . . .

. . . .

. . . .

平仮名 の 練習
hira ga na   no   ren shû

Hiraganaübungen
(Hiragana / [Bzw] / Übung)

か　き　く　け　こ
KA　KI　KU　KE　KO

* *

第五十九課　　　故障
dai go jû kyû ka　　　ko shô

1. もしもし、電気屋 さん です か。
   mo shi mo shi, den ki ya sa n de su ka **(1)**

Antwort: 1. - ookiku narimashita ne. **2.** - rajio no nyûsu o kikinagara, -. **3.** sora o minagara michi o aruku no - abunai desu. **4.** ano jû kyû kai no apâto - umi ga mieru deshô. subarashii nagame deshô ne. **5.** sagashite imasu. hashitte imasu. asonde imasu. kaite imasu. oboete imasu ka.

書き取り
kakitori   Diktat

1. *kaki* (Name einer Frucht) **3.** *kikai* (Maschine) **3.** *kikoku* (Rückkehr in die Heimat) **4.** *kaku* (schreiben) **5.** *koko* (hier) **5.** *ike* (Becken) **7.** *koke* (Moos) **8.** *iku* (gehen)

Antwort

1. かき　2. きかい　3. きこく

4. かく　5. ここ　6. いけ　7. こけ

8. いく

Zweite Welle: 第九課　9. Lektion

* *

Eine Betriebsstörung   Neunundfünfzigste Lektion
(Störung)   (ste / fünf-zehn-neun / Lektion)

1 — Hallo, sind Sie der Elektriker?
(hallo / Elektriker-Herr / das ist / [Frage])

ANMERKUNGEN

(1) Geschäftsnamen bestehen oft aus dem Namen des Verkauften (Ware) und dem Wort 屋 *ya,* das soviel wie „ein Geschäft" bedeutet. 電気 *denki* ist „die Elektrizität", 電気屋 *denkiya* heißt daher „ein Geschäft, in dem alles, was mit Elektrizität zu tun hat, verkauft wird (vgl. auch Lektion 20, Satz 1; Lektion 34, Titel). Wenn wir vom Händler sprechen, genügt es, さん *san* anzuhängen.

Lektion 59

2 こちら は 竹内 です が、電気
　ko chi ra wa take uchi de su ga, den ki
　洗濯機 が 故障 して いる ので、
　sen taku ki ga ko shô shi te i ru no de,
　直し に 来て くれます か。
　nao shi ni ki te ku re ma su ka

3- はい、かしこまりました。
　ha i, ka shi ko ma ri ma shi ta (2)

困った こと です ね。

4 明日 の 水曜日 の 朝 うかがいます。
　ashita no sui yô bi no asa u ka ga i ma su (3)
　次 の 日 の 朝
　tsugi no hi no asa

5 はい、洗濯機 は 直りました。
　ha i, sen taku ki wa nao ri ma shi ta (4)

6 ねじ が 五つ 取れて いました。
　ne ji ga itsu tsu to re te i ma shi ta

発音 *hatsuon*: **2.** take-utschi

2   Hier spricht Frau Takeuchi, meine Waschmaschine funktioniert nicht, können Sie sie reparieren kommen?
(diese Seite / [Hinweis] / Takeuchi / das ist / aber /// elektrische-Waschmaschine / [Sgg] / Panne-machen / weil // reparieren / [Ziel] / kommen / machen für mich / [Frage])
3 — Ja, einverstanden.
4   Ich komme morgen, am Mittwoch Vormittag.
(morgen / [Beifügung] / Mittwoch / [Bzw] / Vormittag / kommen)

Am nächsten Vormittag
(folgend / [Bzw] / Tag / [Bzw] / Vormittag)

5   So, die Waschmaschine ist repariert.
(ja / Waschmaschine / [Hinweis] / repariert worden sein)
6   Fünf Schrauben haben gefehlt.
(Schraube / [Sgg] / fünf / weggenommen worden sein)

ANMERKUNGEN (Fortsetzung)

(2) かしこまりました *kashikomarimashita*.

Wiederum ein Ausdruck, den nur Verkäufer verwenden (vgl. Lektion 18, Satz 14): ,,Es wird so sein, wie Sie es wünschen'', ,,zu Ihren Diensten'' usw.

(3) うかがう *ukagau* ist ein Verb, das für die höhere Stufe einiger Verben verwendet wird, aber nur dann, wenn der Satzgegenstand **ICH** ist (vgl. Lektion 49, Absatz 2). Wir haben es schon in der Verwendung in der höhere Stufe gesehen, wenn es 聞く *kiku* ,,fragen'' oder ,,sagen hören'' entspricht (Lektion 47, Satz 2). Es wird auch für die höhere Stufe des Verbes たずねる *tazuneru* verwendet, das ,,zu jemandem gehen'' bedeutet. Daher hier: うかがいます *ukagaimasu* ,,ich komme''.

(4) Bitte verwechseln Sie die beiden Verben nicht 直す *naosu* ,,wiederherstellen, heilen'': ... を 直す *... o naosu* ,,reparieren (einen Gegenstand)'' und 直る *naoru* ,,wiederhergestellt sein, geheilt sein'': 直りました *naorimashita* ,,das ist wiederhergestellt, das ist geheilt''.

Lektion 59

7 — あ、電気屋さん、ついでに掃除機も見てくれますか。

8 — はいはい、電気掃除機もね。

9 おかしいな。これもねじが三つ足りませんよ。

10 — 冷蔵庫もお願いできるかしら。 (5)

11 — 奥さん、いったい、どういうことですか。皆ねじが抜けています。

12 — 主人が四ヶ月前に会社を退職しました。それ以来、退屈して、家中の電気器具を全部分解して組み立てるのです。(6)(7)

発音 *hatsuon*: **12.** ije

7 — Ach, Herr Elektriker, wenn Sie schon hier sind, können Sie auch meinen Staubsauger anschauen?
(ach / Elektriker-Herr / bei derselben Gelegenheit / [ustw] / Staubsauger / auch / anschauen / machen für mich / [Frage])

8 — Aber ja, den Staubsauger auch.
(ja / ja / elektrischer-Staubsauger / auch / [ü.einst.])

9 Das ist komisch, auch hier fehlen drei Schrauben.
(komisch sein / [überlegend]) (das / auch / Schraube / [Sgg] / drei / nicht genügend sein / [behauptend])

10 — Darf ich Sie vielleicht auch bitten, nach dem Kühlschrank zu sehen?
(Kühlschrank / auch / [höflich]-Frage / möglich sein / vielleicht)

11 — Ja, aber, gnädige Frau, was ist denn hier los? Überall fehlen Schrauben!
(Frau / schließlich / wie / sagen / eine Tatsache / das ist / [Frage]) (alle / Schraube / [Sgg] / fehlen)

12 — Mein Mann ist vor vier Monaten in den Ruhestand getreten. Da er sich langweilt, baut er seitdem alle Elektrogeräte im ganzen Haus auseinander und setzt sie wieder zusammen.
(mein Mann / [Sgg] / vier-Monat-vor / [Zeit] / Unternehmen / [Erg. 4. F.] / aufgeben für den Ruhestand-gemacht haben) (das / seit / Langweile-machen /// im ganzen Haus / [Bzw] / Elektrogerät / [Erg. 4. F.] / ganz / auseinandernehmen-machen // zusammenbauen / nämlich)

ANMERKUNGEN (Fortsetzung)

(5) かしら *kashira*. Ein typisch weiblicher Ausdruck, der immer am Satzende steht. Er drückt eine diskrete Frage aus: „Ist es zufällig..." oder einen Zweifel: „Ich frage mich, ob..." oder ein Zögern: „Vielleicht...".

(6) 四ヶ月 *yonkagetsu,* vgl. Lektion 34, Anmerkung 7.

(7) Vgl. Lektion 52, Anmerkung 2 und Lektion 54, Anmerkung 8. Hier drückt die Form auf て *te* die Beziehung zwischen Ursache und Wirkung aus. Daneben gibt es natürlich präzisere Worte wie から *kara* oder ので *node*.

Lektion 59

13 - 困った こと です ね。
koma t ta ko to de su ne

練習
renshû

1. 電気屋 さん に 行きました。再来週
   denkiya san ni ikimashita. saraishû

   まで に テレビ を 直して くれる
   made ni terebi o naoshite kureru

   そう です。
   sô desu.

2. 今晩 友達 が 八人 遊び に 来る
   konban tomodachi ga hachinin asobi ni kuru

   こと に なった ので、隣 の
   koto ni natta node, tonari no

   奥さん に フォーク を 五つ
   okusan ni fôku o itsutsu

   借りました。
   karimashita

3. 主人 が 旅行 から めずらしい 物
   shujin ga ryokô kara mezurashii mono

   を たくさん 持って 帰りました から、
   o takusan motte kaerimashita kara,

   是非 見 に 来て 下さい。
   zehi mi ni kite kudasai.

13 — Das ist sehr ärgerlich!
(ärgerlich sein / eine Tatsache / das ist / [ü.einst.])

---

4. あさって は 町中 の 店 が 休み
   asatte wa machijû no mise ga yasumi

   です。
   desu

5. 冷蔵庫 は ねじ が たくさん 抜けて、
   reizôko wa neji ga takusan nukete,

   故障 して います。
   koshô shite imasu

Übungen

1. Ich bin zum Elektriker gegangen. Er hat gesagt, daß er den Fernsehapparat innerhalb von vierzehn Tagen reparieren wird.
2. Heute Abend kommen acht Freunde zu mir zum Essen, daher habe ich mir fünf Gabeln bei meiner Nachbarin ausgeborgt.
3. Mein Mann hat von seiner Reise zahlreiche seltene Gegenstände mitgebracht, kommen Sie sie auf jeden Fall ansehen.
4. Übermorgen sind alle Geschäfte in der Stadt geschlossen.
5. Da am Kühlschrank viele Schrauben fehlen, funktioniert er nicht.

... に 言葉 を 入れ なさい。
ni kotoba o ire nasai

1. *Um von mir aus zum Museum zu gehen, muß man drei große Straßen überqueren.*

   . . . . iku no ni,

   . . . .

Lektion 59

2. *Meine jüngere Schwester, die seit neun Monaten im Ausland ist, hat mir einen langen Brief geschickt.*

. . . . mae kara gaikoku . . . .

. . . . okutte . . . .

3. *Ich hatte die Absicht, Herrn Takemoto abzuholen, aber ich hatte eine Panne, und ich war sehr ärgerlich.*

Takemoto san . . . .

. . , ... shimat . . ,

. . . .

平仮名 の 練習
hira ga na　　no　　ren shû

Hiraganaübungen
(Hiragana / [Bzw] / Übung)

が　ぎ　ぐ　げ　ご
GA　　GI　　GU　　GE　　GO

* *

4. *Während der Sommerferien backt mir meine Großmutter jeden Tag einen Kuchen.*

   natsu yasumi ni wa, ...

   . . . .

5. *Die alte Frau von gegenüber hat gesagt: „Vielleicht regnet es heute abend?".*

   " . . . . " . . mukai no

   obaasan ga . . . .

Antwort: 1. uchi kara bijutsukan e -, oodoori o mittsu watarimasu. 2. kyûkagetsu - ni iru imôto ga nagai tegami o - kuremashita. 3. - o mukae ni iku tsumori deshita ga, kuruma ga koshô shite - te, komarimashita. 4. -, mainichi obaasan ga o kashi o tsukutte kuremasu. 5. yoru ame ga furu kashira to - iimashita.

書き取り Diktat

1. *gogo* (Nachmittag) 2. *eiga* (Kino) 3. *kuge* (Hofadliger) 4. *kigu* (Gerät) 5. *ikaga* (wie) 6. *gaikoku* (Ausland) 7. *kagi* (Schlüssel)

Antwort

1. ごご   2. えいが   3. くげ   4. きぐ

5. いかが   6. がいこく   7. かぎ

Zweite Welle: 第十課 10. Lektion

* *

第六十課 (だいろくじゅっか / dai roku juk ka) — 新幹線 (しんかんせん / shin kan sen)

1 — 先週 新幹線 で 九州 の 孫 の ところ まで 行きました。
sen shû shin kan sen de kyû shû no mago no to ko ro ma de i ki ma shi ta **(1) (2)**

2 — 新幹線 は 初めて でした か。
shin kan sen wa haji me te de shi ta ka

3 — はい、 そう です。 とても 楽しかった です。
ha i, sô de su. to te mo tano shi ka t ta de su

4 六時間半 しか かかりません でした。
roku ji kan han shi ka ka ka ri ma se n de shi ta **(3)**

5 昔 と 比べる と ね。
mukashi to kura be ru to ne **(4)**

6 今 の 世 の 中 は 変わりました。
ima no yo no naka wa ka wa ri ma shi ta

7 車内 から 電話 も かけました。
sha nai ka ra den wa mo ka ke ma shi ta

発音 (はつおん) *hatsuon:* **1.** ßen'schüü - kjüüschüü

ANMERKUNGEN

(1) 九州 *kyûshû* ist von den vier größten Inseln, aus denen Japan besteht – abgesehen von den hunderten von kleinen Inseln – die südlichste. Von Norden nach Süden heißen die Inseln: Hokkaidô, Honshû, Shikoku, Kyûshû.

Der Shinkansen   Sechzigste Lektion
(Shinkansen)   (ste / sechs-zehn / Lektion)

1 — Letzte Woche bin ich mit dem Shinkansen zu meinen Enkelkindern in Kyûshû gefahren.
(letzte Woche / Shinkansen / [Mittel] / Kyûshû / [Bzw] / Enkelkind / [Bzw] / Ort / bis / gegangen sein)

2 — Zum ersten Mal mit dem Shinkansen?
(Shinkansen / [Hinweis] / zum ersten Mal / das war / [Frage])

3 — Ja. Es war sehr angenehm.
(ja / das ist so) (sehr / angenehm gewesen sein / das ist)

4   Es hat nur sechseinhalb Stunden gedauert.
(sechs-Stunde-halb / nur / nicht genommen haben)

5   Wenn man das mit früher vergleicht!
(früher / mit / vergleichen / wann / [ü.einst.])

6   Die heutige Welt hat sich sehr verändert!
(jetzt / [Bzw] / Welt / [Bzw] / innerhalb / [Hinweis] / verändert haben)

7   Ich habe sogar vom Zug aus telefoniert.
(innen im Wagon / von / Telefon / sogar / in Betrieb setzen)

ANMERKUNGEN (Fortsetzung)

(2) 新幹線 *shinkansen*. Diesen Zug gibt es seit 1964. Er fährt von Tokio aus in den Süden Japans und braucht für die 1 100 km von Tokio zu den großen Städten im Norden von Kyûshû nur sechseinhalb Stunden. Eine weitere Linie geht von Tokio zum nördlichsten Punkt von Honshû. Der französische TGV ist zwar schneller, aber dafür entsprechen die Abfahrtszeiten des Shinkansen fast der einer Untergrundbahn. Pro Tag gibt es 120 Abfahrten in beide Richtungen, an manchen Tagen sogar 150!

(3) しか *shika*, vgl. Lektion 30, Anmerkung 4.

(4) Bei einigen Verben, die einen Vergleich ausdrücken, dient と *to* dazu, die normale Ergänzung einzuleiten, was etwa unserem „mit" oder „(dasselbe) wie" entspricht. Vgl. Lektion 62, Übung 1, Satz 5.

Lektion 60

8 しかし 窓 が 開かない のは 残念 です。
shi ka shi mado ga a ka na i no wa zan nen de su **(5)**

9 - それ は 冷房 の ため でしょう。
so re wa rei bô no ta me de shô **(6)**

10 - 確かに そう でしょう ね。外
tashi ka ni sô de shô ne soto

は とても 蒸し暑かった の です
wa to te mo mu shi atsu ka t ta no de su

が、新幹線 の 中 は 冷房 の
ga , shin kan sen no naka wa rei bô no

おかげ で、涼しくて 少し 寒い
o ka ge de , suzu shi ku te suko shi samu i

くらい でした。
ku ra i de shi ta

11 椅子 も 座り心地 が よくて、
i su mo suwa ri goko chi ga yo ku te ,

横浜 から 京都 まで 眠って
yoko hama ka ra kyô to ma de nemu t te

しまいました。
shi ma i ma shi ta **(7) (8) (9)**

ANMERKUNGEN (Fortsetzung)
(5) の *no,* vgl. Lektion 47, Anmerkung 4.
(6) ため *tame,* nach einem Substantiv hat zwei Bedeutungen. Die erste kennen wir schon: ,,für'' (vgl. Lektion 16, Satz 11 und die Übung 1, Satz 4; Lektion 38, Sätze 10 und 11 und Übung 1, Satz 4). Die zweite Bedeutung, wie hier, ist ,,wegen''.

8 Aber es ist schade, daß die Fenster nicht aufgehen.
(aber / Fenster / [Sgg] / sich nicht öffnen / die Tatsache, daß / [Hinweis] / schade / das ist)

9 — Das wird wegen der Klimaanlage sein.
(das / [Hinweis] / Klimaanlage / [Bzw] / wegen / das muß sein)

10 — Ganz sicher. Draußen war es sehr heiß und feucht, während es im Shinkansen dank der Klimaanlage kühl, ja fast ein wenig kalt war.
(sicher / [ustw] / so / das muß sein / [ü.einst.])
(Außenseite / [Hinweis] / sehr / heiß und feucht gewesen sein / nämlich / aber /// Shinkansen / [Bzw] / Innenseite / [Hinweis] / Klimaanlage / [Bzw] / dank / [Mittel] / frisch sein // ein wenig / kalt sein / fast / das war)

11 Die Sitze sind bequem, von Yokohama nach Kyôto habe ich geschlafen.
(Sitz / auch / sich setzen-Stellung / [Sgg] / gut sein // Yokohama / von / Kyôto / bis / schlafen / ganz gemacht haben)

(7) Blättern Sie bitte zur Lektion 35, zum Ende des 3. Absatzes zurück. Das einzige etwas unregelmäßige Adjektiv war いい *ii* „gut sein", dessen weitere Formen mit よい *yoi* konstruiert werden. Das gleiche geschieht mir der Form auf て *te* dieses Adjektivs (vgl. Lektion 54, Anmerkung 9). Das て *te* wird an die Form auf く *ku* des Adjektivs angehängt. Für いい *ii* wird die Form zu よく *yoku*.

(8) Yokohama liegt ungefähr 30 Kilometer südwestlich von Tokio. Als Hafenstadt war sie eine der ersten, die sich zu Ende des 19. Jahrhunderts dem Westen öffnete. Yokohama hat nach wie vor eine eigene Atmosphäre.

(9) Kyôto folgte Nara als Hauptstadt (vgl. Lektion 57, Anmerkung 2) im Jahr 794. Sie liegt 500 km westlich von Tokio und ist die Stadt mit den meisten Sehenswürdigkeiten: der Kaiserpalast, eine Reihe von buddhistischen Klöstern und Shintoschreinen (siehe den Buchdeckel). Dort erreichte die höfische Kultur ihre Blüte.

12 あなた も 一度 乗って みたら
    a na ta mo ichi do no t te mi ta ra

   いかが です か。
   i ka ga de su ka **(10)**

13- 私 は 毎週 仕事 で 新幹線
    watakushi wa mai shû shi goto de shin kan sen

   で 大阪 まで 行って います。
   de oo saka ma de i t te i ma su **(11)**

13. majschüü

昔 と 比べる と ね。

練習
renshû

1. この 田舎 の 食べ物 は 町 の
   kono inaka no tabemono wa machi no

   食べ物 と 比べる と、随分 新鮮
   tabemono to kuraberu to, zuibun shinsen

   で、おいしい です ね。
   de, oishii desu ne

12 Und Sie, würden Sie ihn nicht auch gerne einmal nehmen?
(Sie / auch / einmal / einsteigen / wenn Sie machten, um zu sehen // wie / das ist / [Frage])

13 — Was mich anlangt, fahre ich jede Woche mit dem Shinkansen zu meiner Arbeit nach Ôsaka.
(ich / [Hinweis] / jede Woche / Arbeit / [Mittel] / Shinkansen / [Mittel] / Ôsaka / bis / gehen)

ANMERKUNGEN (Fortsetzung)

(10) 乗って みたら *notte mitara*, vgl. Lektion 51, Anmerkung 2. Hier hat die Verbindung von einer Form auf て *te* eines Verbs mit みる *miru* eine andere Bedeutung. 乗る *noru*: „in ein Fahrzeug einsteigen", 乗って みる *notte miru* „einsteigen, um zu sehen, um zu versuchen". Die Endung たら *tara* bedeutet „wenn".

(11) Ôsaka, ganz in der Nähe von Kyôto (diese zwei Städte sind die zwei großen Metropole in der Kansairegion, vgl. Lektion 32, Anmerkung 1), war die größte Handelsstadt der Edoperiode (vgl. Lektion 17, Anmerkung 3). Dort wurden im 17. Jahrhundert die Grundlagen gelegt, auf denen die wirtschaftliche Prosperität des modernen Japans beruht.

---

2. 内田 さん は 事故 に 会った そう
uchida san wa jiko ni atta sô

です が、きっと すごい スピード
desu ga, kitto sugoi supîdo

で 走って いた ため でしょう。
de hashitte ita tame deshô

Lektion 60

3. 道 が こんな に 混んで いる の
   michi ga konna ni konde iru no

   は 選挙 が ある ため でしょう。
   wa senkyo ga aru tame deshô

4. お 箸 で 食べて みたら、どう
   o hashi de tabete mitara, dô

   です か。
   desu ka

5. おととい の 夜 は、皆 留守 で、
   ototoi no yoru wa, minna rusu de,

   雨 も 降って いて、家 の 中 は
   ame mo futte ite, ie no naka wa

   寒くて、大変 さびしかった です。
   samukute, taihen sabishikatta desu

... に 言葉 を 入れ なさい。
ni kotoba o ire nasai

1. *Das erste Mal, als ich mit dem Shinkansen fuhr, das war im Jahre 1964, als er gebaut wurde.*

   . . . . ,

   shinkansen ga dekita . . . .

   nen . . . .

2. *Das Stück war interessant, aber da die Kinder sagten, daß sie müde waren, sind wir schnell nach Hause gegangen.*

   shibai . . . . , ...

   . . nemui nemui . . . . , ...

   . . . .

Übungen

1. Wenn man die Produkte hier auf dem land mit denen in der Stadt vergleicht, sind sie hier viel frischer, viel besser!
2. Es heißt, daß Herr Uchida einen Unfall gehabt hat; das ist sicherlich auf seine verrückte Geschwindigkeit zurückzuführen.
3. Wenn die Straßen so verstopft sind, so ist das sicherlich wegen der Wahlen.
4. Und wenn Sie versuchten, mit Stäbchen zu essen?
5. Vorgestern Abend war die ganze Familie außerhalb, es hat geregnet, das Haus war kalt, es war wirklich trübselig.

---

3. *Der letzte Winter war sehr kalt.*

. . . .

. . . . . .

4. *Auf dieser Insel sind die Sommer frisch und die Winter mild, es ist ein Ort, in dem es sich gut leben läßt.*

. . . . , ... ,

. . . . , sumigokochi . . . .

5. *Der Bau dieses Gymnasiums hat nur fünfeinhalb Monate gedauert.*

. . . . no ni,

. . . .

Antwort: 1. hajimete shinkansen ni notta no wa, - sen kyû hyaku roku jû yon - deshita. 2. - wa omoshirokatta noni, kodomo ga - to itta node, hayaku kaeru koto ni narimashita. 3. kyonen no fuyu wa totemo samukatta no desu. 4. kono shima wa, natsu wa suzushikute, fuyu wa atatakakute, - ga ii desu. 5. kono kôtôgakkô o tateru -, gokagetsu han shika kakarimasen deshita.

Lektion 60

ひらがな の 練習
hira ga na no ren shû

Hiraganaübungen
(Hiragana / [Bzw] / Übung)

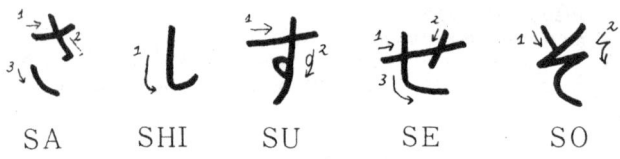

SA　SHI　SU　SE　SO

* *

第六十一課　　　　　　　　返事
dai roku jû ik ka　　　　　　　　hen ji

1 — 手紙 を 確か に 夕べ
    te gami o tashi ka ni yû be

　　受け取りました。 ありがとう
　　u ke to ri ma shi ta.　a ri ga tô

　　ございました。
　　go za i ma shi ta

2 　電話 で 速達 で 送って くれた
　　den wa de soku tatsu de oku t te ku re ta

　　と 言って いた ので、毎日
　　to i t te i ta no de, mai nichi

　　ポスト を 見 に 行って、
　　po su to o mi ni i t te,

　　楽しみ に して いました。
　　tano shi mi ni ˜ shi te i ma shi ta

書き取り
か と

Diktat

1. *saigo* (letzte) **2.** *sasou* (einladen) **3.** *shikashi* (jedoch) **4.** *seki* (Husten) **5.** *isu* (Sitz) **6.** *asoko* (dort unten) **7.** *sekai* (Welt) **8.** *kasu* (leihen)

Antwort

1. さいご　2. さそう　3. しかし　4. せき

5. いす　6. あそこ　7. せかい　8. かす

Zweite Welle: 第十一課　11. Lektion

* *

Die Antwort	Einundsechzigste Lektion
(Antwort)	(ste / sechs-zehn-eins / Lektion)

1 — Ich habe deinen Brief gestern Abend erhalten und danke dir dafür.
(Brief / [Erg. 4. F.] / genau / [ustw] / gestern Abend / erhalten haben) (danke)

2 　Da du mir am Telefon gesagt hattest, daß du ihn per Eilboten an mich geschickt hast, habe ich jeden Tag freudig in meinem Briefkasten nachgeschaut.
(Telefon / [Mittel] / Eilbote / [Mittel] / schicken / gemacht haben für mich / [Zitat] / gesagt haben / weil /// jeden Tag / Briefkasten / [Erg. 4. F.] / nachschauen / [Ziel] / gehen // Freude / [Ziel] / gemacht haben)

Lektion 61

3 ところが 電話 を もらって から
   to ko ro ga den wa o mo ra t te ka ra

   十日 後 に やっと 着きました。
   tô ka go ni ya t to tsu ki ma shi ta

4 おかしい と 思って 封筒 を
   o ka shi i to omo t te, fû tô o

   よく 見たら、住所 が 半分 しか
   yo ku mi ta ra, jû sho ga han bun shi ka

   書いて ありません でした。
   ka i te a ri ma se n de shi ta

5 東京都、北区、西ケ原 まで は
   tô kyô to, kita ku, nishi ga hara ma de wa

   ちゃんと 書いて ありました が、
   cha n to ka i te a ri ma shi ta ga,

   その 後 番地 が 抜けて いました。
   so no ato ban chi ga nu ke te i ma shi ta (1)(2)(3)

6 しかも、それでも 着いた の です
   shi ka mo, so re de mo tsu i ta no de su

   から、私 も 有名 な の です
   ka ra, watashi mo yû mei na no de su

   ね。
   ne

ANMERKUNGEN

(1) Die Reihenfolge der japanischen Adresse ist umgekehrt. Zuerst kommt die Stadt, dann eventuell der Bezirk, dann das Stadtviertel, die Hausnummern und zum Schluß der Name des Empfängers. 東京都 *tôkyôto* ist die korrekte Postanschrift für die Stadt Tokio, wörtlich „Tokio-Hauptstadt".

3   Endlich also ist er zehn Tage nach deinem Anruf angekommen.
(also / Telefon / [Erg. 4. F.] / empfangen / seitdem // zehn-Tag-danach / [Zeit] / endlich / angekommen sein)

4   Da ich dies sehr seltsam fand, habe ich mir den Briefumschlag genauer angesehen - es stand nur die halbe Adresse darauf!
(seltsam sein / [Zitat] / denken ///Briefumschlag / [Erg. 4. F.] / gut / wenn man anschaut // Adresse / [Sgg] / Hälfte / nur / nicht geschrieben worden sein)

5   Tokio, Kita-ku, Nishigahara, bis hierher war es korrekt geschrieben, aber dann fehlten die Nummern.
(Tokio / Kita-ku / Nishigahara / bis / [Vstk] / korrekt / geschrieben worden sein / aber // dasfolgend / Hausnummern / [Sgg] / fehlend sein)

6   Daß der Brief trotz allem angekommen ist, beweist wie berühmt ich bin!
(aber / trotzdem / angekommen sein / nämlich / weil // ich / auch / berühmt / das ist / nämlich / [ü.einst.])

ANMERKUNGEN (Fortsetzung)

(2) 北区 *kita-ku,* wörtlich „der Nordbezirk", 西ケ原 *nishi ga hara,* wörtlich „die Ebene des Westens".

(3) 番地 *banchi.* Die großen Städte sind in Bezirke eingeteilt, die 区 *ku* heißen. Diese wiederum sind in Stadtviertel unterteilt. Es gibt keine Straßennamen, dagegen hat jeder Häuserblock eine Nummer und jedes Haus in diesem Block ebenfalls eine Nummer. Angrenzende Häuser haben daher fast nie aufeinanderfolgende Nummern. Für Ausländer ist es deswegen schwierig, die Häuser ausfindig zu machen. Wenn Sie abenteuerlustig sind, dann gibt es nichts Aufregenderes als sich ganz allein, nur mit der Adresse bewaffnet, auf die Suche eines unbekannten Hauses zu machen. Brechen Sie zeitig auf, ziehen Sie gute Schuhe an, nehmen Sie einen Kompaß mit und - viel Glück!

Lektion 61

7 日本 の 郵便 配達 は サービス
ni hon no yû bin hai tatsu wa sâ bi su

が いい の です ね。
ga i i no de su ne **(4)**

8 わざわざ 時間 を かけて 捜して
wa za wa za ji kan o ka ke te saga shi te

くれた の です から。
ku re ta no de su ka ra **(5)**

9 この 次 は、急ぎ の 手紙 に
ko no tsugi wa, iso gi no te gami ni

は、速達 で 送る より も、住所
wa, soku tatsu de oku ru yo ri mo, jû sho

を 正確 に 書いて 下さい ね。
o sei kaku ni ka i te kuda sa i ne

リビング へ 戻って きたら、だれも いなかった。

ANMERKUNGEN (Fortsetzung)

(4) サービス *sâbisu*, aus dem Englischen ,,service'', ein Grundbegriff für Angestellte im Verkauf oder Dienstleistungsgewerbe und Umgang mit Kunden. Es umfaßt alles, was den Verkauf eines Produktes fördert: den Rahmen, die Organisation, die Haltung des Händlers oder des Angestellten, seine Ratschläge, die kleinen Geschenke...

7 Auf die Zustellung von Briefen kann man sich in Japan verlassen!
(Japan / [Bzw] / Brief-Zustellung / [Hinweis] / Dienst / [Sgg] / gut sein / nämlich / [ü.einst.])

8 Es hat sie viel Zeit gekostet, mich zu suchen.
(absichtlich / Zeit / [Erg. 4. F.] / verwenden // suchen / gemacht haben für mich / nämlich / weil)

9 Das nächste Mal, wenn du einen dringenden Brief schickst, schreib lieber die genaue Adresse drauf, anstatt ihn per Eilboten zu senden.
(das-folgend / [Vstk] / Dringlichkeit / [Bzw] / Brief / [Ziel] / [Vstk] / express / [Mittel] / schicken / eher als // Adresse / [Erg. 4. F.] / genau / [ustw] / schreibe / [ü.einst.])

ANMERKUNGEN (Fortsetzung)

(5) わざわざ *wazawaza*. Dieses Wort will ausdrücken, daß sich jemand besonders um Sie, über seine normalen Pflichten hinausgehend, bemüht hat. Das erklärt seine Verwendung in Höflichkeitsformeln wie in der Lektion 53, Satz 14.

練習
renshû

1. 大阪 に 着いて から あまり
oosaka ni tsuite kara amari

いそがしくて、川口 さん に 会う
isogashikute, kawaguchi san ni au

こと も できません でした。
koto mo dekimasen deshita

Lektion 61

2. 手紙を送ってから三ヶ月
   tegami o okutte kara sankagetsu

   経ちましたが、返事が全然
   tachimashita ga, henji ga zenzen

   来ません。
   kimasen

3. 遠くから見た時は広く
   tooku kara mita toki wa hiroku

   見えましたが、近くから見たら、
   miemashita ga, chikaku kara mitara,

   狭かったです。
   semakatta desu

4. リビングへ戻ってきたら、もう
   ribingu e modotte kitara, mô

   だれも いなかった。
   daremo inakatta

5. 一度にたくさん休むよりも、
   ichido ni takusan yasumu yori mo,

   少しずつ休みを取る方が
   sukoshi zutsu yasumi o toru hô ga

   いいです。
   ii desu

...に言葉を入れなさい。

ni kotoba o ire nasai

1. *Ich ging sie besuchen, aber man hat mir gesagt, daß sie zwei Tage nach Einlieferung ins Krankenhaus weggegangen sei.*

   . . . . , ...

   . . . . futsuka . . ni kaetta . . . .

Übungen

1. Da ich seit meiner Ankunft in Ôsaka sehr beschäftigt war, habe ich noch nicht einmal Fräulein Kawaguchi sehen können.
2. Seit ich meinen Brief aufgegeben habe, sind drei Monate vergangen, und ich habe noch immer keine Antwort erhalten.
3. Aus der Ferne betrachtet sah es riesig aus, aber aus der Nähe war es ganz klein.
4. Als ich in das Wohnzimmer zurückkehrte, war niemand mehr dort.
5. Es ist besser, öfter ein wenig auszuruhen, als einmal lange.

---

2. *Gestern Abend, als ich in Richtung Norden schaute, sah ich eine sonderbare Maschine starten.*

. . . . tara, ...

. . . . iku . . . . miemashita

3. *Tragen Sie hier korrekt Ihren Namen, Ihre Adresse, Ihre Staatsangehörigkeit und Ihren Beruf ein.*

. . . .

. . . .

4. *Dieses Mal bin ich nur zehn Tage geblieben.*

. . . .

. . . .

5. *Mein Lebtag (seitdem ich geboren bin) habe ich noch nie so eine außergewöhnliche Geschichte gehört!*

. . . . konna ni . . . .

. . . .

Lektion 61

Antwort: 1. o mimai ni ikimashita ga, nyûin shite kara - go - sô desu. 2. yûbe kita no hô o mi-, okashii kikai ga tobitatte - no ga -. 3. namae to jûsho to kokuseki to shokugyô o koko ni seikaku ni kaite kudasai. 4. konkai tôka shika tomarimasen deshita. 5. umarete kara - mezurashii hanashi wa kiita koto ga arimasen.

平仮名 の 練習
hira ga na   no   ren shû

Hiraganaübungen
(Hiragana / [Bzw] / Übung)

ざ じ ず ぜ ぞ ん
ZA JI ZU ZE ZO   N

* *

第六十二課　　　　銭湯
dai roku jû ni ka　　　　sen tô

1 - 今 私 が 下宿 して いる
ima watashi ga ge shuku shi te i ru

ところ は お 風呂 も シャワー も
to ko ro wa o fu ro mo sha wâ mo

ありません。
a ri ma se n **(1) (2)**

ANMERKUNGEN
(1) お 風呂 *o furo*. Das Baden ist einer der wichtigen Momente im japanischen Tagesablauf. Es wird stets sehr heiß gebadet, über 40 Grad, was im Winter natürlich den Körper erwärmt und paradoxerweise im Sommer den Körper erfrischt! Versuchen Sie es doch auch einmal! Das

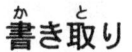
書き取り Diktat

1. *jiko* (Unfall) 2. *shizuoka* (Name einer Stadt) 3. *suzuki* (Familienname) 4. *zenzen* (absolut) 5. *suizokukan* (Aquarium [Gebäude]) 6. *anzen* (Sicherheit) 7. *oji* (mein Onkel)

Antwort

1. じこ   2. しずおか   3. すずき
4. ぜんぜん   5. すいぞくかん   6. あんぜん
7. おじ

Zweite Welle: 第十二課 12. Lektion

* *

Zweiundsechzigste Lektion
(ste / sechs-zehn-zwei / Lektion)
Im öffentlichen Bad
(öffentliches Bad)

1 — Wo ich jetzt wohne gibt es weder ein Bad noch eine Dusche.
(jetzt / ich / [Sgg] / Vermietung-machen / Ort / [Hinweis] / [ungezw]-Bad / auch / Dusche / auch / sich nicht befinden)

ANMERKUNGEN (Fortsetzung)

Baden ist in zwei Etappen unterteilt: Zuerst wäscht man sich, was immer außerhalb des Beckens gemacht wird, dann erst, wenn man sauber ist, taucht man in die Wanne, da das Wasser so für alle Familienmitglieder verwendet wird.

(2) Man verwendet das Wort 下宿 *geshuku* dann, wenn man eine Wohnung bei jemandem mietet, der im selben Haus wohnt (oft ein Zimmer).

Lektion 62

2 - 不便 でしょう。

3 - ええ、でも すぐ 近くに 銭湯 が あります から、毎晩 行きます。

4 その 銭湯 は 立派 で、湯槽 は 深く、ひろびろ と して います。(3)(4)

でも 私 は 全然・平気 です。

5 六時 ごろ 行く と 満員 です が、夜 の 十時 すぎ は すいて いて、その 広い 湯槽 に 浸かって いる と、いい 気持 に なります。

2 — Das muß ungemütlich sein!
(ungemütlich / das muß sein)
3 — Ja! Aber gleich daneben gibt es ein öffentliches Bad, in das ich jeden Abend gehe.
(ja / jedoch / gleich daneben / Nähe / [Ort] / öffentliches Bad / [Sgg] / sich befinden / weil // jeden Abend / gehen)
4   Dieses Bad ist phantastisch, das Warmwasserbecken ist tief und sehr geräumig.
(diese / öffentliches Bad / [Hinweis] / phantastisch / das ist /// Warmwasserbecken / [Hinweis] / tief sein // geräumig-machen)
5   Wenn man gegen sechs Uhr abends hingeht ist es voll, aber gegen zehn Uhr abends ist es leer, und es ist eine Wonne, in das große Warmwasserbecken zu tauchen.
(sechs-Uhr-ungefähr / gehen / da // voller Leute / das ist / aber //// Abend / [Bzw] / zehn-Uhr-nach / [Vstk] / leer sein /// das / groß sein / Warmwasserbecken / [Ziel] / tauchen / da // gut sein / Gefühl / [Ziel] / werden)

ANMERKUNGEN (Fortsetzung)

(3) Es gibt noch sehr viele Wohnungen, die keine Badezimmer haben. Daher gibt es, sogar in den Großstädten, zahlreiche öffentliche Bäder. In einem großen Saal gibt es eine Reihe von Duschen, in denen man sich wäscht, dann gibt es 湯槽 *yubune* „Warmwasserbecken", in dem die Kunden baden können. Diese Becken, 2 bis 3 m mal 4 bis 5 m groß, sind eher kleine Schwimmbecken als Badewannen.

(4) 深く,... *fukaku...* vgl. Lektion 58, Anmerkung 2. Bei Adjektiven wie bei Verben ist das て *te* nicht obligatorisch. Die einfache Form auf く *ku* hat dieselbe Bedeutung und zwar, daß man zuerst eine Eigenschaft und dann eine weitere angibt: „ist tief und...".

Lektion 62

6 それに 便利 な 設備 が いろいろ
   so re ni ben ri na setsu bi ga i ro i ro

   あります。
   a ri ma su

7 たとえば、お 風呂 に 入って いる
   ta to e ba, o fu ro ni hai t te i ru

   間 に、玄関 の ところ に
   aida ni, gen kan no to ko ro ni

   置いて ある 洗濯機 で 洗濯 が
   o i te a ru sen taku ki de sen taku ga

   できます。
   de ki ma su

8 — でも 銭湯 と は、男女 別々 に
   de mo sen tô to wa, dan jo betsu betsu ni

   入る に して も、知らない 人
   hai ru ni shi te mo, shi ra na i hito

   の 前 で 裸 に なる 所
   no mae de hadaka ni na ru tokoro

   です。
   de su

9 私 だったら、はずかしい です
   watashi da t ta ra, ha zu ka shi i de su

   ね。
   ne (5)

10— でも 私 は 全然 平気 です。
   de mo watashi wa zen zen hei ki de su

6 Außerdem gibt es noch alle möglichen praktischen Einrichtungen.
(darüber hinaus / praktisch / das ist / Einrichtung / [Sgg] / alle möglichen Arten / sich befinden)

7 Zum Beispiel kann man, während man im Bad ist, seine Wäsche in der Waschmaschine im Umkleideraum waschen.
(zum Beispiel / [ungezw]-Bad / [Ort] / eintreten / während // Vorraum / [Bzw] / Ort / [Ort] / gestellt sein / Waschmaschine / [Mittel] / Wäsche / [Sgg] / möglich sein)

8 — Allerdings muß man in diesem Bad, wenn auch Männer und Frauen getrennt sind, vor Leuten, die man nicht kennt, nackt herumlaufen.
(aber / öffentliches Bad / das man nennt / [Hinweis] / Mann-Frau / getrennt / [ustw] / eintreten / [Ziel] / machen / sogar wenn // nicht kennen / Mensch / [Bzw] / vor / [Ort] / nackt / [Ziel] / werden / Ort / das ist)

9 Ich würde mich das nicht trauen!
(ich / wenn das ist // schüchtern sein / das ist / [ü.einst.])

10 — Mir hingegen ist das völlig egal.
(aber / ich / [Hinweis] / völlig / gleichgültig / das ist)

ANMERKUNGEN (Fortsetzung)

(5) Wir haben in den vorherigen Lektionen eine Verbform mit der Endung たら *tara* gesehen, die an die Grundform der Verben mit nur einer Grundform angefügt wird (vgl. Lektion 60, Satz 12 und Lektion 61, Satz 4). Bei den Verben mit mehreren Grundformen wird diese Endung an die Grundform auf *i* angehängt, was dieselben Veränderungen wie im Fall auf て *te* oder た *ta* hervorruft (vgl. Lektion 56). Im Falle von です *desu* „das ist" wird bei Endung an die niedrige Form だ *da* angehängt, mit einer kleinen Lautverschiebung: だったら *dattara* „wenn das (so) wäre, wenn das (so) ist, falls das (so) ist".

Lektion 62

11 眼鏡を 取りますから、回りの
    me gane o to ri ma su ka ra, mawa ri no
    人 が 気 に なりません。
    hito ga ki ni na ri ma se n

練習
renshû

1. 庭つき の 一軒家 だったら、そう
   niwatsuki no ikkenya dattara, sô
   簡単 に みつかりません。
   kantan ni mitsukarimasen
2. 外国 へ 行ったら、いろいろ 覚える
   gaikoku e ittara, iroiro oboeru
   こと が できる でしょう。
   koto ga dekiru deshô
3. この 車 は あまり 古い から、
   kono kuruma wa amari furui kara,
   売る こと も 使う こと も
   uru koto mo tsukau koto mo
   できません。
   dekimasen
4. 蒸し暑い 時 に お 風呂 に 入る
   mushiatsui toki ni o furo ni hairu
   の は 気持 が いい です。
   no wa kimochi ga ii desu

11 Da ich meine Brille abnehme, stören mich die Leute, die um mich sind, nicht.
(Brille / [Erg. 4. F.] / nehmen / weil // Umkreis / [Bzw] / Mensch / [Sgg] / nicht stören)

---

5. 向かいの 電気屋さんの 孫は
mukai no denkiya san no mago wa

去年の 三月ごろから 僕と
kyonen no sangatsu goro kara boku to

同じ 事務所に 勤めはじめました。
onaji jimusho ni tsutomehajimemashita

Übungen

1. Wenn das ein Einfamilienhaus mit Garten ist, dann ist das nicht so leicht zu finden.
2. Wenn man ins Ausland fährt, kann man sicherlich alles mögliche lernen.
3. Da dieses Auto viel zu alt ist, kann ich es weder verkaufen noch benutzen.
4. Wenn es heiß und feucht ist, ist es angenehm, ein Bad zu nehmen.
5. Der Enkel des Elektrikers von gegenüber hat ungefähr im März letzten Jahres im selben Büro wie ich zu arbeiten begonnen.

... に 言葉を 入れなさい。
ni kotoba o ire nasai

1. *Seit Kriegsende (seitdem der Krieg zu Ende gegangen ist) sind mehr als vierzig Jahre vergangen.*

. . . . owat . . . . . . , ... ijô

. . . .

Lektion 62

2. *Während ich im Bad war, hat das Telefon unzählige Male geläutet, ich war sehr ärgerlich.*

. . . . , ...

. . . . kakatte kite, ...

3. *Diese Wohnung hat weder eine Küche noch ein Badezimmer.*

. . . .

. . . .

4. *Selbst wenn man Roboter verwendet kann man nichts machen, wenn man keine Arbeiter hat, sie zu bedienen.*

. . . . , ...

ugokasu . . . . , ...

平仮名 の 練習
hira ga na　no　ren shû

Hiraganaübungen
(Hiragana / [Bzw] / Übung)

た	ち	つ	て	と
TA	CHI	TSU	TE	TO

* *

5. *Obwohl ich nicht die Absicht hatte, irgendwas zu kaufen, habe ich dennoch alle möglichen Sachen gekauft, weil sie billig waren.*

mono o . . . . de wa nakatta . . . . ,

. . . . , ...

. . . .

Antwort: 1. sensô ga - te kara, mô yon jû nen - tachimashita. **2.** o furo ni haitte iru aida ni, denwa ga nandomo -, komarimashita. **3.** kono apâto wa daidokoro mo o furo mo arimasen. **4.** robotto o tsukau ni shite mo, sore o - hito ga inai to, nanimo dekimasen. **5.** - kau tsumori - noni, yasukatta node, iroiro katte shimaimashita.

書き取り Diktat

1. *genjitsuteki* (realistisch) **2.** *chikatetsu* (Untergrundbahn) **3.** *ototoi* (vorgestern) **4.** *tatsu* (sich aufrecht erhalten) **5.** *chiisai* (klein sein) **6.** *taizai* (Aufenthalt) **7.** *kantan* (einfach) **8.** *kotoshi* (dieses Jahr) **9.** *shichi* (sieben) **10.** *soshite* (und dann)

Antwort

1. げんじつてき 2. ちかてつ 3. おととい

4. たつ 5. ちいさい 6. たいざい

7. かんたん 8. ことし 9. しち

10. そして

Zweite Welle: 第十三課 **13. Lektion**

* *

第六十三課　　　　　まとめ
だいろくじゅうさん か
dai roku jû san ka　　　　　　**matome**

1. Nach dem langen Kapitel über die Formen auf て *te* und た *ta* bleiben uns (glücklicherweise!) nur noch einige kleine Probleme zu lösen.

Was das Sprechen anlangt, hoffen wir, daß Sie gewissenhaft die Wiederholungen der „zweiten Welle" durchnehmen, und zwar nach jeder neuen Lektion.

Was die Schrift angeht, so sind sie auch auf dem richtigen Weg.

Aber was das Zählen anlangt... können Sie **zählen?** Wir meinen damit nicht das Schäfchenzählen, sondern **auf japanisch** zählen. Wenn Sie jetzt mit nein antworten, dann wissen wir, daß Sie die Seitenzahlen im ersten Band nicht genau studiert haben! Wie gemein von uns! Nun gut, wir räumen Ihnen jetzt das Recht ein, von Pflicht wollen wir natürlich nicht reden, dort schnell nachzusehen, bevor Sie diese Wiederholungslektion fortsetzen. Blättern Sie ganz ruhig bis zur Seite 1 zurück und betrachten Sie die Zahlen.

Bevor Sie weitermachen, möchten wir Sie darauf aufmerksam machen, daß es im Japanischen **zwei verschiedene Zähl- und Numerierungssysteme gibt,** die nebeneinander existieren.

— Das erste ist **das ursprünglich japanische System,** das nur eine äußerst begrenzte Anzahl von Zahlen kennt, von 1 bis 10, sowie einige wenige andere. Obwohl dieses System sehr beschränkt ist, wird es im täglichen Leben ständig verwendet (wo, wenn wir es recht bedenken, sehr wenig Gelegenheit gegeben ist, über 10 hinauszugehen, es sei denn, es handelt sich um Altersangaben oder um Geldsummen!).

— Das zweite ist **das ursprünglich chinesische System,** das im Gegensatz dazu spielend leicht Zahlen von

Dreiundsechzigste Lektion
(ste / sechs-zehn-drei / Lektion)
Wiederholung und Anmerkungen

1 bis 10 hoch 36 (1 mit 36 Nullen!) bilden kann und sogar noch darüber hinaus geht.

Wir verwenden also in unserem Buch für die Seiten- und Kapitelangaben das chinesische System. Wir werden uns heute damit beschäftigen und das japanische System für ein anderes Mal aufheben.

Das chinesische System ist an sich ganz einfach, und Sie haben es sicherlich schon rein verstandesmäßig erfaßt. Es ist nur notwendig, die Ziffern von 1 bis 10 zu kennen und dann die Ziffern, die für 100, 1 000 und 10 000 usw. verwendet werden und Sie können - fast! - bis ins Unendliche zählen!

Hier nun noch einmal die Ziffern:

一 *ichi* 1
二 *ni* 2
三 *san* 3
四 *shi* oder *yon* 4
五 *go* 5
六 *roku* 6
七 *shichi* oder *nana* 7
八 *hachi* 8
九 *ku* oder *kyû* 9
十 *jû* 10

sowie:

百 *hyaku* 100
千 *sen* 1 000
万 *man* 1.0000 (zehntausend)
億 *oku* 1.0000.0000 (hundert Millionen)
兆 *chô* 1.0000.0000.0000 (eine Billion)

Schließlich noch zwei Regeln:

a) Wenn eine Ziffer links neben 十 *jû*, 百 *hyaku*, 千 *sen*, 万 *man*, 億 *oku*, 兆 *chô* steht, so wird damit angedeutet, daß die Ziffer damit multipliziert wird:

十 *jû* 10, 二十 *ni jû* 2 × 10 = 20,
九十 *kyû jû* 9 × 10 = 90.

百 *hyaku* 100, 四百 *yon hyaku* 4 × 100 = 400,
七百 *nana hyaku* 7 × 100 = 700.
千 *sen* 1.000, 五千 *go sen* 5 × 1.000 = 5.000,
六千 *roku sen* 6 × 1.000 = 6.000.
一万 *ichi man* 1.0000, 二万 *ni man* 2 × 1.0000 = 2.0000 (das heißt zwanzigtausend), 八万 *hachi man* 8 × 1.0000 = 8.0000 (das heißt achtzigtausend), 百万 *hyaku man* 100 × 1.0000 = 100.0000 (das heißt eine Million), 七千万 *nana sen man* 7 × 1.000 × 1.0000 = 7000.0000 (das heißt siebzig Millionen) usw.

b) Wenn eine Ziffer rechts neben 十 *jû*, 百 *hyaku*, 千 *sen*, 万 *man*, 億 *oku*, 兆 *chô* steht, so wird addiert:
十 *jû* 10, 十三 *jû san* 10 + 3 = 13, 十八 *jû hachi* 10 + 8 = 18.
百 *hyaku* 100, 百一 *hyaku ichi* 100 + 1 = 101, 九百五 *kyû hyaku go* (9 × 100) + 5 = 905.
千 *sen* 1.000, 千二百 *sen ni hyaku* 1.000 + 200 = 1 200, 千七百八十九 *sen nana hyaku hachi jû kyû* 1.000 + 700 + 80 + 9 = 1 789.
一万 *ichi man* 1.0000, 三万四千四百一 *san man yon sen yon hyaku ichi* 3.0000 + 4.000 + 400 + 1 = 34 401.

Das Prinzip ist also einfach, und Sie können beginnen, endlos lange Zahlen zu bilden.

Noch zwei Bemerkungen:

• Drei Ziffern haben zweierlei Aussprachen: 四 4, *shi* oder *yon*; 七 7, *shichi* oder *nana*; und 九 9, *ku* oder *kyû*. Der Grund dafür ist, daß die chinesische Aussprache von *shi*, *shichi* und *ku* der Aussprache von anderen unheilverkündenden Wörtern gleicht (*shi* heißt Tod, *ku* bedeutet Leiden, sie werden natürlich mit anderen Kanji geschrieben, sie sind gleichlautend). Man hat sie daher durch *yon* und *nana* aus dem japanischen System und durch *kyû* ersetzt. Aber für **Monatsnamen** verwendet man immer noch *shi, shichi* und *ku*. Wir haben schon einige gesehen, sie bestehen einfach aus einer Zahl und dem Wort 月 gatsu „Monat". Wörtlich: „Monat Nummer 1, Monat Nummer 2" usw. Januar wird daher zu 一月 ichigatsu, Februar zu 二月 nigatsu, März zu 三月 sangatsu (vgl. Lektion 52, Übung 2, Satz 2; Lektion 62, Übung 1, Satz 5), April 四月 shigatsu (vgl. Lektion 23, Satz 7 und Übung 1, Satz 3; Lektion 52, Übung 2, Satz 2), Mai 五月 gogatsu, Juni 六月 rokugatsu, Juli 七月 shichigatsu (vgl. Lektion 55, Satz 13; Übung 2, Satz 3), August 八月 hachigatsu, September 九月 kugatsu, Oktober 十月 jûgatsu, November 十一月 jûichigatsu, Dezember 十二月 jûnigatsu.

Bei den Stunden ist es übrigens genauso: 7 Uhr 七時 shichiji, 9 Uhr 九時 kuji. Und vergessen Sie nicht: 4 Uhr 四時 yoji.

● Bis hierher war es fast zu einfach... Wir brauchen ein paar Komplikationen, um die Sachen zu würzen! Bei einigen Ziffern gibt es **Grenzfälle**: — Wenn auf 一 ichi, 三 san, 六 roku, 八 hachi, 十 jû (1,3,6,8,10) direkt ein h folgt, verbindet man entweder die Ziffern mit 百 hyaku untereinander oder man hängt eine **spezifische Ziffernendung** an. Das sind jede kleinen Wörter, die dazu dienen, Gegenstände, die gezählt werden, in eine Kategorie zu teilen. Wir haben schon 枚 mai benutzt, als wir Blätter und ähnliche Gegenstände zählten (vgl. Lektion 22, Sätze 10 und 11 und Anmerkung 3; Lektion 31, Satz 8; Lektion 39, Satz 13); 軒 ken, als wir Häuser zählten (Lektion 34, Satz 2); 台 dai, als wir Fahrzeuge zählten (Lektion 34, Satz 7); 杯 hai, als wir volle Gläser zählten (Lektion 37, Satz 10 und Anmerkung 5); 頭 tô, als wir große Tiere zählten (Lektion 39, Sätze 6 und 7); 名 mei, als wir Personen offiziell zählten (Lektion 44, Satz 5); 人 nin, als wir Personen allgemein zählten (Lektion 47, Satz 11); 本 hon, als wir zylindrische Gegenstände zählten (Lektion 53, Satz 9). Wir weisen hier auf die Grenzfälle 杯 hai und 本 hon hin.

Ein *h* nach 三 *san* wird zu *b*; dreihundert: 三百 *sanbyaku* (vgl. die Zahlen im ersten Band); drei (zylindrische Gegenstände) 三本 *sanbon*.
Ein *h* nach 一 *ichi*, 六 *roku*, 八 *hachi* und 十 *jû* wird zu *p* und die Ziffer verliert den Endbuchstaben, der allerdings durch ein anderes *p* ersetzt wird. Ein Glas (vgl. Lektion 37, Satz 10), 一杯 *ippai*, sechshundert 六百 *roppyaku*, achthundert 八百 *happyaku*, sechs zylindrische Gegenstände 六本 *roppon*, zehn zylindrische Gegenstände 十本 *juppon* (vgl. Lektion 53, Satz 9).
Das gleiche gilt für „Minute" 分 *fun* (vgl. Lektion 57, Anmerkung 9): eine Minute 一分 *ippun*, drei Minuten 三分 *sanpun*, vier Minuten 四分 *yonpun*, sechs Minuten 六分 *roppun*, acht Minuten 八分 *happun*, zehn Minuten 十分 *juppun* oder *jippun*.
— Wenn auf 一 *ichi*, 六 *roku*, 八 *hachi* und 十 *jû* direkt ein *k* folgt, wird der Endbuchstabe weggelassen und durch ein zweites *k* ersetzt. Vgl. die Zahlen der Lektionen: 第一課 *daikka* „Lektion 1", 第六課 *dairokka* „Lektion 6", 第八課 *daihakka* „Lektion 8", 第十課 *daijukka* „Lektion 10" usw.
Vergleichen Sie auch 一軒 *ikken* „ein Haus" (Lektion 34, Satz 2).

Ebenso ergeht es 一 *ichi*, 八 *hachi* oder 十 *jû* vor einem *s*: achttausend 八千 *hassen*, ein Jahr (ein Lebensjahr) 一歳 *issai*; und schließlich vor *t*: 一頭 *ittô* „ein großes Tier" (vgl. Lektion 39, Satz 7).
— Wenn Sie wissen, daß dreitausend 三千 *sanzen* ausgesprochen wird, dann haben Sie es geschafft!
Denn jetzt können Sie zählen, was Sie wollen. Sollen wir eine kleine Übung machen? Eine letzte Angabe noch: Für die Zahl „hundert" sagt man 百 *hyaku*, 千 *sen* für tausend, aber dann sagt man *ichiman* 一万 für 1.0000, *ichioku* 一億 für 1.0000.0000 usw.
Sagen Sie auf japanisch: 1.999, 5.381 - (Sie sind ein

reicher Cowboy aus Hokkaidô und Sie besitzen eine Herde von) 28.471 (Stück Vieh) - (Sie sind ein berühmter Briefmarkensammler und Ihre Sammlung umfaßt) 643.612 (Briefmarken, die ganz dünne, flache Gegenstände sind wie ein Blatt Papier) - (Sie sind der Besitzer eine Bar und Sie haben im Jahr) 230.348 (Gläser serviert).

Antwort: *sen kyû hyaku kyû jû kyû - go sen san byaku hachi jû ichi - ni man has sen yon hyaku nana jû it tô - roku jû yon man san zen rop pyaku jû ni mai - ni jû san man san byaku yon jû hap pai.*
Bravo!!
Noch ein Hinweis: Manchmal wird die Null gebraucht, z.B. um ein Datum zu schreiben. In solchen Fällen benutzt man unsere arabische Null. Das Jahr 1908 *(sen kyû hyaku hachi nen)* wird also 一九〇八年 geschrieben.

2. Ein Wort zur **Schrift**.

In der Einleitung zum ersten Band (vgl. S. XII) haben wir Ihnen erklärt, daß im Japanischen gleichzeitig zwei verschiedene Schriftsysteme verwendet werden, die Kana und die Kanji. Sie haben gelernt, sie zu unterscheiden und sich an sie gewöhnt. Sie werden jetzt fragen, wann man welches System verwendet. Nun, eine Antwort wie: Einige Wörter schreibt man mit den Kanazeichen und andere Wörter schreibt man mit den Kanji, wäre wirklich zu einfach. Aus der Traum! Man kann nur sagen, daß Fremdwörter mit den **Katakanazeichen** geschrieben werden, Eigennamen und Gattungsnamen. Dann kann man groß gesprochen sagen, daß die **Kanji** für „wirkliche" Wörter, die man im Wörterbuch findet, verwendet werden, d.h. Substantive, Verben, Adjektive, Adverben... und die **Hiraganazeichen** für das grammatikalische Rüstzeug. ABER... es gibt „wirkliche" Wörter, die man nicht mit Kanji schreibt, sondern mit Hiragana, denn die Kanji, die früher dafür verwendet wurden, sind viel zu kompliziert oder kommen zu selten in anderen Wörtern vor. Auf jeden Fall kann man jedes Wort mit Hiragana schreiben, auch wenn es normalerweise mit einem Kanji geschrieben wird. Dies geschieht in Kinderbüchern, da die Kinder langsam jedes Jahr in der Schule eine begrenzte Anzahl von Kanji lernen.

3. Wir haben es Ihnen schon gesagt (vgl. S. XIV und XV), und Sie haben es auch schon im Laufe des Sprachkurses feststellen können, daß fast alle **Kanji** mehrere Aussprachen haben. Ganz allgemein können wir sagen, daß alle Aussprachen dieselbe Bedeutung haben. Allerdings entsprechen sie manchmal verschiedenen Bedeutungen,

* *

第六十四課   雑誌
dai roku jû   yon ka   zas shi

1 — あなた の 英語 の 勉強 は いかが
      a na ta   no   ei go   no   ben kyô   wa   i ka ga

     です か。
     de su ka **(1)**

2 — ええ、大分 進みました。
      e e,   dai bu susu mi ma shi ta

3 — どこ で 習って いる の です か。
      do ko   de nara t te   i ru   no   de su   ka

4 — 個人 レッスン の 先生 に ついて
      ko jin   re s su n   no   sen sei   ni   tsu i te

     います。
     i ma su

besonders wenn es sich um häufig benutzte Schriftzeichen handelt. So hat das Zeichen 月 zwei ursprünglich chinesische Aussprachen. Die eine 月 *gatsu* in der Bedeutung des Monatsnamens im Verlauf des Jahres (vgl. Absatz 1). Die andere 月 *getsu* in der Bedeutung von ,,ein Monat'', wenn man damit die Dauer von 30 oder 31 Tagen meint (vgl. Lektion 34, Sätze 11 und 12; Lektion 59, Satz 12 und Übung 2, Satz 2; Lektion 60, Übung 2, Satz 5; Lektion 61, Übung 1, Satz 2) und bei Ausdrücken wie 来月 *raigetsu* ,,der nächste Monat'' (vgl. Lektion 44, Sätze 6 und 7).

Zweite Welle: 第十四課 14. Lektion

* *

Die Zeitschrift   **Vierundsechzigste Lektion**
(Zeitschrift)   **(ste / sechs-zehn-vier / Lektion)**

1 — Was macht dein Englischunterricht?
(du / [Bzw] / englische Sprache / [Bzw] / Unterricht / [Hinweis] / wie / das ist / [Frage])
2 — Ach, ich habe schon ganz schöne Fortschritte gemacht.
(ach / genug / fortgeschritten sein)
3 — Wo nimmst du Unterricht?
(wo / [Ort] / studieren / nämlich / [Frage])
4 — Bei einem Lehrer, ich nehme Privatstunden.
(individuell-Stunde / [Bzw] / Lehrer / [Ziel] / sich anhängen an)

ANMERKUNGEN

(1) Sie wissen sicherlich noch, welches Wort wir verwenden, um die Sprache eines Landes zu bezeichnen (vgl. Lektion 28, Absatz 1). Man hängt an den Namen des Landes 語 *go*. Nur bei Großbritannien gibt es eine Ausnahme... das Land heißt イギリス *igirisu* (vgl. Lektion 22, Sätze 5 und 6). ,,Ein Engländer, eine Engländerin'' heißt daher イギリス人 *igirisujin*. Aber die ,,Englische Sprache'' heißt 英語 *eigo*.

5 やっと 少し 読める ように なりました。
　ya t to suko shi yo me ru   yô ni   na ri ma shi ta (2)

　それじゃ もう 直 シェークスピア
　so re ja   mô   jiki   shê ku su pi a

6 ーでも 読める よう に なる でしょう。
　de mo yo me ru yô   ni   na ru de shô (3)

　シェークスピア です か。僕 に は
　shê ku su pi a   de su ka. boku ni wa

7 ー全然 興味 が ありません。
　zen zen kyô mi ga a ri ma se n

　英語 を 習って いる の は 仕事
　ei go o nara t te i ru no wa shi goto

8 関係 の 記事 を 読む ため です。
　kan kei no   ki ji o yo mu ta me de su

発音 **5.** ß'koschi

ANMERKUNGEN (Fortsetzung)

(2) Wir treffen in dieser Lektion auf eine Abwechslung bei den Formen des Paares 読む *yomu* ,,lesen'' 読める *yomeru* ,,lesen können''. 読む *yomu* (Satz 8), 読みたい *yomitai* (Satz 9), 読んで *yonde* (Satz 12) werden von dem Verb 読む *yomu* ,,lesen'' abgeleitet. In den Sätzen 5, 6 und 11 handelt es sich um 読める *yomeru* ,,lesen können''. Alle Verben, die mehrere Grundformen haben, können auf diese Art und Weise ein anderes Verb bilden, das ,,... **können**'' bedeutet. Dazu wird einfach das auslautende *u* durch die Silbe *eru* ersetzt und das neue Verb wird zu einem Verb mit einer einzigen Grundform. Wir haben bereits derartige Verben benutzt. In der Lektion 34, Satz 9: 使える *tsukaeru* ,,benutzen können'', das von dem Verb 使う *tsukau* ,,benutzen'' abstammt. In der Lektion 41, Satz 12: 作れる *tsukureru* ,,herstellen

5 Ich kann endlich ein bißchen lesen.
(endlich / ein wenig / lesen können / Stand / [Ziel] / geworden sein)

6 — Du wirst also sehr bald sogar Shakespeare lesen können!
(also / schon / bald / Shakespeare / sogar / lesen können / Stand / [Ziel] / werden / das muß sein)

7 — Shakespeare! Das interessiert mich überhaupt nicht!
(Shakespeare / das ist / [Frage]) (ich / [Erg. 3. F.] / [Vstk] / überhaupt nicht / Interesse / [Sgg] / sich nicht befinden)

8 Ich lerne englisch, um Artikel, die ich für meine Arbeit brauche, zu lesen.
(englische Sprache / [Erg. 4. F.] / studieren / die Tatsache, daß / [Hinweis] / Arbeit-Verbindung / [Bzw] / Zeitschrift / [Erg. 4. F.] / lesen / um zu / das ist)

ANMERKUNGEN (Fortsetzung)

können", das von dem Verb 作る *tsukuru* „herstellen" abstammt. In der Lektion 53, Satz 12: 帰れる *kaereru* „nach Hause zurückkommen können", das von dem Verb 帰る *kaeru* „nach Hause zurückkommen" abstammt. Und schließlich in der Lektion 55, Satz 3: 行ける *ikeru* „gehen können", das von dem Verb 行く *iku* „gehen" abstammt. Von dem Verb する *suru* allerdings kann man kein anderes Verb ableiten. Für „machen können" muß man できる *dekiru* „möglich sein" verwenden.

(3) それじゃ *soreja*. Wie in allen Sprachen gibt es auch auf japanisch umgangssprachliche Ausdrücke, die oft Abkürzungen von längeren Formen sind. So steht hier それじゃ *soreja* für それでは *soredewa* (vgl. Lektion 3, Satz 11; Lektion 18, Sätze 10 und 13; Lektion 19, Satz 13; Lektion 20, Satz 14). Man trifft übrigens auch oft die Abkürzung じゃ *ja*, wo man では *de wa* hätte. So wird also aus そうではない *sô de wa nai* „nein (das ist nicht so)" sehr häufig das ungezwungere そうじゃない *sô ja nai*.

9 工業 関係 の 雑誌 を 読みたい の です。

10 - へえ、まじめ なん です ね。

大分 進みました ね。

11 - 父 は 農業 関係 の 仕事 を して いる ので、その 方面 の 雑誌 も 読める よう に なりたい の です。

12 - 今 は 全部 わからなくて も どんどん 読んで みる こと です ね。 (4) (5)

9 Ich will Zeitschriften lesen, die sich auf die Industrie beziehen.
(Industrie-Verbindung / [Bzw] / Zeitschrift / [Erg. 4. F.] / ich will lesen / nämlich)

10 — Oh, wie ernst du bist!
(mhm / ernst / [Ausruf] / das ist / [ü.einst.])

11 — Und da mein Vater in der Landwirtschaft tätig ist, will ich auch Fachzeitschriften aus diesem Gebiet lesen können.
(mein Vater / [Hinweis] / Landwirtschaft-Verbindung / [Bzw] / Arbeit / [Erg. 4. F.] / machen / weil // dieses / Fach / [Bzw] / Zeitschrift / auch / lesen können / Stand / [Ziel] / ich will werden / nämlich)

12 — Im Moment mußt du alles lesen, was du kannst, selbst wenn du es nicht ganz verstehst.
(jetzt / [Vstk] / ganz / nicht verständlich sein- sogar wenn // beträchtlich / lesen / versuchen / die Tatsache, daß / das ist / [ü.einst.])

ANMERKUNGEN (Fortsetzung)

(4) Mit der Endung ない *nai* wird die Verneinung eines Verbs gebildet (vgl. Lektion 49, Absatz 1, Seite 306). In Wirklichkeit ist ない *nai* ein Adjektiv. Die Negativform eines Verbs wird also zum Adjektiv und wird als solches alle Veränderungen der Adjektive mitmachen (vgl. Lektion 35, Absatz 3).

わかる *wakaru* „verständlich sein"; die Verneinung わからない *wakaranai* „nicht verständlich sein". Die Negativform auf て *te* wird ebenso gebildet (vgl. Lektion 54, Anmerkung 9), ausgehend von わからなく *wakaranaku* + て *te.* Es genügt dann, nur も *mo* an die Form auf て *te* anzuhängen (egal ob es nun ein Verb oder ein Adjektiv ist), um die Bedeutung „selbst wenn" zu erhalten.

(5) どんどん *dondon* (vgl. Lektion 39, Anmerkung 5). Das Wort beinhaltet die Idee von Überfluß, einer großen Lernbegierde.

Lektion 64

13 あ、何か英語の雑誌を手に
   a, nanika eigo no zasshi o te ni
   持っていますね。何ですか。
   motte imasu ne. nan desu ka
   見せて下さい。
   misete kudasai (6)

14 あれ、ロックの雑誌だ。
   are, rokku no zasshi da

練習
renshû

1. お坊ちゃんはもう直歩ける
   obotchan wa mô jiki arukeru
   ようになりますね。
   yô ni narimasu ne

2. その話は本当だとは
   sono hanashi wa hontô da to wa
   思えません。
   omoemasen

3. 来月からイギリスの工業関係の
   raigetsu kara igirisu no kôgyô kankei no
   会社に勤めることになるので、
   kaisha ni tsutomeru koto ni naru node,
   はやく英語を覚えたいです。
   hayaku eigo o oboetai desu

13 Ah, du hast etwas in der Hand... eine englische Zeitschrift? Worum geht es? Zeig sie mir!
(ah / etwas / englische Sprache / [Bzw] / Zeitschrift / [Erg. 4. F.] / Hand / [Ort] / halten / [ü.einst.]) (was / das ist / [Frage]) (zeig)

14 Sieh mal! Das ist ein Rockmusikmagazin!
(sieh mal / Rock / [Bzw] / Zeitschrift / das ist)

ANMERKUNGEN (Fortsetzung)

(6) 手 *te* gilt sowohl für Hand wie für Arm (vgl. Lektion 50, Anmerkung 6).

---

4. はやく 英語 が できる よう に
   hayaku eigo ga dekiru yô ni

   なりたい と 思ったら、ちゃんと 勉強
   naritai to omottara, chanto benkyô

   し なさい。
   shi nasai

5. もう 直 あなた に 会える こと が
   mô jiki anata ni aeru koto ga

   できる ので、楽しみ に して います。
   dekiru node, tanoshimi ni shite imasu

Übungen

1. Ihr kleiner Sohn wird bald gehen können.
2. Ich kann nicht glauben, daß diese Geschichte wahr ist.
3. Da ich ab nächsten Monat in einem englischen Industrieunternehmen arbeiten werde, will ich schnell englisch lernen.
4. Wenn du in der Lage sein willst, bald englisch zu sprechen, mußt du fleißig lernen.
5. Ich freue mich, dich bald wieder sehen zu können.

Lektion 64

... に 言葉(ことば) を 入れ なさい。
ni kotoba o ire nasai

1. *Wenn du ein bißchen mehr übst, wirst du schwimmen können.*

   . . . . , ...

   yô ni naru deshô

2. *Obwohl diese Suppe köstlich ist, kann ich sie nicht trinken, da sie kochend heiß ist.*

   . . . . , ...

   . . . . :

3. *Mich stört es nicht, wenn das Wetter schlecht ist.*

   . . . . , ... ,

   . . . .

4. *Es gibt Leute, die nicht weinen, auch wenn sie traurig sind.*

   . . . . nakanai . . . .

5. *Was Nahrungsmittel anlangt, kann man verkaufen, was man will.*

   . . . . , nandemo . . . .

* *

Antwort: 1. mô sukoshi renshû shitara, oyogeru -. 2. kono sûpu wa oishii keredomo, atsui kara nomemasen. 3. watakushi wa, tenki ga warukute mo, heiki desu. 4. kanashikute mo - hito ga imasu. 5. tabemono nara, - uremasu.

平仮名 の 練習
hiragana no renshû   Hiraganaübungen

だ （づ） で ど
DA   *(ZU)   DE   DO

* Vgl. Lektion 58, Anmerkung 4.

書き取り
Diktat

1. *okashii desu* (das ist seltsam) 2. *dondon* (reichlich) 3. *chikazuku* (sich nähern) 4. *isoide* (in Eile) 5. *koko da* (das ist hier) 6. *denki* (Elektrizität) 7. *doko* (wo?) 8. *daigaku* (Universität) 9. *dete kudasai* (gehen Sie hinaus)

Antwort

1. おかしい です 2. どんどん 3. ちかづく

4. いそいで 5. ここ だ 6. でんき

7. どこ 8. だいがく 9. でて ください

Zweite Welle: 第十五課 15. Lektion

* *

第六十五課　カメラを選ぶ
dai roku jû go ka　　ka me ra　o　era bu

1 — 新婚旅行に行く前にカメラを
　　shin kon ryo kô ni　i ku mae ni　ka me ra o

　　一つ買いたいのです。
　　hito tsu ka i ta i no de su

2 — 新宿に何軒も安いお店が
　　shin juku ni nan gen mo yasu i o mise ga

　　あります よ。
　　a ri ma su　yo (1)

3 — 一緒に来てくれますか。
　　is sho ni　ki te　ku re ma su ka

4 — いい です よ。一日の午後
　　i i　de su　yo　tsui tachi no　go go

　　いかが です か。
　　i ka ga　de su ka (2)

発音 4. zuïtatschi

Fünfundsechzigste Lektion
(ste / sechs-zehn-fünf / Lektion)
Die Wahl eines Fotoapparates
(Fotoapparat / [Erg. 4. F.] / auswählen)

1 — Bevor ich auf Hochzeitsreise gehe, möchte ich einen Fotoapparat kaufen.
(Hochzeitsreise / [Ziel] / gehen / vor / [Zeit] // Fotoapparat / [Erg. 4. F.] / ein / ich will kaufen / nämlich)

2 — In Shinjuku gibt es viele billige Geschäfte.
(Shinjuku / [Ort] / viele Gebäude / billig sein / [ungezw]-Geschäft / [Sgg] / sich befinden / [behauptend])

3 — Wollen Sie mich begleiten?
(gemeinsam / [Ustw] / kommen / machen für mich / [Frage])

4 — Einverstanden. Paßt es Ihnen am ersten des Monats am Nachmittag?
(gut sein / das ist / [behauptend]) (erster Tag des Monats / [Bzw] / Nachmittag / wie / das ist / [Frage])

ANMERKUNGEN
(1) 新宿 *shinjuku*. Der westliche Knotenpunkt der beiden Zuglinien, die den Hauptverkehr von Tokio bewältigen: die eine Linie fährt rund um die Stadt, die andere durchfährt die Stadt von Osten nach Westen. Shinjuku ist tagsüber das Viertel der Kaufhäuser und nachts das Viertel der Lokale (in den kleinen Straßen). Es gibt dort Tag und Nacht Menschenmengen. Es gibt außerdem billige Geschäfte für Fotoapparate, Uhren, Videogeräte usw.

(2) 一日 *tsuitachi* (vgl. Lektion 63, Absatz 3). Die beiden Schriftzeichen nebeneinander entsprechen Wörtern, je nach Aussprache. Wenn wir es wie 一日 *ichinichi* (vgl. Lektion 30, Satz 6) aussprechen, so bedeutet es „ein Tag, 24 Stunden"; wenn wir es wie 一日 *tsuitachi* aussprechen, so bedeutet es „erster Tag des Monats".

5 — はい、結構 です。よろしく お願い します。
ha i, kek kô de su. yo ro shi ku o nega i shi ma su **(3)**

カメラ屋 で
ka me ra ya de

6　小型 の 簡単 な カメラ を いくつか 見せて 下さい。
ko gata no kan tan na ka me ra o i ku tsu ka mi se te kuda sa i **(4)**

7 — そこ に モデル が 全部 出て います から、どうぞ 手 に 取って 御覧 下さい。
so ko ni mo de ru ga zen bu de te i ma su ka ra, dô zo te ni to t te go ran kuda sa i **(5)**

ANMERKUNGEN (Fortsetzung)
(3) よろしく お願い します *yoroshiku onegai shimasu*. Dieser Ausdruck ist einer der Schlüsselausdrücke zwischen menschlichen Beziehungen. Die deutsche Übersetzung ist ungenau (vgl. Lektion 27, Satz 14). Wörtlich bedeutet es „(damit alles) gut (wird) ich bitte Sie", das heißt: „Ich wende mich an Sie und ich hoffe, daß alles gut

5 — Ja, sehr gut. Ich zähle auf Sie.
(ja / perfekt / das ist) (gut / ich bitte Sie)

Im Fotogeschäft
(Fotoapparat-Geschäft / [Ort])

6 Zeigen Sie mir bitte einige Fotoapparate, die klein und unkompliziert sind.
(kleine Größe / [Bzw] / einfach / das ist / Fotoapparat / [Erg. 4. F.] / einige / zeigen Sie mir)

7 — Alle Modelle sind hier ausgestellt. Suchen Sie sie bitte heraus und betrachten Sie sie.
(dort / [Ort] / Modell / [Sgg] / alle / hervorgekommen sein / weil /// ich bitte Sie / Hand / [Ort] / nehmen // schauen Sie an)

ANMERKUNGEN (Fortsetzung)

wird". Man verwendet es in zwei Fällen: Entweder wie hier (oder in der Lektion 27), wenn sich die beiden Gesprächspartner kennen und es ganz klar für beide ist, daß A irgendwas für B machen wird, sei es auch noch so wenig. B verwendet dann diesen Ausdruck. Der zweite Fall tritt dann ein, wenn sich A und B zum ersten Mal sehen und dieser Ausdruck von beiden verwendet wird. Die Formel drückt dann eine gegenseitige Versicherung des guten Willens aus.

(4) いくつか *ikutsuka*, vgl. Lektion 34, Anmerkung 2: 何 *nan(i)* „was?", 何か *nanika* „etwas". いくつ *ikutsu* „wieviel?", いくつか *ikutsuka* „ich weiß nicht wieviel, einige". Vgl. auch どこ *doko* „wo?", どこか *dokoka* „irgendwo" (Lektion 29, Satz 1).

(5) 御覧下さい *goran kudasai* „schauen Sie". Dies ist die höhere Stufe, die nur verwendet werden muß, wenn es sich um SIE handelt (vgl. Lektion 49, Absatz 2) und die nur in der Befehlsform verwendet wird. Die entsprechende mittlere Stufe wird folgendermaßen gebildet: 見て下さい *mite kudasai*.

8 - たくさん あります ね。値段 も
ta ku sa n   a ri ma su   ne.   ne dan mo

ついて います よ。
tsu i te i ma su   yo

9 - あんまり ある ので、どれ に
a n ma ri a ru   no de,   do re   ni

したら いい か わかりません。
shi ta ra   i i   ka   wa ka ri ma se n (6)

10 - 全自動 が いい です か。どの
zen ji dô   ga   i i   de su ka.   do no

メーカー に します か。予算 は
mê kâ   ni   shi ma su ka.   yo san wa

どの ぐらい です か。
do no   gu ra i   de su   ka

11   今 は ボディー の 色 は いろいろ
ima wa   bo dî   no   iro wa   i ro i ro

あります。どんな 色 が いい です
a ri ma su.   do n na   iro ga   i i   de su

か。
ka

12 - むずかしい なあ。旅行用 です から、
mu zu ka shi i   na a.   ryo kô yô de su   ka ra,

小さくて、軽くて、僕 の 鞄
chii sa ku te,   karu ku te,   boku no   kaban

と 同じ 色 の この カメラ に
to   ona ji   iro   no   ko no   ka me ra   ni

しましょう。
shi ma shô.

8 — Es gibt sehr viele! Die Preise sind aufgezeichnet.
(viel / sich befinden / [ü.einst.]) (Preis / auch / beigefügt sein / [behauptend])

9 — Da sind zu viele, ich weiß nicht welchen ich wählen soll!
(zuviel / sich befinden / weil // welcher / [Ziel] / wenn ich mache / gut sein / [Frage] / nicht wissen)

10 — Wollen Sie einen vollautomatischen Apparat? Welche Marke? Wieviel wollen Sie ungefähr ausgeben?
(vollautomatisch / [Sgg] / gut sein / das ist / [Frage]) (welche / Marke der Firma / [Ziel] / machen / [Frage]) (Voranschlag / [Hinweis] / wieviel ungefähr / das ist / [Frage])

11 Jetzt gibt es Gehäuse in verschiedenen Farben. Welche Farbe wollen Sie?
(jetzt / [Vstk] / Gehäuse / [Bzw] / Farbe / [Hinweis] / verschiedene / sich befinden) (welche Sorte / Farbe / [Sgg] / gut sein / das ist / [Frage])

12 — Das ist schwierig! Da ich den Apparat zum Reisen möchte, werde ich diesen kleinen leichten nehmen, der auch dieselbe Farbe wie meine Tasche hat.
(schwirig sein / [überlegend]) (für die Reise / das ist / weil /// klein sein // leicht sein // ich / [Bzw] / Tasche / wie / identisch / Farbe / [Bzw] / dieser / Fotoapparat / [Ziel] / machen wir)

ANMERKUNGEN (Fortsetzung)

(6) あんまり *anmari*, eine andere Form für あまり *amari* (vgl. Lektion 48, Satz 7). Diese Verdopplung des Konsonanten wird regelmäßig dazu verwendet, ein Wort zu betonen. Manchmal kommt es dann dazu, daß die betonte Form zur normalen Form wird. So ist z.B. das normale Wort 皆 *minna* die betonte Form von 皆 *mina*, das jetzt weit weniger benutzt wird (vgl. Lektion 36, Satz 5; Lektion 37, Satz 8; Lektion 39, Satz 4; Lektion 59, Satz 11). Unser Beispiel wird (am'mali) ausgesprochen.

Lektion 65

13- いいんですか。そんな選び方
    i i n de su ka. so n na era bi kata

    をして…
    o shi te... (7)

練習
renshû

1. 外国旅行に行っている間に、
   gaikoku ryokô ni itte iru aida ni,
   父が病気になったので、予定
   chichi ga byôki ni natta node, yotei
   より早く帰りました。
   yori hayaku kaerimashita

2. 急いでいる時は、タクシーに
   isoide iru toki wa, takushî ni
   乗るよりも地下鉄で行った方
   noru yori mo chikatetsu de itta hô
   がはやいです。
   ga hayai desu

3. 文子、寒いから、外に出る前
   fumiko, samui kara, soto ni deru mae
   に、ちゃんと帽子を被りなさい。
   ni, chanto bôshi o kaburi nasai

4. こちらを御覧なさい。
   kochira o goran nasai

13 — Ja? Was für eine Art zu wählen...
(gut sein / nämlich / [Frage]) (von dieser Art / Art zu wählen / [Erg. 4. F.] / machen)

ANMERKUNGEN (Fortsetzung)

(7) いい ん です *ii n desu*, vgl. Lektion 55, Anmerkung 2.

---

5. 外国語 を 勉強 したい の です が、
gaikokugo o benkyô shitai no desu ga,

何 を したら いい か わかりません。
nani o shitara ii ka wakarimasen

Übungen

1. Da mein Vater erkrankte, während ich im Ausland war, bin ich früher als vorgesehen zurückgekommen.
2. Wenn man in Eile ist, ist es besser, die Untergrundbahn als ein Taxi zu nehmen.
3. Fumiko, es ist kalt, vergiß nicht, bevor du weggehst, deine Mütze aufzusetzen (wörtlich: setze ganz bestimmt deine Mütze auf).
4. Schauen Sie hierher.
5. Ich würde gerne eine Fremdsprache lernen, weiß aber nicht, welche.

... に 言葉 を 入れ なさい。
ni kotoba o ire nasai

1. *Wenn es etwas gibt, das Ihnen gefällt, so bitte ich Sie, es zu nehmen.*

   . . . . . . hoshii . . . . . . attara, ... , ...

   . . . . . .

2. *Ich habe mir einige zeigen lassen, aber ich habe nicht wählen können.*

   . . . . misete moraimashita . . , ...

   . . . .

Lektion 65

3. *Ich weiß nicht, was ich machen soll!*

   dô . . . .

4. *Ich weiß nicht, welcher der leichteste ist.*

   dochira . . . .

5. *Ich habe das Gefühl, daß ich diese Person auf diesem Foto schon irgendwo einmal gesehen habe.*

   . . . . ni utsutte iru . . . . . wa . . . . atte iru yô na ki ga shimasu

平仮名 の 練習
hiragana no renshû — Hiraganaübungen

な に ぬ ね の

NA   NI   NU   NE   NO

* *

第六十六課　家 を 建てる
dai roku jû rok ka　　ie o ta te ru

1　石井 夫妻 は 家 を 建てる こと
　 ishi i fu sai wa ie o ta te ru ko to

　に ついて 話しあって います。
　ni tsu i te hana shi a t te i ma su

2－　コンクリート で 建てましょう。
　　 ko n ku rî to de ta te ma shô

Antwort: 1. nanika - mono ga -, dôzo, totte kudasai. 2. ikutsuka - ga, erabu koto ga dekimasen deshita. 3. - shitara ii ka wakarimasen. 4. - ga ichiban karui ka wakarimasen. 5. kono shashin - hito ni - dokoka de -.

書き取り (かきとり) Diktat

1. *nedan* (Preis) 2. *kono aida* (neulich) 3. *nanika* (etwas) 4. *kuni* (Land) 5. *naze* (warum) 6. *ueno* (Ortsname) 7. *zannen desu* (das ist schade) 8. *sonna ni* (derartig) 9. *kono inu no kainushi* (der Herr dieses Hundes) 10. *o kane* (Geld)

Antwort

1. ねだん 2. この あいだ 3. なにか

4. くに 5. なぜ 6. うえの

7. ざんねん です 8. そんな に

9. この いぬ の かいぬし 10. お かね

Zweite Welle: 第十六課 16. Lektion

* *

Sechsundsechzigste Lektion
(ste / sechs-zehn-sechs / Lektion)

Der Hausbau
(Haus / [Erg. 4. F.] / bauen)

1 Herr und Frau Ishii besprechen ihren Hausbau.
 (Ishii-Herr und Frau / [Hinweis] / Haus / [Erg. 4. F.] / bauen / die Tatsache, daß / zum Thema über / besprechen)
2 — Bauen wir es aus Beton.
 (Beton / [Mittel] / bauen wir)

3 その 方 が 地震 が 来て も、安全
   so no hô ga ji shin ga ki te mo, an zen

  でしょう。
  de shô **(1) (2)**

4 - でも おれ は 純 日本 風 の 家
   de mo o re wa jun ni hon fû no ie

  の 方 が いい な。
  no hô ga i i na

5 四季 を 楽しめる から なあ。
  shi ki o tano shi me ru ka ra na a **(3)**

6 おれ も もう 直 定年 に なる
  o re mo mô jiki tei nen ni na ru

  から、庭 で 盆栽 でも やろう
  ka ra, niwa de bon sai de mo ya rô

  か な。
  ka na **(4) (5) (6)**

ANMERKUNGEN

(1) Japan liegt am Rande des Pazifikgrabens, die Inselkette ist vulkanischen Ursprungs. Es ist daher ein unsicheres Gebiet, in dem es häufig Erdbeben gibt. Die Japaner haben gelernt, mit dieser ständigen Gefahr zu leben.

(2) Vgl. Lektion 64, Anmerkung 4. も *mo,* an die Form auf て *te* angehängt, bedeutet „selbst wenn", 来て も *kite mo* „selbst wenn... er kommt".

(3) Vgl. Lektion 64, Anmerkung 2. 楽しむ *tanoshimu* „genießen, schätzen", 楽しめる *tanoshimeru* „schätzen können, genießen können".

3 Das wird am sichersten sein, selbst wenn es Erdbeben gibt.
(diese / Seite / [Sgg] / Erdbeben / [Sgg] / kommen-selbst wenn // sicher / das muß sein)

4 — Ich hingegen würde ein rein japanisches Haus vorziehen.
(trotzdem / ich / [Hinweis] / rein-Japan-Art / [Bzw] / Haus / [Bzw] / Seite / [Sgg] / gut sein / [überlegend])

5 Dann kann man die Freuden der vier Jahreszeiten miterleben.
(vier Jahreszeiten / [Erg. 4. F.] / genießen können / weil / [überlegend])

6 Und da ich bald ins Pensionsalter komme, habe ich vor, Bonsaibäume im Garten auszubauen.
(ich / auch / schon / bald / Altersgrenze / [Ziel] / werden / weil // Garten / [Ort] / Bonsai / sogar / machen wir / [Frage] / [überlegend])

ANMERKUNGEN (Fortsetzung)

(4) Nach *watakushi* oder *watashi* 私, nach あたし *atashi*, nach 僕 *boku* haben wir hier eine weitere Art, wie man ICH sagen kann: おれ *ore*. Aber dieser Gebrauch ist AUSSCHLIESSLICH Männern vorbehalten und nur dann, wenn die Konversation im familiären Rahmen abläuft; z.B. wenn man mit seiner eigenen Frau spricht, wie hier, oder mit seinen Freunden. Man kann sagen, daß diese Form die niedrige Stufe von 私 *watashi (watakushi)* ist.

(5) 盆栽 *bonsai*. Es handelt sich um Bäume, die einer bestimmten Behandlung unterzogen werden, damit sie klein bleiben. Es gibt Nadelbäume, die mehr als 100 Jahre alt sind aber kaum einen Meter hoch, oder Ahornbäume, die 30 Jahre alt sind und 30 cm hoch...

(6) Die Tatsache, daß auf か *ka* [Frage] な *na* [überlegend] folgt, zeigt uns, daß man in diesem Fall die Frage an sich selbst stellt.

Lektion 66

7 — コンクリート の 家 でも 盆栽 は できます よ。

8 — 庭 を 広く する か、建物 を 広く する か に よる な。

9 — 部屋 数 は いくつ に しましょう か。

10 まず、応接間、それに 食堂 も 大きく 取りましょう。私達 の 寝室 と 博之 と 江利子 さん の 部屋 を 考えて、お 風呂場 は 日本 式 に して、台所 は モダン に しましょう。(7)

11 孫達 に も 部屋 を 一つ ずつ 準備 しましょう。

発音 9. hejaßüü

7 — Aber du kannst selbst in einem Betonhaus Bonsaibäume anbauen!
(Beton / [Bzw] / Haus / sogar / Bonsai / [Hinweis] / möglich sein / [behauptend])

8 — Alles hängt davon ab, was größer ist: der Garten oder das Haus.
(Garten / [Erg. 4. F.] / groß / machen / [Frage] / Gebäude / [Erg. 4. F.] / groß / machen / [Frage] / [Ziel] / sich stützen auf / [überlegend])

9 — Und wieviele Zimmer bauen wir?
(Zimmer-Nummer / [Hinweis] / wieviel / [Ziel] / machen wir / [Frage])

10 Zunächst einmal sehen wir ein großes Wohnzimmer und auch ein großes Eßzimmer vor. Dann ein Zimmer für uns und ein Zimmer für Hiroyuki und Eriko; das Badezimmer wird japanisch sein und die Küche modern.
(zuerst / Wohnzimmer / außerdem / Eßzimmer / auch / groß / nehmen wir) (wir [Bzw] / Schlafzimmer / und / Hiroyuki / und / Eriko [Bzw] / Zimmer / [Erg. 4. F.] / denken /// [ungezw.]- Badezimmer / [Hinweis] / Japan-Art / [Ziel] / machen // Küche / [Hinweis] / modern / [Ziel] / machen wir)

11 Laß uns auch ein Zimmer für jedes unserer Enkelkinder vorsehen.
(Enkelkind / [Erg. 3. F.] / auch / Zimmer / [Erg. 4. F.] / eines für jeden / Vorbereitung- machen wir)

ANMERKUNGEN (Fortsetzung)

(7) Hiroyuki ist der Sohn der Familie, Eriko seine Frau. Wenn die Eltern von ihrem Sohn sprechen, benutzen sie nur den Vornamen, aber wenn sie von ihrer Schwiegertochter sprechen, so müssen sie さん *san* dazufügen.

Lektion 66

12 - おれ の 庭 は どう なる ん だ。
ore no niwa wa dô naru n da (8)

13 - あら、 もう 場所 が ない わ。
a ra, mô ba sho ga na i wa

練習
renshû

1. 京都 に 三日 泊まって も、お 寺 を
kyôto ni mikka tomatte mo, o tera o
皆 観光 する こと は できません。
mina kankô suru koto wa dekimasen

2. 月曜日 に 出発 する か、金曜日
getsuyôbi ni shuppatsu suru ka, kinyôbi
に 出発 する か に よって、予定
ni shuppatsu suru ka ni yotte, yotei
が 変わります。
ga kawarimasu

12 — Und was wird aus meinem Garten?
  (ich / [Bzw] / Garten / [Hinweis] / wie / werden / nämlich)

13 — Ach du lieber Gott! Wir haben keinen Platz mehr.
  ([überrascht]) (schon / Platz / [Sgg] / sich nicht befinden / [abschwächend])

ANMERKUNGEN (Fortsetzung)

(8) どう なる <u>ん だ</u> *dô naru n da*. だ *da* ist die niedrige Stufe von です *desu* und ん *n* ist die Abkürzung von dem の *no* aus の です *no desu*. Also ist んだ *n da* die niedrige Stufe von の です *no desu*. Die niedrige Stufe ist hier angebracht, da es sich um ein Gespräch zwischen einem Mann und seiner Frau handelt. Vergessen wir aber nicht, daß nur in den seltensten Fällen eine Konversation ganz in der höheren oder niedrigen Stufe geführt wird. Meistens werden zwei verschiedene Stufen (die niedrige und die mittlere Stufe oder die mittlere und die höhere Stufe) in der gleichen Konversation verwendet (vgl. Lektion 28, Absatz 4.1).

---

3. 娘 と 話しあって も、無理 で は
   musume to hanashiatte mo, muri de wa

   ない か と 思いました。
   nai ka to omoimashita

4. その 問題 に ついて よく
   sono mondai ni tsuite yoku

   調べました けれども、詳しい 説明
   shirabemashita keredomo, kuwashii setsumei

   は 載って いません でした。
   wa notte imasen deshita

Lektion 66

5. 大学 の 建物 は あんまり 古く
   daigaku no tatemono wa anmari furuku

   なった ので、新しい の を 建てる
   natta node, atarashii no o tateru

   こと に しました。
   koto ni shimashita

... に 言葉 を 入れ なさい。

ni kotoba o ire nasai

1. *Das ist ein Lied, das ich schon irgendwo einmal gehört habe.*

   . . . .

2. *Ich weiß nicht, auf welche Art ich wählen soll (welche Art von Wählen ich machen soll).*

   . . . .

   . . . .

3. *Ich habe von 1956 bis 1967 in Ōsaka gewohnt.*

   . . . .

   . . . . ni taizai

   shite imashita

4. *Obwohl ich diesen Artikel mehrere Male gelesen habe, gibt es immer noch Stellen, die ich nicht verstehe.*

   ano . . . .

   . . . ., mada . . . .

   . . . .

Übungen

1. Selbst wenn man drei Tage in Kyôto verbringt, ist es ausgeschlossen, alle Klöster zu besuchen.
2. Meine Pläne werden sich ändern, je nachdem, ob ich am Montag oder am Freitag abreise.
3. Ich habe mich gefragt, ob es nicht nutzlos war, mit meiner Tochter zu reden.
4. Ich habe zahlreiche Nachforschungen hinsichtlich dieser Frage angestellt, aber ich habe keine genaue Erklärung finden können (wörtlich: eine genaue Erklärung kam nicht vor).
5. Da die Universitätsgebäude ganz heruntergekommen sind, ist ein Neubau beschlossen worden.

---

5. *Wie alt ist Ihre älteste Tochter?*

ue no . . . . o . . . .

Antwort: 1. dokoka de kiita koto no aru uta desu. 2. donna erabikata o shitara ii ka wakarimasen. 3. sen kyû hyaku go jû roku nen kara sen kyû hyaku roku jû nana nen made oosaka -. 4. - kiji o nandomo yomimashita keredomo, - wakaranai tokoro ga takusan nokotte imasu. 5. - musume san wa - ikutsu desu ka.

平仮名 の 練習
hiragana no renshû — Hiraganaübungen

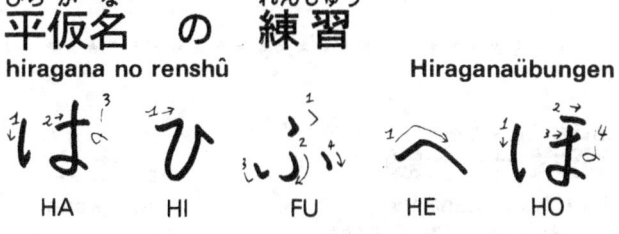

HA HI FU HE HO

In der Lektion 15, Anmerkung 2, haben wir auf zwei Unregelmäßigkeiten hingewiesen, die Ihnen sicherlich nicht mehr seltsam vorkommen! Die Partikel, die wir mit [Hinweis] oder [Vstk] in der wörtlichen Übersetzung anführen, wird wie **WA** (ua) ausgesprochen, aber mit dem Hiragana は *(ha)* geschrieben. Die Partikel, die wir für [R.Ang.] verwenden, wird wie **E** ausgesprochen, auch wenn es mit dem Hiragana へ *he* geschrieben wird. Das

Lektion 66

sind Reste der Vergangenheit, mit denen wir Sie nicht weiter aufhalten wollen. Es gibt nicht viele Ausnahmen dieser Art, nur noch eine, die nicht in diese Reihe gehört; aber da wir schon bei Ausnahmen sind, wollen wir sie anführen: die Partikel, die die Ergänzung im 4. Fall angibt, wird wie **O** ausgesprochen, aber を geschrieben.

Das ist ein altes *wo* (uo), das heutzutage wie **O** ausgesprochen wird.

* *

第六十七課 富士山
dai roku jû nana ka   fu ji san

1 - 富士山 って 本当 に ある の です か。
   fu ji san   t te   hon tô   ni   a ru   no   de su   ka

2 - ええ、 もちろん です。 なぜ です か。
   e e,   mo chi ro n   de su.   na ze   de su   ka

書き取り　　　　　　　　　　　　Diktat

1. *hatake e iku hito ga ita* (es gab jemanden, der auf die Felder ging) 2. *nihongo no hatsuon wa kantan desu* (die japanische Aussprache ist leicht) 3. *fushigi na hanashi o kiita* (ich habe eine seltsame Geschichte gehört) 4. *henji* (Antwort) 5. *hotondo* (fast) 6. *fune* (Schiff) 7. *heiki desu* (das ist mir egal)

Antwort

1. はたけ　へ　いく　ひと　が　いた

2. にほんご　の　はつおん　は　かんたん　です

3. ふしぎ な　はなし　を　きいた　4. へんじ

5. ほとんど　　6. ふね　　7. へいき　です

Zweite Welle: 第十七課 17. Lektion

* *

Der Fuji	Siebenundzechzigste Lektion
(Fuji-Berg)	(ste / sechs-zehn-sieben / Lektion)

1 — Gibt es ihn wirklich, den Fuji?
(Fuji-Berg / das man nennt / wirklich / [ustw] / sich befinden / nämlich / [Frage])

2 — Aber... natürlich! Warum?
(aber... / natürlich / das ist) (warum / das ist / [Frage])

Lektion 67

3 - 写真や絵ではくさるほど見ましたが、実物は見たことがありません。**(1)**

4 飛行機で東京へ来る時、見えることもあるそうですが、私は一遍も見たことがありません。

5 去年の夏、伊豆半島まで出掛けました。**(2)**

6 そして山の上でこの方向に富士山があると聞きましたが、雲しか見えませんでした。

3 — Ich habe ihn bis zum Überfluß auf Fotos oder Gemälden, aber ich habe ihn noch nie in Wirklichkeit gesehen.
(Foto / oder auch / Gemälde / [Mittel] / [Vstk] / verderben / in dem Maße, daß / angeschaut haben / aber // wirklicher Gegenstand / [Hinweis] / angeschaut haben / die Tatsache, daß / [Sgg] / sich nicht befinden)

4   Es heißt, daß man ihn manchmal sieht, wenn man nach Tokio fliegt, aber ich habe ihn kein einziges Mal gesehen.
(Flugzeug / [Mittel] / Tokio / [R.Ang.] / kommen / Zeit // sichtbar sein / die Tatsache, daß / auch / sich befinden / es scheint, daß / aber /// ich / [Hinweis] / einmal / sogar / angeschaut haben / die Tatsache, daß / [Sgg] / sich nicht befinden)

5   Letzten Sommer habe ich einen Ausflug zur Halbinsel Izu gemacht.
(letztes Jahr / [Bzw] / Sommer / Izu-Halbinsel / bis / aus dem Haus ausgegangen sein)

6   Hoch oben auf einem Berg wurde mir gesagt: „In dieser Richtung liegt der Fuji", aber ich habe nichts als Wolken gesehen.
(und / Berg / [Bzw] / Obere / [Ort] / diese / Richtung / [Ort] / Fuji-Berg / [Sgg] / sich befinden / [Zitat] / gehört haben / aber // Wolke / nur / nicht sichtbar sein)

ANMERKUNGEN

(1) くさる ほど *kusaru hodo*. Dieser... ein wenig ekelerregende... Ausdruck ist sehr ausdrucksstark. Er bezeichnet, daß es etwas im Überfluß gibt und man nicht alles verwenden kann, so daß alles, was übrigbleibt, verdirbt. Zuviel ist zuviel!

(2) 伊豆 *izu*. Diese große Halbinsel liegt ca. 100 km südwestlich von Tokio und wird als Urlaubsort äußerst geschätzt. Es gibt Strände ringsherum und heiße Quellen in den Bergen im Landesinneren. Es ist eine gebirgige Halbinsel. Ganz Japan besteht zu zwei Dritteln aus alpinen Bergregionen.

Lektion 67

7 知人 の 家族 の 方 の お 葬式 で 富士 霊園 へ も 行きました が...(3)(4)
   chi jin no ka zoku no kata no o sô shiki de fu ji rei en e mo i ki ma shi ta ga...

8 — あ、文学者 の 墓 が ある こと で 有名 な 墓地 です よ ね。
   a, bun gaku sha no haka ga a ru ko to de yû mei na bo chi de su yo ne

9 — 名前 が 富士 霊園 です から、今度 こそ は 富士山 を 見る こと が できる か と 思いました が、やっぱり だめ でした。
   na mae ga fu ji rei en de su ka ra, kon do ko so wa fu ji san o mi ru ko to ga de ki ru ka to omo i ma shi ta ga, ya p pa ri da me de shi ta

10 — あなた が 日本 に 来る の は 夏 でしょう。だから 見る こと が できない の です。
   a na ta ga ni hon ni ku ru no wa natsu de shô. da ka ra mi ru ko to ga de ki na i no de su

7 Ich bin sogar anläßlich des Begräbnisses eines Familienmitgliedes einer meiner Freunde zum Begräbnispark am Fuji gefahren, aber...
(Freund / [Bzw] / Familie / [Bzw] / Mensch / [Bzw] / [ungezw]-Begräbnis / [Mittel] / Fuji-Begräbnispark / [R.Ang.] / auch / gegangen sein / aber)

8 — Ach ja, das ist der berühmte Friedhof, auf dem Schriftsteller begraben liegen.
(ach / Schriftsteller / [Bzw] / Grab / [Sgg] / sich befinden / die Tatsache, daß / [Mittel] / berühmt / das ist / Friedhof / das ist / [behauptend] / [ü.einst.])

9 — Da der Friedhof „Begräbnis am Fuji" heißt, habe ich geglaubt, daß ich diesmal endlich den Fuji sehen würde, aber daraus wurde wieder nichts.
(Name / [Sgg] / Fuji-Begräbnispark / das ist / weil // diesmal / gerade / [Vstk] / Fuji-Berg / [Erg. 4. F.] / anschauen / die Tatsache, daß / [Sgg] / möglich sein / [Frage] / [Zitat] / gedacht haben / aber /// wie erwartet / unmöglich / das war)

10 — Du kommst immer im Sommer nach Japan. Deshalb kannst du ihn nicht sehen.
(du / [Sgg] / Japan / [Ziel] / kommen / die Tatsache, daß / [Hinweis] / Sommer / das muß sein)
(das ist warum / anschauen / die Tatsache, daß / [Sgg] / nicht möglich sein / nämlich)

ANMERKUNGEN (Fortsetzung)

(3) 方 *kata*, vgl. Lektion 48, Anmerkung 5.

(4) Ein Besuch am Familiengrab bietet alljährlich die Gelegenheit zu einem Familienausflug mit Picknick und Spielen im Grünen. Daher sind die sogenannten Begräbnisparks an Berghängen für derartige Ausflüge eingerichtet. Es sind richtige Parks, in denen man spazieren gehen kann; es gibt Geschäfte, kleine Häuschen, Waldstücke usw., in denen man sich für sein Picknick niederlassen kann, Wiesen, auf denen die Familie Fußball oder Baseball spielen kann...

11 この 次 は 十一月 ごろ
ko no tsugi wa jû ichi gatsu go ro

いらっしゃい。 そう すれば、 どこ
i ra s sha i. sô su re ba, do ko

から でも よく 見えます よ。
ka ra de mo yo ku mi e ma su yo **(5)**

12 —でも 十一月 に は 休み を
de mo jû ichi gatsu ni wa yasu mi o

取る こと が できません。 だから
to ru ko to ga de ki ma se n. da ka ra

私 は 一生 富士山 を 見る こと
watashi wa is shô fu ji san o mi ru ko to

が できない でしょう。
ga de ki na i de shô

練習
renshû

1. 今 から、 皆 はやく 平仮名 を
ima kara, minna hayaku hiragana o

書ける ように 練習 しましょう。
kakeru yô ni renshû shimashô

2. 毎晩 七時 ごろ 家 に 帰って、
maiban shichi ji goro ie ni kaette,

八時 ごろ に 家族 と 一緒 に 食事
hachi ji goro ni kazoku to issho ni shokuji

を します。
o shimasu

11 Komm das nächste Mal im November. Dann wirst du ihn von überall sehen können.
(das / nächste / [Vstk] / November-gegen / komm) (so / wenn du machst // von irgendwo / gut / sichtbar sein / [behauptend])

12 — Aber ich kann im November keinen Urlaub machen! Das heißt, daß ich den Fuji mein Leben lang nicht werde sehen können!
(aber / November / [Zeit] / [Vstk] / Urlaub / [Erg. 4. F.] / nehmen / die Tatsache, daß / [Sgg] / nicht möglich sein) (das ist warum / ich / [Hinweis] / das ganze Leben / Fuji-Berg / [Erg. 4. F] / anschauen / die Tatsache, daß / [Sgg] / nicht möglich sein / das muß sein)

ANMERKUNGEN (Fortsetzung)

(5) いらっしゃい *irasshai*. Das ist ein seltsamer Ausdruck: Das Verb いらっしゃる *irassharu* ist ein Verb der höheren Stufe (vgl. Lektion 49, Absatz 2). Aber die Form いらっしゃい *irasshai* ist die Befehlsform der niedrigen Stufe. Beide zusammen aber nebeneinander bilden einen familiären Ausdruck. Man verwendet übrigens als Händler denselben Ausdruck, wenn man Kunden anlocken will.

---

3. 娘 は、 スポーツ が 好き で、
musume wa, supôtsu ga suki de,

毎朝 一 時間 ぐらい 走ります。
maiasa ichi jikan gurai hashirimasu

4. この 工場 で 作る 製品 を
kono kôjô de tsukuru seihin o

組み立てる ため に どんな 機械 を
kumitateru tame ni donna kikai o

使います か。
tsukaimasu ka

5. 店 から もらった 写真 を よく
mise kara moratta shashin o yoku

見て、 洋服 を 選びましょう。
mite, yôfuku o erabimashô

この 次 は 十一月 に いらっしゃい。

... に 言葉 を 入れ なさい。

ni kotoba o ire nasai

1. *Du, welche Art von Sitzmöbeln passen deiner Meinung nach in das Wohnzimmer?*

. . . ., ...

to omoimasu ka

2. *So alter Tee kann nicht mehr verkauft werden. Setzen wir den Preis herunter.*

. . . . o cha . . . . urenai deshô,

. . . . shimashô

Übungen

1. Von nun an werden wir üben, so daß wir die Hiragana schnell schreiben können.
2. Jeden Abend komme ich gegen sieben Uhr heim und esse mit der Familie gegen acht Uhr.
3. Meine Tochter treibt gern Sport, jeden Morgen läuft sie ungefähr eine Stunde.
4. Was für Maschinen verwendet man, um die Gegenstände zusammenzusetzen, die diese Fabrik herstellt?
5. Wählen wir unsere Kleider genau nach den Fotos aus, die wir vom Geschäft erhalten haben.

---

3. *Wenn der Frühling kommt, werden die Tage länger.*

. . . . ni . . . . , ... narimasu

4. *Jeden Morgen verlasse ich gegen neun Uhr das Haus.*

. . . .

5. *Vor dem Schlafengehen lese ich jeden Abend ungefähr eine Stunde.*

. . . . . . , ... , ...

hon o . . . .

Antwort:

1. anata wa, ribingu ni donna isu ga ii -. 2. konna ni furui - wa mô -. nedan o yasuku -. 3. haru - naru to, hi ga nagaku -. 4. maiasa ku ji goro ni dekakemasu. 5. maiban, neru mae ni, ichi jikan gurai - yomimasu.

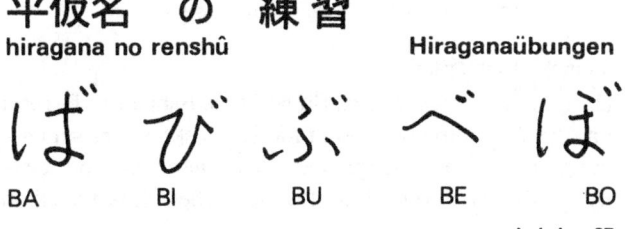

平仮名 の 練習
hiragana no renshû   Hiraganaübungen

ば　び　ぶ　べ　ぼ
BA　BI　BU　BE　BO

Lektion 67

書(か)き取(と)り   Diktat

1. *bonsai* (Zwergbaum) 2. *ichiban abunai desu* (das ist am gefährlichsten) 3. *tabitabi* (oft) 4. *konban* (heute Abend) 5. *sabishii* (traurig sein) 6. *zenbu* (völlig) 7. *fuben* (unpraktisch) 8. *boku* (ich, für einen Mann) 9. *tatoeba* (zum Beispiel) 10. *hanbun* (Hälfte) 11. *betsubetsu* (getrennt) 12. *banchi* (Nummern eines Hauses) 13. *jibun* (man selbst oder sich selbst) 14. *hitobito* (Leute)

* *

第六十八課 (だいろくじゅうはっか)   皇室 (こうしつ)
dai roku jû hak ka   **kô shitsu**

1 — 山手線 の 代々木 駅 と 原宿 駅 の 間 に ある 駅 には 止まる こと が ありません ね。(1)
    yamanote sen no yoyogi eki to harajuku eki no aida ni aru eki ni wa tomaru koto ga arimasen ne

2 — あれ は 特別 な 駅 です。
    are wa tokubetsu na eki desu

3 — いつ 通って も だれも いません。今 でも 使って いる の です か。
    itsu tootte mo daremo imasen. ima demo tsukatte iru no desu ka

ANMERKUNGEN

(1) 山手線 *yamanote sen*. So heißt die Bahnlinie, die rund um das Zentrum von Tokio führt (vgl. Lektion 65, Anmerkung 1). 代々木 *yoyogi* und 原宿 *harajuku* sind zwei Bahnhöfe, die in der Mitte des westlichen Teils zwischen

Antwort
1. ぼんさい   2. いちばん あぶない です
3. たびたび   4. こんばん   5. さびしい
6. ぜんぶ   7. ふべん   8. ぼく   9. たとえば
10. はんぶん   11. べつべつ   12. ばんち
13. じぶん   14. ひとびと

Zweite Welle: 第十八課 18. Lektion

****

Die Kaiserfamilie   **Achtundsechzigste Lektion**
(Kaiserfamilie)   (ste / sechs-zehn-acht / Lektion)

1 — Die Züge halten nie an diesem Bahnhof, der zwischen Yogogi und Harajuku auf der Linie Yamanote liegt.
(Yamanote-Linie / [Bzw] / Yoyogi-Bahnhof / und / Harajuku-Bahnhof / [Bzw] / Abstand / [Ort] / sich befinden / Bahnhof / [Ort] / [Vstk] / anhalten / die Tatsache, daß / [Sgg] / sich nicht befinden / [ü.einst.])

2 — Das ist ein besonderer Bahnhof.
(das dort / [Hinweis] / besonders / das ist / Station / das ist)

3 — Wann immer man dort vorbei fährt, man sieht nie Leute. Ist er noch in Betrieb?
(wann / vorbeifahren-sogar wenn // niemand / sich nicht befinden) (jetzt / sogar / dienen / nämlich / [Frage])

ANMERKUNGEN (Fortsetzung)

Shinjuku (vgl. Lektion 65) und Shibuya liegen... (Sie erinnern sich doch sicher noch an die Geschichte des braven Hundes... Lektionen 33 und 37.) Im Stadtteil Yoyogi befindet sich vor allem ein großer Park mit allen möglichen Sporteinrichtungen, die für die Olympiade im Jahr 1964 gebaut worden sind. Harajuku hingegen ist das Viertel der jungen Leute, es gibt viele Cafés, Boutiquen usw.

Lektion 68

4 — もちろん です。でも 特別 な
mo chi ro n　de su.　de mo toku betsu na

場合 だけ です。
ba ai　da ke　de su

5　あれ は 天皇 陛下 が お 使い に
a re　wa　ten nô hei ka　ga　o tsuka i　ni

なる 駅 な の です。
na ru　eki　na　no　de su (2)

私 は 朝 何時 に 起きて も 平気 です。

6 — 天皇 陛下 が 汽車 に お 乗り に
ten nô hei ka　ga　ki sha　ni　o　no ri　ni

なる こと が ある の です か。
na ru　ko to　ga　a ru　no　de su　ka (2)

発音 4. ba.a.i　5. zuka.i

4 — Ja sicher, aber nur in besonderen Fällen.
   (ja sicher / das ist) (aber / besonders / das ist / Fall / nur / das ist)
5 — Es ist der Bahnhof, den Seine Majestät der Kaiser benutzt.
   (das / [Hinweis] / Kaiser-Majestät / [Sgg] / [höflich]-verwenden - [Ziel]-werden / Bahnhof / das ist / nämlich)
6 — Es kommt vor, daß Seine Majestät der Kaiser mit dem Zug fährt?
   (Kaiser-Majestät / [Sgg] / Zug / [Ziel] / [höflich]-einsteigen - [Ziel]-werden / die Tatsache, daß / [Sgg] / sich befinden / nämlich / [Frage])

ANMERKUNGEN (Fortsetzung)

(2) Jedesmal, wenn man vom Kaiser spricht, muß man die höhere Stufe verwenden. Man verwendet daher für **er (sie)** dieselben Formen, die man sonst für **SIE** verwendet (vgl. Lektion 49, Absatz 2). Die Verben, die in der höheren Stufe nicht durch ein neues Wort ersetzt werden, wie z.B. 来る *kuru* durch いらっしゃる *irassharu* „SIE kommen", bilden die höhere Stufe aus einer zusammengesetzten Form, die auf der Grundform bei Verben mit nur einer und auf der Grundform auf *i* bei allen anderen beruht. Vor dieser Grundform: ein お *o* [höflich], nach dieser Grundform: に *ni* + なる *naru* „werden" in seiner Form auf ます *masu* (vgl. dazu Lektion 47, Anmerkung 1). Von 使う *tsukau* „verwenden": お 使い に なります *o tsukai ni narimasu* „(Seine Majestät) verwendet". Von 乗る *noru* „einsteigen" (Sätze 6 und 7): お 乗り に なります *o nori ni narimasu* „(Seine (Ihre) Majestät(en)) steigt ein (steigen ein)". Von 見せる *miseru* „zeigen" (Satz 10): お 見せ に なります *o mise ni narimasu*.

7 — そう です よ。よく お 乗り に なります。天皇 陛下 の お 住まい で ある 皇居 は あの 駅 の 近く の 千代田 区 に あります。でも それ は 特別 列車 で、普通 の 人 は 乗る こと が できません。**(2)(3)(4)(5)**

8 天皇 陛下 も 皇后 陛下 も 夏 は よく 那須 まで いらっしゃいます。**(6)(7)**

sô desu yo. yoku o nori ni narimasu. tennô heika no o sumai de aru kôkyo wa ano eki no chikaku no chiyoda ku ni arimasu. demo sore wa tokubetsu ressha de, futsû no hito wa noru koto ga dekimasen. **(2)(3)(4)(5)**

ten nô hei ka mo kô gô hei ka mo natsu wa yoku nasu made irasshaimasu **(6)(7)**

7. o ßumaj

ANMERKUNGEN (Fortsetzung)

(3) お 住まい *o sumai*: höhere Stufe von 家 *ie* „Haus, Wohnsitz".

(4) 天皇 陛下 の お 住まい で ある 皇居 は *tennô heika no o sumai de aru kôkyo wa* „der kaiserliche Palast, **der** der Wohnsitz Seiner Majestät des Kaisers **ist**". Das Wort です *desu* kennen wir schon sehr gut, wir verwenden es ja auch die ganze Zeit. Es ist das einzig wirklich unregelmäßige Verb, es kann viele Formen nicht bilden. Für das Satz- oder Nebensatzende kennen wir die Formen です *desu* (mittlere Stufe), だ *da* (niedrige Stufe) sowie でしょう *deshô* „das muß sein" usw. Aber was passiert, wenn wir es wie hier vor einem Substantiv verwenden? In diesem Fall muß man für alle Verben die niedrige Stufe verwenden (vgl. Lektion 28, Absatz 4.2).

7 — Aber natürlich, oft. Der Kaiserpalast, der Wohnsitz des Kaisers, befindet sich in Chiyoda-ku, in der Nähe dieses Bahnhofs. Aber er nimmt einen Sonderzug, in den normale Leute nicht einsteigen dürfen.
(so / das ist / [behauptend]) (oft / [höflich]-einsteigen - [Ziel]-werden) (Kaiser-Majestät / [Bzw] / [höflich]-Wohnsitz / das ist / Kaiserpalast / [Hinweis] / dieser / Bahnhof / [Bzw] / Nähe / [Bzw] / Chiyoda-Bezirk / [Ort] / sich befinden) (aber / der / [Hinweis] / Sonderzug / das ist // normal / [Bzw] / Mensch / [Hinweis] / einsteigen / die Tatsache, daß / [Sgg] / nicht möglich sein)

8 Der Kaiser und die Kaiserin fahren im Sommer oft nach Nasu.
(Kaiser-Majestät / auch / Kaiserin-Majestät / auch / Sommer / [Vstk] / oft / Nasu / bis / gehen)

ANMERKUNGEN (Fortsetzung)

Aber es gibt eine Ausnahme: だ *da* kann in diesem Fall nicht verwendet werden. Wir suchen daher nach einem Ersatz (wir kennen ja das System mit dem Adjektiv いい *ii*, vgl. Lektion 35, Absatz 3), und zwar で ある *de aru*.

(5) 千代田区 *chiyoda-ku*, der Hauptbezirk von Tokio, in dem sich der Kaiserpalast sowie der Sitz großer Unternehmen befindet.

(6) 那須 *nasu* ist der Name eines Urlaubsortes mit heißen Quellen. Er ist besonders als Sommerfrische berühmt. Er liegt ca. 150 km nördlich von Tokio.

(7) いらっしゃいます *irasshaimasu*. Wir haben dieses Verb schon kennengelernt, und zwar in seiner Eigenschaft als höhere Stufe von 来る *kuru* „kommen" (vgl. Lektion 12, Satz 4 und Anmerkung 2; Lektion 18, Satz 1; Lektion 47, Satz 11 und Anmerkung 6; Lektion 49, Absatz 2; Lektion 67, Satz 11), wobei der Satzgegenstand **SIE** oder **ER** (der respektiert wird) ist. Es dient auch für die höhere Stufe von 行く *iku* „gehen", unter denselben Bedingungen. Wir haben immer noch Überraschungen für Sie bereit!

Lektion 68

9 - 両陛下に国民がお目に
ryô hei ka ni koku min ga o me ni

かかれる時がありますか。
ka ka re ru toki ga a ri ma su ka **(8)**

10 - お正月と陛下のお誕生日
o shô gatsu to hei ka no o tan jô bi

にはお姿をお見せに
ni wa o sugata o o mi se ni

なりますので、国民は皇居に
na ri ma su no de, koku min wa kô kyo ni

ご あいさつ に 行く こと が
go a i sa tsu ni i ku ko to ga

できます。宮中参賀といいます。
de ki ma su. kyû chû san ga to i i ma su **(2)**

11 皇居は東京の真中にあって、
kô kyo wa tô kyô no man naka ni a tte,

江戸時代の将軍のお城でした。
e do ji dai no shô gun no o shiro de shi ta
(9) (10)

10. kjüütschüüßanga

ANMERKUNGEN (Fortsetzung)

(8) Nun aber zum Gegenteil: Sie erinnern sich doch an die Lektion 49, Absatz 2. Was die ,,höheren Stufen'' betrifft: die einen werden für **SIE** und, wie wir gerade gesehen haben, für **er (sie), der (die) respektiert wird** verwendet, und die anderen für **ICH** und **er (sie), der (die) Respekt schuldet.** Hier sprechen wir vom Volk dem Kaiser gegenüber. お目にかかります *o me ni kakarimasu:* die höhere Stufe, die mit 会う *au* ,,treffen'' entspricht, mit

9 — Gibt es Momente, in denen das Volk dem Kaiserpaar begegnen kann?
(zwei-Majestäten / [Ziel] / Leute / [Sgg] / [höflich]-Auge - [Ziel]-anhängen können / Moment / [Sgg] / sich befinden / [Frage])

10 — Am ersten Tag in jedem Jahr und am Geburtstag des Kaisers zeigt sich das Kaiserpaar in der Öffentlichkeit, da können sich die Leute zum Kaiserpalast begeben und es grüßen. Das nennt man ,,dem Kaiser öffentliche Ehrerbietung erweisen''.
([ungezw]-erster Tag des Jahres / und / Majestät / [Bzw] / [höflich]-Geburtstag / [Zeit] / [Vstk] / [höflich]-Aspekt / [Erg. 4. F.]-zeigen - [Ziel]-werden / weil // Leute / [Hinweis] / Kaiserpalast / [Ziel] / [höflich]-Gruß / [Ziel] / gehen / die Tatsache, daß / [Sgg] / möglich sein) (Kaiserhof-Ehrerbietung / [Zitat] / sagen)

11 Der Kaiserpalast befindet sich im Herzen Tokios. Er war die Shogunfestung in der Edoperiode.
(Kaiserpalast / [Hinweis] / Tokio / [Bzw] / ganz in der Mitte / [Ort] / sich befinden // Edo-Periode / [Bzw] / Shogun / [Bzw] / [höflich]-Festung / das war)

ANMERKUNGEN (Fortsetzung)

dem Satzgegenstand **ICH** oder **er, der Respekt schuldet** (vgl. auch die Lektion 64, Anmerkung 2).

(9) 江戸 時代 *edo jidai*, vgl. Lektion 17, Anmerkung 3.

(10) 将軍 *shôgun*. Dies war ursprünglich ein militärischer Titel, ,,Armeeführer''. In der Edoperiode bezeichnete er denjenigen, der die politische Macht besaß und das Land regierte. Der Sitz des Shogun war Edo, weit entfernt vom kaiserlichen Hof in Kyôto. Der letzte Shogun hat im Jahr 1868 bei der Wiederherstellung des Kaiserreiches die Macht dem Kaiser übergeben.

Lektion 68

12 その 回(まわ)り は ひろびろ と した
   sono mawari wa hirobiro to shita

公園(こうえん) に なって いて、日曜日(にちようび) の
kôen ni natte ite, nichiyôbi no

朝(あさ) など、そこ に ジョギング を し
asa nado, soko ni jogingu o shi

に 来(く)る 人(ひと) が たくさん います。
ni kuru hito ga takusan imasu

練習(れんしゅう)
renshû

1. 子供(こども) の 前(まえ) で そんな 話(はなし) を して
   kodomo no mae de sonna hanashi o shite

   は だめ です よ。
   wa dame desu yo

2. 向(む)かい の 本屋(ほんや) の 前(まえ) で 待(ま)って いる
   mukai no honya no mae de matte iru

   人(ひと) は だれ でしょう か。
   hito wa dare deshô ka

3. 東京(とうきょう) エア・ターミナル で ある 箱崎(はこざき)
   tôkyô ea. tâminaru de aru hakozaki

   と いう 所(ところ) は、町(まち) の 真中(まんなか) に
   to iu tokoro wa, machi no mannaka ni

   あります。
   arimasu

12 Rundherum ist ein riesengroßer Park, und viele Leute machen dort am Sonntag Morgen ihren Dauerlauf.
(seine / Umgebung / [Hinweis] / geräumig-gemacht haben / öffentlicher Park / [Ziel] / werden // Sonntag / [Bzw] / Vormittag / diese Art von Sachen / dort / [Ziel] / Jogging / [Erg. 4. F.] / machen / [Ziel] / kommen / Mensch / [Sgg] / viel / sich befinden)

---

4. 奈良の 一番 有名 な お 寺 で
   nara no ichiban yûmei na o tera de
   ある 東大寺 は 駅 の すぐ 近く に
   aru tôdaiji wa eki no sugu chikaku ni
   あります。
   arimasu

5. 私 は 朝 早く 起きて も 平気 です。
   watashi wa asa hayaku okite mo heiki desu

Übungen

1. Es ist nicht gut, derartige Geschichten vor den Kindern zu erzählen.
2. Wer kann denn nur die Person sein, die vor der Buchhandlung gegenüber wartet?
3. Hakozaki, der Busbahnhof (für den Flughafen) von Tokio, befindet sich im Stadtzentrum.
4. Das Tôdaiji, das berühmteste Kloster von Nara, befindet sich ganz in der Nähe des Bahnhofes.
5. Mir macht es nichts aus, früh aufzustehen.

... に 言葉 を 入れ なさい。
ni kotoba o ire nasai

1. *Die Post befindet sich zwischen dem Elektrogeschäft und dem Tabakladen.*

. . . . to . . . .

. . . .

2. *Machen wir es auf die deutsche Art!*

. . . . de yarimashô ne

3. *Der Kaiserpalast ist der Ort, in dem Seine Majestät der Kaiser wohnt.*

. . . . ni natte iru

. . . .

平仮名 の 練習
hiragana no renshû   Hiraganaübungen

Die Silbenreihe, die mit P beginnt, ist die einzige, die den kleinen Kreis gebraucht.

ぱ　ぴ　ぷ　ぺ　ぽ
PA　PI　PU　PE　PO

Diese Silben kommen nur sehr selten vor und wenn, dann wird das P meistens verdoppelt. Wir haben schon in der Lektion 7, Absatz 6 die Verdoppelung erwähnt. Die Konsonanten, die man im Japanischen verdoppeln kann, sind: l - S (sh) - T (ch-ts) und P. Bei allen Fällen wird das kleine Hiragana っ *tsu* verwendet, z.B.: *ikkai* „Erdgeschoß" いっかい; *zasshi* „Zeitschrift ざっし; *kitte* „Briefmarken" きって; *ippun* „eine Minute" いっぷん.

4. *Sogar wenn man auf den Fuji steigt, sieht man im Sommer nichts als Wolken.*

. . . . , ... no tokoro . . . . ,

. . . .

5. *Warum hält der Zug nicht am Bahnhof, der zwischen Yoyogi und Harajuku liegt?*

. . . .

. . . . no desu ka

Antwort: 1. yûbinkyoku wa denkiya - tabakoya no aida ni arimasu. 2. doitsu shiki -. 3. kôkyo wa tennô heika ga o sumi - tokoro desu. 4. natsu wa, fujisan - e itte mo, kumo shika miemasen. 5. densha wa naze yoyogi to harajuku no aida ni aru eki ni tomaranai -.

書き取り　　　　　Diktat

1. *sanpo ni itta* (ich bin spazierengegangen) 2. *tsukeppanashi desu* (das bleibt offen) 3. *kippu o katte uchi ni kaetta* (ich habe die Karten gekauft und ich bin nach Hause zurückgekommen) 4. *shinpai shita* (ich war unruhig) 5. *ongakkai* (Konzert) 6. *kekkon* (Hochzeit) 7. *sassoku* (sofort) 8. *hassai* (acht Jahre (alt)) 9. *sanpun* (drei Minuten) *eki ni haitta* (er ist in den Bahnhof gegangen)

Antwort

1. さんぽ に いった　2. つけっぱなし です

3. きっぷ を かって うち に かえった

4. しんぱい した　　　5. おんがっかい

Lektion 68

6. けっこん 7. さっそく 8. はっさい

9. さんぷん   10. えき に はいった

* *

第六十九課　　お見合い(1)
dai roku jû kyû ka　　o mi a i (1)

1 - 甥 の 勝明 は 日本 経済 新聞
　　oi no katsu aki wa ni hon kei zai shin bun

　の 記者 を して います が、だれか
　no ki sha o shi te i ma su ga, da re ka

　いい 人 が ない でしょう か ね。
　i i hito ga na i de shô ka ne

　(2) (3) (4)

2 - 甥御さん は お いくつ です か。
　　oi go sa n wa o i ku tsu de su ka **(5)**

発音 o mi.ai **1.** o.i

ANMERKUNGEN
(1) お見合い *o miai*. Das ist ein äußerst üblicher Brauch in Japan, auch heute. Man stellt die jungen Leute einander vor. Zuerst werden Fotos ausgetauscht, die junge Leute in feierlicher Kleidung zeigen, dann findet das erste Treffen unter Anwesenheit der Eltern statt. Oft wendet man sich an einen Freund der Familie, der sich auf die Suche nach einem geeigneten Partner macht.

Zweite Welle: 第十九課 19. Lektion

* *

Neunundsechzigste Lektion
(ste / sechs-zehn-neun / Lektion)
Die vermittelte Ehe
([ungezw]-vermittelte Ehe)

1 — Mein Neffe Katsuaki ist Journalist beim Nihon keizai shinbun, Sie kennen nicht zufällig jemand passenden?
(mein Neffe / [Beifügung] / Katsuaki / [Hinweis] / Nihon keizai shinbun / [Bzw] / Journalist / [Erg. 4. F.] / machen / aber // jemand / gut sein / Mensch / [Sgg] / sich nicht befinden / das muß sein / [Frage] / [ü.einst.])

2 — Wie alt ist Ihr Neffe?
(Ihr Neffe / [Hinweis] / [höflich]-wieviel / das ist / [Frage])

ANMERKUNGEN (Fortsetzung)

(2) 甥 の 勝明 *oi no katsuaki,* vgl. Lektion 13, Anmerkung 1.

(3) 日本 経済 新聞 *Nihon keizai shinbun* ist der Name einer der fünf großen Tageszeitungen in Japan. Wörtlich übersetzt bedeutet der Name „Wirtschaftszeitung von Japan" (Japan / Wirtschaft / Tageszeitung), aber es handelt sich dabei um eine Tageszeitung mit allgemeinen Informationen.

(4) だれか*dareka,* vgl. Lektion 65, Anmerkung 4. だれ*dare* „wer?", だれか*dareka* „irgendjemand".

(5) Merken Sie sich bitte: mein Neffe: 甥 *oi;* Ihr Neffe: 甥御さん *oigosan,* vgl. auch Lektion 15, Anmerkungen 1 und 3; Lektion 23, Anmerkung 1; Lektion 26, Anmerkung 2.

3 - 今年 二十八歳 で、来年 の
ko toshi ni jû has sai de, rai nen no

秋 ブラジル に 転勤 する こと に
aki bu ra ji ru ni ten kin su ru ko to ni

なりました が、その 前 に 結婚
na ri ma shi ta ga, so no mae ni kek kon

させたい の です。
sa se ta i no de su

4 - どんな 方 が いい の です か。
don na kata ga i i no de su ka

5 - そう です ね。やっぱり 大学 は
sô de su ne. ya p pa ri dai gaku wa

卒業 して いて、でも 働いた
sotsu gyô shi te i te, de mo hatara i ta

こと が なくて、向こう では、
ko to ga na ku te, mu kô de wa

接待 が 多い です から、お 料理
set tai ga oo i de su ka ra, o ryô ri

が 上手 で、社交性 が ある 人
ga jô zu de, sha kô sei ga a ru hito

が 理想 です ね。**(6)**
ga ri sô de su ne

6 - なかなか むずかしい 条件 です ね。
na ka na ka mu zu ka shi i jô ken de su ne

7 あ、ちょっと 待って 下さい。
a, cho t to ma t te kuda sa i

5. oo.i

3 — Er wird dieses Jahr 28; er wird nächstes Jahr im Herbst nach Brasilien versetzt - ich möchte ihn vorher verheiraten.
(dieses Jahr / zwei-zehn-acht-Jahr / das ist /// nächstes Jahr / [Bzw] / Herbst / Brasilien / [Ort] / Arbeitswechsel-machen / die Tatsache, daß / [Ziel] / geworden sein / aber // das / vor / [Zeit] / Hochzeit-ich will machen lassen / nämlich)

4 — Welche Art Frau hätten Sie gern?
(von welcher Art / Mensch / [Sgg] / gut sein / nämlich / [Frage])

5 — Nun ja... So recht betrachtet wäre eine junge Dame, mit Universitätsabschluß, die aber noch nicht gearbeitet hat, ideal, und da sie dort sehr viel Besuch haben wird, sollte sie eine gute Köchin und sehr gesellig sein.
(nun ja...) (alles wohl überlegt / Universität / [Hinweis] / Diploma-machen /// aber / gearbeitet haben / die Tatsache, daß / [Sgg] / nicht sich befinden /// die andere Seite / [Ort] / [Vstk] / Empfang / [Sgg] / zahlreich sein / das ist / weil // [ungezw]-Küche / [Sgg] / geschickt / das ist /// geselliger Charakter / [Sgg] / sich befinden / Mensch / [Sgg] / ideal / das ist / [ü.einst.])

6 — Das sind äußerst schwierige Bedingungen!
(äußerst / schwierig sein / Bedingung / das ist / [ü.einst.])

7 Aber... warten Sie ein bißchen...
(ah / ein bißchen / warten Sie)

ANMERKUNGEN (Fortsetzung)

(6) そう です ね *sô desu ne*. Wörtlich: ,,das ist so''. Dieser Ausdruck wird oft verwendet, um sich eine kleine Redepause einzuräumen, bevor man auf eine wichtige Frage antwortet.

Lektion 69

8 そう 言えば、一週間 ほど 前 に
   sô   ieba, isshûkan hodo mae ni
   家内 が 友人 の 国会 議員 の
   kanai ga yûjin no kokkai giin no
   お嬢さん の 写真 を 見せて
   ojôsan no shashin o misete
   くれました。
   kuremashita

9 - あ、それ は いい 話 です ね。
    a, sore wa ii hanashi desu ne

10 - 今晩 さっそく 家内 と 話して
     konban sassoku kanai to hanashite
   みます。
   mimasu **(7)**

11 後ほど 連絡 いたします。
   nochihodo renraku itashimasu **(8)**

(続く)
tsuzuku **(9)**

8 — Wenn das so ist... vor einer Woche hat mir meine Frau das Foto der Tochter eines Freundes von uns gezeigt, der Abgeordneter ist.
(also / wenn man sagt // eins-Woche-ungefähr-vorher / [Zeit] / meine Frau / [Sgg] / Freund / [Beifügung] / Nationalversammlung-Mitglied / [Bzw] / Tochter / [Bzw] / Foto / [Erg. 4. F.] / zeigen / gemacht haben für mich)

9 — Ah, welch angenehmer Vorschlag!
(ja / das / [Hinweis] / gut sein / Geschichte / das ist / [ü.einst.])

10 — Ich werde sofort heute abend mit meiner Frau darüber sprechen.
(heute abend / sofort / meine Frau / mit / sprechen / machen um zu sehen)

11 — Danach werde ich mit Ihnen Kontakt aufnehmen.
(danach / Kontaktaufnahme-ich mache)

Fortsetzung folgt
(sich fortsetzen)

ANMERKUNGEN (Fortsetzung)

(7) 話して みます *hanashite mimasu*, vgl. Lektion 60, Anmerkung 10.

(8) いたします *itashimasu*. Höhere Stufe von する *suru* „machen", wobei der obligatorische Satzgegenstand **ICH** ist.

(9) 続く *tsuzuku*, vgl. Lektion 58, Anmerkung 4. Dies ist ein weiterer Fall, in dem die Silbe ZU mit づ geschrieben wird, wenn das Verb mit Hiraganazeichen geschrieben wird.

練習
renshû

1. 夕べ 妹 さん の お見合い に
   yûbe imôto san no o miai ni

   ついて 家内 と 遅く まで 話しました。
   tsuite kanai to osoku made hanashimashita

2. 井上さんが外国から帰って
   inoue san ga gaikoku kara kaette

   きたと聞きましたが、すぐ
   kita to kikimashita ga, sugu

   あいさつに行った方がいい
   aisatsu ni itta hô ga ii

   でしょうね。
   deshô ne

3. 最近フランスの新聞でも日本
   saikin, furansu no shinbun de mo nihon

   の経済についての記事が
   no keizai ni tsuite no kiji ga

   よく出ます。
   yoku demasu

4. 田辺さんは、だれかいい人が
   tanabe san wa, dareka ii hito ga

   いるかしらと聞きました。
   iru kashira to kikimashita

5. 来年の予算は九億円になる
   rainen no yosan wa kyû oku en ni naru

   そうです。
   sô desu

Übungen

1. Gestern abend habe ich bis spät in die Nacht mit meiner Frau über die Heiratspläne Ihrer jüngeren Schwester gesprochen.
2. Ich habe gehört, daß Herr Inoue aus dem Ausland zurückgekommen ist, wir sollten ihn am besten gleich begrüßen gehen.
3. Seit einiger Zeit gibt es sogar in den französischen Zeitungen oft Artikel über die japanische Wirtschaft.
4. Frau Tanabe hat mich gefragt, ob ich zufälligerweise jemanden Geeigneten wüßte.
5. Man sagt, daß das Budget für nächstes Jahr 900 Millionen Yen betragen wird.

... に 言葉 を 入れ なさい。

ni kotoba o ire nasai

1. *In Japan ist es unpassend auf der Straße zu essen.*

. . . . , ...

. . . . . . koto wa . . . . koto desu

2. *Da ich an Wirtschaft überhaupt nicht interessiert bin, lese ich keine Tageszeitungen.*

. . . . , ... kyômi ga

. . . . , ...

3. *Dieser Stuhl hat mich 43.600 Yen gekostet.*

. . . .

. . kakarimashita

4. *Ist Ihr Neffe nicht letzte Woche 21 Jahre alt geworden?*

. . . .

. . . .

Lektion 69

5. *Dieser Mann spricht nicht sehr viel mit seinen Kollegen.*

ano . . . . amari . . . .

平仮名 の 練習
hiragana no renshû   **Hiraganaübungen**

Von Anfang an haben wir Sie darauf aufmerksam gemacht, daß es im Japanischen **sogenannte LANGE Vokale** gibt und schon in der Lektion 2, Anmerkung 4, haben wir auf die Schriftzeichen dafür hingewiesen. Bei den Wörtern japanischen Ursprungs handelt es sich eher um verdoppelte als lange Vokale. Man schreibt also einfach den verdoppelten Vokal. Allerdings gibt es kein langes U in den **Wörtern japanischen Ursprungs,** nur lange (oder verdoppelte!) A, E, I und O.

Verdoppelte A, I, E kommen ausschließlich in den Verwandtschaftsausdrücken vor: おばあさん *obaasan* (vgl. Lektion 39, Satz 1 und Lektion 59, Übung 2, Satz 4), ,,Großmutter'' und im übertragenen Sinn ,,jede betagte Frau''. おじいさん *ojiisan* (vgl. Lektion 39, Satz 1), ,,Großvater'' und im übertragenen Sinn ,,jeder alte Mann''. おねえさん *oneesan* ,,ältere Schwester''.

Der einzige ,,ernste'' Fall ist der mit O. Es gibt nur eine begrenzte Anzahl von echt japanischen Wörtern mit verdoppeltem O, und wir haben sie fast alle schon gelernt. おおきい *ookii* ,,groß sein'' (Lektion 20, Satz 9; Lektion 34, Satz 4; Lektion 39, Satz 7; Lektion 66, Satz 10); おおい *ooi* ,,zahlreich sein'' (Lektion 34, Satz 9; Lektion 36, Satz 1; Lektion 69, Satz 5); とおる *tooru* ,,vorbeigehen'' (Lektion 57, Sätze 3, 4 und 6; Lektion 68, Satz 3).

Bei den **Wörtern chinesischen Ursprungs** gibt es die allerdings wirklichen Vokale, aber nur für U und O. Man verwendet daher sowohl für das lange U wie O das Hiraganazeichen う (und einen Zirkumflex oder einen Strich über dem Vokal in der Lautschrift). Zum Beispiel:
û: ,,gewöhnlich'' *futsû* ふつう
ô: ,,wirklich'' *hontô ni* ほんとう に

Antwort: 1. nihon de wa, michi o arukinagara taberu - yokunai -. 2. watashi wa, keizai ni zenzen - nakute, shinbun o yomimasen. 3. kono isu wa yon man san zen rop pyaku en -. 4. oigosan wa senshû ni jû is sai ni natta no de wa nai deshô ka. 5. - hito wa dôryô to - hanashimasen.

書き取り (かきとり) — Diktat

1. *sô desu ne* (ja das ist so) 2. *kekkô desu* (das ist perfekt) 3. *kinô* (gestern) 4. *futsû* (gewöhnlich) 5. *kôgô* (die Kaiserin) 6. *hôkô* (Richtung) 7. *kôkûbin* (Flugpost) 8. *dôbutsu* (Tier) 9. *fûtô* (Briefumschlag) 10. *tennô* (der Kaiser) 11. *dôzô* (Kupferstatue) 12. *bôken* (Abenteuer) 13. *kôtsû* (Verkehr) 14. *kôtôgakkô* (Gymnasium)

Antwort

1. そう です ね   2. けっこう です

3. きのう   4. ふつう   5. こうごう

6. ほうこう   7. こうくうびん   8. どうぶつ

9. ふうとう   10. てんのう   11. どうぞう

12. ぼうけん   13. こうつう

14. こうとうがっこう

Zweite Welle: 第二十課 20. Lektion

だいななじゅっか
第七十課

まとめ
dai nana juk ka   matome

1. Wie in jeder siebten Lektion haben wir heute wieder viel vor. Wir wollen zunächst einmal das Rätsel der **Zahlen** lösen. Die Japaner verwenden zwei Systeme: Das erste ist das ursprünglich japanische, das zweite das chinesische System. Dieses zweite Zahlensystem ist vollständig, wie Sie selbst in der 63. Lektion feststellen konnten. Was ist aber vom **ursprünglich japanischen System** geblieben? Nur sehr wenig, z.B. die Ziffern von 1 bis 10. Wir haben sie schon oft verwendet.

eins: 一つ *hitotsu* (Lektion 65, Satz 1; Lektion 66, Satz 11)
zwei: 二つ *futatsu* (Lektion 27, Satz 10, Übung 2, Satz 5; Lektion 39, Übung 2, Satz 5)
drei: 三つ *mittsu* (Lektion 59, Satz 9, Übung 2, Satz 1)
vier: 四つ *yottsu*
fünf: 五つ *itsutsu* (Lektion 59, Satz 6, Übung 1, Satz 2)
sechs: 六つ *muttsu*
sieben: 七つ *nanatsu*
acht: 八つ *yattsu*
neun: 九つ *kokonotsu*
zehn: 十 *tô*

Man verwendet diese Zahlen immer dann, wenn man genau angeben will, um wieviele **Gegenstände** es sich handelt (natürlich nur dann, wenn es weniger als zehn sind), aber nicht, um welche Art von Gegenständen es sich handelt. Wenn man nämlich die Art angeben will, muß man auf das chinesische Numerierungssystem zurückgreifen (vgl. Lektion 63).

Sie müssen sich folgende Regeln merken:
Wenn man „eine Person" sagen will: 一人 *hitori* (vgl. Lektion 44, Satz 3; Lektion 47, Anmerkung 5) mit der sehr häufig verwendeten Wendung 一人で *hitori de* „ganz

Siebzigste Lektion
(ste / sieben-zehn / Lektion)
Wiederholung und Anmerkungen

allein" (Lektion 47, Satz 12; Lektion 48, Übung 1, Satz 4). Wenn man „zwei Personen" sagen will: 二人 *futari* (Lektion 15, Satz 4 und Übung 2, Satz 4; Lektion 41, Übung 2, Satz 3; Lektion 44, Sätze 4 und 5, Übung 2, Satz 2).

Ab drei Personen muß man auf das chinesische System zurückgreifen, also auf *nin,* das spezifische Zahlwort: „drei Personen": 三人 *san nin,* „vier Personen": 四人 *yo nin,* „fünf Personen: 五人 *go nin* usw. (vgl. Lektion 47, Satz 11, Übung 2, Satz 1; Lektion 59, Übung 1, Satz 2).

Weiterhin müssen Sie sich merken: Die Wörter, die das **Datum** (der 5. eines Monats, der 10. eines Monats...) oder die **Dauer** (fünf Tage, zehn Tage...) angeben, werden ausschließlich mit dieser Serie gebilet, also von 1 bis 10, auch wenn es einige Ausnahmen gibt.

Für 1 gibt es zwei Wörter (das fängt schon gut an!):
一日 *tsuitachi:* der Monatserste (Lektion 65, Satz 4)
一日 *ichinichi:* einen Tag lang (Lektion 30, Satz 6; Lektion 39, Satz 14)

Von jetzt ab gibt es nur ein Wort für beide Fälle:
二日 *futsuka,* der 2. eines Monats oder 2 Tage (Lektion 45, Satz 5; Lektion 57, Satz 11; Lektion 61, Übung 2, Satz 1)
三日 *mikka,* der 3. eines Monats oder 3 Tage (Lektion 20, Satz 12; Lektion 66, Übung 1, Satz 1)
四日 *yokka,* der 4. eines Monats oder 4 Tage
五日 *itsuka,* der 5. eines Monats oder 5 Tage
六日 *muika,* der 6. eines Monats oder 6 Tage
七日 *nanoka,* der 7. eines Monats oder 7 Tage
八日 *yôka,* der 8. eines Monats oder 8 Tage
九日 *kokonoka,* der 9. eines Monats oder 9 Tage

十日 tôka, der 10. eines Monats oder 10 Tage (Lektion 61, Satz 3, Übung 2, Satz 4).

Und danach? Ja, Sie haben recht, Sie wissen es schon, man greift auf das chinesische System zurück:
十一日 jû ichi nichi, der 11. eines Monats oder 11 Tage Lektion 44, Satz 6: der 12. eines Monats: 十二日 jû ni nichi (oder 12 Tage)
十五日 jû go nichi, der 15. eines Monats (oder 15 Tage).

Ausnahmen: Der 14. und der 24. (oder 14 Tage, 24 Tage) heißen: 十四日 jû yok ka und 二十四日 ni jû yok ka, beide Systeme sind also hier vermischt... und Sie werden auch noch darauf kommen, warum! Und für den 20. (oder 20 Tage) sagt man 二十日 hatsuka.

In einem anderen Fall wird für 20 die japanische Ziffer verwendet: wenn man das **Alter** angeben will. Das schönste Alter wird in besonderer Weise behandelt: 20 Jahre heißt 二十 hatachi, rein japanisch! Für alle anderen Altersangaben verwendet man das chinesische System mit dem spezifischen Zahlwort 歳 sai „Jahr" (Lektion 15, Satz 11; Lektion 69, Satz 3).
Damit sind wir mit den Ziffern und Zahlen fertig. Ihre Geduld ist auf eine harte Probe gestellt worden, aber von nun an sind Sie gewappnet!
Die japanische Sprache hat zwei schwierige Punkte: die Formen auf て te und die Ziffern und Zahlen. Beide aber haben Sie jetzt aufgenommen!

Nun einige Wiederholungen - das tut auf alle Fälle gut!

2. Von Anfang an haben wir ein Element benutzt, das wir mit „das ist" (oder „das war" oder „das ist nicht") übersetzt haben. Die erste Form, die wir sehr oft gesehen haben, ist です desu. Es ist nun an der Zeit, alle Formen, die dieses Element bilden kann, zu besprechen.

MITTLERE STUFE: です *desu* ist eine mittlere Stufe. Verneinung: で は ありません *de wa arimasen* „das ist nicht" (Lektion 19, Satz 6, Anmerkung 2, Übung 2, Satz 4; Lektion 22, Satz 6, Anmerkung 1, Übung 1, Satz 1; Lektion 36, Satz 6; Lektion 38, Satz 4; Lektion 43, Satz 12; Lektion 50, Satz 11). Vergangenheit: でした *deshita* „das war" (Lektion 23, Satz 3, Anmerkung 3, Übung 1, Satz 1, Übung 2, Satz 3; Lektion 26, Sätze 1 und 4; Lektion 29, Übung 1, Satz 2; Lektion 32, Sätze 2 und 11; Lektion 33, Satz 5; Lektion 36, Satz 9; Lektion 39, Sätze 2, 7 und 14, Übung 2, Satz 2; Lektion 59, Übung 2, Satz 3; Lektion 60, Sätze 2 und 10, Übung 2, Satz 1; Lektion 67, Satz 9; Lektion 68;, Satz 11).

Wir haben parallel dazu die Reihe in der NIEDRIGEN STUFE: „das ist" だ *da* (Lektion 19, Satz 12, Anmerkung 4; Lektion 21, Absatz 4; Lektion 29, Satz 1, Anmerkung 1; Lektion 41, Satz 12; Lektion 44, Satz 12; Lektion 47, Satz 2; Lektion 50, Satz 8, Anmerkung 3; Lektion 52, Übung 1, Satz 1; Lektion 53, Übung 2, Satz 2; Lektion 64, Satz 14, Übung 1, Satz 2). Verneinung: „das ist nicht" で は ない *de wa nai* (Lektion 36, Übung 1, Satz 5; Lektion 46, Sätze 2 und 8, Übung 1, Satz 1; Lektion 50, Satz 12, Übung 1, Satz 1; Lektion 55, Satz 3; Lektion 57, Übung 1, Satz 4; Lektion 66, Übung 1, Satz 3); Vergangenheit: „das war" だった *datta* (Lektion 39, Übung 2, Satz 2; Lektion 41, Satz 12, Anmerkung 3; Lektion 53, Satz 8; Lektion 58, Satz 2).

Die HÖHERE STUFE wird mit zwei Verben gebildet, eins für **ICH** („was MICH angeht, das ist..."), und eins für **SIE** („was SIE angeht, das ist..."). Bisher haben wir で ございます *de gozaimasu* gelernt „das ist, was MICH angeht" (Lektion 44, Sätze 1, 9 und 11, Anmerkungen 1 und 6, Übung 1, Satz 1; Lektion 49, Absatz 2). Wir betonen, daß dies die gebräuchlichste Form ist, wenn man sich vorstellt oder seinen eigenen Namen sagt, z.B. am Telefon (Lektion 44, Übung 1, Satz 1).

Außerdem haben wir noch gelernt: でしょう *deshô* „das muß sein" (Lektion 39, Satz 11; Lektion 43, Übung 1, Satz 5; Lektion 46, Satz 8; Lektion 50, Satz 10, Anmerkung 4; Lektion 57, Übung 1, Satz 4; Lektion 58, Sätze 7 und 11, Übung 1, Satz 2, Übung 2, Satz 4; Lektion 60, Sätze 9 und 10, Übung 1, Sätze 2 und 3; Lektion 62, Satz 2, Übung 1, Satz 2; Lektion 64, Satz 6, Übung 2, Satz 1; Lektion 66, Satz 3; Lektion 67, Sätze 10 und 12; Lektion 69, Satz 1). Dann で *de* „das ist", also der Hinweis, daß der Satz nicht fertig ist (Lektion 50, Sätze 10 und 11, Anmerkung 5, Übung 1, Sätze 3 und 4, Übung 2, Satz 4; Lektion 51, Übung 1, Satz 5, Übung 2, Satz 3; Lektion 60, Übung 1, Satz 1; Lektion 62, Satz 4; Lektion 68, Satz 7; Lektion 69, Sätze 3 und 5). Und schließlich である *de aru* „der ist" (Lektion 68, Satz 7, Anmerkung 4, Übung 1, Sätze 3 und 4), だったら *dattara* „wenn das ist" (Lektion 62, Satz 9, Anmerkung 5, Übung 1, Satz 1).

Wir haben auch schon die Form な *na* erwähnt (Lektion 33, Anmerkung 1). Aber für heute reicht es mit です *desu* und all seinen verschiedenen Formen. Wir werden auf das な *na* etwas später zu sprechen kommen.

3. Sprechen wir noch einmal von der **höheren Stufe**. Lesen Sie zunächst noch einmal die betreffenden Stellen in der Lektion 21 (Absatz 4), Lektion 28 (Absatz 4) und Lektion 49 (Absatz 2) durch. Was bei den höheren Stufen so irreführend ist: Man darf die beiden Anwendungsfälle wirklich nicht verwechseln, also die Wörter, die man nur **er (sie), der (die) Respekt schuldet**) verwendet und die Wörter, die man nur für **SIE** (oder **er (sie), der (die) respektiert wird**) verwendet.

Wiederholen wir nun diejenigen, die wir schon öfters verwendet haben (vgl. auch Lektion 68, Anmerkung 2):
— Um **ICH** zu sagen: 申します *môshimasu* „sagen, sich

nennen" (Lektion 15, Satz 1), entspricht dem Verb 言う *iu*. Dieses Wort verwendet man, wenn man seinen Namen sagt: „Ich heiße Hans Schmidt" ハンス・シュミット と 申します *hanzu shumitto to môshimasu*.
で ございます *de gozaimasu* „das ist" (was MICH angeht), siehe weiter oben.
おります *orimasu*, das dem Verb いる *iru* „sich befinden" entspricht (Lektion 44, Satz 7, Anmerkung 4).
うかがいます *ukagaimasu*, das sich entweder auf das Verb 聞く *kiku* in der Bedeutung von „sagen hören" (Lektion 47, Satz 2, Anmerkung 2) oder auf das Verb たずねる *tazuneru* „sich zu jemandem begeben" (Lektion 59, Satz 4, Anmerkung 3) bezieht.
お 目 に かかります *o me ni kakarimasu*, das dem Verb 会う *au* „treffen, begegnen" entspricht (Lektion 68, Satz 9, Anmerkung 8).
いたします *itashimasu*, das dem Verb する *suru* „machen" entspricht (Lektion 69, Satz 11, Anmerkung 8).

— Um **SIE** zu sagen: いらっしゃいます *irasshaimasu*, das dem Verb 来る *kuru* „kommen" entspricht (Lektion 12, Satz 4, Anmerkung 2; Lektion 18, Satz 1; Lektion 47, Satz 11; Lektion 67, Satz 11, Anmerkung 5) oder auch dem Verb 行く *iku* „gehen" entspricht (Lektion 68, Satz 8, Anmerkung 7) oder sogar dem Verb いる *iru* „sich befinden" entspricht. Zum Beispiel sagt man am Telefon, wenn man mit jemandem sprechen will („Ist Herr Kawaguchi zu sprechen?") das folgende auf japanisch:
川口 さん は いらっしゃいます か。
kawaguchi san wa irasshaimasu ka
(Kawaguchi-Herr / [Hinweis] / er befindet sich dort / [Frage]).
なさいます *nasaimasu* entspricht する *suru* „machen" (Lektion 46, Satz 7, Anmerkung 4; Lektion 47, Sätze 4 und 6).
御覧 下さい *goran kudasai* entspricht 見て 下さい

mite kudasai „schauen Sie an" (Lektion 65, Satz 7, Anmerkung 5).

Vergessen Sie nie die goldene Regel der höheren Stufe: Jeder ist zwangsläufig davon betroffen, sei es im Dienst von ICH (oder er, wenn er auf der Seite

****

第七十一課　お見合い (2)
dai nana jû ik ka　　　　o mi a i

1 — とても 感じ の いい 方 ね。
to te mo kan ji no i i kata ne.

悪くない けれど、少し 気 に なる 事 が ある。

きれい で、はきはき して いて、
ki re i de, ha ki ha ki shi te i te,
社交的 な ところ が いい わ ね。(1)
sha kô teki na to ko ro ga i i wa ne

von ICH ist), sei es im Dienst von SIE (oder er, der respektiert wird).

Jede Sprache muß doch ihre kleinen Besonderheiten haben, nicht wahr? Sonst wäre das Leben wirklich sehr eintönig!

Zweite Welle: 第二十一課 21. Lektion

* *

Einundsiebzigste Lektion
(ste / sieben-zehn-eins / Lektion)
Die vermittelte Ehe II
([ungezw]-vermittelte Ehe)

1 — Diese junge Dame hat einen sehr guten Eindruck auf mich gemacht. Sie ist schön, sie ist lebhaft und mir gefällt ihre gesellige Art.
(sehr / Eindruck / [Sgg] / gut sein / Mensch / [ü.einst.]) (schön / das ist // lebhaft / machen // gesellig / das ist / Ort / [Sgg] / gut sein / [abschwächend] / [ü.einst.])

ANMERKUNGEN

(1) In einer Unterhaltung im Familienkreis wie hier zwischen Vater, Mutter und Kindern, dominieren nicht nur die Formen der niedrigen Stufe, sondern einige Elemente, Endungen, Formen usw. verschwinden ganz und gar. Das ist der Fall bei です *desu* (oder だ *da*), das man zwischen 方 *kata* und ね *ne* erwarten würde (vgl. auch das Ende des Satzes 4). Im Gegensatz dazu verwendet man 方 *kata* (die höhere Stufe von 人 *hito* ,,eine Person''), da man hier von der jungen Dame spricht, die der Familie vorgestellt wurde.

Lektion 71

2 - 趣味 も 合う そう じゃ ない?
shu mi mo a i sô ja na i (2)

3 - 勝明 と 同じ よう に スポーツ
katsu aki to ona ji yô ni su pô tsu

や 旅行、音楽 が 好き だ と
ya ryo kô, on gaku ga su ki da to

言って いた し、それ に 語学 も
i t te i ta shi, so re ni go gaku mo

よく できる そう だ し、ブラジル
yo ku de ki ru sô da shi, bu ra ji ru

へ 行っても きっと ポルトガル語 を
e i t te mo ki t to po ru to ga ru go o

はやく 覚える でしょう。
ha ya ku obo e ru de shô (3)

発音 3. a.i

ANMERKUNGEN (Fortsetzung)

(2) じゃ *ja;* vgl. Lektion 64, Anmerkung 3.
合い そう です *ai sô desu* (で は ない *de wa nai*).
Wir sind そう です *sô desu* schon begegnet, wenn es direkt einem Verb folgt (vgl. Lektion 53, Anmerkung 2). Aber... jetzt müssen wir die Augen aufmachen, und zwar weit: In der Lektion 53 hatten wir folgendes:
入院 して いる そう です *nyûin shite iru sô desu.*
In der Lektion 55, Satz 11 hatten wir:
退屈 しない そう です *taikutsu shinai sô desu.*

2 — Sieht es nicht auch aus als ob sie den gleichen Geschmack haben?
(Geschmack / auch / übereinstimmen / ich sehe voraus, daß / das ist nicht)

3 — Sie hat gesagt, daß sie, so wie Katsuaki, gern Sport treibt, reist und Musik mag; darüber hinaus scheint es, daß sie sprachenbegabt ist; es ist sicher, daß sie in Brasilien schnell portugiesisch lernen wird.
(Katsuaki / [Vergleich] / identisch / Art / [ustw] / Sport / und / Reise / Musik / [Sgg] / geliebt / das ist / [Zitat] / gesagt haben / und // darüber hinaus / Studium der Sprachen / auch / gut / möglich sein / es scheint, daß / und // Brasilien / [R.Ang.] / sogar wenn man geht / sicherlich / Portugal-Sprache / [Erg. 4. F.] / schnell / lernen / das muß sein)

ANMERKUNGEN (Fortsetzung)

Was finden wir also vor dem そう *sô?* Die Form auf *u* oder das Äquivalent in der Verneinung. Und in diesem Fall bedeutet das そう です *sô desu* ,,es scheint als ob'' (vgl. auch den folgenden Satz 3). Kehren wir nun zu unserem 合い そう です *ai sô desu* zurück. Was finden wir dieses Mal vor dem そう *sô?* Die Grundform auf *i* bei den Verben, die mehrere Grundformen bilden (oder die einzige Grundform bei den anderen). Und diese Form ändert einfach alles! Dieser Ausdruck bedeut: ,,Nach all dem, was ich festgestellt habe, sehe ich voraus, daß die Angelegenheit sich in dieser ganz bestimmten Art und Weise abwickeln wird''.

趣味 も 合う *shumi mo au* ,,ihr Geschmack stimmt überein'' (ich bestätige es).

趣味 も 合い そう です *shumi mo ai sô desu* ,,nach all dem, was ich gesehen habe, sehe ich voraus, daß sie harmonieren werden''.

(3) と 同じ *to onaji.* Vgl. Lektion 60, Anmerkung 4.

4 — 向こうの お父さん も お母さん も
mu kô no o tô sa n mo o kaa sa n mo

感じ が いい 方達 だ し、彼女
kan ji ga i i kata tachi da shi, kano jo

も お父さん が 五 六 年 前 に
mo o tô sa n ga go roku nen mae ni

アメリカ に 二 年 いた 時、一緒
a me ri ka ni ni nen i ta toki, is sho

に 外国 生活 を した から、
ni gai koku sei katsu o shi ta ka ra,

ブラジル でも 大丈夫 よ。
bu ra ji ru de mo dai jô bu yo **(4)**

5 — 背 も お兄さん より ちょっと
se mo o nii sa n yo ri cho t to

小さくて、お 似合い よ。
chii sa ku te, o ni a i yo

6 — 勝明 さん どう 思います か。
katsu aki sa n dô omo i ma su ka

7 — うん うん。悪くない けれど、少し
u n u n. waru ku na i ke re do, suko shi

気 に なる 事 が ある。
ki ni na ru koto ga a ru

8 — あら、なあに？
a ra, na a ni **(5)**

5. oni.ißan ... oni.a.i

4 — Ihr Vater und ihre Mutter sind ebenfalls Menschen, die einen guten Eindruck machen; sie selbst hat vor fünf oder sechs Jahren, als ihr Vater für zwei Jahre in Amerika war, bei ihm gelebt, sie wird daher kein Problem in Brasilien haben.
(gegenüber / [Bzw] / ihr Vater / auch / ihre Mutter / auch / Eindruck / [Sgg] / gut sein / Menschen / das ist / und /// sie selbst / auch / ihr Vater / [Sgg] / fünf / sechs / Jahr / vor / [Zeit] / Amerika / [Ort] / zwei / Jahr / sich befunden haben / Zeit // gemeinsam / [ustw] / Ausland-Leben / [Erg. 4. F.] / gemacht haben / weil /// Brasilien / sogar / ohne Problem / [behauptend])

5 — Auch die Größe - sie ist gerade ein bißchen kleiner als Katsuaki, sie passen gut zueinander!
(Größe / auch / mein älterer Bruder / mehr als / ein wenig / klein sein // [ungezw]-gute Übereinstimmung / [behauptend])

6 — Und du, Katsuaki, was denkst du?
(Katsuaki / wie / denken / [Frage])

7 — Ja... sie ist nicht schlecht, aber eines stört mich.
(ja...) (nicht schlecht sein / obwohl // ein wenig / stören / Sache / [Sgg] / sich befinden)

8 — Aha? Na was denn?

ANMERKUNGEN (Fortsetzung)

(4) 五 六 年 *go roku nen* „fünf oder sechs Jahre". Sagen wir nicht auch auf deutsch „fünf, sechs Jahre", d.h. die beiden Ziffern folgen einander direkt.

(5) なあに *naani*. Ausdrucksvolle Verlängerung der ersten Silbe 何 *nani* „was?".

9 － お見合い の 写真 で は 振り袖 を
o mi a i no sha shin de wa fu ri sode o

着て いた から わからなかった
ki te i ta ka ra wa ka ra na ka t ta

けれど、足 が 太い の が 気
ke re do, ashi ga futo i no ga ki

に なる なあ。
ni na ru na a **(6) (7) (8)**

10 － 他 が 皆 いい の だ から、
hoka ga mina i i no da ka ra,

そのぐらい は 我慢 し なさい。
so no gu ra i wa ga man shi na sa i

練習
renshû

1. 僕 は、 大きく なったら、 お父さん
boku wa, ookiku nattara, otôsan

と 同じ よう に、 お 医者 さん
to onaji yô ni, o isha san

に なりたい。
ni naritai

9 — Da sie auf dem Foto einen Kimono trug, habe ich es nicht sehen können, aber was mich stört, sind ihre dicken Beine.
([ungezw]-vermittelte Ehe / [Bzw] / Foto / [Ort] / [Vstk] / feierlicher Kimono / [Erg. 4. F.] / getragen haben / weil / nicht verständlich gewesen sein /// Bein / [Sgg] / dick sein / die Tatsache, daß / stören / [überlegend])
[überlegend])

10 — Da alles andere perfekt ist, bitte ich dich, zu einem Entschluß zu kommen.
(andere / [Sgg] / alles / gut sein / nämlich / weil // dieser-Grad / [Hinweis] / Geduld-machst du)

ANMERKUNGEN (Fortsetzung)

(6) 振り袖 *furisode,* ein Kimono aus prächtigem Stoff mit langen Ärmeln, der traditionell zur Volljährigkeit eines Mädchens getragen wird oder wenn die Fotos für omiai gemacht werden.

(7) 足が太い <u>の</u>が *ashi ga futoi <u>no</u> ga,* vgl. Lektion 47, Anmerkung 4.

(8) わからなかった *wakaranakatta.* Wiederum eine Form, die uns so fremd vorkommt. Rufen wir uns in Erinnerung, was wir in der Lektion 64, Anmerkung 4 besprochen haben: Die Endung ない *nai,* mit der die Verneinung gebildet wird, sowohl bei den Verben wie bei den Adjektiven, <u>ist ein Adjektiv</u> und kann daher wie jedes andere Adjektiv die verschiedensten Formen bilden. Wir haben schon die Vergangenheit gelernt (vgl. Lektion 35, Absatz 3): anstelle des End-*i* setzt man *katta.* おいしい *oishii* „das ist gut", おいし<u>かった</u> *oishikatta* „das war gut". Wenn man nun die Verneinung eines Verbes oder Adjektivs bilden will, verfährt man genauso: わからな<u>い</u> *wakaranai* „das ist nicht verständlich", わからな<u>かった</u> *wakaranakatta* „das war nicht verständlich".

Lektion 71

2. オーストラリア に 九年 か 十年
ôsutoraria ni kyûnen ka jûnen

滞在 した こと も ある し、大学
taizai shita koto mo aru shi, daigaku

で オーストラリア の 経済 の こと
de ôsutoraria no keizai no koto

を 勉強 した こと も ある し、
o benkyô shita koto mo aru shi,

また そこ の 新聞社 で 働いた こと
mata soko no shinbunsha de hataraita koto

も あります。
mo arimasu

3. 子供 が、転んで、泣き そう
kodomo ga, koronde, naki sô

でした。
deshita

4. 新しい ベッド を 買った 日 から、
atarashii beddo o katta hi kara,

よく 眠れる そう です。
yoku nemureru sô desu

5. 時間 が なかった ので、鈴村 さん
jikan ga nakatta node, suzumura san

に 会えなかった の です。
ni aenakatta no desu

Übungen

1. Wenn ich groß bin, will ich wie mein Vater Arzt werden.
2. Er hat sich neun, zehn Jahre in Australien aufgehalten, er hat an der Universität die Wirtschaft dieses Landes studiert und außerdem an einer dortigen Zeitung gearbeitet.
3. Ein Kind fiel hin, es schien im Begriff zu weinen.
4. Es scheint, daß er seit dem Tag, an dem er ein neues Bett gekauft hat, gut schläft (schlafen kann).
5. Da ich keine Zeit hatte, konnte ich Suzumura nicht treffen.

... に 言葉 を 入れ なさい。
ni kotoba o ire nasai

1. *Es scheint, daß portugiesisch schwieriger als spanisch ist.*

. . . .

. . . .

2. *Er hat gesagt, daß er überübermorgen sicher kommen wird.*

. . . .

3. *Ich habe den ganzen Tag nichts gemacht!*

. . . . jû . . . . yo

4. *Ich habe seit dem ersten Januar keine einzige Seite geschrieben.*

. . . . mo

. . . . no desu

5. *Er sagt, daß er es nicht mehr aushalten kann!*

. . . . dekinai . . . .

Antwort: 1. porutogarugo wa supeingo yori muzukashii sô desu. 2. shiasatte tashika ni kuru to iimashita. 3. ichinichi-nanimo shinakatta -. 4. o shôgatsu kara ichi pêji - kakanakatta -. 5. mô gaman - to itte imasu.

Lektion 71

平仮名 の 練習

hiragana no renshû — Hiraganaübungen

  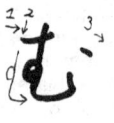  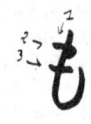

MA　　MI　　MU　　ME　　MO

書き取り — Diktat

1. *tabemono* (Nahrung) 2. *hajime* (Anfang) 3. *migi* (rechts) 4. *mazu* (zuerst) 5. *nomu* (trinken) 6. *totemo* (sehr) 7. *imôto* (jüngere Schwester) 8. *mihon* (Muster) 9. *o medetô gozaimasu* (meine Glückwünsche) 10. *mago* (Enkelkinder) 11. *heimin* (die gewöhnlichen Leute) 12. *semai* (eng sein) 13. *munashii* (eitel sein) 14. *hômen* (Richtung) 15. *musume* (Tochter)

* *

第七十二課　　スキー
dai nana jû ni ka　　**su kî**

1 — ウィークエンド は 楽しかった？
　　u î ku en do　wa　tano shi ka t ta

2 — ひどい 目 に あった。もう 二度
　　hi do i　me　ni　a t ta.　mô　ni do

　　と あいつ と は スキー に
　　to　a i tsu　to　wa　su kî　ni

　　行かない。
　　i ka na i (1)

発音　2. a.izu

Antwort
1. たべもの　　2. はじめ　　3. みぎ　　4. まず
5. のむ　　6. とても　　7. いもうと　　8. みほん
9. おめでとう　ございます　　10. まご
11. へいみん　　12. せまい　　13. むなしい
14. ほうめん　　15. むすめ

Zweite Welle: 第二十二課 22. Lektion

* *

Beim Skifahren	**Zweiundsiebzigste Lektion**
(Ski)	(ste / sieben-zehn-zwei / Lektion)

1 — Haben Sie ein schönes Wochenende verbracht?
  (Wochenende / [Hinweis] / angenehm gewesen sein)
2 — Es war schrecklich! Ich werde nie mehr mit diesem Dummkopf skifahren gehen!
  (schreckliche Situation / [Ziel] / begegnet sein)
  (noch / zwei-Mal / [ustw] / dieser / mit / [Vstk] / Ski / [Ziel] / nicht gehen)

ANMERKUNGEN

(1) あいつ *aitsu* wird dann verwendet, wenn man von einer dritten Person spricht, aber in ganz speziellen Fällen nur. Bitte verwenden Sie den Ausdruck nicht aufs gerade Wohl, denn er hat eine emotionale, manchmal sogar herabsetzende Bedeutung. Hier benutzt ihn der Sprecher, weil er eine Wut „auf diesen Kerl" hat.

3 — あら、どう した の。
a ra, dô shi ta no **(2)**

4 — いつも スキー が 上手 だ と 自慢
i tsu mo su kî ga jô zu da to ji man

して いる 谷沢君 を 知って
shi te i ru tani zawa kun o shi t te

いる だろう。
i ru da rô **(3) (4)**

それで どう した の。
so re de dô shi ta no

5 リフト で 山 の 上 まで 行って、
ri fu to de yama no ue ma de i t te,

きれい な 雪景色 を 見た ところ
ki re i na yuki ge shiki o mi ta to ko ro

まで は よかった の だ けれど、
ma de wa yo ka t ta no da ke re do,

皆 が 降りた のに、あいつ だけ
minna ga o ri ta no ni, a i tsu da ke

降りて こない ん だ。
o ri te ko na i n da **(5)**

ANMERKUNGEN (Fortsetzung)

(2) Ach ja!... Ein の *no,* das wir bisher nur sehr selten gesehen haben. Bitte verwechseln Sie es nicht mit den

3 — Na, was ist denn passiert?
(ach gut / wie / gemacht haben / [Frage])
4 — Du kennst doch sicher Tanizawa, der immer angibt wie gut er skifahren kann!
(immer / Ski / [Sgg] / gewandt / das ist / [Zitat] / Stolz-machen / Tanizawa / [Erg. 4. F.] / kennen / das muß sein)
5 Alles ist gut gegangen bis zu dem Moment wo wir, nachdem wir mit dem Skilift bis zum Berggipfel gefahren sind, die herrliche Schneelandschaft bewundert haben, aber dann, obwohl wir alle hinunter gefahren sind, war er der einzige, der es nicht schaffte.
(Skilift / [Mittel] / Berg / [Bzw] / oben / bis / gehen // schön / das ist / Schnee-Landschaft / [Erg. 4. F.] / betrachtet haben / Moment / bis / [Hinweis] / gut gewesen sein / nämlich / obwohl /// alle / [Sgg] / abgefahren sein / obwohl // dieser / allein / abfahren / nicht kommen / nämlich)

ANMERKUNGEN (Fortsetzung)

anderen! Es wird NUR VON FRAUEN benutzt, es schließt eine Frage ab (vgl. Lektion 29, Anmerkung 14).

(3) 谷沢 君 *tanizawa kun*. Wir kennen schon den Gebrauch des Wortes さん *san* nach dem Namen einer Person. Wir haben auch schon ちゃん *chan* gelernt (Lektion 39, Satz 11 und Anmerkung 7). Hier steht nun 君 *kun* für den Namen eines Freundes oder eines kleinen Jungens.

(4) だろう *darô*. Niedrige Stufe von でしょう *deshô* (vgl. Lektion 55, Anmerkung 4).

(5) こない *konai*, niedrige Stufe der Verneinung, die der mittleren Stufe 来ません *kimasen* „nicht kommen" entspricht. Eine unregelmäßige Form des Verbs 来る *kuru* „kommen". Dieses Verb hat wie する *suru* (vgl. Lektion 42, Absatz 4) eine einzige Grundform き *ki*, an die die anderen Endungen angehängt werden. Die einzige Ausnahme: vor der Endung ない *nai* steht die Grundform こ *ko*.

Lektion 72

6 二十分 近く ふもと で 待った
　 ni jup pun chika ku fu mo to de ma tta

　けれど、 来ない から 心配 して、
　ke re do, ko na i ka ra shin pai shi te,

　わざわざ 又 上 まで 見 に
　wa za wa za mata ue ma de mi ni

　行ったら、 こわくて 降りられない と
　i tta ra, ko wa ku te o ri ra re na i to

　べそ を かいて いた。
　be so o ka i te i ta (5)(6)

7 —それで どう した の。
　so re de dô shi ta no

8 —だから 子供 に スキー を 教えて
　da ka ra ko do mo ni su kî o oshi e te

　やる よう に、 あいつ の 前 を
　ya ru yô ni, a i tsu no mae o

　ゆっくり と 道 を 作って やり
　yu k ku ri to michi o tsuku tte ya ri

　ながら 降りて いった ん だ。
　na ga ra o ri te i tta n da (1)

6 Wir haben fast 20 Minuten am Fuß des Berges gewartet, aber da er nicht kam, wurde ich unruhig; als ich zum Gipfel zurückkehrte, um nachzusehen, sagte er weinerlich, daß er nicht hinunter fahren konnte, weil er Angst hatte.
(zwei-zehn-Minute / fast / Fuß des Berges / [Ort] / gewartet haben / obwohl /// nicht kommen / weil // Angst-machen /// absichtlich / wiederum / oben / bis / sehen / [Ziel] / wenn ich gegangen bin // erschrocken sein / nicht abfahren können / [Zitat] / flennen)

7 — Und dann, was hast du gemacht?
(und dann / wie / gemacht haben / [Frage])

8 — Dann bin ich ganz langsam vor ihm abgefahren, habe ihm die Spur gezogen, so wie man einem Kind Skifahren beibringt.
(dann / Kind / [Erg. 3. F.] / Ski / [Erg. 4. F.] / lehren / machen für jemanden / wie // dieser / [Bzw] / vor / [Erg. 4. F.] / langsam / Spur / [Erg. 4. F.] / machen / machen für jemanden / während / abfahren / gehen / nämlich)

ANMERKUNGEN (Fortsetzung)

(6) 降りられない *orirarenai* „nicht abfahren können". Kommt Ihnen das nicht bekannt vor? Sie erinnern sich doch an die Geschichte mit **„Verb + können"**? Ja, sicher... natürlich... Lektion 64, Anmerkung 2. Damals sprachen wir von den Verben mit mehreren Grundformen. Sehen wir uns daher heute **die Verben mit einer einzigen Grundform** an. Von jedem Verb mit einer Grundform können wir auch ein anderes Verb ableiten, das bedeutet: „... können". 降りる *oriru* „abfahren", 降りられる *orirareru:* „abfahren können". Anstelle des *u* am Ende finden wir dieses Mal *areru*. Das neue Verb hat nur eine Grundform. Daher muß seine Verneinungsform in der niedrigen Stufe folgendermaßen gebildet werden: zuerst der Stamm 降りられ *orirare* + ない *nai* = 降りられない *orirarenai*. Die Vergangenheit der niedrigen Stufe (Satz 10) wird daher: 降りられ *orirare* + た *ta* = 降りられた *orirareta*.

Lektion 72

9 でも 上手に カーブを 曲がれない
   demo jôzu ni kâbu o magarenai

   から、スピードが 出て、すぐ
   kara, supîdo ga dete, sugu

   転ぶ。
   korobu (7)

10 その上 一人で 起き上がれないから、
   sono ue hitori de okiagarenai kara,

   そのたんびに 起こしてやり、半日
   sono tanbi ni okoshite yari, hannichi

   かかって、やっと 一つの山
   kakatte, yatto hitotsu no yama

   から 降りられた。
   kara orirareta (6) (8) (9)

11 その後は くたびれて 山小屋から
   sono ato wa kutabirete yamagoya kara

   雪が 降っているのを 見て
   yuki ga futte iru no o mite

   いただけなんだ。
   ita dake nan da

12- あらあら、せっかくの
    ara ara, sekkaku no

    ウィークエンドが だいなしだった
    uîkuendo ga dainashi datta

    わね。
    wa ne

9   Aber da er nur schlecht Bögen fahren konnte, wurde es zu schnell und fiel sofort hin.
    (aber / gewandt / [ustw] / Kurve / [Erg. 4. F.] / nicht abbiegen können / weil /// Schnelligkeit / [Sgg] / ausgehen // sofort / fallen)

10 Dazu kam noch, daß er nicht allein aufstehen konnte, daß ich ihm jedes Mal aufhalf; wir haben einen halben Tag für eine einzige Abfahrt gebraucht.
    (außerdem / allein / nicht aufstehen können / weil // jedes Mal / [ustw] / erheben / machen für jemanden /// halben Tag / brauchen // endlich / eins / [Bzw] / Berg / von / haben abfahren können)

11 Danach war ich so erschöpft, daß ich nur vom Chalet aus zusehen konnte wie der Schnee fiel.
    (das / danach / [Vstk] / erschöpft sein // Chalet / von / Schnee / [Sgg] / fallen / die Tatsache, daß / geschaut haben / nur / das ist / nämlich)

12 — Tja! Das war wirklich ein verdorbenes Wochenende!
    (tja / eigens / [Bzw] / Wochenende / [Sgg] / verdorben / das war / [abschwächend] / [ü.einst.])

ANMERKUNGEN (Fortsetzung)

(7) 曲がれない *magarenai*, von 曲がれる *magareru* „biegen können", abgeleitet von 曲がる *magaru* „abbiegen", ein Verb mit mehreren Grundformen (vgl. Lektion 64, Anmerkung 2).

(8) 起き上がれない *okiagarenai*, abgeleitet von 起き上がる *okiagaru* „aufstehen", Verb mit mehreren Grundformen (vgl. Lektion 64, Anmerkung 2).

(9) 半日 かかって *han nichi kakatte* (vgl. Lektion 55, Anmerkung 3).

Lektion 72

練習
renshû

1. 来週 できませんか と 友達 に
raishû dekimasen ka to tomodachi ni

    聞きました が、 どうしても だめ だ
kikimashita ga, dôshitemo dame da

    と 答えました ので、 とても
to kotaemashita node, totemo

    こまりました。
komarimashita

2. 空港 へ 行く バス は 混んで いて、
kûkô e iku basu wa konde ite,

    乗れなかった。
norenakatta

3. この 機械 の 使い方 わからない？
kono kikai no tsukaikata wakaranai?

    おれ が 教えて やる よ。
ore ga oshiete yaru yo

4. 山道 は カーブ が 多くて、 その上
yamamichi wa kâbu ga ookute, sonoue

    雪 が 降って いて、 車 が ホテル
yuki ga futte ite, kuruma ga hoteru

    の 前 に 止まった 時 は、 もう
no mae ni tomatta toki wa, mô

    夜中 でした。 皆 くたびれて、 何も
yonaka deshita. minna kutabirete, nanimo

    食べないで、 寝て しまいました。
tabenaide, nete shimaimashita

5. お祖父さん は、これ を 聞いて、
   ojiisan wa, kore o kiite,

   子供 の よう に 泣きました。
   kodomo no yô ni nakimashita

Übungen

1. Ich habe meinen Freund gefragt, ob er nächste Woche nicht könnte, aber da er mir geantwortet hat, daß es ganz ausgeschlossen sei, war ich sehr ärgerlich.
2. Der Bus, der zum Flughafen fährt, war so voll, daß ich nicht einsteigen konnte.
3. Du kennst die Bedienungsanleitung für diese Maschine nicht? Ich werde sie dir erklären!
4. Die Bergstraße war kurvenreich (die Kurven waren zahlreich), und außerdem schneite es; als das Auto am Hotel hielt, war es schon spät in der Nacht. Da wir alle erschöpft waren, sind wir ohne etwas zu essen schlafengegangen.
5. Als der Großvater das hörte, weinte er wie ein Kind.

... に 言葉 を 入れ なさい。

ni kotoba o ire nasai

1. (In der niedrigen Stufe) *Ich kann lesen. Ich kann gehen. Ich kann nehmen. Ich kann schwimmen.*

   . . . .

   Ich kann mich nicht setzen. Ich kann (es) nicht verwenden. Ich konnte mich nicht ausruhen.

   . . . .

2. (In der niedrigen Stufe) *Ich kann mich daran erinnern. Ich kann nicht vergessen. Ich kann nicht schlafen. Ich kann ausgehen.*

   . . . .

   . . . .

Lektion 72

3. *Diese chinesischen Schriftzeichen sind (zu) klein, ich kann sie nicht lesen.*

. . . . kanji . . . . ,

4. *Das Chalet war klein, aber die Schneelandschaft war herrlich.*

. . . . sema . . . . ,

. . . .

平仮名 の 練習
ひらがな の れんしゅう

hiragana no renshû   Hiraganaübungen

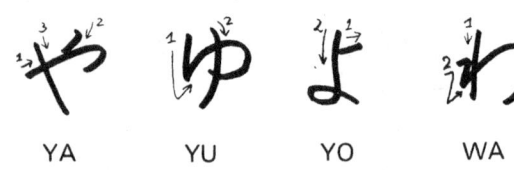

YA   YU   YO   WA

書き取り   Diktat
かきとり

1. *yomu* (lesen) 2. *yûbe* (gestern abend) 3. *hiyake* (Sonnenstich) 4. *watakushi* (ich) 5. *oyogu* (schwimmen) 6. *heiwa* (Friede) 7. *omiyage* (Geschenk) 8. *yôfuku* (Kleidung) 9. *yûmei* (berühmt) 10. *nigiyaka* (lebhaft) 11. *yûbin* (Post) 12. *wakusei* (Planet) 13. *getsuyôbi* (Montag) 14. *denwa* (Telefon) 15. *yubune* (Badewanne) 16. *heya* (Zimmer)

* *

5. *Obwohl ich mich eine Woche ausgeruht habe, bin ich immer noch sehr müde.*

. . . . , ...

. . . .

Antwort: 1. yomeru. arukeru. toreru. oyogeru. suwarenai. tsukaenai. yasumenakatta. **2.** oboerareru. wasurerarenai. nerarenai. derareru. **3.** kono - wa chiisakute, yomemasen. **4.** yamagoya wa -katta desu ga, yukigeshiki wa utsukushikatta desu. **5.** isshûkan yasunda noni, mada kutabirete imasu.

Antwort

1. よむ　　2. ゆうべ　　3. ひやけ　　4. わたくし

5. およぐ　6. へいわ　　7. おみやげ

8. ようふく　　9. ゆうめい　　10. にぎやか

11. ゆうびん　12. わくせい　13. げつようび

14. でんわ　　15. ゆぶね　　16. へや

Zweite Welle: 第二十三課 **23. Lektion**

* *

第七十三課　静かな晩
dai nana jû san ka　　shizu ka na ban

1 — ただいま。
ta da i ma (1)

2 — あっ、お父さん。お帰りなさい。
a t, o tô sa n. o kae ri na sa i (1)(2)

お前も一杯どうだ。

3　今日は早かったのね。夕食の
kyô wa haya ka t ta no ne. yû shoku no

支度がまだできてないから、
shi taku ga ma da de ki te na i ka ra,

お風呂にでも入って、疲れを
o fu ro ni de mo hai t te, tsuka re o

落としていて下さい。
o to shi te i te kuda sa i (3)

4 — うん。
u n

発音 1. tada.ima 3. jūūschoku ... ha.it'te

Dreiundsiebzigste Lektion
(ste / sieben-zehn-drei / Lektion)

Ein ruhiger Abend
(ruhig / das ist / Abend)

1 — Guten Abend!
   (gerade jetzt)
2 — Ah! Papa! Guten Abend!
   (ah / Papa) ([ungezw]-komm zurück)
3   Du kommst heute zeitig nach Hause. Das Abendessen ist noch nicht fertig, nimm ein Bad, ruh dich aus.
   (heute / [Vstk] / zeitig gewesen sein / nämlich / [ü.einst.]) (Abendessen / [Bzw] / Vorbereitungen / [Sgg] / noch nicht / nicht beendet sein / weil /// [ungezw]-Bad / [Ziel] / sogar / eintreten // Ermüdung / [Erg. 4. F.] / laß fallen)
4 — Einverstanden!

ANMERKUNGEN

(1) Diesen Gruß verwenden Kind oder Mann, wenn sie von der Schule oder von der Arbeit nach Hause kommen. ただいま *tadaima*, wörtlich: „gerade jetzt (kehre ich nach Hause zurück)"; derjenige, der daheim ist, antwortet: お帰りなさい *o kaeri nasai*, wörtlich: „kehre heim"; oft verkürzt auf お帰り *o kaeri*.

(2) お父さん *otôsan* heißt „Papa", also eine Anrede, die normalerweise von einem Kind verwendet wird. Aber - und im Deutschen ist das ähnlich - das Wort kann auch von der Ehefrau verwendet werden, wenn sie den Vater ihrer Kinder anredet.

(3) 今日は早かったのね *kyô wa hayakatta no ne*. Dieses の *no* hier in der ungezwungenen Unterhaltung zwischen Ehefrau und Ehemann ist alles, was von のです *no desu* übriggeblieben ist! (Vgl. Lektion 30, Anmerkung 2).

5 — あなた、食事 が できました よ。
　　a na ta, shoku ji ga de ki ma shi ta yo.

　　いつでも 食べられます よ。お かん
　　i tsu de mo ta be ra re ma su yo. o ka n

　　一つ つけましょう か。
　　hito tsu tsu ke ma shô ka (4) (5)

6 — うん、いい な。お前 も 一杯
　　u n, i i na. o mae mo ip pai

　　どう だ。
　　dô da (6)

7 — あたし は お 茶 の 方 が いい
　　a ta shi wa o cha no hô ga i i

　　から、お 湯 を 沸かして きます。
　　ka ra, o yu o wa ka shi te ki ma su (7)

8 — ああ、今晩 は 久し振り に 早く
　　a a, kon ban wa hisa shi bu ri ni haya ku

　　寝られる な。
　　ne ra re ru na (8)

9 — そう です よ。たまに は 睡眠 を
　　sô de su yo. ta ma ni wa sui min o

　　十分 取って いただかない と 体
　　jû bun to t te i ta da ka na i to karada

　　が もちません よ。
　　ga mo chi ma se n yo

9. dschüübun

ANMERKUNGEN (Fortsetzung)

(4) できる *dekiru* „möglich sein". In dieser Bedeutung haben wir es bisher verwendet. Es hat aber auch eine andere Bedeutung, und zwar „beendet sein".

5 — Ich bin fertig. Wir können essen wann du willst. Willst du ein wenig Sake?
(du / Essen / [Sgg] / fertig sein / [behauptend])
(wann auch immer / essen können / [behauptend])
([ungezw]-heißer Sake / eins / setzen wir auf / [Frage])

6 — Ja, bitte, trinkst du auch ein Glas?
(einverstanden / gut sein / [überlegend]) (du / auch / eins-Glas / wie / das ist)

7 — Ich trinke lieber Tee. Ich werde Wasser aufsetzen.
(ich / [Hinweis] / [ungezw]-Tee / [Bzw] / Seite / [Sgg] / gut sein / weil // [ungezw]-heißes Wasser / [Erg. 4. F.] / kochen lassen / kommen)

8 — Ah... Heute Abend können wir früh schlafen gehen, das ist schon lange nicht mehr vorgekommen!
(ah / heute Abend / [Vstk] / nach langer Zeit / [ustw] / früh / sich schlafen legen können / [überlegend])

9 — Ja, manchmal muß man lange genug schlafen, sonst hält man es auf die Dauer nicht aus.
(so / das ist / [behauptend]) (manchmal / [ustw] / [Vstk] / Schlaf / [Erg. 4. F.] / ausreichend / nehmen / nicht bekommen / da // Körper / [Sgg] / nicht aushalten / [behauptend])

ANMERKUNGEN (Fortsetzung)

(5) 食べられます *taberaremasu* „essen können", ein Verb, das vom Verb 食べる *taberu* „essen" abgeleitet ist (vgl. Lektion 72, Anmerkung 6).

(6) お前 *omae* „du". Schlagen Sie bitte zurück zur Lektion 66, Anmerkung 4. Hier kann man auch sagen, daß es die niedrige Stufe von あなた *anata* ist. Es wird NUR VON MÄNNERN, und zwar in der ungezwungenen Rede verwendet.

(7) お茶 *o cha*. Es handelt sich hier um den „grünen Tee"; dazu werden die frischen, ungetrockneten Blätter verwendet.

(8) 寝られる *nerareru* „schlafen können", Verb, das von 寝る *neru* „schlafen" abgeleitet ist, mit einer einzigen Grundform; vgl. daher die Lektion 72, Anmerkung 6.

Lektion 73

10 - こんばん は。自動車 が あった ので、いらっしゃる と 思って... **(9)**

11 - ああ、せっかく 今晩 は 早く 寝られる と 思って いた のに...

12 - あいつ が 先月 行った ヨーロッパ 旅行 の 話 を 始める と、夜中 の 一時 まで かかって しまう から なあ。

13 前 から おしゃべり だった のに、あの 旅行 に 行って から ますます おしゃべり に なって 帰って きた から なあ。**(10)**

10 — Guten Abend. Da ich Ihr Auto gesehen habe, dachte ich, daß Sie da sind.
(guten Abend) (Auto / [Sgg] / sich befunden haben / weil // sich befinden / [Zitat] / denken)
11 — Ach! Und ich habe geglaubt, heute zeitig schlafen gehen zu können!
(ach / eigens / heute Abend / [Vstk] / früh / sich schlafen legen können / [Zitat] / gedacht haben / obwohl)
12 — Wenn dieser Typ anfängt, von seiner Reise nach Europa letzten Monats zu erzählen, dann dauert das bis morgens um eins...
(dieser Typ / [Sgg] / letzter Monat / gegangen sein / Europa-Reise / [Bzw] / Erzählung / [Erg. 4. F.] / beginnen / da // Nacht / [Bzw] / eins-Stunde / bis / gebraucht sein / machen bis zum Ende / weil / [überlegend])
13 Er war vorher schon sehr geschwätzig, aber seit er von der Reise zurück ist, ist er noch schlimmer!
(vor / seit / [ungezw]-Schwätzerei / das war / obwohl // diese / Reise / [Ziel] / gehen / nachdem / immer mehr / [ungezw]-Schwätzerei / [Ziel] / werden // zurückgekommen sein / weil / [überlegend])

ANMERKUNGEN (Fortsetzung)

(9) いらっしゃる *irassharu*. Dieses Verb ist in der höheren Stufe, und wir haben es schon einige Male verwendet. Aber... es ist sehr originell, es bildet nämlich die höhere Stufe von drei Verben: Bisher haben wir es in der Lektion 12, Satz 4; Lektion 18, Satz 1; Lektion 47, Satz 11; Lektion 67, Satz 11, in der Bedeutung von 来る *kuru* „kommen" in der höheren Stufe, und in der Lektion 68, Satz 8, Anmerkung 7 in der Bedeutung von 行く *iku* „gehen", gesehen. Hier bildet es die höhere Stufe von いる *iru* „sich befinden, da sein".

(10) Bitte verwechseln Sie nicht die Form auf *u* oder *ta* + から *kara* „weil..." mit der Form auf て *te* + から *kara* „seit, nachdem". 行ってから *itte kara* „seit er gegangen ist".

Lektion 73

14 - さあ、ようこそ いらっしゃいました。
saa, yôkoso irasshaimashita.

ちょうど お噂を して いた
chôdo o uwasa o shite ita

ところ です... どうぞ、どうぞ...
tokoro desu... dôzo, dôzo... **(11)**

練習
renshû

1. 今の 生活は 昔と 比べると、
ima no seikatsu wa mukashi to kuraberu to,

随分 便利に なりましたね。
zuibun benri ni narimashita ne

2. 条件が 決まってから、簡単に
jôken ga kimatte kara, kantan ni

なりました。
narimashita

3. この 大通りを 渡ってから、
kono oodoori o watatte kara,

一キロ ぐらい まっすぐ 歩くと、
ichikiro gurai massugu aruku to,

病院に 着きます。
byôin ni tsukimasu

4. 駅に 入ると ちょうど 汽車が
eki ni hairu to chôdo kisha ga

出発した ところ でした。
shuppatsu shita tokoro deshita

14 — Willkommen. Wir haben gerade von Ihnen gesprochen... Kommen Sie doch bitte herein...
(willkommen) (gerade / [höflich]-Bezug auf jemanden / [Erg. 4. F.] / gemacht haben / Moment / das ist) (ich bitte Sie / ich bitte Sie)

ANMERKUNGEN (Fortsetzung)

(11) Vgl. Lektion 40, Anmerkung 1.

---

5. この 魚 は 新鮮 です。今 釣った
kono sakana wa shinsen desu. ima tsutta

ところ です。
tokoro desu

6. 十分 で 十分 だ。
juppun de jûbun da

Übungen

1. Wenn man es mit früher vergleicht, ist das heutige Leben viel leichter.
2. Seitdem die Bedingungen festgelegt worden sind, ist es leichter geworden.
3. Wenn man ungefähr einen Kilometer lang immer geradeaus geht, nachdem man diese Straße überquert hat, kommt man zum Krankenhaus.
4. Als ich am Bahnhof ankam, fuhr der Zug gerade ab.
5. Dieser Fisch ist ganz frisch. Er wurde gerade gefangen.
6. Zehn Minuten werden genügen.

Lektion 73

... に 言葉(ことば) を 入(い)れ なさい。
ni kotoba o ire nasai

1. *Setzen Sie sich auf diesen Stuhl. Schauen Sie dorthin. Nehmen Sie diese Zeitschrift. Strecken Sie die Zunge heraus. Stehen Sie auf.*

　　. . . . .

　　. . . . .

　　. . . . .

　　. . . . .

　　. . . . .

2. *Setzen wir uns hierher. Schauen wir dorthin. Nehmen wir diese Zeitschriften. Strecken wir die Zunge heraus. Stehen wir auf.*

　　. . . . .

　　. . . . .

　　. . . . .

　　. . . . .

　　. . . . .

平仮名(ひらがな) の 練習(れんしゅう)
hiragana no renshû　　　　　　　Hiraganaübungen

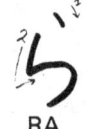

ら　　り　　る　　れ　　ろ
RA　　RI　　RU　　RE　　RO

3. *Obwohl es früh ist, gehen viele Leute im Park spazieren.*

. . . ., kôen o sanpo . . . .

. . . .

4. *Man verwendet es nur in ganz bestimmten Fällen.*

. . . . na . . . .

5. *Seit ich aus Europa zurückgekommen bin, habe ich angefangen, englisch zu lernen.*

. . . . , ...

. . . .

Antwort: 1. kono isu ni suwatte kudasai. asoko o mite kudasai. kono zasshi o totte kudasai. shita o dashite kudasai. tatte kudasai. 2. koko ni suwarimashô. asoko o mimashô. kono zasshi o torimashô. shita o dashimashô. tachimashô. 3. hayai noni, - shite iru hito ga takusan imasu. 4. tokubetsu - baai ni shika tsukaimasen. 5. yôroppa kara kaette kara, eigo no benkyô o hajimemashita.

書き取り Diktat

1. *wasureru* (vergessen) 2. *reizôko* (Kühlschrank) 3. *karappo* (ganz leer) 4. *tsumori* (Absicht) 5. *odoroku* (sich erstaunen) 6. *oboeru* (sich erinnern) 7. *owari* (Ende) 8. *kanarazu* (unfehlbar) 9. *monogatari* (Erzählung) 10. *nukeru* (fehlen) 11. *mochiron* (gewiß) 12. *tenpura* (fritierte Speise) 13. *mamoru* (behalten) 14. *reibô* (Klimaanlage) 15. *yoroshii* (gut sein (höhere Stufe))

Antwort

1. わすれる	2. れいぞうこ	3. からっぽ
4. つもり	5. おどろく	6. おぼえる
7. おわり	8. かならず	9. ものがたり
10. ぬける	11. もちろん	12. てんぷら
13. まもる	14. れいぼう	15. よろしい

Zweite Welle: 第二十四課 **24. Lektion**

第七十四課 — dai nana jû yon ka
思い違い — omo i chiga i

1. (十二月、三十一日、五時、ミネさん は シャンペン を 持って 一張羅 の 背広 を 着て、藤村さん の ドア の ベル を 鳴らす。)
   jû ni gatsu, san jû ichi nichi, go ji, mi ne san wa sha n pe n o mo tte it chô ra no se biro o ki te, fuji mura san no do a no be ru o na ra su

2. — あ、来て くれて ちょうど よかった。たすかった わ。
   a, ki te ku re te chô do yo ka t ta. ta su ka t ta wa

3. いい の？ そんな すてき な 洋服 を 着て...
   i i no? so n na su te ki na yô fuku o ki te

4. それに おみやげ に シャンペン まで。冷蔵庫 に 入れて 冷やして おきましょう。
   so re ni o mi ya ge ni sha n pe n ma de. rei zô ko ni i re te hi ya shi te o ki ma shô **(1)**

発音 omo.itschigaj

Das Mißverständnis   Vierundsiebzigste Lektion
(Mißverständnis)   (ste / sieben-zehn-vier / Lektion)

1 (Am 31. Dezember, um fünf Uhr, läutet Herr Mine, eine Flasche Champagner in der Hand und in seinem besten Anzug, an der Tür von Fräulein Fujimura.
(zehn-zwei-Monat / drei-zehn-eins-Tag / fünf-Uhr / Mine-Herr / [Hinweis] / Champagner / [Erg. 4. F.] / halten // einzigartiger Anzug / [Beifügung] / Sakko-Anzug / [Erg. 4. F.] / ein Kleidungsstück tragen // Fujimura-Fräulein / [Bzw] / Tür / [Bzw] / Glocke / [Erg. 4. F.] / läuten machen)

2 — Ah, gut, daß Sie gekommen sind. Sie kommen gerade richtig!
(ja / kommen / gemacht haben für mich / gerade / gut gewesen sein) (geholfen haben / [abschwächend])

3 Wirklich? In so einem eleganten Anzug!
(gut sein / [Frage]) (von dieser Art / entzückend / das ist / Kleidung / [Erg. 4. F.] / tragen)

4 Und dann bringen Sie noch Champagner mit! Stellen wir ihn kalt in den Kühlschrank.
(darüber hinaus / [ungezw]-Geschenk / [Ziel] / Champagner / bis) (Kühlschrank / [Ort] / stellen hinein / kühl machen / im vorhinein machen wir)

ANMERKUNGEN

(1) 冷やして おきましょう *hiyashite okimashô*. Die Form auf て *te* wird wirklich für alles verwendet! Ihre Bedeutung ist daher nicht immer offensichtlich. Man verwendet sie bei komplexen Verbformen, wenn das eine der zwei Verben die Funktion eines Hilfsverbs annimmt. Dieses zweite Verb verliert dann seine normale Bedeutung und drückt nur aus, wie die Tätigkeit des ersten abläuft. Seit langem kennen wir schon die Wendung て+いる *te + iru* (vgl. Lektion 35, Absatz 4), sowie て+みる *te + miru* (vgl. Lektion 51, Anmerkung 2 und Lektion 60, Anmerkung 10). Hier haben wir て+おく *te + oku,* das anzeigt, daß man im voraus handelt.

5 (夜の八時。午後の五時から
 yoru no hachi ji. go go no go ji ka ra
 始めた大掃除がまだ終わらない。
 haji me ta oo sô ji ga ma da o wa ra na i.
 ミネさんが心配そうに:)
 mi ne sa n ga shin pai sô ni

6 —いつお料理を作りはじめますか。
 i tsu o ryô ri o tsuku ri ha ji me ma su ka (2)

7 —お節料理はもうできている
 o sechi ryô ri wa mô de ki te i ru
 から、後二時間我慢すれば、
 ka ra, ato ni ji kan ga man su re ba,
 家中がきれいになって、
 ie jû ga ki re i ni na t te,
 お正月を迎える準備が整うわ。
 o shô gatsu o muka e ru jun bi ga totono u wa
 (3)(4)

ANMERKUNGEN (Fortsetzung)

(2) Es gibt zusammengesetzte Verben, d.h. zwei Verben werden einfach einandergefügt. Das erste ist dann die einzige Grundform für die Verben mit einer Grundform, die Grundform auf *i* für die Verben mit mehreren Grundformen. Oft findet man als zweites Verb はじめる *hajimeru* ,,anfangen''. 作る *tsukuru* ,,anfertigen'', 作りはじめる *tsukurihajimeru* ,,anfangen anzufertigen''. Und in diesem Fall wird das Verb am Ende immer mit Hiraganazeichen geschrieben.

5 (Acht Uhr abends. Der große Hausputz, der um fünf Uhr am Nachmittag begonnen hat, ist noch immer nicht beendet. Herr Mine wird ungeduldig.)
(Nacht / [Bzw] / acht-Uhr) (Nachmittag / [Bzw] / fünf-Uhr / ab / begonnen haben / großer Hausputz / [Sgg] / noch nicht / nicht beendet sein) (Mine-Herr / [Sgg] / Beunruhigung-Anschein / [ustw])

6 — Wann fangen Sie mit dem Kochen an?
(wann / [ungezw]-Küche / [Erg. 4. F.] / anfertigen-anfangen / [Frage])

7 — Das Neujahrsessen ist schon fertig. Wenn Sie es daher noch zwei Stunden aushalten, wird das ganze Haus tadellos sauber sein und alles wird für das Neue Jahr bereit sein.
([ungezw]-Neujahrsessen / [Hinweis] / schon / bereit sein / weil //// nach / zwei-Stunde / Ausdauer-wenn Sie machen /// das ganze Haus / [Sgg] / sauber / [Ziel] / werden // [ungezw]-Neujahr / [Erg. 4. F.] / begrüßen / Vorbereitungen / [Sgg] / beendet sein / abschwächend)

ANMERKUNGEN (Fortsetzung)

(3) Die festlichen Tage zum Jahreswechsel sind in Japan die einzigen wirklichen Ferientage. Fast alles ist 3 bis 5 Tage lang geschlossen: Schulen, Büros, Banken und viele Geschäfte... Die Festlichkeiten beginnen in der Nacht vom 31. Dezember auf den 1. Januar mit einem Besuch zu einem Shintô-Tempel. Da die Dame des Hauses alles für die Gäste bereit haben mußte und die Geschäfte zu sind, war es Brauch, die notwendigen Gerichte für die Feiertage vor dem 1. Januar vorzubereiten. Es werden ganz bestimmte Gerichte gekocht, die nur an diesen Tagen gegessen werden. Man nennt sie お節料理 *o sechi ryôri*.

(4) Das Adjektiv きれい *kirei* heißt „schön", aber auch „sauber". できて いる *dekite iru* vgl. Lektion 73, Anmerkung 4.

8 — お正月の準備って大掃除のことですか。他のお客さんはいつ来るんですか。

来て くれた の ちょうど よかった。

9 — お客さん？今晩は、だれも来ないわよ。お掃除が終わったら、年越蕎麦を食べて、明日の朝、日の出を拝みに行って、それから年始のあいさつ回りをするのよ。 **(5) (6) (7)**

10 — え、今晩何もしないんですか。

8 — Die Vorbereitung für das Neue Jahr ist der große
Hausputz? Wann kommen die anderen Gäste?
([ungezw]-Neujahr / [Bzw] / Vorbereitung / das
was man nennt / großer Hausputz / [Beifügung] /
die Tatsache / das ist / [Frage]) (andere / [Bzw] /
Gäste / [Hinweis] / wann / kommen / nämlich /
[Frage])

9 — Die Gäste? Heute Abend kommt niemand! Wenn
die Arbeit fertig ist, essen wir die ,,Nudeln zum
Jahreswechsel'' und morgen früh, dann verneigen
wir uns vor der aufgehenden Sonne, und danach
stellt man die Neujahrsbesuche ab.
([ungezw]-Gast) (heute Abend / [Vstk] / niemand
/ nicht kommen / [abschwächend] / [behaup-
tend]) ([ungezw]-Hausputz / [Sgg] / wenn es fertig
ist /// Jahreswechsel-Nudeln / [Erg. 4. F.] /
essen // morgen / [Bzw] / Vormittag / Sonne /
[Bzw] / Ausgang / [Erg. 4. F.] / verehren / [Ziel] /
gehen // dann / Jahresanfang / [Bzw] / Gruß-
Runde / [Erg. 4. F.] / machen / nämlich /
[behauptend])

10 — Was? Heute Abend wird nichts gemacht?
(eh / heute Abend / nichts / nicht machen /
nämlich / [Frage])

ANMERKUNGEN (Fortsetzung)

(5) 来ない *konai*, vgl. Lektion 72, Anmerkung 5.

(6) 年越蕎麦 *toshi koshi soba:* Ein sehr einfaches Mahl für den Abend des 31. Dezembers. Wörtlich: ,,Nudeln, um von einem Jahr zum nächsten überzugehen'' (Jahr / hinübergehen / Nudel)

(7) Die Endung たら *tara*, von der wir später sprechen werden, wird dem Verb unter denselben Bedingungen wie て *te* und た *ta* angehängt. Es wird Ihnen nicht schaden, einen kurzen - oder sogar etwas längeren! - Blick auf die Lektion 56 zu werfen!

11 - ああ、ごめん なさい ね。忘れて
　　aa,　gomen nasai ne. wasurete

いた わ。フランス で は、大晦日
ita wa. furansu de wa, oomisoka

に 皆 で レヴェイヨン を する
ni minna de reveiyon o suru

ん だった わ ね。すっかり フランス
n datta wa ne. sukkari furansu

の 習慣 を 忘れて いた わ。
no shûkan o wasurete ita wa

12　それでは シャンペン でも 二人 で
sore de wa shanpen demo futari de

飲みましょう か。
nomimashô ka.

今日 は 本当 に ご 苦労 様。
kyô wa hontô ni go kurô sama.

カンパイ。
kanpai (8)

12. schüükan

練習
renshû

1. 目 が 痛くて 読めません から、この
me ga itakute yomemasen kara, kono

記事 を 読んで くれません か。
kiji o yonde kuremasen ka

11 — Ach, es tut mir leid! Ich gabe ganz vergessen! In Frankreich feiert man gemeinsam am letzten Tag des Jahres! Ich habe diesen französischen Brauch ganz vergessen!
(ach / entschuldigen Sie mich / [ü.einst.]) (vergessen haben / [abschwächend]) (Frankreich / [Ort] / letzter Tag des Jahres / [Zeit] / alle / [Mittel] / Silvesterschmaus / [Erg. 4. F.] / machen / nämlich (war) / [abschwächend] / [ü.einst.]) (ganz / Frankreich / [Bzw] / Brauch / [Erg. 4. F.] / vergessen haben / [abschwächend])

12 Aber trinken wir doch trotzdem den Champagner zusammen! Vielen Dank für Ihre Mühe! Kampai!
(also / Champagner / sogar / zwei Personen / [Mittel] / trinken wir / [Frage]) (heute / [Hinweis] / wirklich / [ustw] / danke für Ihre Mühe) (kampai)

ANMERKUNGEN (Fortsetzung)

(8) ご苦労様 *go kurô sama*. Dies ist die Art sich zu bedanken, wenn jemand seine Energie und Zeit für Sie gegeben hat. Wörtlich: ,,(Ich danke Ihnen für) Ihre Mühe''.

---

2. トランク を いろいろ 見せて
toranku o iroiro misete

   くれました が、軽い の が なかった
   kuremashita ga, karui no ga nakatta

   ので、何も 買いません でした。
   node, nanimo kaimasen deshita

3. お 茶 を 飲みましょう。お 湯 を
o cha o nomimashô. o yu o

   沸かして おきました。
   wakashite okimashita

4. 先月 出た 新しい S.F. 映画 を
   sengetsu deta atarashii esu efu eiga o

   一緒 に 見 に 行って みません か。
   issho ni mi ni itte mimasen ka

5. サンドウィッチ を たくさん 作って
   sandouitchi o takusan tsukutte

   おきました。 すぐ 食事 が できます
   okimashita. sugu shokuji ga dekimasu

   よ。
   yo

... に 言葉 を 入れ なさい。
ni kotoba o ire nasai

1. *Er trug einen alten eigenartigen Anzug.*

   . . . . ita

2. *Ich habe geläutet, aber niemand ist gekommen.*

   . . . .

   . . . . no desu

平仮名 の 練習
hiragana no renshû　　　　　　　　Hiraganaübungen

Schauen wir uns noch einmal einige besondere Silben an, die ursprünglich keine japanischen, sondern Spuren der weitaus verschiedenartigeren chinesischen Wörter sind, die im ersten Jahrtausend von den Japanern übernommen worden sind. Von Anfang an haben wir Sie auf ihre Schreibweise aufmerksam gemacht (vgl. Lektion 4,

Übungen

1. Ich kann nicht lesen, da mir die Augen schmerzen, könnten Sie mir daher nicht diesen Artikel vorlesen?
2. Man hat mir alle Arten von Koffern gezeigt, aber da es keine leichten gab, habe ich keinen gekauft.
3. Trinken wir doch einen Tee! Das Wasser ist schon heiß.
4. Schauen Sie sich nicht mit mir den neuen Science-fiction-Film an, der letzten Monat herauskam?
5. Ich habe schon eine Menge belegte Brötchen vorbereitet! Wir können sofort essen!

---

3. *Ich habe sie alle langsam untersucht, aber es eignet sich wirklich keiner.*

. . . . , hontô

ni . . . .

4. *Wir haben uns alle beide vor der aufstehenden Sonne verneigt.*

. . . .

5. *Ich habe ganz bestimmt nichts in diese Schachtel gelegt.*

. . . .
. . . .

Antwort: 1. furukute okashii sebiro o kite -. 2. beru o narashimashita ga daremo konakatta -. 3. minna yukkuri shirabemashita ga, - doremo aimasen. 4. futari de hi no de o ogami ni ikimashita. 5. tashika ni kono hako ni nanimo iremasen deshita.

Anmerkung 1; Lektion 5, Anmerkung 2; Lektion 6, Anmerkung 3; Lektion 7, Absatz 6).
Die erste Reihe heute wird aus den Silben gebildet, die man anhand der folgenden Tabelle erhält:

Lektion 74

d.h.: **kya, kyu, kyo, gya, gyu, gyo, nya, nyo usw.**
Einige Silben werden sehr häufig verwendet, wie z.B. kyo, während andere praktisch nie vorkommen.
Für alle aber gilt dasselbe Prinzip: Es gibt kein Hiraganazeichen, mit dem wir einen alleinstehenden Konsonant schreiben können, z.B. K. Man kann mit dem Hiraganazeichen nur KA, KI, KU, KE, KO schreiben. Man schreibt daher das Hiragana, das dem Konsonant entspricht + i: KI, GI, NI, HI usw. und andererseits die Hiragana YA, YU und YO. Aber... um die Sache nicht noch mehr zu komplizieren, schreibt man die Silben YA, YU und YO klein.
Beispiel: きやく (die drei Hiragana haben dieselbe Größe), sie werden *kiyaku* ausgesprochen und bedeuten „Regelung, Gesetz".
きゃく (das YA ist kleiner), es wird *kyaku* ausgesprochen und bedeutet „Gast".
Die am meisten verwendeten Silben sind: きゃ kya, きょ kyo, ひゃ hya, びゃ bya, ぴゃ pya, りゃ rya, りょ ryo.

* *

第七十五課　　キャンプ
dai nana jû　go ka　　　　kya　n pu

1 － ここ は 景色 が いい から、 ここ
ko ko　wa ke shiki ga　i i　ka ra,　　ko ko

で テント を 張ろう か。 ああ、
de te n to　o　ha rô　ka.　　a a,

疲れた なあ...
tsuka re ta　na a (1)

ANMERKUNGEN

(1) Zwei Freunde fahren gemeinsam zelten. Sie unterhalten sich hauptsächlich in der niedrigen Stufe. Wir kennen schon alle Formen der niedrigen Stufe mit Ausnahme der Form, die ましょう *mashô* in der mittleren Stufe entspricht (vgl. Lektion 35, Absatz 4). 張ろう *harô*

書き取り かきとり
Diktat

1. *sakkyoku* (musikalische Komposition) 2. *hyaku* (hundert) 3. *kyonen* (letztes Jahr) 4. *kyaku* (Gast) 5. *sanbyaku* (dreihundert) 6. *kyodai* (riesig) 7. *yûbinkyoku* (Postamt) 8. *ryokô* (Reise) 9. *roppyaku* (sechshundert) 10. *shinryaku* (Invasion)

Antwort

1. さっきょく   2. ひゃく   3. きょねん
4. きゃく   5. さんびゃく   6. きょだい
7. ゆうびんきょく   8. りょこう
9. ろっぴゃく   10. しんりゃく

Zweite Welle: 第二十五課 25. Lektion

* *

Camping   Fünfundsiebzigste Lektion
(ste / sieben-zehn-fünf / Lektion)

1 — Hier ist die Landschaft herrlich, schlagen wir doch unser Zelt auf. Ach, ich bin müde...
(hier / [Hinweis] / Landschaft / [Sgg] / gut sein / weil // hier / [Ort] / Zelt / [Erg. 4. F.] / schlagen wir auf / [Frage]) (ach / müde sein / [überlegend])

ANMERKUNGEN (Fortsetzung)

ist eine niedrige Stufe. Das Verb 張る *haru* „festmachen" ist ein Verb mit mehreren Grundformen. „Schlagen wir auf" in der mittleren Stufe wäre ... 張りましょう *harimashô*. Um die niedrige Stufe zu bilden, genügt es bei den Verben mit mehreren Grundformen, das End-*u* durch ein (langes) *ô* zu ersetzen: 張る *haru* „aufschlagen", 張ろう *harô* „schlagen wir auf". Für die Verben mit nur einer Grundform genügt es, よう *yô* an die Grundform anzuhängen. Vgl. Lektion 19, Satz 12: やめる *yameru* „aufhören", やめよう *yameyô* „hören wir auf", niedrige Stufe.

Lektion 75

2 空気 が 澄んで いて、気持 が いい な。

3 君 が テント を 張って いる 間 に、僕 は 晩飯 の 準備 を しよう。 **(2) (3) (4)**

空気 は 澄んで いて、気持 が いい な。

4 この 場所 で テント を 張る と 頭 が 北枕 に なる よ。

5 - それじゃ だめ な の かい。 **(5)**

2 Die Luft ist rein, ich fühle mich wohl!
(Luft / [Sgg] / klar sein // Gefühl / [Sgg] / gut sein / [überlegend])

3 Während du das Zelt aufschlägst, bereite ich das Essen zu.
(du / [Sgg] / Zelt / [Erg. 4. F.] / aufschlagen / während // ich / [Hinweis] / Essen / [Bzw] / Vorbereitungen / [Erg. 4. F.] / machen wir)

4 Wenn wir das Zelt an diesem Ort aufschlagen, ist unser Kopf nach Norden gerichtet.
(dieser / Ort / [Ort] / Zelt / [Erg. 4. F.] / aufschlagen / wenn // Kopf / [Sgg] / Nord-Kopfkissen / [Ziel] / werden / [behauptend])

5 — Na und, ist das nicht gut?
(und dann / verboten / das ist / nämlich / [Frage])

ANMERKUNGEN (Fortsetzung)

(2) 君 *kimi*. Das ist ein neues Wort für „du". Es wird <u>nur von Männern</u> verwendet und steht in der niedrigen Stufe. Es wird häufig von Freunden benutzt. 僕 *boku*, vgl. Lektion 20, Anmerkung 3.

(3) 晩飯 *banmeshi*. Selbst bei den Mahlzeiten gibt es verschiedene Stufen! Hier haben wir die niedrige Stufe, die dem Ton der allgemeinen Konversation angeglichen ist. Die mittlere Stufe wäre 晩御飯 *ban go han* oder 夕御飯 *yû go han*.

(4) しよう *shiyô*, niedrige Stufe, die der Form しましょう *shimashô* „machen wir" in der mittleren Stufe entspricht. An die einzige Grundform し *shi* wird よう *yô* angehängt (vgl. Anmerkung 1)

(5) の *no*. Alles, was von の です *no desu* übriggeblieben ist (vgl. auch das Ende des Satzes 12). かい *kai* ist eine andere Art か *ka* zu sagen, das heißt eine andere Weise um zu zeigen, daß es sich um eine Frage handelt. Aber bitte passen Sie auch hier wieder auf - dieses かい *kai* ist <u>ausschließlich für Männer</u>.

6 − 日本 では 死人 を 北枕 に
　　ni hon　de wa　shi nin　o　kita makura ni

寝かせる。 つまり、 北 の 方 へ
ne ka se ru.　tsu ma ri,　kita no　hô　e

頭 を 向ける。
atama o　mu ke ru

7 だから 日本人 は 北 の 方向 に
da ka ra　ni hon jin　wa　kita　no　hô kô　ni

頭 を 向ける こと を 嫌う ん
atama o　mu ke ru　ko to　o　kira u　n

だ。
da

8 − 頭 が 南 の 方 に 来る よう
atama ga minami no　hô ni　ku ru　yô

に すれば いい の だろう。
ni　su re ba　i i　no　da rô (6)

9 でも そう する と、 ここ は 斜面
de mo　sô　su ru　to,　ko ko　wa　sha men

だ から、 足 の 方 が 高く なる
da ka ra,　ashi no　hô ga　taka ku　na ru

よ。
yo (7)

10 料理 の 方 は どう だい？ うまく
ryô ri　no　hô　wa　dô　da i　　u ma ku

行って る？
i t te　ru (8)

発音　7. kila.imaß′

6 In Japan beerdigt man die Toten in Richtung Norden. Das heißt, man richtet ihren Kopf in Richtung Norden.
(Japan / [Ort] / [Vstk] / ein Toter / [Erg. 4. F.] / Nord-Kopfkissen / [Ziel] liegen machen) (das heißt / Norden / [Bzw] / Seite / [R.Ang.] / Kopf / [Erg. 4. F.] / drehen)

7 Deswegen richten die Japaner nicht gern den Kopf nach Norden.
(das ist warum / Japan-Mensch / [Hinweis] / Norden / [Bzw] / Richtung / [Ziel] / Kopf / [Erg. 4. F.] / drehen / die Tatsache, daß / [Erg. 4. F.] / verabscheuen / nämlich)

8 — Wenn wir es so einrichten, daß der Kopf nach Süden schaut, wäre es besser, oder?
(Kopf / [Sgg] / Süden / [Bzw] / Seite / [Ziel] / kommen / Art / [Ziel] / wenn man machte // gut sein / das muß nämlich sein)

9 Aber in diesem Fall lägen die Füße höher, da hier ein Abhang ist!
(aber / so / machen / wenn /// hier / [Hinweis] / Abhang / das ist / weil // Füße / [Bzw] / Seite / [Sgg] / hoch sein / werden / [behauptend])

10 Und wie steht es mit dem Kochen? Klappt es?
(Küche / [Bzw] / Seite / [Hinweis] / wie / das ist) (auf erfolgreiche Art und Weise / gehen)

ANMERKUNGEN (Fortsetzung)

(6) だろう *darô*, vgl. Lektion 72, Anmerkung 4.

(7) 篙い *takai*, bisher haben wir es mit „teuer sein" übersetzt, aber es bedeutet ursprünglich „hoch sein".

(8) だい *dai:* die Form der niedrigen Stufe, <u>ausschließlich männlich</u>, für です か *desu ka.* Da es sich um ein vertrautes Gespräch handelt, werden manche Silben verschluckt, wie dies in allen Sprachen geschieht... Die Form ... て います ... *te imasu* wird zuerst in der niedrigen Stufe zu ... て いる *te iru,* und dann verschluckt man das *i* und es wird ... て る ... *te ru* daraus.

Lektion 75

11 - 実は お しょうゆ を 忘れた
jitsu wa o shô yu o wasu re ta

から、味が よくない かもしれない。
ka ra, aji ga yo ku na i ka mo shi re na i.

それに マッチ が 見当らない んだ。
so re ni ma t chi ga mi ata ra na i n da **(9) (10)**

12 - え、お しょうゆ も マッチ も
e, o shô yu mo ma t chi mo

ない の か。
na i no ka

13 ここ まで 来る 途中 に 民宿 が
ko ko ma de ku ru to chû ni min shuku ga

一つ あった だろう。今夜 は
hito tsu a t ta da rô. kon ya wa

そこ へ 行った 方 が いい
so ko e i t ta hô ga i i

かもしれない ね。
ka mo shi re na i ne **(6) (10)**

14 - うん。そう しよう。
u n. sô shi yô **(4)**

れんしゅう
練習
renshû

1. 今年 の 夏 江の島 へ キャンプ に
kotoshi no natsu enoshima e kyanpu ni

行こう と 思います。
ikô to omoimasu

11 — Da wir doch tatsächlich die Shoyusauce vergessen haben, wird das Essen nicht besonders berühmt sein. Außerdem finde ich die Streichhölzer nicht.
(tatsächlich / [Vstk] / [ungezw]-Shoyu / [Erg. 4. F.] / vergessen haben / weil // Geschmack / [Sgg] / nicht gut sein / ich glaube doch, daß) (darüber hinaus / Streichhölzer / [Sgg] / nicht auffindbar sein / nämlich)

12 — Was? Wir haben weder Streichhölzer noch Shoyusauce?
(was? / [ungezw]-Shoyu / auch / Streichhölzer / auch / sich nicht befinden / nämlich / [Frage])

13 Beim Herfahren schien mir, daß es ein Haus gab, das Zimmer vermietete, vielleicht fahren wir für heute Nacht besser dorthin.
(hier / bis / kommen / auf dem Weg / [Ort] / fremde Zimmer Vermieter / [Sgg] / eins / sich befinden / das muß sein) (diese Nacht / [Vstk] / dort / [R.Ang.] / gegangen sein / Seite / [Sgg] / gut sein / ich glaube wohl, daß / [ü.einst.])

14 — Gut, einverstanden!
(gut) (so / machen wir)

ANMERKUNGEN (Fortsetzung)

(9) お しょうゆ *o shôyu* ist eine braune, sehr dunkle Soße, die in der japanischen Küche nicht fehlen darf. Sie wird aus gegorenen Sojabohnen hergestellt.

(10) かもしれない *kamoshirenai* bedeutet dasselbe wie かしら *kashira* (vgl. Lektion 59, Anmerkung 5). かしら *kashira* ist weiblich, かもしれない *kamoshirenai* ist sächlich und kann in allen Fällen verwendet werden.

2. 先月 から 全然 疲れ が とれない
sengetsu kara zenzen tsukare ga torenai

ので、 ジョギング を やめよう と
node, jogingu o yameyô to

思います。
omoimasu

3. ガレージ は 車 三台 入れられる
garêji wa kuruma ga san dai irerareru

   よう に しました。
   yô ni shimashita

4. 今夜 寝る 前 に 明日 の 準備 を
konya neru mae ni ashita no junbi o

   した 方 が 安全 です。
   shita hô ga anzen desu

5. 南 の 国 の 方 が 暖かい です。
minami no kuni no hô ga atatakai desu

6. あの 有名 な 女優 に 聞いて
ano yûmei na joyû ni kiite

   みたい です が、断られる
   mitai desu ga, kotowarareru

   かもしれない。
   kamoshirenai

... に 言葉 を 入れ なさい。
ni kotoba o ire nasai

1. (ungezwungen) *Gehen wir. Gehen wir spazieren. Ruhen wir uns aus. Stehen wir auf. Denken wir nach. Beginnen wir. Schauen wir an.*

   . . .   .

   . . . .

2. *Man darf sich nicht entmutigen lassen und unterwegs aufgeben.*

   . . . . akirame . . . .

Übungen

1. Ich denke, daß ich diesen Sommer in Enoshima campen werde.
2. Da ich seit letztem Monat meine Müdigkeit nicht loswerde, glaube ich, daß ich mit dem Dauerlauf aufhören werde.
3. Die Garage habe ich so gebaut, daß drei Wagen darin Platz haben.
4. Es wäre viel sicherer, die Vorbereitungen für morgen heute abend vor dem Schlafengehen zu erledigen.
5. In den südlichen Ländern ist es heißer.
6. Ich würde gerne diese berühmte Schauspielerin fragen, aber es könnte sein, daß sie ablehnt.

---

3. *HASHIMOTO Akio, der ein berühmter Journalist ist, hat gerade ein sehr interessantes Buch über den Schlaf der Tiere veröffentlicht.*

. . . . . na shinbun kisha . . . . . hashimoto akio . . . ,

dôbutsu . . . . jitsu ni

. . . . shuppan . . . . desu

4. *Diese Arbeit muß ermüdend sein.*

. . . . sô desu

Antwort: 1. ikô. arukô. yasumô. okiyô. kangaeyô. hajimeyô. miyô. 2. tochû de -te yameru no wa dame desu. 3. yûmei - de aru - wa, - no suimin ni tsuite - omoshiroi hon o - shita tokoro -. 4. kono shigoto wa tsukare -.

平仮名 の 練習
hiragana no renshû **Hiraganaübungen**

Wir wollen heute mit den besonderen Silben fortfahren. Schauen wir uns die folgenden Silben an:

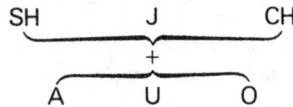

Lektion 75

Es sind die Silben **sha, shu, sho, ja, ju, jo, cha, chu, cho**. Das Prinzip ist dasselbe: Man verwendet das Hiraganazeichen, wo der Konsonant mit einem *i* verbunden ist: *shi* し, *ji* じ, *chi* ち, und man fügt や *ya*, ゆ *yu* oder よ *yo* daran, selbstverständlich kleingeschrieben.

Verwechseln Sie bitte nicht: しよく (drei Hiraganazeichen der gleichen Größe), die wie *shiyoku* ausgesprochen werden und „persönliches Interesse" bedeuten und しょく (das よ *yo* ist kleiner), die wie *shoku* ausgesprochen werden und „Arbeit" bedeuten.

Diese Silben werden しゃ *sha*, しゅ *shu*, しょ *sho*, じゃ *ja*, じゅ *ju*, じょ *jo*, ちゃ *cha*, ちゅ *chu*, ちょ *cho* geschrieben.

書き取り

Diktat

1. *joyû* (Schauspielerin) 2. *jimusho* (Büro) 3. *chotto* (ein bißchen) 4. *shuppatsu* (Abfahrt) 5. *ressha* (Zug) 6. *basho* (Ort) 7. *chawan* (Tasse) 8. *bijutsukan* (Kunstmuseum) 9. *oshaberi* (Gerede) 10.

* *

第七十六課　お金が あれば
dai nana jû　rok ka　　o　kane ga　　a re ba

1 ーああ、　お金が　あれば、　こんな
　　a a　　　o kane ga　a re ba,　　ko n na

隙間 だらけ　の　寒い　家　に
suki ma da ra ke　no samu i　ie　ni

住まないで、　コンクリート建て　で、
su ma na i de,　　ko n ku rî to da te　de,

セントラル・ヒーティング　の　ある　家
se n to ra ru　hî ti n gu　no　a ru　　ie

に　住みたい　なあ。
ni　su mi ta i　na a **(1) (2)**

hisho (der Hitze entkommen) **11.** *danjo* (Männer und Frauen) **12.** *shujutsu* (chirurgische Operation) **13.** *obotchan* (Ihr kleiner Junge) **14.** *rikkôhosha* (Wahlkandidat)

Antwort

1. じょゆう　　2. じむしょ　　3. ちょっと

4. しゅっぱつ　5. れっしゃ　　6. ばしょ

7. ちゃわん　　8. びじゅつかん

9. おしゃべり　10. ひしょ　　11. だんじょ

12. しゅじゅつ　13. おぼっちゃん

14. りっこうほしゃ

Zweite Welle: 第二十六課 26. Lektion

* *

Sechsundsiebzigste Lektion
(ste / sieben-zehn-sechs / Lektion)
Wenn ich Geld hätte...
([ungezw]-Geld / [Sgg] / wenn sich befände)

1 — Ach, wenn ich Geld hätte, würde ich nicht in diesem eiskalten Haus voller Ritze, sondern in einem Betonhaus mit Zentralheizung wohnen.
(ach) ([ungezw]-Geld / [Sgg] / wenn sich befände //// auf diese Art / Ritze-voll von / [Bzw] / kalt sein / Haus / [Ort] / nicht wohnen /// Betongebaut / das ist // Zentralheizung / [Sgg] / sich befinden / Haus / [Ort] / ich will wohnen / [überlegend])

ANMERKUNGEN

(1) あれば *areba*. Das ist die einzige Form, eine **Vermutung** auszudrücken: „wenn ich hätte". Diese Form ist ganz einfach, da für ALLE VERBEN das gleiche gilt. Anstelle des End-*u* steht *eba*. ある *aru* „sich befinden",

2 もし お金 が あれば、山中湖 の
  mo shi o kane ga a re ba, yama naka ko no
そば に 別荘 を 一軒 建てて 夏
soba ni bes sô o ik ken ta te te natsu
の 二ケ月 避暑 に 行けば、いい
no ni ka getsu hi sho ni i ke ba, i i
原稿 が 書ける だろう な。
gen kô ga ka ke ru da rô na (3) (4)

3 -ああ。あたし は お金 が
  a a. a ta shi wa o kane ga
あれば、ミンク の コート と 鰐
a re ba, mi n ku no kô to to wani
の ハンド・バック と 大きな
no ha n do .ba g gu to oo ki na
ダイヤモンド の 指輪 が ほしい わ。
da i ya mo n do no yubi wa ga ho shi i wa

4 -お金 が あれば 皆 買って やるよ。
   o kane ga a re ba minna ka tte ya ru yo

ANMERKUNGEN (Fortsetzung)

あれば *areba* „wenn... sich befände, wenn ich hätte...".
行く *iku* „gehen", 行けば *ikeba* „wenn ich ginge"
(Satz 2). 言う *iu* „sagen", 言えば *ieba* „wenn ich (man)
sagen würde" (Lektion 69, Satz 8). する *suru* „machen",
すれば *sureba* „wenn ich, du (man) machen würde"
(Lektion 67, Satz 11; Lektion 74, Satz 7; Lektion 75,
Satz 8). Man kann もし *moshi* „wenn" an den Santz-
anfang setzen (vgl. Satz 2), aber es ist nicht notwendig.
Bitte verwechseln Sie es nicht mit もしもし *moshi moshi*
„Hallo" (vgl. Lektion 27, Satz 1).

2   Wenn ich Geld hätte, würde ich eine Villa am Ufer des Yamakasees bauen, und wenn ich jeden Sommer zwei Monate lang dorthin ginge, um vor der Hitze zu fliehen, schriebe ich sicherlich ausgezeichnete Texte.
(wenn / [ungezw]-Geld / [Sgg] / wenn sich befände // Yamanaka-See / [Bzw] / Nähe / [Ort] / Villa / [Erg. 4. F.] / eins-Haus / konstruieren /// Sommer / [Bzw] / zwei Monate / Flucht vor der Hitze / [Ziel] / wenn ich ginge // gut sein / Manuskript / [Sgg] / schreiben können / das muß sein / [überlegend])

3 — Ja, wenn ich Geld hätte, hätte ich gern einen Nerzmantel, eine Handtasche aus Krokodilleder und einen Ring mit einem großen Diamanten.
(ach) (ich / [Hinweis] / [ungezw]-Geld / [Sgg] / wenn sich befände // Nerz / [Bzw] / Mantel / und / Krododil / [Bzw] / Handtasche / und / groß / das ist / Diamant / [Bzw] / Ring / [Sgg] / der Gegenstand meiner Sehnsucht sein / [abschwächend])

4 — Wenn ich Geld hätte, würde ich dir das alles kaufen!
([ungezw]-Geld / [Sgg] / wenn sich befände // alles / kaufen / machen für dich / [behauptend])

ANMERKUNGEN (Fortsetzung)

(2) セントラル・ヒーティング の ある 家 sentoraru.hîtingu no aru uchi, vgl. Lektion 55, Anmerkung 5.

(3) 書ける kakeru. 書く kaku „schreiben", 書ける kakeru „schreiben können", vgl. Lektion 64, Anmerkung 2. Bitte merken Sie sich, daß es 原稿 が 書ける genkô ga kakeru heißt.

(4) 山中湖 yamanakako. Einer der großen Seen am Fuße des Fuji. Dies ist eine berühmte und sehr geschätzte Sommerfrische, ein Ferienort, der nicht weit von Tokio entfernt liegt. Die Strände sind im Sommer so überlaufen wie die Riviera.

5 おれ は 光琳 の 絵 が 一枚
  o re wa kô rin no e ga ichi mai
  ほしい な。
  ho shi i na **(5)**

6 それに、世界 一周 も したくない
  so re ni, se kai is shû mo shi ta ku na i
  か。
  ka **(6)**

7 世界中 の 首都 を すべて 見物
  se kai jû no shu to o su be te ken butsu
  しよう よ。
  shi yô yo **(7)**

8 —全世界 の 首都 に 行く つもり?
  zen se kai no shu to ni i ku tsu mo ri
  数年 は かかる わ よ。
  sû nen wa ka ka ru wa yo

発音 6. ßekajischschüü 7. schüto 8. ßüünen

ANMERKUNGEN (Fortsetzung)
(5) 光琳 *kôrin*. Der Künstler heißt 尾形 光琳 *ogata kôrin* (1658-1716). Er war einer der größten Maler der Edo-Periode. Seine bemalten Wandschirme gehören zu den Meisterwerkenm der japanischen Malerei. So nebenbei bemerkt: Für berühmte Persönlichkeiten der Vergangenheit verwendet man nicht den Familiennamen, der hier OGATA wäre, sondern den zweiten Teil des Namens, hier Kôrin. Dieser zweite Name ist kein Vorname, sondern ein Name, der einzig und allein für diese Person erfunden wurde, oder den sie sich selbst gegeben hat. Alle großen Holzstecher sind unter ihren Eigennamen bekannt, wie z.B. Utamaro, Hiroshige usw.

5   Und ich hätte gerne ein Gemälde von Kôrin!
    (ich / [Hinweis] / Kôrin / [Bzw] / Gemälde / [Sgg] /
    eins-flacher Gegenstand / der Gegenstand meiner
    Sehnsucht sein / [überlegend])
6   Und würdest du keine Weltreise machen wollen?
    (darüber hinaus / Welt-eins Rund / auch / nicht
    machen wollen / [Frage])
7   Laß uns alle Hauptstädte der Welt besuchen!
    (rund um die Welt / [Bzw] / Hauptstadt eines
    Landes / [Erg. 4. F.] / alle / touristischen Besuch-
    machen wir / [behauptend])
8 — Du hast vor, in alle Hauptstädte der Welt zu fahren!
    Das wird Jahre dauern!
    (ganze Welt / [Bzw] / Hauptstadt / [Ziel] / gehen /
    Absicht) (mehrere Jahre / [Vstk] / gebraucht
    werden / [abschwächend] / [behauptend])

ANMERKUNGEN (Fortsetzung)

(6) したくない *shitakunai*. Wieder eine Folge von End-silben! Alles wird vom Verb する *suru* „machen" abgeleitet. Es ist ein Verb mit einer einzigen Grundform し *shi*. Die Endung たい *tai*, die einen Willen ausdrückt, wird angehängt: したい *shitai* „ich will machen". Und nun bekommt das ganze etwas Würze: Sie erinnern sich doch an einen ähnlichen Fall in der Lektion 71, Anmerkung 8. Die Endung たい *tai* ist ein Adjektiv und kann sich so wie andere Adjektive verändern. Wäre es nicht eine gute Idee, jetzt zu Lektion 21, Absatz 2 und Lektion 35, Absatz 3, zurückzublättern? Das Adjektiv kann auch die Verneinungsform bilden. Wenn wir dem Beispiel おいしい *oishii* „gut sein" folgen, おいしくない *oishikunai* „nicht gut sein", so kann man したい *shitai* „ich will machen" und したくない *shitakunai* „ich will nicht machen" bilden.

(7) しよう *shiyô*, vgl. Lektion 75, Anmerkung 4. やめよう *yameyô*, vgl. Lektion 75, Anmerkung 1.

9 — 世界 一周 は 大変 だ から
   se kai is shû wa tai hen da ka ra

やっぱり やめよう。
ya p pa ri ya me yô **(7)**

10 それ より タヒチ に 行って きれい
   so re yo ri ta hi chi ni i t te ki re i

な 娘 さん達 と 海岸 で
na musume sa n tachi to kai gan de

踊ったり 泳いだり したい な。
odo t ta ri oyo i da ri shi ta i na **(8)(9)**

11 — そんな 夢 を 見る 時間 が
    so n na yume o mi ru ji kan ga

あったら、 書けない と 言って いる
a t ta ra, ka ke na i to i t te i ru

原稿 を 書き なさい。
gen kô o ka ki na sa i **(3)**

12 お 金 が あれば、 借金 を 返す
    o kane ga a re ba, shak kin o kae su

こと が 先決 でしょう。
ko to ga sen ketsu de shô

10. ojo.idali

ANMERKUNGEN (Fortsetzung)

(8) 踊ったり 泳いだり したい *odottari oyoidari shitai*. Eine neue Endung: たり *tari*. Sie weist zwei Charakteristika auf: 1. Meistens hat man mindestens zwei Verben auf たり *tari* und der ganze Ausdruck endet mit dem Verb する *suru*: Verb + たり *tari*, Verb + たり *tari* + する *suru*. 2. Die Endung たり *tari* wird an die Verben so wie て *te* oder た *ta* angehängt (vgl. Lektion 56). Diese Endung dient daher dazu, eine Reihe von möglichen Tätigkeiten innerhalb desselben Rahmens zu bieten.

9 — Richtig überlegt ist eine Weltreise zu kompliziert, geben wir das also auf!
(Welt-eins-Reise / [Hinweis] / schrecklich / das ist / weil // als Schlußfolgerung / geben wir auf)
10   Ich würde lieber nach Tahiti fahren und mit schönen Mädchen tanzen oder im Meer schwimmen.
(das / lieber als / Tahiti / [Ziel] / gehen // schön / / das ist / Mädchen / mit / Meeresküste / [Ort] / und tanzen / und schwimmen / ich will machen / [überlegend])
11 — Wenn du Zeit für solche Träume hast, fang lieber mit dem Text an, den du angeblich nicht schreiben kannst!
(ein solcher / Traum / [Erg. 4. F.] / anschauen / Zeit / [Sgg] / wenn sich befindet // nicht schreiben können / [Zitat] / sagen / Manuskript / [Erg. 4. F.] / schreib)
12   Wenn wir Geld hätten, wäre es am dringendsten, unsere Schulden zu bezahlen.
(ungezw]-Geld / [Sgg] / wenn sich befände // Schuld / [Erg. 4. F.] / zurückgeben / die Tatsache, daß / [Sgg] / erste Dringlichkeit / das muß sein)

ANMERKUNGEN (Fortsetzung)

(9) 娘さん達 *musume san tachi*. Da es im Japanischen weder Singular noch Plural gibt, bedeutet 娘さん *musume san* sowohl „ein Mädchen" als auch „(mehrere) Mädchen". Bei Worten, die man für Menschen verwendet, steht uns zur präzisen Pluralangabe die Endung 達 *tachi* zur Verfügung. Bei Substantiven sagt man: 人 *hito* „eine Person (jemand)" oder „Leute", aber 人達 *hitotachi* „die (einigen) Leute" (vgl. Übung 1, Satz 1); wenn es sich um Pronomen handelt, sagt man: 私 *watakushi* „ich", 私達 *watakushitachi* „wir"; auch bei Eigennamen gilt diese Regel: 山村さん *yamamura san* „Herr oder Fräulein Yamamura", 山村さん達 *yamamura san tachi* „die Yamamuras, die Familie Yamamura" oder „Yamamura und die anderen (seine Freunde), „die Gruppe von Yamamura".

Lektion 76

練習
renshû

1. 子供達 は 入ったり 出たり して、
   kodomotachi wa haittari detari shite,

   うるさい です。
   urusai desu

2. 五月 の 一日、 テレビ を 見たり、
   gogatsu no tsuitachi, terebi o mitari,

   雑誌 を 読んだり、 隣 の 公園 を
   zasshi o yondari, tonari no kôen o

   歩いたり しました。
   aruitari shimashita

3. ヨーロッパ の 首都 に 泊まったり、
   yôroppa no shuto ni tomattari,

   有名 な 建物 の 写真 を とったり
   yûmei na tatemono no shashin o tottari

   して、 すばらしい 旅行 を しました。
   shite, subarashii ryokô o shimashita

4. 東京 に 住めば、 毎晩 銭湯 に
   tôkyô ni sumeba, maiban sentô ni

   行ける な。
   ikeru na

5. 原稿 が 終わったら、 二週間 の
   genkô ga owattara, nishûkan no

   休み を 取る つもり です。
   yasumi o toru tsumori desu

Übungen

1. Die Kinder kommen und gehen, es ist lästig!
2. Am ersten Mai habe ich ferngesehen, Zeitschriften gelesen, und ich bin im Park nebenan spazierengegangen.
3. Wir haben uns in den europäischen Hauptstädten aufgehalten, haben Fotos von berühmten Denkmälern gemacht, wir hatten eine herrliche Reise.
4. Wenn ich in Tokio wohnte, könnte ich jeden Abend ins öffentliche Bad gehen.
5. Ich habe vor, 14 Tage Urlaub zu machen, wenn mein Manuskipt fertig ist.

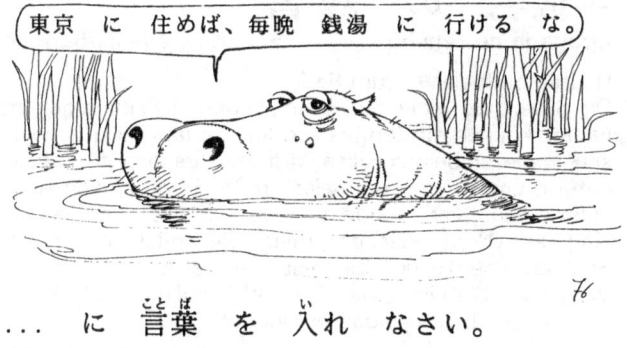

東京 に 住めば、毎晩 銭湯 に 行ける な。

... に 言葉 を 入れ なさい。

ni kotoba o ire nasai

1. *Wenn ich tahitisch könnte, könnte ich mit der Frau des Arztes von nebenan sprechen.*

   . . . . ga . . . . , ...

   . . . . deshô

2. *Am Abend sehe ich nicht fern, ich höre in aller Ruhe Musik oder schreibe Briefe.*

   . . . .

   . . . . shimasu

Lektion 76

3. *Er sagt, daß er absolut nicht ins Ausland gehen will.*

zenzen . . . . to itte imasu

4. *Ich will meine Schulden vor nächstem Monat zurückzahlen.*

. . . .

. . . . to omotte imasu

平仮名 の 練習
hiragana no renshû   Hiraganaübungen

Heute kommen wir zum Ende.
Die Silben, die wir in der 74. und in der 75. Lektion gelernt haben, können **ein langes o oder ein langes u** aufweisen. In diesen beiden Fällen wird das Hiragana う *u* dazugefügt, und zwar in normaler Größe. Es gibt keine Ausnahme! Zu Ihrer Freude werden wir heute ein etwas längeres Diktat machen, denn Sie müssen mit der Schreibweise dieser Silben vertraut werden.
Vergessen Sie nicht: Der Zirkumflex auf einem Vokal in der Lautschrift zeigt, daß er lang ist.

書き取り   Diktat

1. *kyô* (heute) **2.** *shôgun* (Shogun) **3.** *chôdo* (gerade) **4.** *nyûkyo* (Einzug in ein neues Haus) **5.** *chikyû* (die Erdkugel) **6.** *shokugyô* (Beruf) **7.** *shûmatsu* (Wochenende) **8.** *denwachô* (Telefonbuch) **9.** *jôzu* (geschickt) **10.** *benkyô* (Studie) **11.** *ryôheika* (Ihre beiden Majestäten) **12.** *myôji* (Familienname) **13.** *shitsugyôsha* (Arbeitsloser) **14.** *shôbai* (Handel) **15.** *jûsho* (Adresse) **16.** *byôki* (Krankheit) **17.** *raishû* (nächste Woche) **18.** *hikôjô* (Flughafen) **19.** *jûbun* (genügend) **20.** *shiyôryô* (Gebrauchsgebühr) **21.** *chûkaryôri* (chinesische Küche) **22.** *kyûchûsanga* (dem Kaiser öffentliche Ehrerbietung erweisen)

5. *Ich hätte gern ein Landhaus mit einem japanischen Bad!*

. . . . . fû . . . . aru . . . .

. . . .

Antwort: 1. tahichigo - dekireba, tonari no isha no okusan to hanaseru -. **2.** yoru wa terebi o minaide, yukkuri to ongaku o kiitari tegami o kaitari -. **3.** - gaikoku e ikitakunai -. **4.** raigetsu made ni shakkin o kaeshitai -. **5.** nihon- no o furo no - bessô ga hoshii naa.

Antwort

1. きょう 2. しょうぐん 3. ちょうど

4. にゅうきょ 5. ちきゅう 6. しょくぎょう

7. しゅうまつ 8. でんわちょう 9. じょうず

10. べんきょう 11. りょうへいか 12. みょうじ

13. しつぎょうしゃ 14. しょうばい

15. じゅうしょ 16. びょうき 17. らいしゅう

18. ひこうじょう 19. じゅうぶん

20. しようりょう 21. ちゅうかりょうり

22. きゅうちょうさんが

Voilà... Wenn Sie diese Wörter schreiben können, sind diese Hiraganazeichen kein Geheimnis mehr für Sie. Und Sie haben damit eine wichtige Stufe im Japanischen überschritten. Trotzdem müssen wir das Eisen schmieden, solange es heiß ist... Nach einer Ferienlektion... machen wir uns in der 78. Lektion an die Katakanazeichen ran.

Zweite Welle: 第二十七課 27. Lektion

だいななじゅうなな か
第七十七課 まとめ
dai nana jû nana ka matome

1. Stürzen wir uns ohne Verzug auf eine Erklärung, die wir Ihnen schon lange schuldig sind. Aber war es nicht stimulierend, sich einige Fragen zu stellen? Umso mehr werden Sie es zu schätzen wissen, endgültig Klarheit zu haben.

Sie kennen sich schon gut mit **den Adjektiven** aus, die Wörter, die auf い *i* enden und die verschiedene Formen bilden können: die Verneinungsform und die Vergangenheit (vgl. Lektion 21, Absatz 2 und Lektion 35, Absatz 3). Sie bergen keine Geheimnisse mehr für Sie. Wir übersetzen all diese Wörter mit deutschen Adjektiven, in der wörtlichen Übersetzung geben wir Ihnen das ,,Adjektiv + sein'' (z.B. 広い *hiroi* ,,geräumig sein''). Aber...

Zweifellos werden Sie auch schon bemerkt haben, daß es viele andere Wörter gibt, die nur mit einem Adjektiv übersetzt werden. Nehmen Sie Satz 3 der Lektion 74: すてき な 洋服 *suteki na yôfuku* ,,ein eleganter Anzug'', Satz 8: 他 の お 客さん *hoka no o kyaku san* ,,die anderen Gäste''. Oder weiter zurück, Lektion 57, Satz 4: 有名 な お 寺 *yûmei na o tera* ,,die berühmten Klöster'', Satz 6: 静か な お 寺 *shizuka na o tera* ,,ein friedliches Kloster''.

Das bedeutet nichts anderes als daß es **neben veränderlichen Adjektiven**, die auf alte japanische Grundformen zurückgehen, eine Reihe von **unveränderlichen Adjektiven** gibt. Diese zweite Reihe ist die weitaus größere, sie umfaßt nicht nur die japanischen Wörter, sondern auch viele ursprünglich chinesische oder sogar amerikanische Wörter. Sie entsprechen den Adjektiven, wie wir sie im Deutschen kennen, also すてき *suteki* ,,entzückend'', 他 *hoka* ,,andere'', 有名 *yûmei* ,,berühmt'', 静か *shizuka* ,,friedlich''. Aber da sie unveränder-

Siebenundsiebzigste Lektion
(ste / sieben-zehn-sieben / Lektion)
Wiederholung und Anmerkungen

lich sind, werden sie im Satz fast wie Substantive verwendet, wobei wir uns folgendes merken müssen:

— Am Ende des Satzes oder des Nebensatzes muß ihnen IMMER, wenn man „das ist + Adjektiv" sagen will, です *desu* folgen (oder だ *da;* oder でした *deshita* oder だった *datta,* wenn man „das war" sagen will usw.). Wir haben schon viele Beispiele dafür gesehen. Vergleichen Sie Lektion 52, Satz 9: 好き です *suki desu.* 好き *suki* ist eines dieser Wörter. Wir haben es mit „geliebt" übersetzt. Es handelt sich um eine Eigenschaft des Gegenstandes. Um ganz präzise zu sein und jede Unklarheit zu vermeiden, müßten wir sagen: „liebenswert in meinen Augen, in Ihren Augen". Vgl. die Lektion 62, Satz 2: 不便 でしょう *fuben deshô* „das muß unpraktisch sein", Satz 10: 平気 です *heiki desu* „das ist mir egal"; Lektion 64, Satz 10: まじめ です *majime desu* „du bist ernst"; Lektion 72, Satz 4: 上手 だ *jôzu da* „er ist geschickt"; Lektion 76, Satz 9: 大変 だ *taihen da* „das ist schrecklich".

Der Großteil dieser Wörter wird nur in dieser Schlußstellung verwendet (so z.B. 大丈夫 *daijôbu* „ohne Problem", Lektion 27, Satz 6; Lektion 41, Satz 12; Lektion 46, Satz 12; Lektion 51, Satz 12; Lektion 71, Satz 4 [hier allerdings ausnahmsweise ohne です *desu,* im Gespräch in der Familie]).

— Diese Wörter können natürlich in einem Satz mit mehreren Nebensätzen vorkommen. In diesem Fall muß, wie auch bei Substantiven, で *de* (von です *desu* abgeleitet) folgen. Es zeigt, daß der Satz weitergeht (vgl. Lektion 50, Anmerkung 5); vgl. Beispiele in der Lektion 62, Satz 4: 立派 で *rippa de;* Lektion 69, Satz 5: 上手 で *jôzu de;* Lektion 71, Satz 1: きれい で *kirei de;* Lektion

Lektion 77

76, Satz 1:コンクリート建て で *konkurîto date de*.

— Einige Adjektive können Adverbien werden - wenn es ihre Bedeutung zuläßt. Es folgt ihnen dann ganz einfach die Partikel に *ni*. 簡単 *kantan* bedeutet „einfach, leicht"; 簡単 です *kantan desu* „das ist einfach, das ist leicht"; 簡単 に *kantan ni* „leicht (ustw. gebraucht)" (Lektion 45, Satz 2). 本当 *hontô* „wirklich, wahr"; 本当 です *hontô desu* „das ist wirklich, das ist wahr"; 本当 に *hontô ni* „wirklich (ustw. gebraucht)" (Lektion 67, Satz 1; Lektion 74, Satz 12). 確か *tashika* „sicher"; 確か です *tashika desu* „das ist sicher"; 確か に *tashika ni* „sicherlich" (Lektion 60, Satz 10).

— Wir haben uns natürlich für das Ende den pikantesten Fall aufgehoben: Was passiert, wenn eines dieser Wörter vor einem Substantiv steht? Es gibt zwei Gruppen.

1. Sie werden mit einem Substantiv durch die Partikel の *no* verbunden, als ob sie selbst Substantive wären, z.B. 次 *tsugi* „folgend" (vgl. Lektion 59, nach Satz 4): 次 の 日 *tsugi no hi* „am folgenden Tag"); 普通 *futsû* „gewöhnlich" (vgl. Lektion 68, Satz 7: 普通 の 人 *futsû no hito* „die normalen Leute"); 他 *hoka* „andere" (vgl. Lektion 74, Satz 8: 他 の お 客さん*hoka no o kyaku san* „die anderen Gäste").

2. Diese Gruppe wird mit dem Substantiv durch die Partikel な *na* verbunden. (Tja, dies ist nun des Rätsels Lösung... Wir haben schon in der Lektion 33, Anmerkung 1 davon gesprochen.) Wir haben dieses な *na* schon oft verwendet: Lektion 48, Satz 9:ロマンティック な 方 *romantikku na kata*, Satz 11: 現実的 な 人 *genjitsuteki na hito*; Lektion 50, Satz 7: 不思議 な 絵 *fushigi na e*; Lektion 51, Satz 10: にぎやか な ところ *nigiyaka na tokoro*; Lektion 52, Satz 1: 巨大 な 網 *kyodai na ami*; Lektion 57, Satz 4: 有名 な お 寺 *yûmei na o tera*, Satz 6: 静か な お 寺*shizuka na o tera*; Lektion 58, Satz 1: 変 な 自動車 *hen na*

jidôsha; Lektion 62, Satz 6: 便利 な 設備 *benri na setsubi;* Lektion 65, Satz 6: 簡単 な カメラ *kantan na kamera;* Lektion 68, Satz 4: 特別 な 場合 *tokubetsu na baai;* Lektion 71, Satz 1: 社交的 な ところ *shakôteki na tokoro;* Lektion 72, Satz 5: きれい な 雪景色 *kirei na yukigeshiki;* Lektion 74, Satz 3: すてき な 洋服 *suteki na yôfuku;* Lektion 76, Satz 10: きれい な 娘 *kirei na musume.*

Das einzige Problem ist natürlich: Woher weiß man, ob ein Wort zur Gruppe の *no* oder な *na* gehört? Sie können das nur durch ständiges Üben lernen. Aber hier ein Hinweis: Viele Wörter, die mit der Endsilbe 的 *teki* aufhören, gehören in die な *na*-Gruppe.

Einige zusätzliche Bemerkungen:
● Das Wort 同じ *onaji* heißt „identisch, gleich". Es gehört aber weder der einen noch der anderen Gruppe an, es ist eine Gruppe für sich allein: es steht direkt vor dem Substantiv (vgl. Lektion 36, Satz 2; Lektion 44, Sätze 8 und 12; Lektion 65, Satz 12 und Lektion 71, Satz 3).
● Es gibt zwei Abtrünnige, die normalerweise zur Adjektivreihe auf い *i* gehören: 大きい *ookii* „groß sein" und 小さい *chiisai* „klein sein". Wenn sie vor einem Substantiv stehen, funktionieren sie entweder wie die Adjektive auf い *i* oder die Form ändert sich und sie treten in die Gruppe der な *na* ein (vgl. Lektion 76, Satz 3: 大き な ダイヤモンド *ooki na daiyamondo*). Diese Variante wird bevorzugt.

● Und noch ein Wort, das sich auszeichnet: いろいろ *iroiro* „zahlreich, verschiedene". Wenn es als Adverb verwendet wird, dann braucht man に *ni* nicht (vgl. Lektion 62, Satz 6).

Und schließlich dient das な *na* noch zu folgendem: Wenn ein Satz mit です *desu* aufhören <u>sollte</u> (oder だ *da*) und man の です *no desu* anhängt „nämlich", ist es unmöglich, das erste です *desu* zu behalten (oder だ *da*). Man muß sie durch な *na* ersetzen. Vgl. Lektion 61, Satz 6: わたし は 有名 です *watashi wa yûmei desu*, aber わたし は 有名な の です *watashi wa yûmei na no desu;* Lektion 75, Satz 5: だめ です *dame desu*, aber だめ な の かい *dame na no kai*. です *desu* (だ *da*) wird zu な *na* aufgrund der Gegenwart von の *no*. Aus diesem Grund haben wir auch な *na* vor ので *node*, das wir normalerweise mit „weil" übersetzen (und das eigentlich ursprünglich ein の *no* ist (vgl. Lektion 47, Anmerkung 4) + で *de* (vgl. Lektion 50, Anmerkung 5), wörtlich „die Tatsache gegeben, daß..."). Ebenso vor *noni* のに „obwohl" (vgl. Lektion 53, Übung 1, Satz 4). Und dann noch vor の *no* (vgl. Lektion 38, Anmerkung 1), z.B. Lektion 52, Satz 11:

僕 が 好き な の は *boku ga suki na no wa* „das, was ich liebe".

Damit ist das Rätsel von な *na* gelöst... hoffen wir es zumindest!

2. Wenden wir uns nun **einigen unregelmäßigen Formen bei einigen Verben** zu. Man kann von allen Verben ein anderes in der Bedeutung von „... können" ableiten (mit Ausnahme von ある *aru*). Wir haben das in den letzten Lektionen gesehen, besonders in der Lektion 64, Anmerkung 2 und Lektion 72, Anmerkung 6. Es gibt aber zwei Verben - es sind doch immer dieselben! -, する *suru* „machen" und 来る *kuru* „kommen", die diese Ableitung unregelmäßig bilden; „machen können" wird durch „möglich sein" ersetzt: できる *dekiru;* „kommen können" wird mit 来られる *korareru* gebildet.

3. Seit langem wissen Sie nun schon wie **die Verneinungsform der Verben in der niedrigen Stufe** gebildet wird. Den Verben mit nur einer Grundform fügt man ない *nai* an. Den Verben mit mehreren Grundformen fügt man ない *nai* an die Grundform auf a an (vgl. Lektion

49, Absatz 1). Aber es gibt einige **Verben mit mehreren Grundformen,** die aus phonetischen Gründen etwas komplizierter geworden sind. Es sind die, **die auf die Silbe U enden,** wie z.B. 言う *iu* „sagen", 思う *omou* „denken", 買う *kau* „kaufen", 習う *narau* „studieren", 使う *tsukau* „benutzen", 払う *harau* „zahlen"... Ihre Grundform auf *i,* an die die meisten Endungen angehängt werden, ergibt kein Problem: 思います *omoimasu,* 使います *tsukaimasu,* 買います *kaimasu* usw. Früher hießen diese Verben etwa **kawu, *iwu, *omowu.* Wie alle anderen Verben enden sie auf die Silbe: Konsonant + *u.* Allerdings ist das *w* verschwunden... mit Ausnahme der Grundform auf *a*. Die Verneinungsformen in der niedrigen Stufe sind also: 言わない *iwanai* „ich sage nicht", 思わない *omowanai* „ich glaube/denke nicht, 買わない *kawanai* „ich kaufe nicht", 習わない *tsukawanai* „ich benutze nicht", 使わない *harawanai* „ich zahle nicht".

4. Für das 払わない *harawanai* gehen wir doch zur Lektion 45, Satz 12 zurück, wo wir einen langen Ausdruck hatten: 払わなければ なりません *harawanakereba narimasen,* den wir lakonisch mit „man **muß** zahlen" übersetzt haben. Sie haben aber in der Zwischenzeit viel gelernt, so daß wir heute diesen langen Ausdruck zerlegen und erklären können. Er zerfällt in zwei Teile: 払わなければ *harawanakereba* und なりません *narimasen.* Dieses なりません *narimasen* dürfte keine Schwierigkeiten mehr machen - es ist das Verb なる *naru* in der Verneinungsform der mittleren Stufe „das wird nicht, das passiert nicht, das trifft nicht zu". Aber 払わなければ *harawanakereba?* Es sieht ein bißchen wie 払わない *harawanai* „ich zahle nicht" aus. Und es wird in der Tat davon abgeleitet. Vergessen wir bitte nicht, daß die berühmte Endsilbe ない *nai* selbst ein Adjektiv ist (vgl. Lektion 64, Anmerkung 4; Lektion 71, Anmerkung 8). Es kann daher wie die Verben eine Bedingungsform

Lektion 77

haben. Wo wir das Verb *u* durch *eba* ersetzt haben (vgl. Lektion 76, Anmerkung 1), ersetzen wir bei den Adjektiven auf い *i* das *i* durch *kereba*. Sehen wir uns das also nochmal an: 払わない *harawanai* „ich zahle nicht", 払わなければ *harawanakereba* „wenn ich nicht zahlte". Der ganze Ausdruck heißt wörtlich: „Wenn ich nicht zahle, würde das nicht gut gehen". Oder: „Ich muß zahlen". Auf diese Art wird normalerweise eine **Verpflichtung** ausgedrückt. Wir haben auch schon andere Beispiele gelernt. Es ist daher eine gute Übung für Sie herauszufinden, wie man „man muß fahren" sagen würde (Antwort Lektion 53, Satz 1) oder „man (ich) muß aufstehen" (Antwort Lektion 53, Übung 1, Satz 4).

5. Sprechen wir noch ein wenig von **der Schrift**. Geben Sie sich nicht zu sehr mit den **chinesischen Schriftzeichen** ab. Von Anfang an sind wir ehrlich mit Ihnen gewesen. Manchmal kommt Ihnen ihr Gebrauch sehr zusammenhanglos vor (das ist er auch...!). Im Band 3 wird von nichts anderem als der Schrift gesprochen. Was Sie bis dahin machen sollen ist Lesen nach unserer Methode, die Ihnen schon zur Gewohnheit geworden ist. Versuchen Sie, die Schriftzeichen im Satz zu erkennen, aber geben Sie sich nicht die Mühe, sie zu verstehen. Sie würden sich unnötigerweise den Kopf darüber zerbrechen.

Im Moment ist es wichtig, daß wir uns ganz auf die **Hiragana** und **Katakana** konzentrieren. Die Katakana werden wir ab der nächsten Lektion behandeln, so wie wir es mit den Hiragana gemacht haben.

Was die Hiragana angeht, so sind Sie jetzt unschlagbar. Wir werden daher langsam einige **Veränderungen in**

* *

den Lektionen machen. Da Sie die Hiragana schreiben können, können Sie sie auch lesen! Wir versuchen daher ganz langsam, die Lautschrift wegzulassen (oder auf jeden Fall sie nur dann zu benutzen, wenn wir etwas klären wollen).

Als ersten Schritt lassen wir die Lautschrift bei den Überschriften, die von Anfang an in den Lektionen erscheinen, aus (Sie können sie sowieso schon auswendig!), dann bei den Anmerkungen, wenn wir Ausdrücke aus dem Dialog aufnehmen. Von nun an trennen wir bei den Übungen 1 den japanischen Text von der Lautschrift. Das wird eine ausgezeichnete Leseübung werden.

Und später werden wir noch weiter gehen!... **Damit Sie aber nicht aus der Übung kommen, raten wir Ihnen, weiterhin Diktate mit den Hiraganazeichen zu machen.** Sie können zu diesem Zweck die Kassetten aus dem ersten Band verwenden: Es sind Sätze, die Sie schon gut kennen und die Sie sofort verstehen. Und Sie können Ihre Diktate korrigieren, indem Sie sich den Text der Lektion und der Übungen anschauen, da die Lautschrift mit dem Hiraganazeichen über jedem chinesischen Schriftzeichen gedruckt ist. Passen Sie allerdings auf, die Fremdworte zu erkennen, die immer mit Katakana geschrieben werden müssen. Lassen Sie sie vielleicht am Anfang aus! Mit der Zeit werden Sie sie nach und nach ausfüllen.

Vergessen Sie auch nicht ganz regelmäßig die Wiederholungslektion der ,,zweiten Welle" durchzunehmen: Hören Sie sich die Dialoge an, lesen Sie sie durch, so wird Ihr Japanisch allmählich aktiv werden.

Zweite Welle: 第二十八課　28. Lektion

* *

第七十八課　お正月の挨拶
dai nana jû hak ka　　o shô gatsu no ai satsu

1 — 新年 あけまして おめでとう
shin nen a ke ma shi te o me de tô

ございます。
go za i ma su **(1)**

2 — あけまして おめでとう ございます。
a ke ma shi te o me de tô go za i ma su

3　昨年中 は 色々 と お 世話
saku nen chû wa iro iro to o se wa

に なり、 ありがとう
ni na ri, a ri ga tô

ございました。 本年 も よろしく
go za i ma shi ta. hon nen mo yo ro shi ku

お願い いたします。
o nega i i ta shi ma su **(2)**

発音　3. ßakunen'tschüü

ANMERKUNGEN

(1) Alle Sprachen haben feste **Höflichkeitsfloskeln**. Im Japanischen ist es nicht anders, es hat sogar eine besonders große Anzahl davon. Es gibt z.B. eigene Verbformen wie あけまして . Es handelt sich dabei um das Verb あける „öffnen", in der Form auf ーます：あけます. Das heißt, daß die Endung ーます weitere Endungen erhalten kann, z.B. た：…ました . Sie haben diese Form

Achtundziebzigste Lektion
(ste / sieben-zehn-acht / Lektion)

Der Neujahrsbesuch
([ungezw]-Neujahr / [Bzw] / Begrüßung)

1 — Alles Gute zum Neuen Jahr!
(Neujahr / sich öffnen / Gegenstand der Freude sein)
2 — Ein gutes Neues Jahr!
3   Ich danke Ihnen für alles, was Sie für mich im vergangenen Jahr gemacht haben. Und ich danke Ihnen im voraus für alles, was Sie dieses Jahr machen werden.
(das ganze vergangene Jahr / [Vstk] / alle Arten / [ustw] / [höflich]-Dienst / [Ziel] / werden // danke)
(dieses Jahr / auch / gut / ich bitte Sie)

ANMERKUNGEN (Fortsetzung)

schon von Anfang an gelernt! Das て hat hier wie immer dieselbe Funktion: es zeigt ganz einfach an, daß der Satz nicht beendet ist (vgl. Lektion 52, Anmerkung 2). Diese Verbformen auf まして treffen wir nur ganz selten in der Konversation, man benutzt sie entweder für Höflichkeitsfloskeln wie hier oder auf einer sehr gehoben höflichen Stufe, wo man sie daher wie die höhere Stufe der Form auf て betrachtet. おめでとう ございます。vgl. Lektion 23, Anmerkung 4.

(2) Lassen Sie sich von diesen Wendungen nicht täuschen! Es sind nur Ausdrücke, die nicht unbedingt der Wirklichkeit entsprechen. Sie werden selbst dann verwendet, wenn Ihr Gesprächspartner nichts für Sie getan hat und auch nicht die Absicht dazu hat. Sie verwenden diese Wendungen Leuten gegenüber, die Sie kaum kennen. Sie drücken den guten Willen der jeweiligen Person aus (vgl. auch Lektion 65, Anmerkung 3). いたします, vgl. Lektion 69, Anmerkung 8. なり, vgl. Lektion 58, Anmerkung 2.

4 — いや、こちら こそ、すっかり
　　i ya, ko chi ra ko so, su k ka ri

お世話 に なりました。今年 も
o se wa ni na ri ma shi ta. kotoshi mo

どうぞ よろしく。
dô zo yo ro shi ku (2)

5 あ、智恵子ちゃん は 着物 が
　a, chi e ko cha n wa ki mo no ga

似合って、かわいい ね。
ni a tte, ka wa i i ne (3)

6 — 正君 も ちゃんと お 辞儀
　　tadashi kun mo cha n to o ji gi

して… おじさん は 今年 外国
shi te... o ji sa n wa kotoshi gai koku

へ いらっしゃる の よ。
e i ra s sha ru no yo (4) (5)

7 — 政府 の 留学生 と して、ドイツ
　　sei fu no ryû gaku sei to shi te, do i tsu

へ 科学 の 研究 に 二年 ほど
e ka gaku no ken kyû ni ni nen ho do

行きます。
i ki ma su

7. ljüügakußej ... ken'kjüü

4 — Nein, nein, ich bedanke mich bei Ihnen für das vergangene Jahr. Und ich danke Ihnen im voraus für dieses Jahr.
(nein / diese Seite / eher / ganz und gar / [höflich]-Dienst / [Ziel] / geworden sein) (dieses Jahr / auch / bitte / gut)

5 Oh, Chieko, wie gut dir der Kimono steht, wie hübsch du bist!
(oh / Chieko / [Hinweis] / Kimono / [Sgg] / passen // hübsch sein / [ü.einst.])

6 — Tadashi, komm auch zum Begrüßen... Der Onkel wird dieses Jahr ins Ausland gehen.
(Tadashi / auch / passend / [ungezw]-Verbeugung / machen) (der Onkel / [Hinweis] / dieses Jahr / Ausland / [R.Ang.] / gehen / nämlich / [behauptend])

7 — Ich gehe für zwei Jahre als Stipendiat der Regierung für eine Forschungsarbeit nach Deutschland.
(Regierung / [Bzw] / Stipendiat im Ausland / in der Eigenschaft als / Deutschland / [R.Ang.] / Wissenschaft / [Bzw] / Forschung / [Ziel] / zwei-Jahr-ungefähr / gehen)

ANMERKUNGEN (Fortsetzung)

(3) ちゃん vgl. Lektion 72, Anmerkung 3.

(4) In der Lektion 84 werden wir die **Ausdrücke für Verwandtschaftsverhältnisse** erklären, sie stellen ein etwas schwieriges System dar. おじさん heißt in der Kindersprache normalerweise „mein Onkel". Aber darüber hinaus kann ein Kind es für jeden Mann verwenden, der etwa im Alter seines Vaters ist, auch wenn es nicht mit ihm verwandt ist. Es kann sich dabei um einen Freund der Eltern handeln usw. Im Deutschen sagen wir dafür manchmal auch „Onkel", allerdings wirklich nur bei kleinen Kindern.

(5) いらっしゃる の よ vgl. Lektion 68, Anmerkung 7 und Lektion 75, Anmerkung 5.

Lektion 78

8 向こう では 学生 生活 を
mu kô de wa gaku sei sei katsu o

する こと に なる と 思います。
su ru ko to ni na ru to omo i ma su **(6)**

9 —ドイツ です か。 私 は
do i tsu de su ka. watashi wa

オーストリア の ウィーン に 音楽
ô su to ri a no uî n ni on gaku

の 勉強 に 一年 ほど 行った
no ben kyô ni ichi nen ho do i t ta

こと が あります。 ドイツ と
ko to ga a ri ma su. do i tsu to

オーストリア は 似て いる ん
ô su to ri a wa ni te i ru n

でしょう ね。 なつかしい わ。
de shô ne. na tsu ka shi i wa.

思い出す わ。 あの 頃 の
omo i da su wa, a no koro no

オーストリア で の 生活。
ô su to ri a de no sei katsu **(6)**

10 あちら に いらしたら、 時々
a chi ra ni i ra shi ta ra, toki doki

手紙 を 下さい ね。
te gami o kuda sa i ne **(7)**

ANMERKUNGEN (Fortsetzung)
(6) こと に なる、こと が ある、
eine gute Wiederholung, Lektion 42, Absatz 3.
(7) いらしたら, eine feste Redewendung, abgeleitet von
いらっしゃる. Hier nun die dritte Episode (vgl. Lektion 49,

8 Dort werde ich ein Studentenleben führen!
(auf der anderen Seite / [Ort] / [Vstk] / Student-Art zu leben / [Erg. 4. F.] / machen / die Tatsache, daß / [Ziel] / werden / [Zitat] / denken)

9 — Nach Deutschland? Ich bin ein Jahr in Wien in Österreich zum Musikstudium gewesen. Deutschland und Österreich ähneln sich bestimmt! Was für eine schöne Erinnerung! Ich erinnere mich daran... an mein Leben zu der Zeit in Österreich!
(Deutschland / das ist / [Frage]) (ich / [Hinweis] / Österreich / [Bzw] / Wien / [Ziel] / Musik / [Bzw] / Studium / [Ziel] / eins-Jahr-ungefähr / gegangen sein / die Tatsache, daß / [Sgg] / sich befinden) (Deutschland / und / Österreich / [Hinweis] / ähneln / nämlich / [ü.einst.]) (nostalgisch sein / [überlegend]) (sich erinnern / [überlegend] / diese Zeit / [Bzw] / Österreich / [Ort] / [Bzw] / Leben)

10 Wenn du dort bist, schreib uns doch von Zeit zu Zeit!
(auf dieser Seite dort / [Ort] / wenn du sein wirst // von Zeit zu Zeit / Brief / [Erg. 4. F.] / gib uns / [ü.einst.])

ANMERKUNGEN (Fortsetzung)

Absatz 2 und Lektion 68, Anmerkung 7). Vergessen Sie nicht, daß いらっしゃる zur höheren Stufe eines anderen Verbs いる ,,sich befinden" dient. いらしたら ,,wann Sie sich befinden, wann Sie sein werden" (vgl. Lektion 73, Anmerkung 9).

Lektion 78

11- なるべく 書く よう に します が、
na ru be ku ka ku yô ni shi ma su ga,

最初 は いそがしい から、 そんな に
sai sho wa i so ga shi i ka ra, so n na ni

書けない と 思います。
ka ke na i to omo i ma su

12- 出発 の 日 に は 兄 と お
shup patsu no hi ni wa ani to o

見送り に 行きます ね。
mi oku ri ni i ki ma su ne

練習

1.- アウン さん です か。

　 - はい、 アウン です。

2.- ウオン さん で いらっしゃいます か。

　 - はい、 ウオン で ございます。

3. あの 歌手 は、 フランス の 歌 しか 歌わない よ。

4. なるべく 今日 まで に この 仕事 が 終わる よう に しました けれども、 病気 に なった ので、 できません でした。

11 — Ich werde mein Möglichstes tun, um zu schreiben, aber am Anfang, da ich beschäftigt sein werde, glaube ich nicht, daß ich viel schreiben kann!
(so viel wie möglich / schreiben / so daß / machen / aber // am Anfang / [Vstk] / beschäftigt sein / weil // viel / [ustw] / nicht schreiben können / [Zitat] / denken)

12 — Am Tag deiner Abreise werde ich dich mit meinem Bruder begleiten.
(Abreise / [Bzw] / Tag / [Zeit] / [Vstk] / mein älterer Bruder / mit / [höflich]-Geleit zur Abreise geben / [Ziel] / gehen / [ü.einst.])

Übungen

1. Sind Sie Herr Aun?
   Ja.
2. Sind Sie Frau Uon?
   Ja.
3. Diese Sängerin singt nur französische Chansons.
4. Ich habe mich wirklich bemüht, diese Arbeit für heute zu beenden, aber da ich krank wurde, ist es mir nicht gelungen.

Lautschrift

1. — aun san desu ka
   — hai, aun desu
2. — uon san de irasshaimasu ka
   — hai, uon de gozaimasu
3. ano kashu wa furansu no uta shika utawanai yo
4. narubeku kyô made ni kono shigoto ga owaru yô ni shimashita keredomo, byôki ni natta node, dekimasen deshita

5. 私(わたし)は 記者(きしゃ)として、よく 国会議員(こっかいぎいん)と 話(はな)す こと が あります。

6. 明日(あした)までに 読(よ)まなければ ならない 新聞(しんぶん)が たくさん 残(のこ)って いますから、とても こまります。

... に 言葉(ことば)を 入(い)れ なさい。

1. *Wenn ich die Zeit hätte, würde ich eine Weltreise machen.*

. . . . , ...

2. *Die Zeit allein genügt nicht, Geld ist dazu auch erforderlich.*

. . . . de wa muri . . . .

. . . .

3. *Er kauft nur Erzeugnisse, die aus Deutschland kommen.*

. . . . nai

片仮名(かたかな) の 練習(れんしゅう)
kata ka na   no   ren shû   Katakanaübungen

Bevor wir uns an die Arbeit machen, wollen wir Ihnen einige Erklärungen geben.
Das Katakanazeichensystem ist das zweite Silbensystem, das neben dem Hiraganasystem verwendet wird. Obwohl beide Systeme gleich alt sind (gegen Ende des ersten Jahrtausend), hat die moderne japanische Sprache die Verwendung der Katakana eingeschränkt. **Katakana-**

5. (In meiner Eigenschaft) Als Journalist kommt es oft vor, daß ich mit den Abgeordneten sprechen muß.
6. Ich bin wirklich ärgerlich, denn ich muß vor Morgen früh noch viele Zeitungen lesen.

5. watashi wa kisha toshite, yoku kokkaigiin to hanasu koto ga arimasu
6. ashita made ni yomanakereba naranai shinbun ga takusan nokotte imasu kara, totemo komarimasu

---

4. Ich muß bis zum nächsten Monat meine Schulden zurückzahlen.

. . . .

. . . .

5. Ich werde es einrichten, heute Abend zu kommen.

. . . .

Antwort: 1. jikan ga areba, sekai isshû o shitai to omoimasu. **2.** jikan dake - desu. o kane mo hitsuyô desu. **3.** doitsu kara kuru mono shika kawa-. **4.** raigetsu made ni shakkin o kaesanakereba narimasen. **5.** konban kuru yô ni shimasu.

---

zeichen werden nur dann verwendet, wenn man anzeigen will, daß etwas ausländisch ist. Sie werden daher in zwei Fällen verwendet:
• **Für ausländische Eigennamen,** also Länder, Städte, Flüsse, Personennamen...
• **Für Lehnwörter aus fremden Sprachen** (hauptsächlich aus dem Amerikanischen).
Wir sind beiden Kategorien schon in den Dialogen begegnet.

Lektion 78

Zwei weitere Punkte:

1. Fremde Eigennamen werden in der Lautschrift so wiedergegeben, wie sie in der Originalaussprache ausgesprochen werden, z.B. Städte, Berge... und Personen, vgl. ドイツ *doitsu* „Deutsch(land)" (Lektion 78, Satz 7), チャップリン *chappurin* „Chaplin" (Lektion 8, Satz 6), パリ *pari* „Paris" (Lektion 55, Satz 7), モスクワ *mosukuwa* „Moskau" (Lektion 55, Satz 7), ウィーン *uîn* „Wien" (Lektion 78, Satz 9). Für Länder dagegen wird oft die englische Aussprache verwendet. Einige ganz offensichtliche Beispiele: スペイン *supein* „Spain" für Spanien (Lektion 38, Satz 6), ブラジル *burajiru* „Brazil" für Brasilien (Lektion 69, Satz 3), オーストリア *ôsutoria* „Austria" für Österreich (Lektion 78, Satz 9).

2. Im Japanischen **können nicht mehrere Konsonanten nebeneinander stehen,** so daß die Namen so verändert werden, daß sie fast unkenntlich werden! Versuchen Sie es mit Stuttgart oder Düsseldorf (シュットガルト *shutsuttogaruto*, ジュッセルドルフ *jusserudorufu*). Da Lehnwörter auf diese Weise sehr lang werden

* *

第七十九課　　　新宿　駅
だいななじゅうきゅうか　　しんじゅく　えき

dai nana jû kyû ka　　　　shin juku　eki (1)

1 ― ごめん　なさい。
　　 go me n　 na sa i

ANMERKUNGEN

(1) 新宿 vgl. Lektion 65, Anmerkung 1. Der Shinjukubahnhof mit seinen unterirdischen Gängen und Ver-

können, verwenden die Japaner Abkürzungen, die nur die beiden ersten Silben beibehalten. So heißt ビル *biru* (Lektion 24, Satz 10) ,,Gebäude'' und ist eigentlich die Abkürzung von ビルディング *birudingu* ,,building'' (auf englisch), スト *suto* ,,Streik'' ist alles, was von ストライキ *sutoraiki* ,,strike'' (auf englisch) übriggeblieben ist. So werden Wörter gebildet, die nichts mehr mit dem Englischen zu tun haben, sondern japanisch geworden sind. So entpuppt sich ワー・プロ *wâ.puro* als ,,Texterarbeitungsmaschine'' (word processor) und エア・コン *ea.kon* als ,,air conditionning'' (Klimaanlage)...

Das Problem mit diesen heutzutage immer zahlreicher verwendeten Lehnwörter aus dem Amerikanischen ist, daß die Lebensdauer eines neuen Wortes sehr schwer abschätzbar ist; es gibt Wörter, die auftauchen und gleich ausgehen; dann kann man auch einen persönlichen Snobismus feststellen, man verwendet sehr viele oder vermeidet es.

Wir fangen also damit in der nächsten Lektion an!

Zweite Welle: 第二十九課 29. Lektion

* *

Neunundsiebzigste Lektion
(ste / sieben-zehn-neun / Lektion)
Der Shinjukubahnhof
(Shinjuku-Bahnhof)

1 — Ich bitte um Entschuldigung!

ANMERKUNGEN (Fortsetzung)

zweigungen ist tatsächlich ein ungeheuer großer Bahnhof, dessen Ausgänge weit voneinander entfernt sind.

2 – 遅かった です ね。約束 より
三十分 遅れて います よ。(2)

3 – すみません。新宿 駅 で ひどい 目 に あった の です。

4 – どう した ん です か。

5 – もう 新宿 駅 は こりごり です。あれ は 駅 じゃ なくて、迷路 です。(3)

6 ホーム から 地下 の 通路 まで 降りた 後、どっち へ 行ったら いい の か わからなく なって しまいました。

発音 2. ßan'dschüp'pun 6. zuulo

2 — Du kommst sehr spät! Du kommst eine halbe Stunder später als ausgemacht!
(spät gewesen sein / das ist / [ü.einst.]) (Verabredung / im Vergleich zu / drei-zehn-Minute / verspäten / [behauptend])

3 — Es tut mir leid. Es war schrecklich im Shinjukubahnhof!
(es tut mir leid)(Shinjuku-Bahnhof / [Ort] / schreckliche Situation / [Ziel] / getroffen haben / nämlich)

4 — Was ist passiert?
(wie / gemacht haben / nämlich / [Frage])

5 — Ich habe diesen Shinjukubahnhof satt! Das ist kein Bahnhof, sondern ein Labyrinth!
(schon / Shinjuku-Bahnhof / [Hinweis] / angewidert sein / das ist) (diese Sache dort / [Hinweis] / Bahnhof / das ist nicht // Labyrinth / das ist)

6 Nachdem ich vom Bahnsteig in die Unterführung hinuntergegangen war, wußte ich nicht mehr, in welche Richtung ich gehen soll.
(Bahnsteig / von / unterirdische / [Bzw] / Passage / bis / hinuntergegangen sein / nach // welche Seite / [R.Ang.] / wann ich gehe / gut sein / nämlich / [Frage] / nicht verständlich gewesen sein / werden / ganz machen)

ANMERKUNGEN (Fortsetzung)

(2) 三十分 „dreißig Minuten" - das ist die einzige Art „eine halbe Stunde" zu sagen. Für länger als eine Stunde kann man 一時半 „eineinhalb Stunden" verwenden. Dagegen gibt es den Begriff „eine Viertelstunde" nicht. In diesem Fall gibt man die Minutenanzahl an: 15, 45 Minuten (vgl. Lektion 57, Anmerkung 9).

(3) Vgl. Lektion 64, Anmerkung 4. なくて ist die Form auf て der Verneinungsendsilbe ない , die natürlich von ihrer Form her ein Adjektiv ist.

Lektion 79

7 右の方にも左の方にも同じように人が大勢歩いて行くので、まず左へ行ってみました。(4)

8 改札口で切符を渡した後、エスカレーターが見えたので、上が出口かと思いました。(5)

9 ところが、それはデパートへ入る入口でした。

10 やっとのおもいで、新宿駅の地下の通路へ戻って、又切符を買って、右へ行きました。(6)

7 Da der Menschenstrom sich sowohl nach rechts wie auch nach links ausbreitete, bin ich zuerst nach links gegangen.
(rechts / [Bzw] / Seite / [Ort] / auch / links / [Bzw] / Seite / [Ort] / auch / identisch / Art / [ustw] / Mensch / [Sgg] / viele Personen / laufen / gehen / weil // zuerst / links / [R.Ang.] / gehen / machen um zu sehen)

8 Nachdem ich meine Karte am Schalter abgegeben hatte, habe ich eine Rolltreppe gesehen und habe daher geglaubt, daß oben der Ausgang war.
(Schalter / [Ort] / Fahrkarte / [Erg. 4. F.] / gehalten haben / nachdem // Rolltreppe / [Sgg] / sichtbar sein / weil // oben / [Sgg] / Ausgang / [Frage] / [Zitat] / geglaubt haben)

9 Aber das war ein Eingang in ein Kaufhaus.
(aber / das / [Hinweis] / Kaufhaus / [R.Ang.] / eintreten / Eingang / das war)

10 Aus reiner Verzweiflung bin ich in die Unterführung im Bahnhof zurückgegangen; habe noch einmal eine Fahrkarte gekauft und bin nach rechts gegangen.
(aus reiner Verzweiflung / Shinjuku-Bahnhof / [Bzw] / unterirdisch / [Bzw] / Passage / [R.Ang.] / wieder umkehren // wieder / Fahrkarte / [Erg. 4. F.] / kaufen // rechts / [R.Ang.] / gegangen sein)

ANMERKUNGEN (Fortsetzung)

(4) 大勢 bedeutet „viel", darf aber nur für Personen verwendet werden. In allen anderen Fällen muß man たくさん benutzen.

(5) In der Metro in Tokio muß man die Fahrkarte am Ausgang abgeben. Man muß daher seine Fahrkarte bei sich behalten! Die Preise richten sich nach der Entfernung. Sollten Sie jemals während der Fahrt ihre Route ändern wollen oder weiterfahren, als Sie ursprünglich vorhatten, so genügt es, beim Aussteigen die Differenz draufzuzahlen.

(6) 戻る vgl. Lektion 35, Absatz 5.

11 今度 は やっと 外 へ 出る
こと が できました が、東口
じゃ なくて 西口 だった ので、
どこ が どこ だ か わからなくて、
タクシー で ここ まで 来ました。(7)

12 — そう です か。新宿駅 は
簡単 です よ。乗り換る 場合 に
は 電車 と 同じ 色 の 表示板
が あります し、「出口」「入口」
も ちゃんと 書いて あります
から、気 を 付けて 見れば、すぐ
わかる はず です。(8) (9)

ANMERKUNGEN (Fortsetzung)

(7) じゃ vgl. Lektion 64, Anmerkung 3.

(8) …し. Dieses kleine Wort verbindet zwei Satzteile, wenn man mehrere Tatsachen aufzählt, die dazu dienen, einen Punkt zu klären oder zu rechtfertigen. Vgl. Lektion 71, Satz 3 und Übung 1, Satz 2.

11 Dieses Mal konnte ich endlich hinausgehen. Aber da es nicht der Ostausgang war, sondern der Westausgang, wußte ich nicht mehr, wo ich war und bin daher mit einem Taxi hier hergefahren.
(dieses Mal / [Vstk] / endlich / hinaus / [R.Ang.] / hinausgehen / die Tatsache, daß / [Sgg] / möglich gewesen sein / aber //// Ostausgang / das ist nicht // Westausgang / das war / weil /// wo / [Sgg] / wo / das ist / [Frage] / nicht verständlich sein / Taxi / [Mittel] / hier / bis / gekommen sein)

12 — Ach so! Der Shinjukubahnhof ist eigentlich ganz einfach! Wenn du umsteigen mußt, gibt es Leucht-Anzeigetafeln in derselben Farbe der Züge, außerdem steht überall ,,Ausgang'', ,,Eingang'' angeschrieben, das heißt also, wenn man aufpaßt, müßte man es sofort verstehen!
(ach so) (Shinjuku-Bahnhof / [Hinweis] / einfach / das ist / [behauptend]) (umsteigen / Fall / [Zeit] / [Vstk] / Vorortszüge / [Vergleich] / identisch / Farbe / [Bzw] / Anzeigetafeln / [Sgg] / sich befinden / und // ,,Ausgang'' / ,,Eingang'' / auch / regelmäßig / geschrieben sein / weil /// Aufmerksamkeit / [Erg. 4. F.] / anwenden / wenn man anschaut // sofort / verständlich sein / Wahrscheinlichkeit / das ist)

ANMERKUNGEN (Fortsetzung)

(9) 書いて あります. Für einige wenige Verben, die eine Tätigkeit angeben, drückt die Verbindung: Form auf て + +ある (あります) das Passiv aus: 書いて ある ,,ist geschrieben'', aber nur in einem bestimmten Fall: Die Tätigkeit wird aus dem Blickwinkel des Resultats her betrachtet, und man kann nicht sagen, wer sie ausgeführt hat. Das ist ,,man''. Oft stoßen wir auf diesen Ausdruck mit dem Verb 書く ,,schreiben'' (vgl. Lektion 17, Satz 13; Lektion 50, Satz 13; Lektion 61, Satz 4) sowie mit dem Verb 置く ,,legen'': 置いて ある (vgl. Lektion 40, Satz 5; Lektion 62, Satz 7) ,,ist gelegt''.

13 - そう です か。でも 私 みたい
    sô de su ka, de mo watashi mi ta i

   に 色盲 の 人 は どう したら
   ni shiki mô no hito wa dô shi ta ra

   いい ん です？
    i i n de su

練習
れんしゅう

1. 時計 が 止まって いて、何時 か
   わからなくて、遅く なって
   しまいました。
2. 着いた 時 は、もう 七時 十五分
   前 でした。
3. やっと 政府 は 科学研究 の ため の
   予算 を 決めました。
4. －キェ さん は いらっしゃいます か。
   －はい、います。
5. 家 に 帰った 後 で、すごい 雨 が
   降りはじめました。
6. 家族 と 離れた 後、大変 な 生活
   に なりました。

13 — Ach! Aber was sollen Farbenblinde wie ich machen?
(ach gut) (aber / ich / derartig / [ustw] / Farbenblinder / [Bzw] / Mensch / [Hinweis] / wie / wenn man macht / gut sein / nämlich)

家族 と 離れた 後、大変 な 生活 に なりました。

Übungen

1. Da meine Uhr stehengeblieben ist, wußte ich nicht, wie spät es war, und daher habe ich mich verspätet.
2. Als ich ankam, war es schon Viertel vor sieben.
3. Die Regierung hat endlich das Budget für die wissenschaftliche Forschung festgelegt.
4. — Ist Herr Kie da?
   — Ja.
5. Nachdem ich zu Hause angekommen war, ist ein furchtbarer Platzregen niedergegangen.
6. Nachdem er seine Familie verlassen hatte, hat er ein sehr schwieriges Leben geführt.

Lautschrift

1. tokei ga tomatte ite, nanji ka wakaranakute, osoku natte shimaimashita
2. tsuita toki wa, mô shichiji jûgofun mae deshita
3. yatto seifu wa kagakukenkyû no tame no yosan o kimemashita
4. — kie san wa irasshaimasu ka
   — hai, imasu
5. ie ni kaetta ato de, sugoi ame ga furihajimemashita
6. kazoku to hanareta ato, taihen na seikatsu ni narimashita

Lektion 79

…に 言葉 を 入れ なさい。

1. *Hier ist kein Labyrinth, sondern ein Bahnhof.*

   . . . . , ...

2. *Der Zug fährt genau um drei Uhr.*

   . . . .

   demasu

3. *Wenn Sie es sähen, verstünden Sie es sofort.*

   sore o . . . . , ...

4. *So eine Farbe paßt überhaupt nicht.*

   . . . . na

片仮名 の 練習 Katakanaübungen

A　I　U　E　O　N

Vergessen Sie nicht, die Reihenfolge der einzelnen Zeichen und die Schreibrichtung zu respektieren.

* *

5. *Wenn es teuer ist, kaufe ich es nicht.*

. . . . wa yo

6. *Ich habe bis neun Uhr fünfzehn gelernt und danach einen Spaziergang nach Shinjuku gemacht.*

. . . . ,

. . . . asobi . . . .

Antwort: **1.** koko wa meiro de wa nakute, eki desu. **2.** kisha wa chôdo yo ji ni jup pun mae ni -. **3.** - mireba, sugu wakaru deshô. **4.** konna iro wa zenzen awanai -. **5.** takakereba kawanai -. **6.** ku ji jû go fun made benkyô shite, shinjuku e - ni ikimashita.

書き取り   Diktat

(In der Klammer, nach der Übersetzung, folgt das ursprüngliche Wort, das häufig aus dem Englischen stammt.)

1. *ea* (Luft/air) **2.** *ai* (Auge/eye) **3.** *ia* (Jahr/year) **4.** *uea* (Kleidung tragen/wear) **5.** *on* (ein elektrisches Gerät eingeschaltet) **6.** *in* (Herberge/inn)

Antwort

1. エア   2. アイ   3. イア   4. ウエア

5. オン   6. イン

Zweite Welle: 第三十課 30. Lektion

* *

第八十課　学生の部屋
dai hachi jûk ka　gaku sei no he ya

1 — 今週 の 金曜日 に おふくろ が
　　kon shû no kin yô bi ni o fu ku ro ga

田舎 から 出て くる ので、少し
inaka ka ra de te ku ru no de, suko shi

部屋 を 片付けなければ いけない
he ya o kata zu ke na ke re ba i ke na i

ん だ。
n da **(1) (2)**

2 — どう やって この 部屋 を
　　dô ya t te ko no he ya o

片付ける つもり？
kata zu ke ru tsu mo ri **(3)**

お母さん びっくり しちゃう わ よ。

ANMERKUNGEN

(1) おふくろ Was auch immer die wörtliche Übersetzung des Wortes „Beutel" vermuten läßt, ist es doch kein unhöfliches Wort. Es ist ganz einfach ein familiärer, ländlicher Ausdruck, den manche Männer verwenden, um „meine Mutter" zu sagen.

Achtzigste Lektion
(ste / acht-zehn / Lektion)

Ein Studentenzimmer
(Student / [Bzw] / Zimmer)

1 — Da meine Mutter diesen Freitag vom Land kommt, muß ich mein Zimmer ein bißchen aufräumen.
(diese Woche / [Bzw] / Freitag / [Zeit] / meine Mutter / [Sgg] / Land / von / ausgehen / kommen / weil // ein bißchen / Zimmer / [Erg. 4. F.] / ich muß aufräumen / nämlich)

2 — Wie willst du dieses Zimmer aufräumen?
(wie / machen // dieses / Zimmer / [Erg. 4. F.] / aufräumen / Absicht)

ANMERKUNGEN (Fortsetzung)

(2) Wir haben in der Lektion 77, Absatz 4 einen Ausdruck gelernt, der ein **Verpflichtung** ausdrückt. Hier ist nun ein weiteres Beispiel: 片付けなければ いけません。
Der erste Teil ist identisch und bedeutet daher: „wenn ich nicht aufräume". Der zweite Teil wird aus いけません gebildet, das von いける abgeleitet ist, was wiederum von いく abgeleitet ist. いける „gehen können"; いけません „das kann nicht gehen". Wörtlich: „Wenn ich nicht aufräume, das kann nicht gehen", d.h.: „ich muß aufräumen". Es gibt einen wichtigen Unterschied zwischen den beiden Ausdrücken. Der Ausdruck, dessen zweiter Teil ならない/なりません lautet, dient dazu, eine Verpflichtung auszudrücken, die auf äußere Umstände zurückzuführen ist, eine Verpflichtung, die von anderen auferlegt wird. Wenn der zweite Teil いけない/いけません lautet, so drückt er eine Verpflichtung aus, die von einem selbst kommt.

(3) Vgl. Lektion 71, Anmerkung 1.

Lektion 80

3 蒲団 は いつ から 畳んで ない の。
   fu ton wa itsu kara tatan de nai no **(4)(5)**

4 机 の 上 に たくさん の 物
   tsukue no ue ni takusan no mono

   が 乗って いる ん じゃ ない？
   ga notte iru n ja nai

5 蒲団 と 机 で 部屋 が 一杯
   fu ton to tsukue de he ya ga ippai

   で、畳 なんか 見えない じゃ
   de, tatami nanka mienai ja

   ない？
   nai **(6)(7)(8)**

6 この 中 で どう やって 勉強
   kono naka de dô yatte benkyô

   して る の。
   shite ru no

7 ワイシャツ の 上 に 野菜 が
   waishatsu no ue ni yasai ga

   置いて あって、下着 の 横 に
   oite atte, shitagi no yoko ni

   砂糖 が 置いて あって...。
   satô ga oite atte **(9)**

ANMERKUNGEN (Fortsetzung)
(4) 畳んで ない の. Für の vgl. Lektion 72, Anmerkung 2. 畳んで ない für 畳んで いない, wo das い verschluckt ist, vgl. Lektion 75, Anmerkung 8, und gleichfalls Satz 6: して る für して いる.

3 Seit wann hast du deine Matratze nicht mehr zusammengerollt?
  (Matratze / [Hinweis] / wann / seit / nicht gerollt worden sein / [Frage])
4 Gibt es nicht einen Haufen Sachen auf dem Tisch?
  (Tisch / [Bzw] / oben / [Ort] / viel / [Bzw] / Gegenstände / [Sgg] / anwachsen / nämlich (nicht))
5 Nur mit dem Bettzeug und dem Tisch allein ist das Zimmer voll, man sieht nicht einmal den Boden!
  (Matratze / und / Tisch / [Mittel] / Zimmer / [Sgg] / voll / das ist // Tatami / diese Art von Sachen / nicht sichtbar sein / das ist nicht)
6 Wie kannst du da drinnen arbeiten?
  (diese / Innenseite / [Ort] / wie / machen // studieren / [Frage])
7 Gemüse liegt auf deinen Hemden und Zucker neben deiner Unterwäsche!
  (Hemd / [Bzw] / oben / [Ort] / Gemüse / [Sgg] / gelegt sein // Unterwäsche / [Bzw] / Seite / [Ort] / Zucker / [Sgg] / gelegt sein)

ANMERKUNGEN (Fortsetzung)

(5) Obwohl europäische Betten allmählich auch in Japan eingeführt werden, schlafen viele Leute nach wie vor auf der traditionellen Matratze mit einer Art Federbett, die man jeden Abend auf den Tatamis ausbreitet und jeden Morgen zusammenrollt und in einen dafür reservierten Wandschrank legt. Man braucht daher keine Schlafzimmer, da man seine Matratze in jedem Zimmer ausrollen kann.

(6) 一杯 ist eines jener Wörter, die wir in der Lektion 63, Seite 110, besprochen haben.

(7) 畳 vgl. Lektion 34, Anmerkung 4.

(8) なんか in derselben Bedeutung wie など. Vgl. Lektion 36, Anmerkung 2.

(9) 置いて あって vgl. Lektion 79, Anmerkung 9; vgl. auch Lektion 74, Anmerkung 1.

8 きたない ナイフ や フォーク や 箸 が 机の 下 に おっこちて いる わ よ。**(10)**

9 時計 が せっけん の 上 に 置いて ある わ。この せっけん 随分 ひからびて いる けど、使う こと ある の。

10 —そりゃ たま に は ある さ。僕 は 大学 と アルバイト で 夜 帰って くる と、くたくた で、部屋 なんか 片付ける 余裕 なんて ない よ。**(11)**

11 —あなた この 前 片付けた の は いつ な の。**(12)**

発音 **10.** jojüü

8   Schmutzige Messer, Gabeln und Stäbchen sind unter den Tisch gefallen.
     (schmutzig sein / Messer / oder / Gabel / oder / Stäbchen / [Sgg] / Tisch / [Bzw] / unter / [Ort] / fallen / [abschwächend] / [behauptend])

9   Auf der Seife liegt eine Uhr. Diese Seife ist völlig trocken. Benutzt du sie?
     (Uhr / [Sgg] / Seife / [Bzw] / oben / [Ort] / gelegt sein / [abschwächend]) (diese / Seife / völlig / ausgetrocknet sein / obwohl // benutzen / die Tatsache, daß / sich befinden / [Frage])

10 — Das kommt vor! Nach Universität und Arbeit bin ich abends, wenn ich nach Hause komme so erschöpft, daß ich keine Zeit zum Aufräumen habe.
     (das-[Hinweis] / selten / [ustw] / [Vstk] / sich befinden / [abschwächend]) (ich / [Hinweis] / Universität / und / Nebenarbeit / [Mittel] / Abend / zurückkehren / kommen / da // erschöpft / das ist /// Zimmer / diese Art von Sache / aufräumen / Bereitschaft / das, was man nennt / sich nicht befinden / [behauptend])

11 — Wann hast du zuletzt aufgeräumt?
     (du / das-vor / aufgeräumt haben / die Tatsache, daß / [Hinweis] / wann / das ist / [Frage])

ANMERKUNGEN (Fortsetzung)

(10) おっこちて いる。 Die japanische Sprache liebt lautmalerische Wörter (vgl. Lektion 39, Anmerkung 5). Man erfindet dazu entweder Wörter, die nur zu diesem Zweck verwendet werden, oder man formt bestehende Wörter um, um sie ausdrucksvoller zu machen. Hier haben wir es mit einer derartigen Veränderung zu tun. Die Normalform wäre おちて いる aus おちる „fallen".

(11) さ eines jeder kleinen Wörter, die das Ende eines Satzes anzeigen. Diese werden von Männern verwendet, sehr ähnlich in der Bedeutung dem わ, das von Frauen verwendet wird. Wir geben Ihnen daher als Äquivalent auch [abschwächend].

(12) な vgl. Lektion 77, Ende des 1. Absatzes.

12 - この前 おふくろ が 上京 した時 だから、六ケ月前 だよ。

13 - それ に して も、ちょっと ひどい じゃ ない？ お母さん びっくり しちゃう わ よ。(13)

14 - 片付け 手伝って くれない か。たのむ よ。

練習

1. 「アルバイト」 と 言う 日本語 の 言葉 は ドイツ語 から 来た 言葉 です。だから 片仮名 で 書きます。
2. 日本 では、一番 普通 なの は、ベッド より 蒲団 で 寝る こと です。

12 — Als meine Mutter das letzte Mal nach Tokio gekommen ist, also vor sechs Monaten.
(das-vor / meine Mutter / [Sgg] / Fahrt in die Hauptstadt-gemacht haben / Zeit / das ist / weil // sechs-Monat-vor / das ist / [behauptend])

13 — Wie auch immer, gehst du nicht ein bißchen zu weit? Deine Mutter wird sehr erstaunt sein!
(wie auch immer / ein bißchen / schrecklich sein / das ist nicht) (deine Mutter / Überraschung / machen-ganz machen / abschwächend / [behauptend])

14 — Willst du mir nicht beim Aufräumen helfen? Bitte...
(Aufräumen / helfen / nicht machen für mich / [Frage]) (bitten / [behauptend])

ANMERKUNGEN (Fortsetzung)

(13) しちゃう ist alles, was in der Umgangssprache von der Verkürzung von して und von しまう übriggeblieben ist. Wenn しまう an ein Verb mit der Form auf て angehängt wird, so zeigt es an, daß die Handlung, die durch das Verb ausgedrückt wird, zu Ende geführt wird. Vgl. Lektion 31, Satz 14; Lektion 45, Satz 11; Lektion 46, Satz 6; Lektion 60, Satz 11. Hier: „deine Mutter wird völlig überrascht sein".

Übungen

1. Das japanische Wort „arubaito" stammt aus dem Deutschen. Deshalb schreibt man es mit Katakana.
2. Gewöhnlich schläft man in Japan eher auf einem Futon als in einem Bett.

Lautschrift

1. arubaito to iu nihongo no kotoba wa, doitsugo kara kita kotoba desu. dakara katakana de kakimasu
2. nihon de wa, ichiban futsû na no wa, beddo yori futon de neru koto desu

3. 子供達 は、あの 人 が 毎日 遠い 田舎 から 町 まで 歩いて 来る の を 知って、感心 に 思いました。
4. 昨日 冷蔵庫 に 入れた シャンペン が なくなった の を 見て、不思議 に 思いました。
5. 約束 が ある から 必ず ちょうど 五時 に 出掛けなければ ならない が、その 前 に ちょっと 部屋 を 片付けなければ いけない ん だ。

…に 言葉 を 入れ なさい。

1. *Ich habe meine Uhr auf den Tisch gelegt.*

   . . . . . wa . . . .

2. *Der Freund meiner jüngeren Schwester hat seinen Koffer unter den Tisch im Flur gestellt.*

   . . . .

   . . . .

3. *Er hat aus seiner Tasche eine dicke Geldbörse gezogen.*

   . . . .

   . . . .

3. Als die Kinder hörten, daß dieser Mann jeden Tag den weiten Weg zu Fuß vom Land in die Stadt machte, waren sie voller Bewunderung.
4. Als ich sah, daß der Champagner, den ich gestern in den Kühlschrank gestellt hatte, verschwunden war, fand ich das sehr seltsam.
5. Da ich eine Verabredung habe, muß ich Punkt fünf Uhr das Haus verlassen, aber vorher muß ich noch ein wenig meine Zimmer aufräumen.

---

3. kodomotachi wa, ano hito ga mainichi tooi inaka kara machi made aruite kuru no o shitte, kanshin ni omoimashita
4. kinô reizôko ni ireta shanpen ga nakunatta no o mite, fushigi ni omoimashita
5. yakusoku ga aru kara kanarazu chôdo goji ni dekakenakereba naranai ga, sono mae ni chotto heya o katazukenakereba ikenai n da

---

4. *Ich muß diese Woche meinen Vater treffen, den ich schon drei Monate nicht gesehen habe.*

. . . . atte inai . . . .

. . . .

5. *Da ich sie nur sehr selten benutze, ist meine Seife völlig eingetrocknet.*

. . . . node, ...

. . . .

Antwort: 1. tokei - tsukue no ue ni okimashita. 2. imôto no tomodachi wa toranku o genkan no tsukue no shita ni iremashita. 3. baggu no naka kara ookii saifu o dashimashita. 4. san ka getsu mae kara - chichi ni konshû awanakereba ikemasen. 5. tama ni shika tsukawanai -, sekken ga hikarabite shimaimashita.

Lektion 80

片仮名 の 練習 — Katakanaübungen

カ　キ　ク　ケ　コ
KA　KI　KU　KE　KO

Wir fangen mit den **langen Vokalen** an, denn die sind im Katakanasystem sehr leicht: Der Silbe, deren Vokal lang ist, folgt ein **Bindestrich** (normalerweise die betonte Silbe in der Fremdsprache). Dieser Strich wird im Schriftfluß gesetzt, also horizontal, wenn man horizontal schreibt und vertikal, wenn man vertikal schreibt. Zum Beispiel: *kî* (Schlüssel/key) キー oder キ.

* *

第八十一課　風邪
dai hachi jû ik ka　　　　　　　　　　ka ze

1 — 元気 が なさ そう です ね。
　　gen ki ga na sa sô de su ne (1)

2 — ええ、風邪 を ひきました。
　　e e,　ka ze o　hi ki ma shi ta

ANMERKUNGEN

(1) なさ そう です vgl. Lektion 71, Anmerkung 2. Auch hier bedeutet そう です „nach dem, was ich sehe, auf die Schnelle, scheint es mir, daß...". Die Form wird hier aber nicht nach einem Verb, sondern nach einem Adjektiv verwendet: ない die Verneinungsform des Verbes ある in der niedrigen Stufe (vgl. Lektion 35, Ende Absatz 4), daher in der Bedeutung von „sich nicht befinden". Diese Endung そう です muß also an den

書き取り / Diktat

1. *inki* (Tinte/ink) 2. *kôku* (Coca-Cola/coke) 3. *kea* (Aufmerksamkeit/care) 4. *ôkê* (einverstanden/O.K.) 5. *kôn* (Mais/corn) 6. *kêki* (Kuchen/cake) 7. *ea.kon* (Klimaanlage/air-con(ditionning)) 8. *koin* (Münze/coin)

Vergessen Sie bitte nicht: Wenn der Ausdruck in der Fremdsprache aus mehreren Wörtern zusammengesetzt ist, so setzt man **einen Punkt zwischen die einzelnen Wörter** (vgl. z.B. 7.)

Antwort

1. インキ 2. コーク 3. ケア
4. オーケー 5. コーン 6. ケーキ
7. エア・コン 8. コイン

Zweite Welle: 第三十一課 31. Lektion

* *

Ein Schnupfen   Einundachtzigste Lektion
                               (ste / acht-zehn-eins / Lektion)

1 — Sie sehen gar nicht gut aus!
(gute Gesundheit / [Sgg] / es scheint, daß es nicht gibt / das ist / [ü.einst.])
2 — Ja, ich habe mir einen Schnupfen geholt.
(ja / Schnupfen / [Erg. 4. F.] / gezogen haben)

ANMERKUNGEN (Fortsetzung)

Stamm des Adjektives angehängt werden (das, was übrigbleibt, wenn man い wegnimmt). „... scheint interessant" heißt おもしろ そう です (vgl. Lektion 25, Satz 9 und Anmerkung 1). Aber für ない benutzt man nie den möglichen Stamm な..., sondern man erweitert die Form auf なさ. Daher なさ そう für „nach all dem, was ich sehe, scheint es mir, daß es nicht ... gibt".

Lektion 81

3 — 熱 も ある よう です ね。
netsu mo aru yô desu ne **(2)**

4 — ええ、今朝 三十九度 以上
ee, kesa sanjû kyû do ijô

ありました。
arimashita

5 — 薬 を 飲む か 医者 に 見せた
kusuri o nomu ka isha ni miseta

方 が いい です よ。
hô ga ii desu yo **(3)**

熱 も ある よう です ね。

6 — 医者 も 薬 も 嫌い です。
isha mo kusuri mo kirai desu

7 — じゃあ、どう やって 直す の です
jaa, dô yatte naosu no desu

か。
ka

3 — Sie scheinen auch Fieber zu haben.
   (Fieber / auch / sich befinden / Anschein / das ist / [ü.einst.])
4 — Ja, heute morgen hatte ich über 39 Grad.
   (ja / heute früh / drei-zehn-neun-Grad / mehr als / sich gefunden haben)
5 — Sie sollten besser ein Medikament nehmen oder einen Arzt aufsuchen.
   (Medikament / [Erg. 4. F.] / schlucken / oder auch / Arzt / [Erg. 3. F.] / zeigen / Seite / [Sgg] / gut sein / das ist / [behauptend])
6 — Ich kann weder Medikamente noch Ärzte leiden.
   (Artzt / auch / Medikament / auch / verabscheut / das ist)
7 — Was machen Sie dann aber, um gesund zu werden?
   (dann / wie / machen // heilen / nämlich / [Frage]) / [Frage])

ANMERKUNGEN (Fortsetzung)

(2) ある よう です. Es ist eine wirkliche Kunst, im Japanischen **eine Behauptung aufzustellen, die den Gesprächspartner betrifft**. Denn man kann nur etwas behaupten oder bestätigen, was einen selbst anlangt. Das ist übrigens ganz logisch! Es gibt daher eine ganze Reihe von Wendungen mit Abstufungen, um dies auszudrücken. そう です dient dazu, eine erste Reaktion auszudrücken. よう です aber entspricht dem, was ich logischerweise aus einer detaillierten Beobachtung schließen kann. ... よう です: „nach Beobachtung gewisser Anzeichen, schließe ich, daß...". Die Behauptung ist daher stärker.

(3) Das Verb 飲む, das wir normalerweise mit „trinken" übersetzten, hat eine viel breitere Bedeutung. Es wird für alles verwendet, das man ohne Kauen schluckt. Auf deutsch sagen wir, daß wir eine Suppe „essen", aber auf japanisch sagen wir in einem solchen Fall 飲む. Dasselbe Wort verwenden wir für das Schlucken von Pillen, Tabletten und anderen Mitteln...

Lektion 81

8 - 私 は 病気 に なる と、一切
watashi wa byô ki ni na ru to, is sai
化学 薬品 や 抗生 物質 を
ka gaku yaku hin ya kô sei bus shitsu o
使わないで、鍼 や 指圧 や
tsuka wa na i de, hari ya shi atsu ya
漢方薬 で 直します。風邪 の
kan pô yaku de nao shi ma su. ka ze no
時 は 何も しないで 暖かく
toki wa nani mo shi na i de atata ka ku
して、寝て いる だけ です。
shi te, ne te i ru da ke de su (4) (5)

9 - それ で 直る の です か。
so re de nao ru no de su ka

10 - はい、直ります。しかし 薬 を
ha i, nao ri ma su. shi ka shi kusuri o
飲む より は 時間 が かかります。
no mu yo ri wa ji kan ga ka ka ri ma su

ANMERKUNGEN (Fortsetzung)
(4) 使わないで (vgl. auch die Lektion 76, Satz 1
住まないで). Sie kennen sich bereits gut mit den Formen auf て bei den Verben aus, die uns ein Satzteilende anzeigen oder einfach darauf hinweisen, daß es mehrere Satzteile in einem Satz gibt (vgl. Lektion 52, Anmerkung 2). Wenn das Verb in der Verneinung verwendet wird, gibt es zwei Möglichkeiten: Entweder das Verb + ない in der Form auf て : なくて (vgl. Lektion

8 Wenn ich krank bin, verwende ich niemals chemische Medikamente oder Antibiotika, ich lasse mich mit Akupunktur oder Akupressur oder mit chinesischen Heilmitteln behandeln. Wenn ich einen Schnupfen habe, mache ich gar nichts, ich lege mich ins Bett, halte mich warm, und das ist alles!
(ich / [Hinweis] / Krankheit / [Ziel] / werden / wenn /// absolut nicht / Chemie-Medikament / oder / Antibiotikum / [Erg. 4. F.] / ohne benutzen // Nadeln für Akupunktur / oder / Akupressur / oder / chinesische Heilmittel / [Mittel] / behandeln) (Schnupfen / [Bzw] / Zeit / [Vstk] / nichts / ohne machen /// warm / machen // im Bett sein / nur / das ist)

9 — Und auf diese Art werden Sie gesund?
(das / [Mittel] / gesund werden / nämlich / [Frage])

10 — Ja, ich werde gesund. Aber es dauert länger als mit Medikamenten.
(ja / gesund werden) (aber / Medikament / [Erg. 4. F.] / schlucken / mehr als / [Vstk] / Zeit / [Sgg] / benutzt werden)

ANMERKUNGEN (Fortsetzung)

79, Anmerkung 3) und die Funktion der Form auf て bleibt gleich. Oder aber auch das Verb + ないで wie hier. Hier handelt es sich nicht mehr einfach darum, daß es mehrere Satzteile im Satz gibt, sondern darum, daß man ganz präzis ausdrücken will: „ich **vermeide** eine Sache, ich mache lieber etwas anderes". In unserem Satz: „Ich **vermeide** es, chemische Medikamente und Antibiotika zu benutzen".

(5) Diese drei medizinischen Praktiken sind, neben der westlichen Medizin, in Japan gesetzlich erlaubt. Chinesische Heilmittel bestehen aus natürlichen Elementen. Die Akupressur ähnelt der Akupunktur, aber anstelle von Nadeln wird durch Fingerdruck auf bestimmte Punkte des Nervensystems eine Heilung erzielt.

11 ― 僕 は せっかち な ので、病気 が 自然 に 直る まで 待って いられません。(6)

12 医者 の ところ へ 行って 薬 を もらって、はやく 直した 方 が いい と 思います。

練習

1. 今 の 条件 は むずかしく なった けれど、あきらめないで、勉強 して います。
2. 変 な 噂 に 耳 を 貸さないで、自分 で 調べた 方 が いい です よ。
3. 体 の ため に 最近 は バス に 乗らないで、会社 まで 歩いて 行って います。

11 — Ich habe es zu eilig, ich kann nicht darauf warten, daß die Krankheit auf natürliche Weise heilt.
(ich / [Hinweis] / hastig / das ist / weil // Krankheit / [Sgg] / Natur / [ustw] / heilen / bis / nicht aufhalten können zu warten)

12 Ich glaube, es ist besser, schnell gesund zu werden, indem man zum Arzt geht und sich Medikamente verschreiben läßt.
(Arzt / [Bzw] / Ort / [R.Ang.] / gehen // Medikament / [Erg. 4. F.] / sich geben lassen // schnell / geheilt haben / Seite / [Sgg] / gut sein / [Zitat] / glauben)

ANMERKUNGEN (Fortsetzung)

(6) 待って いられません (vgl. Lektion 72, Anmerkung 6) wird abgeleitet von 待って いる „dabei sein zu warten, weiter warten". Aber hier: „ich kann mich nicht aufhalten zu warten". Vom Hilfsverb いる (mit nur einer Grundform) wird das Verb いられる/いられます abgeleitet, die Verneinungsform ist demnach: いられない/いられません.

Übungen

1. Obwohl die derzeitigen Bedingungen schwierig geworden sind, lernt er, ohne sich entmutigen zu lassen.
2. Es ist besser, sich selbst zu erkundigen, als (seltsam) Gerüchten Gehör zu schenken.
3. Für meine Gesundheit (wörtlich: mein Körper) nehme ich nicht mehr den Bus, sondern gehe zu Fuß ins Büro.

Lautschrift

1. ima no jôken wa muzukashiku natta keredo, akiramenaide, benkyô shite imasu
2. hen na uwasa ni mimi o kasanaide, jibun de shirabeta hô ga ii desu yo
3. karada no tame ni, saikin wa basu ni noranaide, kaisha made aruite itte imasu

4. ゲガン さん か と 思いました が、近づいて みたら、別 の 人 でした。
5. おととい、空港 で、君 の 同僚 の 竹村 さん に 会った が、このごろ いそがし そう だ ね。

…に 言葉 を 入れ なさい。

1. *Sie scheinen sich einen Schnupfen geholt zu haben!*

. . . .

2. *Als er erfahren hatte, daß seine Mutter nicht kommen würde, machte er ein trauriges Gesicht.*

. . . . ,

. . . . na kao o shimashita

3. *Ich schaue mir Tennis nicht gern im Fernsehen an.*

atashi . . . .

. . . .

片仮名 の 練習 Katakanaübungen

ガ　ギ　グ　ゲ　ゴ

GA　GI　GU　GE　GO

4. Ich habe geglaubt, es sei Herr Gegan, aber als ich näherkam, sah ich, daß es jemand anderes war.
5. Ich habe vorgestern am Flughafen deinen Kollegen Takemura getroffen, er sieht zur Zeit sehr beschäftigt aus.

4. gegan san ka to omoimashita ga, chikazuite mitara, betsu no hito deshita
5. ototoi, kûkô de, kimi no dôryô no takemura san ni atta ga, konogoro isogashi sô da ne

---

4. *Nachdem Tadashi gegangen war, bemerkte ich, daß er seine Zeitschriften vergessen hatte.*

. . . . , ...

. . . . no ni ki ga tsukimashita

5. *Wenn es leicht ist, kann ich es tragen.*

. . . .

Antwort: 1. kaze o hiita yô desu ne. **2.** okaasan ga konai no ga wakatta toki, kanashisô -. **3.** - wa terebi de tenisu o miru no ga kirai desu. **4.** tadashi kun ga kaetta ato, zasshi o wasurete itta -. **5.** karukereba motemasu.

書き取り   Diktat

1. *gaun* (Morgenrock/gown) **2.** *gongu* (Gong) **3.** *gô* (gehen wir/go) **4.** *gan* (Gewehr/gun) **5.** *kingu* (König/king)

Antwort

1. ガウン   2. ゴング   3. ゴー   4. ガン
5. キング

Zweite Welle: 第三十二課 32. Lektion

第八十二課
だいはちじゅうにか
dai hachi jû ni ka

ペット
pe t to

1 — 先週 学校 の 生徒 に 見せる
sen shû gak kô no sei to ni mi se ru

ため、日本 文化 に ついて の
ta me, ni hon bun ka ni tsu i te no

ビデオ を 何本か 見ました。
bi de o o nan bon ka mi ma shi ta (1)

2 そこ は 日曜日 に なる と、
so ko wa nichi yô bi ni na ru to,

デパート の 近辺 の 大通り が
de pâ to no kin pen no oo doo ri ga

全部 自動車 通行 禁止 に なり、
zen bu ji dô sha tsû kô kin shi ni na ri,

歩行者 天国 に なります。
ho kô sha ten goku ni na ri ma su (2)

3 そして 大通り の 真中 に
so shi te oo doo ri no man naka ni

テーブル や 椅子 を 並べたり、
tê bu ru ya i su o nara be ta ri,

子供 の ため の ブランコ や
ko domo no ta me no bu ra n ko ya

シーソー など も 出したり します。
shî sô na do mo da shi ta ri shi ma su (3)

Haustiere   **Zweiundachtzigste Lektion**
(ste / acht-zehn-zwei / Lektion)

1 — Letzte Woche habe ich mir eine ganze Reihe Videofilme über die japanische Zivilisation angeschaut, um sie den Schülern in meiner Schule zu zeigen.
(letzte Woche / Schule / [Bzw] / Schüler / [Ziel] / zeigen / um zu // Japan-Zivilisation / über / [Bzw] / Video / [Erg. 4. F.] / einige / eine gewisse Anzahl langer Gegenstände / angeschaut haben)

2 Nach diesen Videofilmen sind am Sonntag die Straßen rund um die Kaufhäuser für den Verkehr total gesperrt und werden zum Paradies für Fußgänger.
(dort /[Hinweis]/Sonntag / [Ziel] / werden / wenn /// Kaufhaus / [Bzw] / Umgebung / [Bzw] / Straße / [Sgg] / total / Wagen-Verkehr-Verbot / [Ziel] / werden // Fußgänger-Paradies / [Ziel] / werden)

3 Außerdem werden Tische und Stühle mitten auf den Straßen aufgestellt, und für die Kinder werden Schaukeln und Wippen aufgebaut.
(und / Straße / [Bzw] / ganz Mitte / [Ort] / Tisch / und / Stuhl / [Erg. 4. F.] / aufstellen // Kind / [Bzw] / für / [Bzw] / Schaukel / und / Wippe / diese Art von Sachen / auch / hinausstellen / machen)

ANMERKUNGEN

(1) 本 (vgl. Lektion 53, Anmerkung 3 und Lektion 63, Absatz 1). Hier, um Filme zu zählen. 何本 „wieviele Filme?".
何本か (vgl. Lektion 65, Anmerkung 4) „eine ganze Reihe von Filmen, eine gewisse Anzahl von Filmen".

(2) An Sonntagen sind sowohl die Kaufhäuser wie die kleinen Geschäfte offen. Das ist gerade der Tag, den man zum Einkaufen nutzt. Daher sind die Stadtviertel mit den Kaufhäusern häufig das Ziel der sonntäglichen Familienausflüge.

(3) ...たり ...たり します vgl. Lektion 76, Anmerkung 8.

Lektion 82

4 そこ まで は 特に 変わった こと
   so ko ma de wa toku ni ka wa t ta ko to

  は なかった の です が、 その後
  wa na ka t ta no de su ga, so no ato

  面白い 物 を 見ました。**(4)**
  omo shiro i mono o mi ma shi ta

5 日曜日 に 家族 づれ で 散歩
  nichi yô bi ni ka zoku zu re de san po

  して いる 人達 の 中 に 犬
  shi te i ru hito tachi no naka ni inu

  を 連れて いる 人 が
  o tsu re te i ru hito ga

  いました。
  i ma shi ta

6 その 犬 が どんな 恰好 して いた
  so no inu ga do n na kak kô shi te i ta

  と 思います か。
  to omo i ma su ka

7 四本 の 足 に 赤い 靴 を
  yon hon no ashi ni aka i kutsu o

  はかされて いた の です。**(5)**
  ha ka sa re te i ta no de su

ANMERKUNGEN (Fortsetzung)

(4) 面白い ist ein Adjektiv, das äußerst schwierig zu übersetzen ist: ,,interessant, amusant, lustig, komisch...''. Es bezeichnet alles was Interesse erweckt, von Unterhaltung bis konzentrierter Aufmerksamkeit.

4   Bis hierher gab es nichts wirklich Seltsames, aber dann habe ich etwas Amüsantes gesehen.
    (dort / bis / [Vstk] / besonders / [ustw] / anders sein / Sache / [Hinweis] / sich nicht befunden haben / nämlich / aber // danach / amüsant sein / Sache / [Erg. 4. F.] / gesehen haben)

5   Unter den Leuten, die am Sonntag mit ihrer Familie spazieren gehen, gab es jemanden mit einem Hund.
    (Sonntag / [Zeit] / Familie-Gesellschaft / [Mittel] / Spaziergang-machen / die Leute / [Bzw] / innen / [Ort] / Hund / [Erg. 4. F.] / begleiten / Mensch / [Sgg] / sich befunden haben)

6   Was glauben Sie wie dieser Hund aussah?
    (dieser / Hund / [Sgg] / welche Art von / äußere Erscheinung / gemacht haben / [Zitat] / glauben / [Frage])

7   Man hat ihm kleine rote Stiefel an allen vier Pfoten angezogen.
    (vier-langer Gegenstand / [Bzw] / Pfote / [Erg. 3. F.] / rot sein / Schuhe / [Erg. 4. F.] / gemacht haben anziehen / nämlich)

ANMERKUNGEN (Fortsetzung)

(5) はかされて いた von はかされる, das wiederum von はかす abgeleitet ist. Hier haben wir es mit der zweiten Gruppe von Verben zu tun, die man von einem anderen Verb ableiten kann (vgl. Lektion 64, Anmerkung 2 über die Ableitung in der Bedeutung „... können"). Zunächst haben wir hier ein Paar: はく „selbst etwas anziehen, in etwas schlüpfen (Schuhe, aber auch Kleidungsstücke, die über die Füße gezogen werden: Hosen, Socken...)" und はかす „jemanden anziehen (Schuhe...)". Vom Verb はかす, das mehrere Grundformen hat, kann kan はかされる ableiten: Anstelle des End-U setzt man ARERU und das Verb wird damit **PASSIF**: はかす „anziehen", はかされる wörtlich: „gemacht werden die Schuhe anziehen". Diese Passivkonstruktion kann für alle Verben gebildet werden und nicht nur wie bei uns für die eine Ergänzung im 4. Fall.

Lektion 82

8 ずっと前に浅草でペット用の靴や洋服や帽子を売っている店を見たことがありますが、まさかあんな物を買う人がいると思いませんでした。(6)

9 - このごろは動物気違いが多いのではないですか。

10 - 家の近所に犬猫美容院があります。そこでは偽の宝石のついた首輪などを売っています。

8 Vor langer Zeit habe ich schon in Asakusa ein Geschäft gesehen, in dem Stiefel, Kleidung, Hüte für Tiere verkauft wurden, aber ich habe wirklich nicht geglaubt, daß es Leute gibt, die solche Sachen kaufen!
(viel / vor / [Zeit] / Asakusa / [Ort] / Haustier-zum Gebrauch für / [Bzw] / Schuhe / und / Kleidung / und / Hüte / [Erg. 4. F.] / verkaufen / Geschäft / [Erg. 4. F.] / gesehen haben / die Tatsache, daß / [Sgg] / sich befinden / aber // wirklich / von solcher Art / Sache / [Erg. 4. F.] / kaufen / Mensch / [Sgg] / sich befinden / [Zitat] / nicht geglaubt haben)

9 — Sind nicht heutzutage viele Leute ganz verrückt nach Tieren?
(in diesem Moment / [Vstk] / Tier-verrückt / [Sgg] / zahlreich sein / nämlich (nicht) / das ist / [Frage])

10 — Ganz in meiner Nähe gibt es ein Schönheitsinstitut für Hunde und Katzen. Man kann dort Halsbänder kaufen, die mit falschen Edelsteinen besetzt sind.
(mein Haus / [Bzw] / Nähe / [Ort] / Hund-Katze-Schönheitsinstitut / [Sgg] / sich befinden) (dort / [Ort] / [Vstk] / Imitation / [Bzw] / Edelstein / [Sgg] / befestigt sein / Halsband / diese Art von Sache / [Erg. 4. F.] / verkaufen)

ANMERKUNGEN (Fortsetzung)
(6) 浅草 Stadtviertel in Nordosttokio, unweit von Ueno (vgl. Lektion 39, Anmerkung 2). Vor dem wunderbaren Schrein gibt es überdachte Einkaufsgalerien mit kleinen Läden, die traditionelle Handwerksgegenstände verkaufen. Es ist ein Stadtviertel, das noch eine ländliche Atmosphäre behalten hat; Leute vom Land gehen gerne dorthin. Es ist das Viertel der Theater und der Varieté-Theater. Bis zum Zweiten Weltkrieg hat man dieses Viertel etwas schamhaft „Vergnügungsviertel" genannt, und es gibt noch heute Spuren davon...

11 - ああ、 そう です か。 この 間
aa, sô desu ka. kono aida
お 会い した 時、 お宅 の 猫
o ai shita toki, otaku no neko
ちゃん は、 すてき な 宝石 の
chan wa, suteki na hôseki no
ついた 首輪 を して いました
tsuita kubiwa o shite imashita
けれど、 そこ で 買った ん です
keredo, soko de katta n desu
ね。
ne (7)

練習

1. 兄 は お見合い の 写真 を 送りました が、 断られて、 あきらめました。
2. 一九〇〇 年 以前 に 建てられた 家 は、 この 町 に 今 でも たくさん 残って います。
3. ヨーロッパ の 国 の 文化 に ついて 本 を 読んだり、 ビデオ を 見たり して、 段々 いろいろ 覚えて いきます。

11 — Ach ja! Als wir uns vor gar nicht langer Zeit begegneten, trug Ihre kleine Katze ein entzückendes mit Edelsteinen besetztes Halsband... Sie haben es also dort gekauft...
(ach gut) (neulich / [höflich]-Treffen-gemacht haben / Zeit /// [höflich]-Ihr Haus / [Bzw] / Katze / [Hinweis] / entzückend / das ist / Edelstein / [Sgg] / befestigt sein / Halsband / [Erg. 4. F.] / gemacht haben / obwohl // dort / [Ort] / gekauft haben / nämlich / [ü.einst.])

ANMERKUNGEN (Fortsetzung)

(7) お宅 obwohl es ein Substantiv ist, kann man sagen, daß es sich dabei um die höhere Stufe von 家, 家 „mein Haus, bei mir", お宅 „Ihr Haus, bei Ihnen" handelt. Die höhere Stufe お会い した entspricht der mittleren Stufe 会いました „getroffen haben".

Übungen

1. Mein großer Bruder hatte sein Foto für eine vermittelte Heirat geschickt, aber da er einen Korb erhalten hat, ist er verzweifelt.
2. Es gibt in unserer Stadt heutzutage noch immer viele Häuser, die vor 1900 gebaut worden sind.
3. Ich lese Bücher und sehe mir Videofilme über die Kulturen der europäischen Länder an und lerne so allmählich viele Dinge.

Lautschrift

1. ani wa omiai no shashin o okurimashita ga, kotowararete, akiramemashita
2. sen kyûhyaku nen izen ni taterareta ie wa, kono machi ni ima demo takusan nokotte imasu
3. yôroppa no kuni no bunka ni tsuite hon o yondari, bideo o mitari shite, dandan iroiro oboete ikimasu

301

4. 晩御飯の支度をしている間に、子供は外で遊んだり、道を通る人を見たりしています。

5. ビデオを二十本 一日中 見ていましたので、大変 疲れました。

… に 言葉 を 入れ なさい。

1. *Wo wohnen Sie (wo befindet sich Ihr Haus)?*

   . . . .

2. *Ich wohne (mein Haus befindet sich) hinter der Bank, die sich auf der Ostseite der Straße befindet.*

   . . . . gawa . . . . .

   . . . .

3. *Ist das nicht eine verrückte Idee, einem Hund Stiefel anzuziehen?*

   . . . . okashii ja nai desu ka

4. *Das ist ein Roman, der unter besonderen Bedingungen geschrieben worden ist.*

   . . . . no moto de . . . .

   . . . .

4. Während ich das Essen zubereite, amüsieren sich die Kinder draußen oder betrachten die Leute, die auf der Straße vorübergehen.
5. Ich habe zwanzig Videofilme an einem Tag angeschaut, ich bin schrecklich müde!

4. bangohan no shitaku o shite iru aida ni, kodomo wa soto de asondari, michi o tooru hito o mitari shite imasu
5. bideo o nijuppon ichinichijû mite imashita node, taihen tsukaremashita

---

5. *Ich höre nicht gern Musik, wenn ich japanisch lerne.*

. . . .

. . . . , ...

このごろ は 動物 気違い が 多い の で
は ない です か。

Antwort: 1. otaku wa doko ni arimasu ka. 2. uchi wa oodoori no higashi- ni aru ginkô no ura ni arimasu. 3. inu ni kutsu o hakasu no wa -. 4. tokubetsu na jôken - kakareta shôsetsu desu. 5. watashi wa nihongo no benkyô o shinagara, ongaku o kiku no ga kirai desu.

Lektion 82

片仮名 の 練習　Katakanaübungen

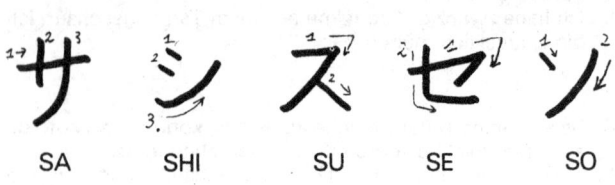

SA　SHI　SU　SE　SO

* *

第八十三課　　　　　　　　　　　文学
dai hachi jû san ka　　　　　　　　bun gaku

1 — この 頃 の 若い 人達 は
ko no goro no waka i hito tachi wa

あまり 本 を 読まなく なりました
a ma ri hon o yo ma na ku na ri ma shi ta

ね。
ne

2　私達 が 若かった 頃 に は、
watashi tachi ga waka ka t ta koro ni wa,

一生懸命 源氏 物語 や 枕
is shô ken mei gen ji mono gatari ya makura no

草子 など 古典 文学 を よく
sô shi na do ko ten bun gaku o yo ku

読んだ もの でした が、孫
yo n da mo no de shi ta ga, mago

など は 漫画 しか 読みません。
na do wa man ga shi ka yo mi ma se n (1)(2)(3)(4)

か と
書き取り

Diktat

1. *aisu* (Eis/ice) 2. *sain* (Unterschrift/sign) 3. *sakusesu* (Erfolg/success) 4. *ôsâ* (Autor/author) 5. *saiensu* (Wissenschaft/science) 6. *uisukî* (Whisky) 7. *konsaisu* (von kleinem Format/concise) 8. *kôsu* (Programm/course)

Antwort

1. アイス　　　2. サイン　　　3. サクセス
4. オーサー　　5. サイエンス　6. ウイスキー
7. コンサイス　8. コース

Zweite Welle: 第三十三課 33. Lektion

* *

Die Literatur　　　**Dreiundachtzigste Lektion**
　　　　　　　　　　(ste / acht-zehn-drei / Lektion)

1 — Heutzutage lesen die jungen Leute nicht mehr viel!
(in diesem Moment / [Bzw] / jung sein / Leute / [Hinweis] / nicht viel / Buch / [Erg. 4. F.] / nicht lesen / werden / [ü.einst.])

2　Als wir jung waren, haben wir oft mit Leidenschaft die Klassiker gelesen: Genji monogatari oder Makura no sôshi, aber unsere Enkelkinder lesen nur Comics.
(wir / [Sgg] / jung gewesen sein / Zeit / [Zeit] / [Vstk] /// mit Leidenschaft / Genji monogatari / oder / Makura no sôshi / diese Art von Sachen / Klassiker-Literatur / [Erg. 4. F.] / oft / gelesen haben / die Tatsache war, daß / aber // Enkel / diese Art von Sachen / [Hinweis] / Comics / nur / nicht lesen)

ANMERKUNGEN

(1) Es gibt zwei Möglichkeiten für „und" zwischen zwei Substantiven. と, wenn unsere Aufzählung vollständig ist, wenn wir alle Gegenstände erwähnt haben (vgl. Lektion 66, Satz 10); oder や, wenn wir nicht alles aufgezählt haben, sondern nur einige repräsentative Gegenstände angeführt haben. Daher wird や sowohl mit „und" als auch „oder" übersetzt.

Lektion 83

3 - 読みたい 本 を 全部 買う こと は
yo mi ta i hon o zen bu ka u ko to wa

できなかった ので、図書館 へ
de ki na ka t ta no de, to sho kan e

通って よく 読んだ もの
kayo t te yo ku yo n da mo no

でした。
de shi ta (3) (5)

4 二十 に なった 頃 に は 平安
hatachi ni na t ta koro ni wa hei an

時代 の 主 な 作品 は ほぼ
ji dai no omo na saku hin wa ho bo

全部 読んで いました。
zen bu yo n de i ma shi ta (6)

ANMERKUNGEN (Fortsetzung)

(2) Die Briten haben ihren Shakespeare, die Franzosen ihren Molière, die Deutschen ihren Goethe, ihren Schiller usw. Die Japaner haben **eine sehr große Literatur** und bereits im 8. Jahrhundert erschienen die ersten Meisterwerke. Jeder Japaner kennt diese beiden Texte, sie werden in der Schule gelesen, werden kopiert, parodiert. Es sind zwei Meisterwerke, die die Literatur um das Jahr 1000 darstellen. Der Genji monogatari „Die Geschichte vom Prinzen Genji" ist ein sehr langer Roman, dessen Held ein Prinz ist. Anhand seiner Liebesabenteuer werden das Leben und die Intrigen am Kaiserhof dieser Epoche beschrieben. Makura no sôshi „Das Kopfkissenbuch" sind poetische Überlegungen. Beide wurden von Frauen, die zum Hof gehörten, geschrieben. 枕の草子 muß

3 — Da ich nicht alle Bücher, die ich lesen wollte, kaufen konnte, besuchte ich regelmäßig die Bibliothek und habe dort viel gelesen.
(ich will lesen / Buch / [Erg. 4. F.] / gänzlich / kaufen / die Tatsache, daß / [Hinweis] / nicht möglich gewesen sein /weil /// Bibliothek/ [Ort]/ regelmäßig besuchen // oft / gelesen haben / die Tatsache war, daß)

4 Mit 20 hatte ich schon fast alle wichtigen Werke der Heianperiode gelesen.
(zwanzig Jahre / [Ziel] / geworden sein / Zeit / [Zeit] / [Vstk] / Heian-Periode / [Bzw] / hauptsächlich / das ist / Werk / [Hinweis] / fast / gänzlich / gelesen haben)

ANMERKUNGEN (Fortsetzung)

wie *makura no sôshi* gelesen werden, obwohl das の nicht geschrieben wird, was oft bei Eigennamen der Fall ist. (Vgl. Lektion 68, Satz 1: 山手 *yamanote*, obwohl es kein の hat.)

(3) Der Gebrauch von もの でした (です) zeigt, daß das Gesagte als Gewohnheit des Sprechers betrachtet wird, eine Handlung, die von ihm oft ausgeführt wurde oder wird.

(4) 漫画 bezeichnet Comic strips, aber auch Zeichentrickfilme im Kino.

(5) 図書館 „Bibliothek", aber nur in der Bedeutung von „Ort, an dem Werke aufbewahrt werden, in denen die Öffentlichkeit nachschlagen kann".

(6) 平安 時代 (vgl. Lektion 17, Anmerkung 3). Wir haben es hier mit einer anderen großen Periode der japanischen Geschichte zu tun, die nach dem Namen der dermaligen Hauptstadt benannt ist: 平安京, wörtlich: „Hauptstadt des Friedens", da, wo sich heute Kyôto befindet. Diese Periode dauerte von 794 bis 1185. Es war das goldene Zeitalter der Künste.

5 特に清少納言の枕の
   toku ni sei shô na gon no makura no

   草子などは暗記するほど
   sô shi na do wa an ki su ru ho do

   何度も読みました。
   nan do mo yo mi ma shi ta (7)

6 – あなたは清少納言とか紫
   a na ta wa sei shô na gon to ka murasaki

   式部などの女流作家が好き
   shiki bu na do no jo ryû sak ka ga su ki

   なようですね。
   na yô de su ne (8) (9)

7 – いいえ、別にそう言うわけ
   i ie, betsu ni sô i u wa ke

   ではないですが、どちらか
   de wa na i de su ga, do chi ra ka

   と言うと、平安時代の朝廷
   to i u to, hei an ji dai no chô tei

   文学が好きなので、自然と
   bun gaku ga su ki na no de, shi zen to

   女の作家の作品を読む
   onna no sak ka no saku hin o yo mu

   ことになりました。
   ko to ni na ri ma shi ta

発音 6. dscholjüü

5   Und vor allem Makura no sôchi von Sei shonagon, ich habe es so oft gelesen, daß ich es fast auswendig konnte.
    (besonders / [ustw] / Sei shonagon / [Bzw] / Makura no sôshi / diese Art von Sachen / [Hinweis] / Gedächtnis-machen / in dem Grade, daß / oft / unzählige Male / gelesen haben)
6 — Sie scheinen Schriftstellerinnen wie Sei shonagon, Murasaki shikibu zu mögen.
    (Sie / [Hinweis] / Sei shonagon / oder auch / Murasaki shikibu / diese Art von Sachen / [Beifügung] / Schriftstellerin [Sgg] / geliebt / das ist / es scheint, daß / [ü.einst.])
7 — Nein, nicht besonders, aber da ich wirklich offen gesagt die höfische Literatur der Heianperiode gern mag, habe ich natürlich die Werke der Schriftstellerinnen gelesen.
    (nein / besonders / [ustw] / so / sagen / Grund / das ist nicht / das ist / aber //// von welcher Seite / [Frage] / [Zitat] / sagen / wenn /// Heian-Periode / [Bzw] / Kaiserhof-Literatur / [Sgg] / geliebt / das ist / weil // Natur / [ustw] / Frau / [Bzw] / Schriftsteller / [Beifügung] / Werk / [Erg. 4. F.] / lesen / die Tatsache, daß / [Ziel] / geworden sein)

ANMERKUNGEN (Fortsetzung)

(7) 清少納言 ist die Autorin des Makura no sôshi. Wir wissen nicht sehr viel über sie, nicht einmal ihren Namen..., denn dies ist nur ihr Beiname, der auf die Stellung ihres Vaters am Hof hinweist.

(8) 紫式部 ist die Autorin des Genji monogatari. Auch ihren Namen kennen wir nicht, dies ist auch nur ihr Beiname.

(9) よう です vgl. Lektion 81, Anmerkung 2.

8 この間、孫に「日本の代表的な古典だから源氏物語でも読みなさい」と言ったら、「もう漫画で読んだ」と答えられました。**(10)**

9 あっ、もう四時ですね。遅くまでお邪魔しました。

10 — まだいいではないですか。

11 — ええ。主人が帰ってくるまでに晩御飯の買物と支度をしなければいけません。ごちそうさまでした。**(11) (12)**

8 Neulich habe ich zu meiner Enkelin gesagt: „Da Genji monogatari ein Klassiker ist, der für Japan repräsentativ ist, solltest du ihn lesen", ich bekam zur Antwort: „Ich habe es schon als Comic gelesen".
(neulich / Enkel / [Erg. 3. F.] / „Japan / [Bzw] / repräsentativ / das ist / Klassiker / das ist / weil // Genji monogatari / auch / lies" / [Zitat] / da ich gesagt habe // „schon / Comic / [Mittel] / gelesen haben" / [Zitat] / beantwortet worden sein)

9 Ach, es ist schon vier Uhr! Entschuldigen Sie, daß ich Sie so lange aufgehalten habe!
(ach / schon / vier-Uhr / das ist / [ü.einst.]) (spät / bis / [höflich]-Unterbrechung / gemacht haben)

10 — Bleiben Sie noch ein bißchen!
(noch / gut sein / nämlich (nicht) / das ist / [Frage])

11 — Nein. Bevor mein Mann nach Hause kommt, muß ich einkaufen gehen und das Abendessen vorbereiten. Danke für das Essen.
(nein) (mein Mann / [Sgg] / zurückkehren / kommen / bis / [Zeit] / Abendessen / [Bzw] / Einkauf / und / Vorbereitungen / [Erg. 4. F.] / ich muß machen) (Festessen-[höflich] / das war)

ANMERKUNGEN (Fortsetzung)

(10) Die Verben mit nur einer Grundform können die **Passivform** (vgl. Lektion 82, Anmerkung 5) genauso wie die Verben mit mehreren Grundformen bilden. Von 答える *kotaeru* „antworten", kann man 答えられる *kotaerareru* ableiten, indem man das End-*u* durch *areru* ersetzt. Die Passivform, von der hier die Rede ist, muß wirklich verstanden werden: eine Handlung, ein Ereignis, das man über sich ergehen läßt.

(11) ... なければ いけません vgl. Lektion 80, Anmerkung 2.

(12) ごちそう さま でした Der Ausdruck des Dankes für Essen oder Trinken.

Lektion 83

12 - どう いたしまして。 又、 いつでも
   遊び に 来て 下さい。
13 - 失礼 します。 ごめん 下さいませ。(13)

練習

1. 七時 ごろ に 大変 な 交通 事故 が あって、 高速道路 は、 通れなく なりました。
2. 暑くて、 暑くて、 死ぬ ほど 暑かった です。
3. 図書館 が どこ に ある か と 聞かれました が、 わからなくて、 答えられません でした。
4. 最近 足 が 痛く なって、 歩けなく なって しまいました。
5. 先週 読んだ 農業 の 雑誌 に よると、 今 日本 では いろいろ な 新しい 野菜 を 作れる ように なって います。

12 — Aber gern geschehen! Besuchen Sie mich wieder einmal!
(aber bitte) (wiederum / irgendwann / sich zerstreuen / [Ziel] / kommen Sie)
13 — Ich gehe jetzt. Entschuldigen Sie mich!
(Unhöflichkeit-machen) (entschuldigen Sie mich)

ANMERKUNGEN (Fortsetzung)

(13) Noch ein fester Ausdruck (vgl. Lektion 78, Anmerkung 1) von －ます：－ませ . Es handelt sich dabei um eine Art Befehl: ごめん くださいませ „entschuldigen Sie mich". Dieser Ausdruck findet dann Verwendung, wenn man aufbrechen will oder ein Gespräch am Telefon beenden will (hauptsächlich von Frauen).

Übungen

1. Gegen sieben Uhr gab es einen schrecklichen Verkehrsunfall, und man hat die Autobahn nicht mehr benutzen können.
2. Es war zum Umkommen heiß!
3. Ich wurde gefragt, wo es eine Bibliothek gäbe, aber da ich es selbst nicht wußte, konnte ich nicht antworten.
4. Seit einiger Zeit tun mir die Beine weh, ich kann gar nicht mehr gehen.
5. Gemäß (wenn man sich auf) einer Landwirtschafts-Zeitschrift (beruft), die ich letzte Woche gelesen habe, ist es tatsächlich gelungen, in Japan alle möglichen neuen Gemüsearten anzupflanzen.

Lautschrift

1. shichiji goro ni taihen na kôtsû jiko ga atte, kôsokudôro wa toorenaku narimashita
2. atsukute, atsukute, shinu hodo atsukatta desu
3. toshokan ga doko ni aru ka to kikaremashita ga, wakaranakute, kotaeraremasen deshita
4. saikin ashi ga itaku natte, arukenaku natte shimaimashita
5. senshû yonda nôgyô no zasshi ni yoru to, ima nihon de wa iroiro na atarashii yasai o tsukureru yô ni natte imasu

... に 言葉 を 入れ なさい。

1. *Wie alt ist Ihre kleine Schwester?*

. . . .

2. *Sie wird dieses Jahr erst 20 Jahre alt.*

. . . .

3. *Es gibt Leute, die glauben, daß man mit einem Computer alles machen kann.*

. . . . o . . . . . . te, ...

. . . . . . te iru . . . .

片仮名 の 練習 Katakanaübungen

ザ	ジ	ズ	ゼ	ゾ
ZA	JI	ZU	ZE	ZO

書き取り   Diktat

1. *sezon* (Jahreszeit/season) 2. *jînzu* (Jeans/jeans) 3. *zôn* (Zone/zone) 4. *kôzu* (Grund/cause) 5. *kuizu* (Fernsehspiel/quizz) 6. *saizu* (Größe/size)

* *

4. *In meiner Jugend wollte ich Schriftsteller werden.*

. . . . omotte imashita

5. *Wenn es morgen schön ist, sollten wir früh aufstehen (stehen wir auf) und einen Spaziergang im Park machen (machen wir).*

. . . . ga . . . . ,

. . . .

Antwort: **1.** imôto san wa o ikutsu desu ka. **2.** kotoshi chôdo hatachi desu. **3.** konpyûtâ - tsukat-, nandemo dekiru to omothito ga imasu. **4.** wakai toki sakka ni narô to -. **5.** ashita tenki - yokereba, hayaku okite, kôen o sanpo shimashô.

Antwort

1. セゾン   2. ジーンズ   3. ゾーン

4. コーズ   5. クイズ   6. サイズ

Zweite Welle: 第三十四課 34. Lektion

* *

第八十四課
<ruby>だいはちじゅうよんか</ruby>
dai hachi jû yon ka

まとめ
matome

Nun? Ist alles gut gegangen mit den Anmerkungen ohne Lautschrift und den Übungen mit der getrennten Lautschrift? Sie sind ja bereits ein Hiraganaexperte! Ab nächster Lektion werden wir noch etwas weiter gehen, aber wir werden noch darauf zu sprechen kommen.

1. Zunächst müssen wir ein Versprechen einhalten: **die Familie** (vgl. Lektion 78, Anmerkung 4). Wir müssen **die Worte auseinanderhalten, die ich benutzen muß, wenn ich mit anderen Leuten:**
a) **über Mitglieder meiner eigenen Familie spreche,**
b) **über Mitglieder ihrer Familie spreche.**
Die Antwort ist etwas kompliziert, aber logisch.
Nehmen wir uns **den ersten Fall** vor: **Ich will mit anderen Leuten über Mitglieder MEINER EIGENEN FAMILIE sprechen.** Alles hängt von meinem Alter ab, ob ich ein Kind oder ein Erwachsener bin. Der Zeitpunkt, der hier als Trennlinie zwischen Kindheit und Erwachsensein angesehen wird ist der Zeitpunkt, zu dem ich die Wohnung meiner Eltern verlasse, meinen Lebensunterhalt selbst finanziere oder heirate.
Also zuerst: ich bin ein Kind (vgl. Lektion 39, Anmerkung 1). Ich spreche über meine kleine Schwester oder meinen kleinen Bruder. Ich werde also ganz einfach ihren Namen nennen mit ちゃん：かおる ちゃん oder ich werde einen Ausdruck wie 妹(いもうと)の かおる ちゃん zusammensetzen (kleine Schwester / [Beifüg.] / Kaoru) (vgl. Lektion 39, Satz 11). Wenn ich über meine große Schwester spreche, werde ich お姉(ねえ)さん sagen, über meinen großen Bruder お兄(にい)さん (vgl. Lektion 71, Satz 5). Wenn ich aber jetzt über meine Mutter sprechen will, werde ich お母(かあ)さん sagen, über meinen Vater お父(とう)さん (vgl. Lektion 71, Übung 1, Satz 1). Wenn ich über meine Tante

Vierundachtzigste Lektion
(ste / acht-zehn-vier / Lektion)
Wiederholung und Anmerkungen

spreche, werde ich 伯母さん sagen, über meinen Onkel 伯父さん, über meine Großmutter お祖母さん (vgl. Lektion 39, Satz 1; Lektion 59, Übung 2, Satz 4), über meinen Großvater お祖父さん (vgl. Lektion 39, Satz 1; Lektion 72, Übung 1, Satz 5).

Wenn ich ein ganz kleines Kind bin, so werde ich mit お姉さん jedes Mädchen im Alter meiner großen Schwester anreden, mit お兄さん jeden jungen Mann im Alter meines großen Bruders, mit 伯母さん jede Frau, mit 伯父さん jeden Mann im Alter meiner Eltern, mit お祖母さん jede Frau, mit お祖父さん jeden Mann im Alter meiner Großeltern.

Wenn ich erwachsen bin muß ich meinen Wortschatz ändern. Ich lasse jeweils das...さん weg. **Wenn ich von mir selbst oder von Leuten aus meiner eigenen Familie spreche, darf ich NIE**...さん benutzen (vgl. Lektion 26, Anmerkung 2). ,,Meine kleine Schwester'' heißt dann 妹 (vgl. Lektion 39, Übung 1, Satz 3; Lektion 50, Übung 1, Satz 5; Lektion 59, Übung 2, Satz 2; Lektion 80, Übung 2, Satz 2), ,,mein kleiner Bruder'' heißt dann 弟 ,,meine ältere Schwester'' 姉 (vgl. Lektion 31, Satz 10, es ist die ältere Schwester meines Ehemannes, aber ich spreche von ihr, als wäre sie meine ältere Schwester); Lektion 32, Übung 1, Satz 1; Lektion 55, Übung 2, Satz 5), ,,mein älterer Bruder'' 兄 (vgl. Lektion 27, Satz 13; Lektion 30, Übung 1, Satz 1; Lektion 31, Übung 1, Satz 2; Lektion 37, Übung 1, Satz 4; Lektion 82, Übung 1, Satz 1), ,,meine Mutter'' 母 , ,,mein Vater'' 父 (vgl. Lektion 64, Satz 11; Lektion 65, Übung 1, Satz 1; Lektion 80, Übung 2, Satz 4). Ich kann von den beiden zur selben Zeit sprechen: ,,meine Eltern'' 両親 (vgl. Lektion 47, Übung 1, Satz 2; Lektion 53, Übung 1, Satz 5). Schließlich werde ich für ,,meine Tante'' 伯母 , ,,meinen Onkel'' 伯父 (vgl.

Lektion 32, Satz 1; Lektion 34, Übung 1, Satz 4; Lektion 37, Übung 1, Satz 3), ,,meine Großmutter'' 祖母 und ,,meinen Großvater'' 祖父 sagen.

Wenn ich erwachsen und verheiratet bin, so verwende ich als Frau für ,,meinen Ehemann'' 主人 (vgl. Lektion 31, Satz 10; Lektion 50, Übung 2, Satz 4; Lektion 59, Satz 12 und Übung 1, Satz 3; Lektion 83, Satz 11) und als Mann für ,,meine Ehefrau'' 家内 (vgl. Lektion 18, Satz 8, Anmerkung 4 und Übung 1, Satz 1; Lektion 44, Satz 4; Lektion 69, Übung 1, Satz 1) oder 妻 (Lektion 34, Satz 6), was etwas formeller klingt, etwa wie ,,meine Gemahlin''. Als Mann oder als Frau verwende ich für ,,meine Tochter'' 娘 (vgl. Lektion 66, Übung 1, Satz 3; Lektion 67, Übung 1, Satz 3; vgl. auch Lektion 76, Satz 10, hier eine Bedeutungserweiterung, wie wir sie weiter oben gesehen haben: 娘 für jedes junge Mädchen im Alter meiner Tochter). Ich werde für ,,meinen Sohn'' 息子 benutzen (vgl. Lektion 26, Satz 4 und Anmerkung 2; Lektion 30, Übung 2, Satz 3; Lektion 39, Übung 2, Satz 3; Lektion 50, Übung 2, Satz 4). Ich habe vielleicht auch Neffen: 甥 (vgl. Lektion 69, Satz 1), Nichten 姪. Und wenn ich alt werde, habe ich Enkelkinder: 孫 (vgl. Lektion 60, Satz 1; Lektion 66, Satz 11; Lektion 83, Sätze 2 und 8). Nun sind Sie sprachlich vortrefflich ausgerüstet, alle Familiengeschichten preiszugeben!

Schauen wir uns jetzt **den zweiten Fall** an: **Ich will mit anderen Leuten über Mitglieder IHRER FAMILIE sprechen.** Es ist ganz klar, daß **ich überall**...さん **wieder einsetzen muß** (ich werde so den Großteil der Wörter, die die Kinder verwenden, wiederfinden): 妹さん ,,Ihre/deine kleine Schwester'' (vgl. Lektion 69, Übung 1, Satz 1; Lektion 83, Übung 2, Satz 1), 弟さん ,,Ihr/dein kleiner Bruder'', お姉さん ,,Ihre/deine ältere Schwester'', お兄さん ,,Ihr/dein älterer Bruder'', お母さん ,,Ihre/deine Mutter'' (vgl. Lektion 80, Satz 13), お父さん ,,Ihr/dein

Vater", 伯母さん „Ihre/deine Tante", 伯父さん „Ihr/dein Onkel", 甥御さん „Ihr/dein Neffe" (vgl. Lektion 69, Satz 2 und Übung 2, Satz 4, お祖母さん „Ihre/deine Großmutter", お祖父さん „Ihr/dein Großvater".

Jetzt wende ich mich an Sie, Sie sind verheiratet und ich spreche von „Ihrer Frau": 奥さん, von „Ihrem Mann": 御主人 (vgl. Lektion 48, Satz 9 und Übung 2, Satz 2), von „Ihrer Tochter": 娘さん (vgl. Lektion 66, Übung 2, Satz 5) oder sehr höflich: お嬢さん (Lektion 15, Satz 6 und Anmerkung 1), von „Ihrem Sohn": 息子さん (Lektion 23, Satz 1 und Übung 2, Satz 1; Lektion 26, Übung 1, Satz 2) oder, wenn er noch klein ist: お坊ちゃん (Lektion 15, Satz 10, Anmerkung 3 und Übung 2, Satz 1; Lektion 23, Übung 1, Satz 5; Lektion 64, Übung 1, Satz 1).
Damit können Sie sich für die Familiengeschichten der anderen interessieren!

Einige Bemerkungen:
— お祖母さん oder お祖父さん stehen sehr häufig für ältere Personen, die mit keinem Gesprächspartner verwandt sind, mit denen man aber eine vertraute Beziehung herstellen will (vgl. Lektion 59, Übung 2, Satz 5). Der Ausdruck 奥さん wird ganz allgemein für „Frau..." gebraucht.
— Da wir schon einmal bei diesem Thema sind, schauen wir uns noch an, wie man von der Schwester oder vom Onkel... einer dritten Person spricht. Wenn nun diese dritte Person jemand ist, die Sie kennen oder die Ihr Freund ist, dann verwendet man normalerweise die Wörter der Reihe mit ...さん (vgl. Lektion 71, Satz 4). Wenn es in einem Gespräch über Leute ist, die Sie nicht kennen, die Sie nichts angehen, dann verwendet man Wörter der Reihe ohne ...さん (vgl. Lektion 43, Satz 11).

2. Wir haben in den letzten Lektionen die **sogenannten „abgeleiteten" Verben** kennengelernt. Es ist an der

Zeit, die beiden Reihen etwas genauer zu betrachten:

● „... **können**" wird folgendermaßn abgeleitet: Bei den Verben mit mehreren Grundformen wird *u* durch *eru* ersetzt (vgl. Lektion 64, Anmerkung 2): 読む *yomu* „lesen", 読める *yomeru* „lesen können". Bei den Verben mit nur einer Grundform wird *u* durch *areru* ersetzt (vgl. Lektion 72, Anmerkung 6): 降りる *oriru* „aussteigen", 降りられる *orirareru* „aussteigen können".

● **Das Passiv** wird folgendermaßen konstruiert: Bei allen Verben wird *u* durch *areru* ersetzt (vgl. Lektion 82, Anmerkung 5): はかす *hakasu* (Verb mit mehreren Grundformen) „über die Füße anziehen lassen", はかされる *hakasareru* „über die Füße angezogen werden"; 答える *kotaeru* „antworten" (Verb mit einer Grundform), 答えられる *kotaerareru* „sich antworten lassen haben" (vgl. Lektion 83, Satz 5).
Diese abgeleiteten Verben sind alle Verben mit nur einer Grundform.
Aber leider ist es nicht so einfach, denn die Verben mit mehreren Grundformen bilden zwei verschiedene abgeleitete Verben: 使う *tsukau* „benutzen", 使える *tsukaeru* „benutzen können", 使われる *tsukawareru* „benutzt werden" (dabei dürfen wir nicht vergessen, daß alle Verben, deren Schlußsilbe aus einem *u* besteht, vor dem *areru* ein *w* einzuschieben, vgl. Lektion 77, Absatz 3 mit einem ähnlichen Problem).
Die Verben mit nur einer Grundform können auch nur eine abgeleitete Form bilden: 忘れる *wasureru* „vergessen", 忘れられる *wasurerareru* „vergessen können" oder „vergessen werden" oder sogar „vergessen werden können".
Zwei unregelmäßige Verbbildungen:
— する „machen", „machen können" existiert nicht, man verwendet den Ausdruck für „möglich sein" できる; „gemacht werden" wird mit される *sareru* ausgedrückt.
— 来る „kommen" bildet nur eine einzige abgeleitete

Form: 来られる *korareru* „kommen können" oder „die Ankunft eines anderen über sich ergehen lassen".

3. Bleiben wir noch ein wenig bei den **Verben** und rufen wir uns noch einmal ins Gedächtnis zurück, daß **es drei Arten gibt, jemanden direkt zu bitten, etwas zu machen.** Wir haben schon alle drei Arten gelernt.

a) Die Grundform der Verben mit nur einer Grundform oder die Grundform auf *i* bei den Verben mit mehreren Grundformen + なさい niedrige Stufe. Diese Bildung entspricht der Befehlsform in der zweiten Person Singular. Wir verwenden sie in der Überschrift der Übungen, weil die niedrige Form dem Deutschen „setzen Sie ein", „einsetzen" entspricht.

b) Die Verbform auf て + 下さい . Das ist die geläufigste Form, mittlere Stufe.

c) Schließlich gibt es eine höhere Stufe, und zwar: お + Grundform der Verben mit nur einer Grundform oder Grundform auf *i* bei Verben mit mehreren Grundformen + なさい oder 下さい .

Gehen wir zur Lektion 18 zurück: Der Kaufmann spricht mit einem Kunden mit dem Typ c), also die höhere Stufe: お 待ち 下さい „warten Sie, bitte warten, Belieben zu warten" (Satz 5), aber der Kunde bedient sich nur der mittleren Stufe, also Typ a): 見せて 下さい „zeigen Sie mir" (Satz 6).

Vergleichen Sie auch:

Typ a): Lektion 54, Satz 10; Lektion 71, Satz 10; Lektion 76, Satz 11;

Typ b): Lektion 38, Satz 1; Lektion 40, Satz 4; Lektion 46, Sätze 9 und 13; Lektion 61, Satz 9; Lektion 64, Satz 13; Lektion 65, Satz 6; Lektion 69, Satz 7; Lektion 73, Satz 3; Lektion 83, Satz 12;

Typ c): Lektion 46, Satz 7.

In der Umgangssprache, im Familienkreis zum Beispiel, kommt es sehr oft vor, daß man eine niedrige Stufe bildet, indem man die mittlere Stufe abkürzt, d.h. man läßt 下さい aus. Es bleibt daher nur die Form auf て übrig; in Ausnahmefällen finden wir sie auch am Satzende (vgl. Lektion 29, Satz 6; Lektion 78, Satz 6).

4. Und noch etwas zur **Schrift**. Wir werden die erste Phase verstärken, da die Hiragana keine Geheimnisse mehr für Sie sind und die Katakana nur ganz verstreut auftauchen.

Wir werden von jetzt an Dialog und Lautschrift trennen, wie wir das schon in den Übungen in den letzten sechs Lektionen gemacht haben.

Und dann gehen wir zur zweiten Etappe über - es gibt nämlich keinen Grund mehr dafür, die Antwort auf die

* *

第八十五課　　　　　　金閣寺

1 － 表紙 に 金閣寺 の 写真 は どう でしょう か。(1)

2 － いい です ね。池 と 金色 の お 寺 の 写真 を 見る と、いつも 心 が 静まります ね。

Lautschrift

kinkajuji

1 — hyôshi ni kinkakuji no shashin wa dô deshô ka
2 — ii desu ne. ike to kin-iro no o tera no shashin o miru to, itsumo kokoro ga shizumarimasu ne

Übungen 2 in der Lautschrift zu drucken, wenn Sie bereits imstande sind, sie in Hiragana zu schreiben! **AB LEKTION 85 STEHT EIN PUNKT FÜR EIN HIRAGANAZEICHEN** (oder ein Katakana, das Sie schon gelernt haben). Das wird natürlich anfänglich etwas verwirrend sein, aber Sie werden schnell Fortschritte machen... Sie sind schon viel zu weit gekommen, um immer noch Lautschrift lesen zu müssen...

Also, auf geht's!

Zweite Welle: 第三十五課 35. Lektion

* *

Das Kinkakuji   **Fünfundachtzigste Lektion**
(ste / acht-zehn-fünf / Lektion)

1 — Was halten Sie von einem Foto des Kinkakuji als Titelbild?
(Buchdecke / [Erg. 3. F.] / Kinkakuji / [Bzw] / Foto / [Hinweis] / wie / das muß sein / [Frage])

2 — Eine gute Idee! Beim Anblick des Fotos des Teichs und des goldenen Klosters wird man von Frieden erfüllt.
(gut sein / das ist / [ü.einst.]) (Teich / und / Gold-Farbe / [Bzw] / [ungezw]-Kloster / [Bzw] / Foto / [Erg. 4. F.] / anschauen / wenn // immer / Herz / [Sgg] / sich besänftigen / [ü.einst.])

ANMERKUNGEN

(1) 金閣寺 Das vollkommen vergoldete Kloster, das sich in einem Teich spiegelt, ist eines der architektonischen Schmuckstücke der Stadt Kyôto.

Lektion 85

3 京都の お寺の中で一番 きれいだと思います。
4 今の建物は一三九七年に建てられたものではなく、一九五五年に復元されたものです。(2) (3) (4)

3 kyôto no o tera no naka de ichiban kirei da to omoimasu
4 ima no tatemono wa sen sanbyaku kyûjû nana nen ni taterareta mono de wa naku, sen kyûhyaku gojû go nen ni fukugen sareta mono desu

3 Für mich ist es das schönste Kloster in Kyôto.
  (Kyôto/ [Bzw] / [ungezw]-Kloster / [Bzw] / innen / [Ort] / das am meisten / schön / das ist / [Zitat] / glauben)
4 Das derzeitige Gebäude ist nicht das 1397 errichtete, sondern das im Jahre 1955 wiederaufgebaute.
  (jetzt / [Bzw] / Gebäude / [Hinweis] / tausend / drei hundert / neunzig / sieben / Jahr / [Zeit] / gebaut worden sein / Sache / das ist nicht // tausend / neun hundert / fünfzig / fünf / Jahr / [Zeit] / Wiederaufbau-erfahren haben / Sache / das ist)

ANMERKUNGEN (Fortsetzung)

(2) Das Datum wird so wie bei uns geschrieben: Die Stellung der Ziffern gibt den Stellenwert an. Im Deutschen kann man entweder „eintausend" oder nur „tausend" sagen, im Japanischen dagegen heißt es immer „tausend", deshalb ist die erste Ziffer *sen* (vgl. Lektion 63).

(3) 建てられた abgeleitet von 建てる, （復元）された abgeleitet von する, vgl. Lektion 82, Anmerkung 5; Lektion 83, Anmerkung 10 und Lektion 84, Absatz 2.

(4) で は な く. Wiederholen wir ein wenig. Vgl. Lektion 50, Anmerkung 5. です wurde で, wenn es einen Satzteil abschloß, der nicht der letzte im Satz war. Vgl. Lektion 52, Anmerkung 2 und Lektion 54, Anmerkung 8: Verben und Adjektive haben im selben Fall die Form auf て. Für die Verben vergleiche Lektion 56; bei den Adjektiven bedeutet das, daß て an die Grundform auf く angehängt wird (vgl. Lektion 35, Absatz 3). で は ない wo ない ein Adjektiv ist, muß daher で は なくて werden. Aber für die Verben und die Adjektive können wir in diesem Fall (bei Satzteilende) eine viel einfachere Form benutzen, vergleiche dazu für die Verben die Lektion 58, Anmerkung 2 und für die Adjektive die Lektion 62, Anmerkung 4. Das ist die Form, um die es sich hier handelt.

5 完璧な 美しさを 求めて いた
ある お坊さん が、金閣寺 の
あまり の 美しさ に 耐えられなく
なって、火 を つけた の です。(5) (6)

6 — 今 の 建物 は コンクリート 建て
だ そう です ね。(7)

7 — 火事 が 起こって も 燃えない よう
に コンクリート で 建て直した と
よく 言われて います が、これ は
嘘 です。今度 も 木造 で
建てられました。(8)

---

5 kanpeki na utsukushisa o motomete ita aru obôsan ga, kinkakuji no amari no utsukushisa ni taerarenaku natte, hi o tsuketa no desu
6 — ima no tatemono wa konkurîto date da sô desu ne
7 — kaji ga okotte mo moenai yô ni konkurîto de tatenao-shita to yoku iwarete imasu ga, kore wa uso desu. kondo mo mokuzô de tateraremashita

ANMERKUNGEN (Fortsetzung)

(5) ある お坊さん. Wir kennen das Verb ある „sich befinden" schon sehr gut. Hier handelt es sich um einen feststehenden Ausdruck. Wenn es allein vor einem Substantiv steht, wird es zu einer Art Adjektiv, das „ein gewisser" bedeutet und unserem „es gibt jemanden, der..." entspricht. „Es gibt einen Mönch, der es nicht ertragen konnte und ... in Brand steckte" (vgl. auch die Lektion 37, Satz 6: ある 日 „eines (gewissen) Tages").

5   Ein gewisser Mönch, auf der Suche nach vollkommener Schönheit, der diese große Schönheit des Kinkakuji nicht ertragen konnte, hat es angezündet.
    (vollkommen / das ist / Schöheit / [Erg. 4. F.] / gesucht haben / ein gewisser / Mönch / [Sgg] / Kinkakuji / [Bzw] / zu sehr / [Bzw] / Schönheit / [Ziel] / nicht ertragen können / werden // Feuer / [Erg. 4. F.] / ansetzen / nämlich)
6 — Das jetzige Gebäude soll aus Beton sein.
    (jetzt / [Bzw] / Gebäude / [Hinweis] / Betongebaut / das ist / es heißt, daß / [ü.einst.])
7 — Man erzählt oft, daß man es aus Beton wiederaufgebaut hat, damit es selbst dann nicht brennt, wenn ein Feuer ausbräche, aber das ist falsch. Es ist wieder aus Holz gebaut worden.
    (Brand / [Sgg] / sogar wenn es ausbricht // nicht brennen / damit /// Beton / [Mitte] / wiederaufgebaut haben / [Zitat] / oft / gesagt werden / aber //// das / [Hinweis] / falsche Aussage / das ist)(dieses Mal / auch / Bauholz / [Mittel] / gebaut worden sein)

ANMERKUNGEN (Fortsetzung)

(6) 耐えられる „ertragen können", abgeleitet von 耐える „ertragen", vgl. Lektion 84, Absatz 2.

(7) コンクリート 建て . Ja, dieses Zeichen ist das Verb 建てる *tateru*. Wenn, wie hier, zwei Wörter zu einem werden, so wird der erste Konsonant des zweiten stimmhaft: aus *t* wird *d*, vgl. zwei ähnliche Fälle, am Ende des Satzes 9: 楽しむ どころ und am Ende des Satzes 10: 印象 深い, 印象 „Eindruck" + 深い „tief sein".

(8) 言われて います Passif, abgeleitet von 言う „sagen", vgl. Lektion 84, Absatz 2.

Lektion 85

8 同じ ように 完璧な 美を
求めて いた 作家の 三島 由紀夫 が
この 話を 小説に 書きました。
題は 「金閣寺」 です。(9)

9 — 写真では 建物と 池の 風景
だけで 静かな 雰囲気を 味わう
ことが できますが、実際に
行くと、観光客が 大勢 いて、
金閣寺の 美しさを 楽しむ どころ
では ありません。

10 — 私が 行った 時は、冬で、雪
が 降って いて、朝 早かった ので、
まだ だれも いなく、静かでした
から、 印象 深かった です。

8   onaji yô ni kanpeki na bi o motomete ita sakka no
    mishima yukio ga kono hanashi o shôsetsu ni kakima-
    shita. dai wa kinkakuji desu
9 — shashin de wa tatemono to ike no fûkei dake de shizuka
    na fun-iki o ajiwau koto ga dekimasu ga, jissai ni iku to,
    kankôkyaku ga oozei ite, kinkakuji no utsukushisa o
    tanoshimu dokoro de wa arimasen
10 — watashi ga itta toki wa, fuyu de, yuki ga futte ite, asa
    hayakatta node, mada daremo inaku, shizuka deshita
    kara, inshô bukakatta desu

8 Der Schriftsteller MISHIMA Yukio, der gleichfalls auf der Suche nach vollkommener Schönheit war, hat aus dieser Geschichte einen Roman mit dem Titel «Der goldene Pavillon» gemacht.
(identisch / Art / [ustw] / perfekt / das ist ⚹ Schönheit / [Erg. 4. F.] / gesucht haben / Schriftsteller / [Beifügung] / Mishima / Yukio / [Sgg] / diese / Geschichte / [Erg. 4. F.] / Roman / [Ziel] / geschrieben haben) (Titel / [Hinweis] / ,,Der goldene Pavillon'' / das ist)

9 — Auf dem Foto kann man allein beim Anblick des Pavillons und des Teichs die Ruhe genießen, aber wenn man wirklich dorthin fährt, ist alles voll von Touristen, und man kann sich unmöglich an der Schönheit des Kinkakuji Klosters erfreuen.
(Foto / [Mittel] / [Vstk] / Gebäude / und / Teich / [Bzw] / Anblick / nur / [Mittel] / friedlich / das ist / Atmosphäre / [Erg. 4. F.] / genießen / die Tatsache, daß / [Sgg] / möglich sein / aber //// wirklich / [ustw] / gehen / dann /// Tourist / [Sgg] / große Anzahl von Personen / sich erfinden /// Kinkakuji / [Bzw] / Schönheit / [Erg. 4. F.] / genießen-Moment / das ist nicht)

10 — Als ich diesen Winter hinging, es schneite, es war früh am Morgen, niemand war sonst dort und es war ruhig, wurde ich tief ergriffen.
(ich / [Sgg] / gegangen sein / Zeit / [Vstk] //// Winter / das ist // Schnee / [Sgg] / fallen // Morgen / zeitig gewesen sein / weil /// noch / niemand / sich nicht befinden // ruhig / das war / weil /// Gefühl-tief gewesen sein / das ist)

ANMERKUNGEN (Fortsetzung)

(9) MISHIMA Yukio, 1925-1970 **(bitte beachten Sie die Reihenfolge bei japanischen Namen - zuerst der Familienname, dann der Vorname),** ist das Pseudonym des Schriftstellers. Seine Werke wurden über die englische Übersetzung in viele europäische Sprachen übersetzt. Viele japanische zeitgenössische Schriftsteller sind uns nach wie vor nicht zugänglich, da sie nicht übersetzt sind.

11 だから その お寺 に 火 を
つけた お坊さん の 気持 が わかる
よう な 気 が します。

11 dakara sono o tera ni hi o tsuketa obôsan no kimochi ga wakaru yô na ki ga shimasu

練習

1. 平安 時代 は 七九四 年 から 一一八五 年 まで で、江戸 時代 は 一六〇三 年 から 一八六七 年 まで です。
2. 大雨 が 降って も 水 が 家 の 中 に 入らない よう に、昔 から 色々 の 設備 が 整えられて います。
3. 表紙 に する つもり で、先月 金閣寺 に 写真 を とり に 行きました が、観光客 が 多くて、一枚 も とれなかった ので、がっかり して 帰って きました。
4. この 村 に 新しい 学校 が 開かれた 時 から、子供達 の 生活 は すっかり よく なりました。

11 Deswegen scheint es mir, daß ich die Gefühle des Mönches, der das Kloster in Brand gesteckt hat, verstehen kann.
(das ist warum / dieses / [ungezw]-Kloster / [Ziel] / Feuer / [Erg. 4. F.] / gesteckt haben / Mönch / [Bzw] / Gefühl / [Sgg] / verständlich sein / Stand / das ist / Eindruck / [Sgg] / sich machen)

5. それ まで は、毎朝 この 村 から 四キロ 離れて いる 隣 の 村 の 学校 まで 歩いて 行かなければ ならなかった の です。

Übungen

1. Die Heianperiode reicht von 794 bis 1185, die Edoperiode von 1603 bis 1867.
2. Seit langem sind schon alle möglichen Installationen eingebaut worden, so daß selbst bei starkem Regen das Wasser nicht in die Häuser dringt.
3. Letzten Monat bin ich für Fotoaufnahmen zum Kinkakuji gefahren, um sie für das Titelbild zu verwenden, aber wegen der großen Zahl von Touristen konnte ich kein einziges Foto machen, ich bin enttäuscht zurückgefahren.
4. Seitdem in unserem Dorf eine neue Schule eröffnet worden ist, ist das Leben der Schulkinder sehr erleichtert worden.
5. Vorher mußten sie jeden Morgen zu Fuß in die Schule in das Nachbardorf gehen, das vier Kilometer von unserem entfernt ist.

Lautschrift

1. heian jidai wa nanahyaku kyûjû yo nen kara sen hyaku hachijû go nen made de, edo jidai wa sen roppyaku san nen kara sen happyaku rokujû nana nen made desu
2. ooame ga futte mo mizu ga ie no naka ni hairanai yô ni, mukashi kara iroiro no setsubi ga totonoerarete imasu
3. hyôshi ni suru tsumori de, sengetsu kinkakuji ni shashin o tori ni ikimashita ga, kankôkyaku ga ookute, ichimai mo torenakatta node, gakkari shite kaette kimashita
4. kono mura ni atarashii gakkô ga hirakareta toki kara, kodomotachi no seikatsu wa sukkari yoku narimashita
5. sore made wa, maiasa kono mura kara yon kiro hanarete iru tonari no mura no gakkô made aruite ikanakereba naranakatta no desu

331

... に 言葉を 入れなさい。

1. *Man sagt (es wird gesagt), daß sogar noch heutzutage oft Brände in Tokio ausbrechen. Ist das wahr?*

..でも ....,

.. ..

2. *Meine Großmutter ist am 31. Dezember 1899 geboren.*

. . . . ねん , ...

. . . .

3. *Es gibt einen Schriftsteller (einen gewissen Schriftsteller), der aus der Geschichte des Mönches, der das Kloster in Brand gesetzt hat, einen Roman gemacht hat.*

. . . .

. . . .

4. *Ich bin nach Ueno in der Absicht gefahren, das Kunstmuseum zu besuchen, aber es gab so viele Touristen, die Schlange standen; da ich nicht die Zeit hatte zu warten, konnte ich nicht hineingehen.*

. . . . けんがく する . . . ., ...

. ., ... ならんで いて、ぼくも

. . . ., ...

Antwort:

1. いま - とうきょう で よく かじ が おこる と いわれて います が、それ は ほんとう です か。
2. そぼ は せん はっぴゃく きゅうじゅう きゅう-、じゅうにがつ さんじゅう いち にち に うまれました。
3. ある さっか が お てら に ひ を つけた おぼうさん の はなし を しょうせつ に しました。
4. びじゅつかん を - つもり で、うえの に いきました が、かんこうきゃく が おおぜい -、- まって いる じかん が なかった ので、はいれません でした。

Puh! Das war schwer! Sie haben es geschafft! Das wichtigste ist, sich an die Spielregeln zu halten und die Übung direkt in Hiragana zu schreiben, nicht die Lautschrift, Sie müssen sie völlig vergessen. Trotz allem finden Sie auf Seite 492 die Lautschrift der Antworten zu dieser Übung. Versprechen Sie uns, nur in Notfällen nachzuschlagen!

片仮名 の 練習 Katakanaübungen

TA　CHI　TSU　TE　TO

Bei den Katakana kann man auch Konsonante verdoppeln. Dies ist möglich bei: K, G, S (sh), J, Z, T (ch, ts),

Lektion 85

D, F, B, P. Wie bei den Hiragana (vgl. Lektion 68) wird dafür das Zeichen TSU kleingeschrieben ッ.
Beispiel:
クッキング (cooking/Kochen) *kukkingu*
ゴシック (gothic/gotisch) *goshikku*

書き取り
か と

Diktat

1. *chikin* (Hähnchen/chicken) 2. *kasetto* (Kassette/cassette) 3. *kâten* (Vorhang/curtain) 4. *tekisuto* (Text/text) 5. *tsuisuto* (twist) 6. *shikku* (schick/chic) 7. *takkusu* (Steuer/tax) 8. *chiketto* (Ticket) 9. *tsuâ* (organisierte Reise/tour) 10. *takushî* (Taxi)

****

第八十六課　　　上京 I
だいはちじゅうろっか　　　じょうきょう

1 — ごめん 下さい。(1)

2 — はい、 どなた です か。(2)

3 — ご無沙汰 して おります。 秋田 の 吉本 です。(3)

Lautschrift

jôkyô (ichi)

1 — gomen kudasai
2 — hai, donata desu ka
3 — gobusata shite orimasu. akita no yoshimoto desu

ANMERKUNGEN

(1) In den traditionellen japanischen Häusern gab es keine Türklingel, und selbst heute gibt es sie nur selten. Daher verwendet man diese Wendung, um sein Kommen vom Eingang aus den anderen Leuten im Haus mitzuteilen.

Antwort

1. チキン　　2. カセット　　3. カーテン

4. テキスト　　5. ツイスト　　6. シック

7. タックス　　8. チケット　　9. ツアー

10. タクシー

Zweite Welle: 第三十六課 36. Lektion

****

Sechsundachtzigste Lektion
(ste / acht-zehn-sechs / Lektion)

Besuch in der Hauptstadt I

1 — Bitte!
2 — Ja, wer ist da?
   (ja / wer / das ist / [Frage])
3 — Seit langem schon haben wir nichts mehr von uns hören lassen. Ich bin Frau Yoshimoto aus Akita.
   ([höflich]-Abwesenheit an Neuigkeiten-ich mache)
   (Akita / [Bzw] / Yoshimoto / das ist)

ANMERKUNGEN (Fortsetzung)

(2) どなた Seit langem haben wir だれ „wer?" geübt. どなた hat dieselbe Bedeutung, aber in der höheren Stufe. Da man nicht weiß, wer der Besucher ist, ist es besser, vorsichtig zu sein: Mit der höheren Stufe kann man nicht fehlgehen.

(3) して おります。Die ganze Konversation zwischen diesen beiden Frauen ist sehr höflich, daher wird eine Reihe von Wörtern in der höheren Stufe verwendet. Hier nur eine kleine Wiederholung: おります vgl. Lektion 44, Anmerkung 4; Lektion 70, Absatz 3. 吉本 : Diese Wendung muß man für seinen eigenen Namen verwenden, hingegen darf man nie さん sagen, denn sie wird ausschließlich für den Namen anderer Leute verwendet. Akita, vgl. Lektion 37, Anmerkung 1.

4 － まあ。お久し振り です ね。どうぞ、お上がり下さい。(4)

5 － ありがとう ございます。

6 けれども お玄関 で 失礼 いたします。(5)

7 － そんな に ご遠慮 を なさらないで、どうぞ お上がり 下さい。(6)

8 ちょうど 上 の 娘 も 嫁先 から 帰って おります し、ゆっくり なさって いって 下さい。(3)(7)

---

4 — maa. ohisashiburi desu ne. dôzo, o agari kudasai
5 — arigatô gozaimasu
6 keredomo o genkan de shitsurei itashimasu
7 — sonna ni go enryo o nasaranaide, dôzo o agari kudasai
8 chôdo ue no musume mo totsugisaki kara kaette orimasu shi, yukkuri nasatte itte kudasai

ANMERKUNGEN (Fortsetzung)
(4) お上がり下さい wörtlich „kommen Sie herauf". Die „Diele" (vgl. Satz 6) 玄関 ist der einzige Raum des Hauses im Erdgeschoß. Von der Diele führen einige Stufen hinauf in die Wohnräume, so daß man tatsächlich „hinaus" gehen muß, wenn man die Wohnräume betreten will. Die Diele ist verschieden groß, je nach Haus, aber auf jeden Fall zieht man dort die Schuhe aus und läßt sie stehen, denn man betritt das Hausinnere nie mit Schuhen.

4 — Oh! Wie lange ist es her! Kommen Sie herein, bitte!
(oh) ([höflich]-Zeit lang / das ist / [ü.einst.]) (ich bitte / [höflich]-kommen Sie herauf)
5 — Danke.
6   Aber ich komme sie nur begrüßen (wörtlich: Ich bin unhöflich in der Diele).
(aber / [höflich]-Diele / [Ort] / Unhöflichkeit-ich mache)
7 — Ich bitte Sie, genieren Sie sich nicht, kommen Sie herein!
(in dieser Art / [ustw] / [höflich]-Zwang / [Erg. 4. F.] / ohne zu machen // ich bitte Sie / [höflich]-kommen Sie herein)
8   Meine älteste Tochter ist gerade hier auf der Durchreise von ihrer Schwiegermutter, machen Sie es sich doch bequem...
(gerade / oben / [Bzw] / meine Tochter / auch / Richtung nach der Hochzeit / von / zurückkommen / und // zu Ihrer Bequemlichkeit / machen Sie)

ANMERKUNGEN (Fortsetzung)

(5) いたします, vgl. Lektion 69, Anmerkung 8; Lektion 70, Absatz 3.

(6) なさらないで für なさる vgl. Lektion 46, Anmerkung 4 und Lektion 49, Absatz 2; Lektion 70, Absatz 3. Für －ないで vgl. Lektion 81, Anmerkung 4.

(7) し vgl. Lektion 79, Anmerkung 8. Es gibt oft mehrere Nebensätze, denen し folgt. Hier allerdings steht es allein, denn der Nebensatz, der ihm vorausgeht, wurde an das andere Situationselement angehängt, das nicht wörtlich erwähnt wird, und zwar an die Ankunft der Besucherin: „(da Sie hier sind [nicht erwähnt]) und da meine Tochter auch hier ist, lassen Sie uns eine angenehme Zeit verbringen".

Lektion 86

9 東京に 何か 御用事で いらしたの ですか。(8)

10 — ええ、息子の 嫁の 両親に 会わなければ ならない ので、一泊一日で 参りました。(9)(10)

11 — よろしかったら お 食事でも 御一緒に いかが ですか。(8)

12 — ありがとう ございます。でも まだ 用事が 残って います ので、こちら で 失礼 いたします。(11)

よろしかったら、お 食事でも 一緒に いかが ですか。

9 tôkyô ni nanika go yôji de irashita no desu ka
10 — ee, musuko no yome no ryôshin ni awanakereba naranai node, ippaku futsuka de mairimashita
11 — yoroshikattara o shokuji demo go issho ni ikaga desu ka
12 — arigatô gozaimasu. demo mada yôji ga nokotte imasu node, kochira de shitsurei itashimasu

9 Was hat Sie nach Tokio geführt?
(Tokio / [Ziel] / etwas / [höflich]-Beschäftigung / [Mittel] / gekommen sein / nämlich / [Frage])

10 — Nun, da wir die Eltern meiner Schwiegertochter besuchen mußten, sind wir gerade für zwei Tage gekommen.
(nun / Sohn / [Bzw] / Gemahlin / [Bzw] / Eltern / [Ziel] / man muß treffen / weil // eins-Nacht nicht daheim / zwei Tage / [Mittel] / wir sind gekommen)

11 — Wenn Sie wollen, bleiben Sie doch zum Essen bei uns!
(wenn das gut ist // [höflich]-Mahlzeit / sogar / [höflich]-gemeinsam / [ustw] / wie / das ist / [Frage])

12 — Ich danke Ihnen, aber ich muß noch viel erledigen. Ich werde daher aufbrechen.
(danke) (aber / noch / Beschäftigung / [Sgg] / bleiben / weil // diese Seite / [Mittel] / Unhöflichkeit-ich mache)

ANMERKUNGEN (Fortsetzung)

(8) Auf diese Weise wird die höhere Stufe von chinesischen Substantiven gebildet: 御 wird vorangestellt. Vergleichen Sie: 御 用事 „ihre Beschäftigungen" und 用事 Satz 12 „meine Beschäftigungen"; 御 一緒 に Satz 11 „gemeinsam (Sie mit uns)" verglichen mit dem gewöhnlichen 一緒に . いらした von いらっしゃる hier höhere Stufe von 来る, vgl. Lektion 78, Anmerkung 7. よろしい vgl. Lektion 23, Anmerkung 5.

(9) 会わなければ ならない vgl. Lektion 77, Absatz 3 und Absatz 4.

(10) 参ります höhere Stufe, die 行く „gehen" oder 来る „kommen" entspricht, wenn ich von mir spreche oder von den Mitgliedern meiner eigenen Familie. 二日 vgl. Lektion 70, Absatz 1.

(11) こちら wörtlich: „auf der Seite, auf der ich mich aufhalte", also die höhere Stufe, wenn man von sich selbst spricht.

13 - さよう で ございます か。 せっかく お 越し 下さった のに...(12)(13)
14 - こちら こそ 突然 お 訪ね して、申し訳 ございません。(11)(14)

13 — sa yô de gozaimasu ka. sekkaku okoshi kudasatta noni
14 — kochira koso totsuzen o tazune shite, môshiwake gozaimasen

練習

1. 御主人 は 科学 関係 の 雑誌社 で 働いて いらっしゃる と 聞きました。
2. そう です。主人 は 秋 から 「科学」 と いう 雑誌 の 仕事 を して います。
3. 今週 の 日曜日 に 両親 が 訪ねて きます から、ゴルフ は できない の です。 ごめん なさい。

13 — Wirklich? Es war so liebenswürdig von Ihnen, bis hierher zu kommen.
(so / das ist / [Frage]) (eigens / [höflich]-vorbeikommen / gemacht haben für mich / obwohl)

14 — Entschuldigen Sie mich, daß ich ohne Voranmeldung gekommen bin.
(diese Seite / auch / plötzlich / [höflich]-Besuchmachen // Entschuldigung / sich nicht befinden)

ANMERKUNGEN (Fortsetzung)

(12) さよう で ございます höhere Stufe, die そう です entspricht.

(13) 下さった von 下さる höhere Stufe, die くれる „für mich machen" entspricht.

(14) ございます entspricht der höheren Stufe von いる／います „sich befinden (Lebewesen)" oder ある／あります „sich befinden (von Dingen)", für Gegenstände oder Lebewesen, die ICH zeige, oder die MICH angehen. Bitte verwechseln Sie diese Form nicht mit で ございます, der höheren Stufe von です „das ist" (vgl. Lektion 70, Absatz 3).

Übungen

1. Ich habe gehört, daß Ihr Mann für eine wissenschaftliche Zeitschrift arbeitet.
2. Ja. Mein Mann arbeitet seit letztem Herbst für eine Zeitschrift, die «Die Wissenschaft» heißt.
3. Nächsten Sonntag kommen mich meine Eltern besuchen; ich werde daher nicht zum Golf (gehen) können. Entschuldigen Sie mich bitte.

Lautschrift

1. go shujin wa kagaku kankei no zasshi sha de hataraite irassharu to kikimashita
2. sô desu. shujin wa aki kara kagaku to iu zasshi no shigoto o shite imasu
3. konshû no nichiyôbi ni ryôshin ga tazunete kimasu kara, gorofu wa dekinai no desu. gomen nasai

4. 御両親 は 前 に お目 に かかった 時 から どう なさって います か。 お 元気 で いらっしゃいます か。

5. ええ。 お かげ さま で、 とても 元気 です。

... に 言葉 を 入れ なさい。

1. — *Wann gehen Sie dorthin?*

   — *Ich gehe sicher in 14 Tagen dorthin.*

   — . . . .

   — . . . .

2. — *Wer ist der Mann, der neben Ihrem Mann sitzt? Ist er Ihr Neffe?*

   — *Ja, das ist mein Neffe.*

   — . . . . すわって いる . . . .
   . . . .

   — . . . . . .

3. *Es ist mir sehr peinlich, denn ich kann mir keine Namen merken.*

   ひと . . . . , ...

4. Wie geht es Ihren Eltern seit ich sie zuletzt gesehen habe? Geht es ihnen gut?
5. Ja, danke, es geht ihnen sehr gut.

4. go ryôshin wa mae ni o me ni kakatta toki kara dô nasatte imasu ka. o genki de irasshaimasu ka
5. ee. o kage sama de, totemo genki desu

---

4. *Ich bin mit dem Auto in der Absicht weggefahren, meine Tante in Akita zu besuchen, aber unterwegs hatte ich eine Panne, ich konnte nicht bis nach Akita fahren, ich mußte mit dem Zug zurückfahren.*

・・・・・・・たずねる・・・・・・・で いきました

・・,・・・・・・・・・・,・・・・・・・・

なって,・・・・もどる こと に なりました。

5. — *Matsumoto! Telefon! Deine (große) Schwester!*

— *Ah, meine Schwester! Danke. Hallo!*

— ・・・・・・！ ・・・・！・・・・・・！

— あ！..！どうも！ ・・・・

Antwort:

1. いつ いらっしゃいます か。きっと さらいしゅう まいります。
2. ご しゅじん の そば に － かた は どなた です か。おいごさん で いらっしゃいます か。 はい おい です。
3. － の なまえ を おぼえられない から、 とても こまります。

Lektion 86

4. あきた の おば を － つもり で くるま
   － が、 とちゅう で くるま が こしょう
   して、 あきた まで いけなく －、
   きしゃ で －。
5. まつもと さん！ でんわ よ！ おねえさん よ！
   －！ あね！ －！ もし もし。

(Aber wirklich nur im Notfall die Lautschrift der Antworten auf Seite 492 nachlesen!)

片仮名 の 練習　Katakanaübungen

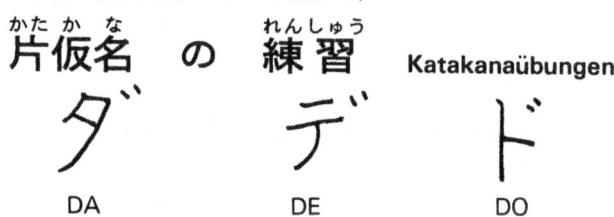

DA　　　　　　DE　　　　　　DO

* *

第八十七課　　上京 II

1－あ。 吉本 じゃ ない か。 東京
なんか で 何 して いる ん だ？(1)

Lautschrift

　　　　　　　　jôkyô (ni)

1 — a. yoshimoto ja nai ka. tôkyô nanka de nani shite iru n da

ANMERKUNGEN

(1) Die Männerversion dieser Geschichte ist hier in der niedrigen Stufe! Sogar der Eigenname der Person steht ohne さん. Die Abkürzung: じゃ für で は (vgl. Lektion 64, Anmerkung 3), ん だ für の です (vgl. Lektion 66, Anmerkung 8). Und vor allem... nachdem wir Ihnen erklärt haben, daß man immer die Partikel verwenden muß, um die Funktion eines Substantivs anzugeben (vgl. Einleitung Band 1, Seite X), müssen wir uns hier etwas mäßigen.

書き取り

Diktat

1. *doa* (Tür/door) 2. *sandê* (Sonntag/sunday) 3. *daun* (unten/down) 4. *doitsu* (Deutschland/deutsch) 5. *daietto* (Diät/diet) 6. *ado* (Anzeige/ad(vertisement)) 7. *dêto* (Verabredung/date) 8. *ôdâ* (Befehl/order) 9. *desuku* (Büro/desk) 10. *indo* (Indien/India))

Antwort

1. ドア 2. サンデー 3. ダウン

4. ドイツ 5. ダイエット 6. アド

7. デート 8. オーダー 9. デスク

10. インド

Zweite Welle: 第三十七課 37. Lektion

* *

Siebenundachtzigste Lektion
(acht-zehn-sieben/Lektion)

Besuch in der Hauptstadt II

1 — Sieh mal einer an! Das ist ja Yoshimoto! Was machst denn du in Tokio?
(sieh mal einer an) (Yoshimoto / das ist nicht / [Frage]) (Tokio / etwas / [Mittel] / was / machen / nämlich)

ANMERKUNGEN (Fortsetzung)

Schauen Sie das Satzende an: 何 して いる. Da 何 die Ergänzung 4. F. ist, würde man die Partikel を erwarten, um es an das Verb des Satzes して いる anzuhängen. Hier handelt es sich aber um keinen Druckfehler, von einem を ist weit und breit keine Spur. Der Grund dafür ist, daß man in der sehr vertraulichen Umgangssprache einige Partikel ausläßt, wenn die Funktion des Substantivs klar ist. Dies betrifft が [Sgg], を [Erg. 4. F.], は [Hinweis].

Lektion 87

2 ― 実は息子の嫁の両親に
会うために一泊二日で東京
に来ているんだ。

3 家内が君の家まであいさつ
に行った筈だ。

4 ― ああ、そうかい。ところで僕達
も一緒に一杯やろうか。(2) (3) (4)

5 きたないけれどうまい酒を
飲ませる所を知っているんだ。
(5) (6)

6 ― ああ、そういう所が一番気楽
でいいねえ。

2 — jitsu wa musuko no yome no ryôshin ni au tame ni ippaku futsuka de tôkyô ni kite iru n da
3 kanai ga kimi no uchi made aisatsu ni itta hazu da
4 — aa, sô kai. tokoro de bokutachi mo issho ni ippai yarô ka
5 kitanai keredo umai sake o nomaseru tokoro o shitte iru n da
6 — aa, sô iu tokoro ga ichiban kiraku de ii nee

ANMERKUNGEN (Fortsetzung)

(2) そう かい vgl. Lektion 75, Anmerkung 5.
(3) 僕達 vgl. Lektion 76, Anmerkung 9. 僕 „ich", 僕達 „wir".
(4) やろう vgl. Lektion 75, Anmerkung 1.
(5) うまい ist ein Adjektiv, das außerordentlich schwierig zu übersetzen ist, denn sein Anwendungsgebiet ist sehr groß. Es dient dazu, die Schmackhaftigkeit eines Getränks oder einer Speise auszudrücken, dazu die Eigenschaften zu bewerten, die jemand bei einer Tätigkeit

2 — Wir sind nur für zwei Tage nach Tokio gekommen, um die Eltern meiner Schwiegertochter zu besuchen.
(in Wirklichkeit / [Vstk] / Sohn / [Bzw] / Gemahlin / [Bzw] / Eltern / [Ziel] / treffen / um zu // eins-Nacht nicht daheim / zwei Tage / [Mittel] / Tokio / [Ziel] / kommen / nämlich)

3 Ich glaube meine Frau hat bei dir daheim vorbeigeschaut.
(meine Frau / [Sgg] / du / [Bzw] / Haus / bis / Gruß / [Ziel] / gegangen sein / Wahrscheinlichkeit / das ist)

4 — Aha! Übrigens, wie wäre es, wenn wir zusammen ein Gläschen trinken gingen?
(ach / so / [Frage]) (übrigens / wir / auch / zusammen / [ustw] / eins-Glas / machen wir / [Frage])

5 Ich kenne ein kleines Lokal, etwas schäbig, aber man bekommt ausgezeichneten Sake!
(schmutzig sein / obwohl // köstlich sein / Sake / [Erg. 4. F.] / zu trinken geben / Ort / [Erg. 4. F.] / kennen / nämlich)

6 — Ach, an so einem Ort ist es am schönsten, einverstanden!
(ach / so / sagen / Ort / [Sgg] / am meisten / angenehm / das ist // gut sein /[ü.einst.])

ANMERKUNGEN (Fortsetzung)

zeigt, die körperliche oder geistige Geschicklichkeit erfordert, oder schließlich, dazu eine zu große Geschlichtigkeit zu bezeichnen, die schon an Unehrlichkeit grenzt.

(6) Es ist doch unvermeidlich!... Es gab zwei davon... aller guten Dinge sind drei! Ach ja! Von jedem Verb können drei Ableitungen konstruiert werden. Wir haben bisher zwei gelernt (vgl. Lektion 84, Absatz 2), hier ist nun die dritte Form; von 飲む „trinken" kann man also diesmal 飲ませる „zu trinken geben" bilden. Bei den Verben mit mehreren Grundformen wird das End-*u* durch *aseru* ersetzt. Das abgeleitete Verb wird auf diese Art ein Verb mit nur einer Grundform.

Lektion 87

7 ― 仕事 は どう だい。 うまく 行って いる かい。(2) (7)

8 ― 今 の ところ 何とか やって いる と いう 状態 だ。(8)

9 ― おれ の とこ も 同じ よう な もの だ。(9)

10 ところで 君 の 息子 は 東京 の 人 と 結婚 した ん だ そう だ ね。

11 お 金持 の お嬢さん と 聞いた が どう だい。(7)

12 ― うん。 なかなか うるさい 嫁 で、 御覧 の 通り 東京 まで 両親 の 御機嫌 を うかがい に 来て いる と いう わけ だ。(10)

---

7 — shigoto wa dô dai. umaku itte iru kai
8 — ima no tokoro nantoka yatte iru to iu jôtai da
9 — ore no toko mo onaji yô na mono da
10 tokorode kimi no musuko wa tôkyô no hito to kekkon shita n da sô da ne
11 o kanemochi no ojôsan to kiita ga dô dai
12 — un. nakanaka urusai yome de, goran no toori tôkyô made ryôshin no go gigen o ukagai ni kite iru to iu wake da

ANMERKUNGEN (Fortsetzung)

(7) だい vgl. Lektion 75, Anmerkung 8.

(8) Das Wort ところ hat zwei Bedeutungen: ところ gibt einen räumlichen Punkt, einen „Ort", einen „Platz" oder

7 — Und wie geht es mit der Arbeit? Ist alles in Ordnung?
(Arbeit / [Hinweis] / wie / das ist) (von erfolgreicher Art / gehen / [Frage])

8 — Zur Zeit versuche ich das beste daraus zu machen (wörtlich: das ist eine Situation, wo man versucht, daß es funktioniert).
(jetzt / [Bzw] / Moment / etwas / machen / [Zitat] / sagen / Situation / das ist)

9 — Bei mir ist es dasselbe.
(ich / [Bzw] / Ort / auch / identisch / Art / das ist / die Tatsache ist, daß)

10 Übrigens, sag mal, es heißt, daß dein Sohn jemanden aus Tokio geheiratet hat!
(übrigens / du / [Bzw] / Sohn / [Hinweis] / Tokio / [Bzw] / Mensch / mit / Hochzeit-gemacht haben / nämlich / es scheint, daß / [ü.einst.])

11 Ich habe gehört, daß es ein reiches Mädchen ist, stimmt das?
([ungezw]-reich / [Bzw] / Fräulein / [Zitat] / gehört haben / aber // wie / das ist)

12 — Mhm, sie stellt Ansprüche; wie du siehst, bin ich bis nach Tokio gekommen, um Neuigkeiten von ihren Eltern zu erfahren.
(mhm) (genug / anspruchsvoll sein / Gemahlin / das ist // Ihre Sicht / [Bzw] / gemäß / Tokio / bis / Eltern / [Bzw] / [höflich]-Neuigkeiten / [Erg. 4. F.] / fragen / [Ziel] / kommen / [Zitat] / sagen / Grund / das ist)

ANMERKUNGEN (Fortsetzung)

zeitlichen Punkt, einen „Moment", einen „Augenblick" an.

(9) とこ Abkürzung von ところ . おれ vgl. Lektion 66, Anmerkung 4.

(10) うかがう vgl. Lektion 59, Anmerkung 3. 御 機嫌 vgl. Lektion 86, Anmerkung 8. Diese plötzliche Höflichkeit ist darauf zurückzuführen, daß die Familie der Schwiegertochter dieses Mannes der Gegenstand der Unterhaltung geworden ist.

13 - 酒 でも 飲んで、今晩 は そんな 事 は 皆 忘れよう。(11)(4)

14 - そう だ、そう だ。

13 — sake demo nonde, konban wa sonna koto wa minna wasureyô
14 — sô da, sô da

練習

1. - おれ達 は 競争 に 勝つ ために 毎晩 一生懸命 遅く まで 練習 して いる んだ。ところが 朝 早く 事務所 へ 行かなければ ならない から、このごろ 少し しか 眠れなく なって しまった。
   - 何 の 競争 です か。
   - マージャン の 競争 です。

2. もう 何も できない と いう 状態 です。

3. - この 絵 は だれ が 書いた の だ、奥さん か。
   - はい 家内 です。
   - 上手 だ。

13 — Laß uns etwas trinken und für heute abend das alles vergessen!
(Sake / sogar / trinken // heute Abend / [Vstk] / von solcher / Sache / [Hinweis] / alles / vergessen wir)
14 — Einverstanden! Einverstanden!
(so / das ist) (so / das ist)

ANMERKUNGEN (Fortsetzung)
(11) 忘れよう vgl. Lektion 75, Anmerkung 1.

もう 何も できない
と いう
状態 です。

Übungen

1. — Um den Wettbewerb zu gewinnen, trainieren wir intensiv jeden Abend bis spät in die Nacht. Aber da wir am Morgen früh ins Büro gehen müssen, können wir im Moment nicht viel schlafen!
   — Was ist das für ein Wettbewerb?
   — Ein Mah-Jong-Wettbewerb.
2. Das ist eine hoffnungslose Situation (in der nichts mehr zu machen ist).
3. — Wer hat dieses Bild gemalt? Deine Frau?
   — Ja, sie hat es gemalt.
   — Sie ist begabt!

Lautschrift

1. — oretachi wa kyôsô ni katsu tame ni maiban isshôkenmei osoku made renshû shite iru n da. tokoroga asa hayaku jimusho e ikanakereba naranai kara, konogoro sukoshi shika nemurenaku natte shimatta
   — nan no kyôsô desu ka
   — mâjan no kyôsô desu
2. mô nanimo dekinai to iu jôtai desu
3. — kono e wa dare ga kaita no da, okusan ka
   — hai, kanai desu
   — jôzu da

Lektion 87

4. 橋本 さん？ 科学史 の 先生 だ よ。
   君 なら 知って いる はず だ。
5. 私 が いそがしかった ので、
   わざわざ あそこ まで 行かせて
   しまった、悪い わ ね。

... に 言葉 を 入れ なさい。

1. *Wie Sie sehen, befindet sich unser Betrieb in einer ziemlich gefährlichen Lage.*

   . . . . , ...

2. *Wie ich es Ihnen schon vorhin gesagt habe, hat sich die Situation unserer Gesellschaft seit dem letzten Jahr beträchtlich verbessert.*

   . . . . , ...

   . . . .

3. *Um aus seinem kleinen Sohn einen Musiker zu machen, läßt der Elektriker von nebenan ihn jeden Abend eine Stunde klassische Musik anhören. Armer Junge!*

   . . . . は , ... おんがっか

   . . . . , ... て

   います。おぼっちゃん が かわいそう です ね。

352

4. Herr Hashimoto? Er ist Professor der Geschichte der Wissenschaften. Jemand wie du sollte ihn kennen.
5. Es ist schlimm von mir, Sie ausdrücklich dorthin zu schicken, weil ich beschäftigt bin.

4. hashimoto san ? kagakushi no sensei da yo. kimi nara shitte iru hazu da
5. watakushi wa isogashikatta node, wazawaza asoko made ikasete shimatte, warui wa ne

---

4. *Es heißt, daß ein Freund meines Bruders zehn Millionen Yen Steuern zahlt. Er ist reich! Ich beneide ihn! Ich würde auch gern viel Steuern zahlen!*

. . . . . ちじん . . . .

. .

. . . .

. . . .

(Die unterstrichenen Punkte sollen die Stellung von Katakana angeben.)

(Haben Sie irgendwelche Zweifel? Vergleichen Sie Seite 492.)

Antwort:

1. ごらん の とおり、 ぼくたち の こうじょう は いま あぶない じょうたい です。
2. まえ に いった よう に、 わたしたち の かいしゃ の じょうたい は きょねん から ひじょう に よく なりました。
3. となり の でんきやさん -、 おぼっちゃん が - に なる よう に、 まいばん いちじかん クラシック おんがく を きかせ-。
4. あに の ある - は いっせん まん えん の ぜいきん を はらう そう です。

Lektion 87

お かねもち です ね。 うらやましい。
ぼく も ぜいきん を たくさん はらいたい なあ。

片仮名 の 練習 Katakanaübungen

ナ	ニ	ヌ	ネ	ノ
NA	NI	NU	NE	NO

* *

第八十八課　　　　　　　　　貨幣

1- 日本 の お金 は、十年 前 に 来た 時 と 比べて 随分 変わりました ね。
2- 変わらない の は、お 札 の 紙 が 丈夫 だ と いう 事 です ね。(1)

Lautschrift

kahei

1 — nihon no o kane wa, jûnen mae ni kita toki to kurabete zuibun kawarimashita ne
2 — kawaranai no wa, o satsu no kami ga jôbu da to iu koto desu ne

ANMERKUNGEN

(1) Relativ selten haben wir bisher das の verwendet, das wir mit [ersetzend] kennzeichnen (vgl. Lektion 38, Satz 3

書き取り かきとり   Diktat

1. *nûn* (Mittag/noon) 2. *nôto* (Heft/note) 3. *neon* (Neon) 4. *Kanada* (Kanada) 5. *tenisu* (Tennis) 6. *anaunsâ* (Sprecher/announcer) 7. *konekutâ* (Verlängerunskabel/connecter) 8. *dainingu* (Eßzimmer/dining) 9. *sunô* (Schnee/snow) 10. *nuga* (Nougat) 11. *nau* (jetzt/now)

Antwort

1. ヌーン   2. ノート   3. ネオン

4. カナダ   5. テニス   6. アナウンサー

7. コネクター   8. ダイニング   9. スノー

10. ヌガー   11. ナウ

Zweite Welle: 第三十八課 38. Lektion

****

Die Währung   **Achtundachtzigste Lektion**
                    (ste / acht-zehn-acht / Lektion)

1 — Seit ich das letzte Mal vor zehn Jahren in Japan war, hat sich die japanische Währung sehr verändert.
(Japan / [Bzw] / [ungezw]-Geld / [Hinweis] / zehn-Jahr / vor / [Zeit] / gekommen sein / Zeit / [Vgl.] / vergleichen // außerordentlich / geändert haben / [ü.einst.])

2 — Das einzige, das sich nicht ändert, ist die Haltbarkeit des Papiers der Geldscheine.
(nicht ändert / [ersetzend] / [Hinweis] / [ungezw]-Geldschein / [Bzw] / Papier / [Sgg] / haltbar / das ist / [Zitat] / sagen / die Tatsache, daß / das ist / [ü.einst.])

ANMERKUNGEN (Fortsetzung)

und Anmerkung 1; Lektion 52, Satz 11). Es wird an Stelle eines anderen Wortes (Wortgruppe) verwendet, es entspricht unserem „derjenige, der das was, diejenige, die...".

3 破れたお札は見たことがありません。

4 —前のお札では五千円札と一万円札は同じ人物が描かれていたので、私はよく間違えました。

5 —それは聖徳太子という七世紀の政治家で、日本で最初の憲法を作った人です。(2)

6 他のお札も全部政治家でした。

3 yabureta o satsu wa mita koto ga arimasen
4 — mae no o satsu de wa gosen en satsu to ichiman en satsu wa onaji jinbutsu ga egakarete ita node, watashi wa yoku machigaemashita
5 — sore wa shôtoku taishi to iu nana seiki no seijika de, nihon de saisho no kenpô o tsukutta hito desu
6 hoka no o satsu mo zenbu seijika deshita

ANMERKUNGEN (Fortsetzung)
(2) 聖徳太子 574-622. Unter diesem ersten großen Politiker im zentralisierten Japan erhielt Japan zum ersten Mal eine Hauptstadt und Institutionen, die vom chinesischen Buddhismus inspiriert waren.

3 Ich habe noch nie einen zerrissenen Geldschein gesehen!
(beschädigt sein / [ungezw]-Geldschein / [Hinweis] / gesehen haben / die Tatsache, daß / [Sgg] / sich nicht befinden)

4 — Auf den alten Geldscheinen war sowohl auf den 5.000 wie 10.000 Yenscheinen dieselbe Person abgebildet, deswegen verwechselte ich sie oft.
(vor / [Bzw] / [ungezw]-Geldschein / [Ort] / [Vstk] / fünf-tausend-Yen-Geldschein / und / eins-1.0000-Yen-Geldschein / [Hinweis] / identisch / Persönlichkeit / [Sgg] / gezeichnet sein / weil // ich / [Hinweis] / oft / sich geirrt haben)

5 — Das war Prinz Shôtoku, ein Politiker des siebten Jahrhunderts, der die erste Verfassung von Japan erlassen hat.
(das / [Hinweis] / Shôtoku-Prinz / [Zitat] / sagen / sieben-Jahrhundert / [Bzw] / Politiker / das ist // Japan / [Ort] / Beginn / [Bzw] / Verfassung / [Erg. 4. F.] / gemacht haben / Mensch / das ist)

6 Auf allen anderen Geldscheinen waren auch Politiker darauf.
(andere / [Bzw] / [ungezw]-Geldscheine / auch / völlig / Politiker / das war)

Lektion 88

7 たとえば、五百円札は岩倉具視で、千円札は伊藤博文、二人とも明治時代の政治家でした。(3) (4)

8 つまり、日本のお札には政治家が描かれていましたが、今度のお札は文化人が多いですね。(5)

9 — 一万円札は明治時代の有名な思想家の福沢諭吉です。

7 tatoeba, gohyaku en satsu wa iwakura tomomi de, sen-en satsu wa itô hirobumi, futari to mo meiji jidai no seijika deshita
8 tsumari, nihon no o satsu ni wa seijika ga egakarete imashita ga, kondo no o satsu wa bunkajin ga ooi desu ne
9 — ichiman en satsu wa meiji jidai no yûmei na shisôka no fukuzawa yukichi desu

ANMERKUNGEN (Fortsetzung)
(3) 岩倉 具視 1825-1883 und 伊藤 博文 1841-1909, die beiden bekanntesten Politiker gegen Ende des 19. Jahrhunderts, die auf die Meiji Restauration (vgl. Anmerkung 6) und auf die Modernisierung von Japan hinarbeiteten.
(4) 明治 ist der Name der Periode, die von 1868 bis 1912 dauerte. Sowohl in Japan wie in China wird die Geschichte in Perioden dargestellt. Eine Periode kann einige wenige Jahre oder auch viele Jahrzehnte dauern und wird

7 Zum Beispiel war IWAKURA Tomomi auf den 500 Yenscheinen, ITÔ Hirobumi auf den Tausendyenscheinen, beide Politiker der Meijiperiode.
(zum Beispiel / fünf-hundert-Yen-Schein / [Hinweis] / Iwakura / Tomomi / das ist // tausend-Yen-Schein / [Hinweis] / Itô / Hirobumi // beide / Meiji-Periode / [Bzw] / Politiker / das war)

8 Früher gab es also auf den japanischen Geldscheinen nur Politiker, während es heutzutage hauptsächlich Intellektuelle darauf gibt.
(sozusagen / Japan / [Bzw] / [ungezw]-Geldschein / [Ort] / [Vstk] / Politiker / [Sgg] / gezeichnet worden sein / aber // dieses Mal / [Bzw] / [ungezw]-Geldschein / [Hinweis] / Intellektueller / [Sgg] / zahlreich sein / das ist / [ü.einst.])

9 — Auf den 10.000 Yenscheinen ist FUKUZAWA Yukichi, der berühmteste Gelehrte der Meijiperiode.
(1.0000-Yen-Geldschein / [Hinweis] / Meiji-Periode / [Bzw] / berühmt / das ist / Gelehrter / [Beifügung] / Fukuzawa / Yukichi / das ist)

ANMERKUNGEN (Fortsetzung)

immer mit einem glücksbringenden Namen versehen. So bedeutet 明治 „aufgeklärte Regierung". Bis zur Meijiperiode begann eine neue Periode dann, wenn ein wichtiges Ereignis stattfand. Es konnte daher vorkommen, daß es während der Regierung eines Kaisers mehrere Perioden gab. Seit der Meijiperiode ist das System vereinfacht worden, und eine Periode deckt sich mit der Regierungsperiode eines Kaisers. Das erste Jahr einer Periode wird als Jahr 1 gezählt, so daß 1868 das Jahr 1 von Meiji ist, 1869 das Jahr 2, 1900... das Jahr 33 von Meiji. Diese Methode wird übrigens noch heute im Alltagsleben verwendet.

(5) 文化人 , ein Wort, für das wir nichts Entsprechendes im Deutschen haben. Wörtlich bedeutet es „Kultur-Mensch", also eine Person, die an der Gestaltung einer Kultur aktiv teilnimmt: Schriftsteller, Künstler, Intellektuelle usw.

10 明治維新の前に欧米旅行をした ことがあり、日本に西洋を紹介した人です。(6) (7) (8)

11 五千円札は新渡戸稲造という人で、明治、大正、昭和時代の教育家であり、農業の研究を色々した人です。(9) (10)

10 meiji ishin no mae ni ôbei ryôkô o shita koto ga ari, nihon ni seiyô o shôkai shita hito desu
11 gosen en satsu wa nitobe inazô to iu hito de, meiji, taishô, shôwa jidai no kyô-ikuka de ari, nôgyô no kenkyû o iro-iro shita hito desu

ANMERKUNGEN (Fortsetzung)
(6) 明治維新. Der Ausdruck „Meiji Restauration" bezieht sich auf zwei Entwicklungen: im politischen Leben auf die Rückgabe der politischen Macht in die Hände des Kaisers, nachdem sie jahrhundertelang in den Händen der Shoguns gewesen war (vgl. Lektion 68, Anmerkung 10), und im allgemeinen auf die Tatsache, daß Japan unter dem Druck der USA begann, Kontakte mit den westlichen Mächten aufzunehmen und seine wirtschaftliche, politische und kulturelle Modernisierung von da an in schwindelerregender Geschwindigkeit voranschritt. FUKUZAWA Yukichi (1835-1901) hat in entschiedener Weise zu diesem Modernisierungsprozeß durch seine Bücher über westliche Ideen und Techniken beigetragen.
(7) 欧米 bezeichnet Europa + die USA. 西洋 bezeichnet ganz global den Ausdruck „der Okzident" - von Japan aus gesehen, natürlich!

10 Er hat vor der Meiji Restauration Europa und die USA bereist, und es war derjenige, der Japan den Westen geöffnet hat.
(Meiji-Restauration / [Bzw] / vor / [Zeit] / Europa und USA / Reise / [Erg. 4. F.] / gemacht haben / die Tatsache, daß / [Sgg] / sich befinden // Japan / [Erg. 3. F.] / Okzident / [Erg. 4. F.] / Einführung-gemacht haben / Mensch / das ist)

11 Auf den 5.000 Yenscheinen ist ein Mann namens NITOBE Inazô, ein Pädagoge aus der Meiji-Taishô-Shôwa-Periode, der alle möglichen Forschungen für die Landwirtschaft gemacht hat.
(fünf-tausend-Yen-Schein / [Hinweis] / Nitobe / Inazô / [Zitat] / sagen / Mensch / das ist /// Meiji-Taishô-Shôwa-Periode / [Bzw] / Pädagoge / das ist // Landwirtschaft / [Bzw] / Forschung / [Erg. 4. F.] / von allen Arten / gemacht haben / Mensch / das ist)

ANMERKUNGEN (Fortsetzung)

(8) あり vgl. Lektion 58, Anmerkung 2.

(9) 新渡部 稲造 1862-1933. Die Meijiperiode hört mit dem Tod des Kaisers Meiji im Jahre 1912 auf. Im selben Jahr beginnt mit der Thronbesteigung des folgenden Kaisers die Periode, die 大正 „große Gerechtigkeit" genannt wird. Diese Periode hört mit dem Tod dieses Kaisers im Jahre 1926 auf. Von 1926 bis 1989 sprechen wir von der Periode 昭和 „strahlender Frieden", der längsten der ganzen Geschichte Japans, in der ein Kaiser - der Kaiser Shôwa - regiert hat. Im Januar 1989 hat die 平成 Heiseiperiode begonnen, das heißt die „Schaffung des Friedens".

(10) で あり vgl. Lektion 68, Anmerkung 4. で ある eine andere Form für です am Ende eines Satzes, mehr in der geschriebenen als in der gesprochenen Sprache.

12 千円札 は 夏目 漱石 と いう 日本 の 近代 文学 の 有名 な 作家 です。(11)

13 特 に 知られて いる 作品 は「吾輩 は 猫 で ある」と いう 小説 で、一 九 〇 五 年 に 書かれた 作品 です。(12)

14 猫 が 主人公 で、猫 の 目 で 見た 人間 の 社会 が 描かれて います。

15 とても 面白い です から、まだ 読んで いない の でしたら、ぜひ お 読み に なる よう お 勧め します。(13)

---

12 sen en satsu wa natsume sôseki to iu nihon no kindai bungaku no yûmei na sakka desu
13 toku ni shirarete iru sakuhin wa wa ga hai wa neko de aru to iu shôsetsu de, sen kyûhyaku go nen ni kakareta sakuhin desu
14 neko ga shujinkô de, neko no me de mita ningen no shakai ga egakarete imasu
15 totemo omoshiroi desu kara, mada yonde inai no deshitara, zehi o yomi ni naru yô o susume shimasu

ANMERKUNGEN (Fortsetzung)
(11) 夏目 漱石 1867-1916. 近代 bedeutet die Periode, die sich von der Meiji-Restauration (1868) bis zum

12 Auf den Tausendyenscheinen ist der berühmteste Schriftsteller der modernen japanischen Literatur: NATSUME Sôseki.
(tausend-Yen-Schein / [Hinweis] / Natsume / Sôseki / [Zitat] / sagen / Japan / [Bzw] / modern-Literatur / [Bzw] / berühmt / das ist / Schriftsteller / das ist)

13 Sein berühmtes Werk ist ein Roman: ,,Ich bin eine Katze'', den er 1905 verfaßte.
(besonders / [ustw] / bekannt sein / Werk / [Hinweis] / ich / [Hinweis] / Katze / das ist / [Zitat] / sagen / Roman / das ist // tausend-neunhundert-fünf-Jahr / [Zeit] / geschrieben worden sein / Werk / das ist)

14 Die Hauptfigur ist eine Katze, und aus ihrer Sicht wird die menschliche Gesellschaft beschrieben.
(Katze / [Sgg] / Hauptfigur / das ist // Katze / [Bzw] / Auge / [Mittel] / angeschaut haben / Menschengeschlecht / [Bzw] / Gesellschaft / [Sgg] / beschrieben sein)

15 Das ist ein spannendes Buch, sollten Sie es noch nicht gelesen haben, kann ich Ihnen nur lebhaft empfehlen, es zu lesen.
(sehr / interessant sein / das ist / weil // noch nicht / nicht lesen / wenn es ist, daß // absolut / [höflich]-lesen-[Ziel]-werden / um zu / [höflich]-Rat-geben)

ANMERKUNGEN (Fortsetzung)

Zweiten Weltkrieg erstreckt. In japanischer Chronologie handelt es sich dabei um die Meijiperiode 1868-1912, um die Taishôperiode 1912-1926 und ab 1926 um die Shôwaperiode.

(12) 吾が輩 ein veraltetes Wort, das für ,,ich'' verwendet wird. Es wird noch manchmal verwendet, hauptsächlich in offiziellen Reden. Für das が vgl. Lektion 83, Anmerkung 2.

(13) でしたら ist unser bevorzugtes です + eine Endung たら, die soviel wie ,,wenn, da, als'' bedeutet. お 読み に なる vgl. Lektion 68, Anmerkung 2.

練習

1. 初めて人が月の上を歩いた年は、一九六九年で、昭和四十四年でした。
2. 一九一八年は、大正七年、第一次世界大戦が終わった年です。
3. 日本で最初の新聞が出たのは一八七〇年(明治三年)です。英語で書かれていて、「横浜毎日」という新聞でした。
4. 十九世紀と比べると、人間社会は考えられないほど変わった。
5. 一番大きく変わったのは確かに科学である。

... に言葉を入れなさい。

1. — *Das ist gefährlich! Paß auf!*
   — *Aber nein, der Ast ist kräftig, es passiert nichts!*

   — . . . .

   — いや, ...

Übungen

1. Das Jahr, in dem der erste Mensch auf dem Mond gelandet ist, war das Jahr 1969, es war das Jahr 44 der Shôwaperiode.
2. Im Jahr 1918, dem Jahr 7 der Taishôperiode, wurde der Erste Weltkrieg beendet.
3. Die erste Zeitung, die in Japan erschien, kam 1870, im Jahr 3 der Meijiperiode, heraus. Sie war in englisch geschrieben und hieß „Die Tageszeitung von Yokohama".
4. Wenn man die menschliche Gesellschaft von heute mit der des 19. Jahrhunderts vergleicht, so hat sie sich auf unvorstellbarer Weise verändert.
5. Am meisten haben sich ganz offensichtlich die Wissenschaften verändert.

Lautschrift

1. hajimete hito ga tsuki no ue o aruita toshi wa, sen kyûhyaku rokujû kyû nen de, shôwa yonjû yon nen deshita
2. sen kyûhaku jû hachi nen wa, taishô shichi nen, daiichiji sekai taisen ga owatta toshi desu
3. nihon de saisho no shinbun ga deta no wa sen happyaku shichijû nen (meiji san nen) desu. eigo de kakarete ite, yokohama mainichi to iu shinbun deshita
4. jû kyû seiki to kuraberu to, ningen shakai wa kangaerarenai hodo kawatta
5. ichiban ookiku kawatta no wa tashika ni kagaku de aru

---

2. *Von den alten Autos, die ich früher gesammelt habe, habe ich nur noch drei übrig. Da ich keinen Platz habe, habe ich alle anderen verkauft.*

... あつめて いた ....

....

....

Lektion 88

3. *Dieser alte Kühlschrank macht es nicht mehr lang (wird eine Panne haben), ich rate Ihnen daher, einen neuen zu kaufen.*

. . . . こしょう し そう です

. . ., ...

4. *FUKUZAWA Yukichi, der berühmte Gelehrte der Meijiperiode, hat vor der Meiji-Restauration Europa bereist und ist dem ersten Japanischlehrer in Frankreich begegnet.*

. . . . しそうか . . . .

. . . ., ヨーロッパ を . . . . . .,

フランス . . . .

片仮名 の 練習 Katakanaübungen

ハ	ヒ	フ	ヘ	ホ
HA	HI	FU	HE	HO

* *

Antwort:

1. あぶない よ。き を つけて。ー、えだ が じょうぶ だ から、だいじょうぶ だ。
2. むかし ー ふるい くるま は さんだい しか のこって いません。ばしょ が ない から、ほか の は みんな うって しまいました。
3. この ふるい れいぞうこ は もう すぐ ー から、あたらしい の を かう よう お すすめ します。
4. めいじ じだい の ゆうめい な ー で ある ふくざわ ゆきち は、めいじ いしん の まえ に、ー りょこう して、ー で さいしょ の にほんご の せんせい に あいました。

(Wenn Sie sie kontrollieren wollen, so schauen Sie doch auf Seite 492 nach!)

書き取り (か き と り) Diktat

1. *naifu* (Messer/knife) 2. *tahichi* (Tahiti) 3. *heddo* (Kopf/head) 4. *hâfu* (Hälfte/half) 5. *hotto* (heiß/hot) 6. *kôhî* (Kaffee/coffee) 7. *sofuto* (weich/soft) 8. *haikingu* (Ausflug/hiking) 9. *hea* (Haar/hair) 10. *esu-efu* (Science-fiction/S.F.)

Antwort

1. ナイフ 2. タヒチ 3. ヘッド
4. ハーフ 5. ホット 6. コーヒー
7. ソフト 8. ハイキング 9. ヘア
10. エス・エフ

Zweite Welle: 第三十九課 39. Lektion

* *

第八十九課　花見

1 ― 皇居 の そば に ある 桜 の 木 は 満開 に なりました ね。
2 ― きっと 上野 公園 の 桜 も 二日 三日 の 内 に 満開 に なる でしょう。(1)
3 ― そう です ね。桜 の 花 は 散る の が 速い です から ね、「三日 見ぬ 間 の 桜 かな」 と 言う 諺 が ある くらい です から ね。(2)

Lautschrift

hanami

1 — kôkyo no soba ni aru sakura no ki wa mankai ni narimashita ne
2 — kitto ueno kôen no sakura mo futsuka mikka no uchi ni mankai ni naru deshô
3 — sô desu ne. sakura no hana wa chiru no ga hayai desu kara ne, mikka minu ma no sakura ka na to iu kotowaza ga aru kurai desu kara ne

Die Blütenschau Neunundachtzigste Lektion
(Blüte-anschauen) (ste / acht-zehn-neun / Lektion)

1 — Die Kirschbäume beim Kaiserpalast stehen in voller Blüte.
(Kaiserpalast / [Bzw] / Nähe / [Ort] / sich befinden / Kirschbaum / [Beifgg] / Baum / [Hinweis] / volle Blüte / [Ziel] / geworden sein / [ü.einst.])

2 — Auch die im Uenopark werden ganz sicher in zwei bis drei Tagen vollständig aufgeblüht sein.
(sicherlich / Ueno-öffentlicher Park / [Bzw] / Kirschbaum / auch / zwei Tage-drei Tage / [Bzw] / innerhalb / [Zeit] / volle Blüte / [Ziel] / werden / das muß sein)

3 — Ja. Die Kirschbäume verlieren so schnell ihre Blüten! Wie das Sprichwort richtig sagt: «Man hat nicht einmal drei Tage Zeit, die Kirschbäume zu betrachten».
(ja) (Kirschbaum / [Bzw] / Blüte / [Hinweis] / verblühen / die Tatsache, daß / schnell sein / das ist / weil / [ü.einst.] // drei Tage / nicht betrachten / Zeitraum / [Bzw] / Kirschbaum / [Frage] / [überlegend] / [Zitat] / sagen / Sprichwort / [Sgg] / sich befinden / so daß / das ist / weil / [ü.einst.])

ANMERKUNGEN

(1) 上野 vgl. Lektion 39, Anmerkung 2. Er ist einer der schönsten Plätze neben den Gärten des Kaiserpalastes in Tokio, an dem man die prächtigen Kirschblüten bewundern kann. Die Bäume tragen keine eßbaren Früchte. Wir nennen sie „japanische Kirschbäume". 二日 三日 vgl. Lektion 70, Absatz 1.

(2) 見ぬ kommt vom Verb 見る, das wir schon gelernt haben. Aber die Form, mit der wir es heute zu tun haben, ist eine veraltete Form für die Verneinung (für den Fall, daß diese Form vor einem Substantiv steht). Heutzutage verwendet man 見ない. Aber die veraltete Form ist nicht völlig ausgestorben, sie existiert noch in festen Redewendungen.

4 – 去年 も 一昨年 も 出張 して いた
ので、桜 の 花 を ゆっくりと
見る 暇 が ありません でした が、
今年 は ぜひ 行きたい と 思って
います。

5 – そう です ね。「善 は 急げ」 と
言います から、明日 の 午後 に
でも いかが です か。(3)

6 – 桜 の 花 を 見て いる と、子供
の 頃 の こと を 思い出します。

7 – お 国 は どちら でした っけ ね。(4)

発音 4. schüt'schoo

4 — kyonen mo ototoshi mo shutchô shite ita node, sakura no hana o yukkurito miru hima ga arimasen deshita ga, kotoshi wa zehi ikitai to omotte imasu
5 — sô desu ne. zen wa isoge to iimasu kara ashita no gogo ni demo ikaga desu ka
6 — sakura no hana o mite iru to, kodomo no koro no koto o omoidashimasu
7 — o kuni wa dochira deshita kke ne

ANMERKUNGEN (Fortsetzung)
(3) 急げ. Das Verb 急ぐ hat mehrere Grundformen. Wir kennen für diese Verben die Grundformen auf *u* (vgl. die Zeite darüber), die Grundform auf *a,* mit der die Verneinung in der niedrigen Stufe gebildet wird: 急がない, die Grundform auf *i*, die für sehr viele und verschiedene Bildungen verwendet wird, zum Beispiel 急ぎます. Es gibt

4 — Letztes Jahr und im Jahr davor war ich auf Geschäftsreise und habe daher nicht die Zeit gehabt, in Ruhe die Kirschblüten zu bewundern, aber dieses Jahr will ich sie unbedingt sehen.
(letztes Jahr / auch / Jahr vor dem letzten Jahr / auch / Geschäftsreise-gemacht haben / weil // Kirschbaum / [Bzw] / Blüte / [Erg. 4. F.] / sich dazu Zeit nehmend / anschauen / freie Zeit / [Sgg] / sich nicht gefunden haben / aber /// dieses Jahr / [Vstk] / unbedingt / ich will gehen / [Zitat] / glauben)

5 — Ja, natürlich! «Das Gute wartet nicht», sagt man, also gehen wir morgen Nachmittag dorthin!
(ja natürlich) (das Gute / [Hinweis] / beeile dich / [Zitat] / sagen / weil // morgen / [Bzw] / Nachmittag / [Zeit] / sogar / wie / das ist / [Frage])

6 — Wenn ich die Kirschblüten anschaue, erinnere ich mich an meine Kindheit.
(Kirschbaum / [Bzw] / Blüte / [Erg. 4. F.] / anchauen / wenn // Kindheit / [Bzw] / Zeit / [Bzw] / Sache / [Erg. 4. F.] / sich erinnern)

7 — Woher kommen Sie?
([höflich]-Land / [Hinweis] / welche Seite / das war / [wiederholte Frage] / [ü.einst.])

ANMERKUNGEN (Fortsetzung)

auch eine Grundform auf *e,* die eine Befehlsform bildet, die grob, wenn nicht brutal ist. Diese Form wird hauptsächlich in unveränderlichen Redewendungen wie z.B. ,,Achtung!'' 気 を 付け , ,,Stillgestanden!'' 休め - oder wie hier in einem Sprichwort - verwendet. Für normale Befehlsform vgl. Lektion 84, Absatz 3.

(4) 国 ,,Land'', in der Bedeutung von ,,Nation'', aber auch von ,,Heimat'', Gegend, in der man geboren ist. Diese Endung っけ anstelle von か für eine Frage bedeutet so viel wie: ,,Sie haben es mir schon gesagt, ich habe es gewußt, aber ich habe es vergessen, ich frage Sie noch einmal''. Daher der Gebrauch der Vergangenheit und in der wörtlichen Übersetzung der Hinweis auf [wiederholte Frage].

Lektion 89

8 - 信州 です。毎年 四月 に なる と 私 の 祖父 は 庭 に ある 大きな 桜 の 木 の 下 に 茣蓙 を 敷き、午後中、そこ に 座って、お 酒 を 飲みながら 花 を 見て いました。(5) (6)

9　時々 墨 など を 持って こさせ、短歌 など も 詠んで いました。(7) (8)

8. schinschüü

8 — shinshû desu. maitoshi shigatsu ni naru to, watashi no sofu wa niwa ni aru ooki na sakura no ki no shita ni goza o shiki, gogojû, soko ni suwatte, o sake o nominagara hana o mite imashita
9　tokidoki sumi nado o motte kosase, tanka nado mo yonde imashita

ANMERKUNGEN (Fortsetzung)
(5) 信州 Wenn wir von der ,,Mark Brandenburg'' oder ,,Lothringen'' sprechen, so verweisen wir damit auf Regionen, die zwar in der Geschichte eine Einheit darstellten, aber heute keine Verwaltungsbezirke sind. Es gibt aktuelle Bezirke, aber viele Japaner ziehen die alten Provinznamen vor. 信州 heißt heute das Departement von 長野. Das ist eine Gebirgsprovinz, mitten in der Hauptinsel Honshû, ungefähr 200 km nordwestlich von Tokio, berühmt für seine Obstgärten, hauptsächlich Apfelbäume.

8 — Von Shinshû. Jedes Jahr, im Monat April breitete mein Großvater eine Matte unter einem großen Kirschbaum aus, der sich in unserem Garten befand, und dort saß er den ganzen Nachmittag, betrachtete die Blüten und trank Sake.
(Shinshû / das ist) (jedes Jahr / April / [Ziel] / werden / wann //// ich / [Bzw] / mein Großvater / [Hinweis] / Garten / [Ort] / sich befinden / groß / das ist / Kirschbaum / [Beifgg] / Baum / [Bzw] / unten / [Ort] / Strohmatte / [Erg. 4. F.] / ausbreiten /// der ganze Nachmittag / dort / [Ort] / gesessen haben /// [ungezw]-Sake / [Erg. 4. F.] / beim Trinken // Blüte / [Erg. 4. F.] / angeschaut haben)

9 Manchmal ließ er sich Schreibsachen bringen und verfaßte Gedichte.
(manchmal / Tinte / diese Art von Sachen / [Erg. 4. F.] / sich bringen lassen // Gedicht / diese Art von Sachen / auch / gedichtet haben)

ANMERKUNGEN (Fortsetzung)

(6) 祖父 祖母 vgl. Lektion 84, Absatz 1. Hier verstärkt durch 私 の, das genügend bekannt ist. 大き な vgl. Lektion 77, Ende des Absatzes 1. 敷き vgl. Lektion 58, Anmerkung 2.

(7) 持って こさせる. Fangen wir am Anfang an: 持つ „tragen". 持って くる, das くる zeigt, daß die Bewegung „tragen" zum Sprecher hinausgeführt wird oder zu demjenigen, der der Satzgegenstand des Satzes ist (wenn das nicht derjenige ist, der spricht); es entspricht der Bedeutung „herbringen". Blättern wir zurück zur Lektion 87, Anmerkung 6: Aus くる wird auf unregelmäßige Weise こさせる „kommen lassen" abgeleitet. Wir sind daher beim Ende angelangt: 持って くる „herbringen", 持って こさせる „sich (etwas) bringen lassen".

(8) 短歌 eine jener kurzen Gedichte, die die Japaner so meisterhaft beherrschen: fünf Verse, mit jeweils ungerader Silbenzahl: 5-7-5-7-7.

10 私は姉と一緒によく祖父の茣蓙の上でままごとをしたものでした。
11 そうすると、必ず祖母がお団子を作って持ってきてくれました。
12 私達は花見のお団子が一番楽しみだったのです。
13 祖父はこれを見て、笑いながら「花より団子、花より団子」と言っていました。

10　watashi wa ane to issho ni yoku sofu no goza no ue de mamagoto o shita mono deshita
11　sô suru to, kanarazu sobo ga o dango o tsukutte motte kite kuremashita
12　watashitachi wa hanami no o dango ga ichiban tanoshimi datta no desu
13　sofu wa kore o mite, warainagara, hana yori dango, hana yori dango to itte imashita

10 Meine große Schwester und ich hielten kleine Mahlzeiten auf der Matte meines Großvaters.
(ich / [Hinweis] / meine große Schwester / und / gemeinsam / [ustw] / mein Großvater / [Bzw] / Matte / [Bzw] / oben / [Ort] / Kindermahlzeit / [Erg. 4. F.] / gemacht haben / die Tatsache war, daß)

11 Und dann hat uns unsere Großmutter immer Reisklößchen gebracht, die sie selbst gemacht hatte.
(so / machen / wenn // obligatorisch / meine Großmutter / [Sgg] / [ungezw]-Reisklößchen / [Erg. 4. F.] / herstellen / bringen / kommen / machen für mich)

12 Uns bereiteten die Reisklößchen am Tag der Kirschblüte die meiste Freude.
(wir / [Hinweis] / Blütenschau / [Bzw] / [ungezw]-Reisklößchen / [Sgg] / am meisten / Freude / das war / nämlich)

13 Wenn er das sah, sagte mein Großvater immer lachend: „Lieber Reiskuchen als Blüten, lieber Reiskuchen als Blüten".
(mein Großvater / [Hinweis] / dies / [Erg. 4. F.] / anschauen /// lachend // Blüte / lieber als / Reisklößchen / Blüte / lieber als / Reisklößchen / [Zitat] / gesagt haben)

ANMERKUNGEN (Fortsetzung)

(9) もの でした vgl. Lektion 83, Anmerkung 3.

(10) 団子 kleine Klößchen, die aus Getreidemehl, hauptsächlich aus Reismehl, hergestellt und unter Dampf gekocht werden. Früher wurden sie oft als Leckerbissen bei festlichen Anlässen gereicht. Heute kann man sie in jedem Supermarkt kaufen...

(11) 花 より 団子 Ein Sprichwort, mit dem man sich über Leute lustig macht, die sich mehr am Essen, das das traditionelle Fest der Baumblüte (oder der Neumonds) begleitet, als an der Schönheit der Natur erfreuen. Und im übertragenen Sinn werden damit all jene bezeichnet, denen die „konkreten" Genüsse mehr bedeuten als die Schönheit einer Blüte oder die Vollkommenheit eines Kunstwerkes.

Lektion 89

練習

1. 故障 は まだ 直って ない？ 電気屋 さん は 午前中 に 来る はず だった のに...
2. 花見 と いう の は、皆 集まって 桜 の 花 を 見る こと で あり、日本 に ずっと 昔 から ある こと です。
3. たばこ を たくさん 吸って も、仕事 は あまり 進まない から、やめた 方 が いい よ。
4. ーどうして 突然 そんな に 悲しく なった の。
 ー波 の 音 が 私 の 子供 時代 の こと を 思い出させる から です。
5. お 待たせ いたしました。

Übungen

1. Ist der Schaden noch nicht repariert? Der Elektriker hätte heute Vormittag kommen sollen!
2. „Hanami" ist der Brauch, der seit langem in Japan existiert; Leute kommen zusammen, um gemeinsam die Kirschblüten zu bewundern.
3. Und wenn man noch so raucht, die Arbeit geht nicht schneller, es ist also besser, aufzuhören (zu rauchen)
4. — Warum bist du auf einmal so traurig geworden?
   — Weil mich das Geräusch der Wellen an meine Kindheit erinnert.
5. Entschuldigen Sie, daß ich Sie warten ließ.

Lautschrift

1. koshô wa mada naotte nai? denkiyasan wa gozenchû ni kuru hazu datta noni...
2. hanami to iu no wa, minna atsumatte sakura no hana o miru koto de ari, nihon ni zutto mukashi kara aru koto desu
3. tabako o takusan sutte mo, shigoto wa amari susumanai kara, yameta hô ga ii yo
4. — dôshite totsuzen sonna ni kanashiku natta no
   — nami no oto ga watashi no kodomo jidai no koto o omoidasaseru kara desu
5. o matase itashimashita

Lektion 89

... に 言葉 を 入れ なさい。

1. *Während man die Blüten betrachtet, trinkt man Sake, verfaßt man Gedichte, erzählt man Geschichten.*

. . . ., ..., ...,
. . . ., ...て います。

2. *Die Kirschbaüme, die als erste blühen, sind die am Kaiserpalast.*

. . . . まんかい . . . . .

. . . .

3. *Ich gehe jede Woche zwei oder dreimal in die Bibliothek und leihe mir Bücher aus. Da die Bibliothek in der Nähe von mir ist, ist das sehr praktisch.*

. . . .

. . . ., ...

4. *Dieser Sommer ist heiß! Selbst am Abend gibt es nicht die geringste Abkühlung!*

. . . .

. . . ., すこし も . . . . の です。

5. *Als daß man auf einer Reise lieber gute Restaurants sucht als ins Museum geht, das heißt „hana yori dango".*

. . . ., ...

レストラン を もとめる .. は . . . .

Antwort:

1. はな を みながら、 お さけ を のんだり、
   うた を うたったり、 たんか を よんだり、
   はなし を したり し-。
2. いちばん はやく - に なる の は、
   こうきょ の そば に ある さくら です。
3. まいしゅう に さん かい としょかん へ
   いって、 ほん を かります. としょかん は
   うち から ちかい ので、 とても べんり です。
4. ことし の なつ は あつい です ね。
   よる に なって も、 - すずしく
   ならない -。
5. かんこう りょこう を して、 びじゅつかん
   へ いく より おいしい - こと -
   「はな より だんご」と いえます。

(Sie brauchen es sicherlich nicht!... Aber... falls... Seite 493.)

片仮名 の 練習　Katakanaübungen
<small>かたかな</small>　<small>れんしゅう</small>

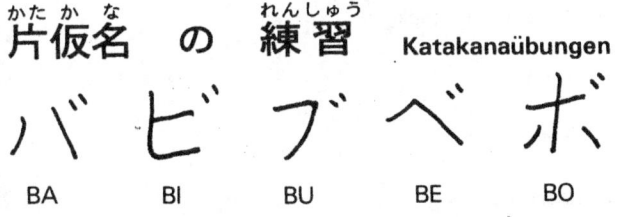

BA　BI　BU　BE　BO

Lektion 89

書き取り — Diktat

1. *beddo* (Bett/bed) 2. *bûtsu* (Stiefel/boots) 3. *hando.baggu* (Handtasche/handbag) 4. *bâgen* (Ausverkauf/bargain) 5. *bideo* (Video) 5. *bakansu* (Ferien/vacances) 7. *sâbisu* (Service) 8. *ôboe* (Oboe) 9. *kâbu* (Kurve/curve) 10. *bônasu* (Prämie/bonus) 11. *bebî* (Baby) 12. *bôto* (kleines Schiff/boat)

* *

第九十課　　　　　学校

1 ― 息子 の 和生 は ぜひ 国立 大学 に 入れたい な。(1)

2 ― そう です ね。その 方 が 就職 も 楽 だ し、学費 も 私立 より ずっと 安い です から。(2)

発音　2. schüüschoku

Lautschrift

Transcription

gakkô

1 — musuko no kazuo wa zehi kokuritsu daigaku ni iretai na
2 — sô desu ne. sono hô ga shûshoku mo raku da shi, gakuhi mo shiritsu yori zutto yasui desu kara

Antwort

1. ベッド　　2. ブーツ　　3. ハンド・バッグ

4. バーゲン　5. ビデオ　　6. バカンス

7. サービス　8. オーボエ　9. カーブ

10. ボーナス　11. ベビー　　12. ボート

Zweite Welle: 第四十課 40. Lektion

****

Die Schule　　　　　　　**Neunzigste Lektion**
　　　　　　　　　　　　　(ste / neun-zehn / Lektion)

1 — Ich will unbedingt unseren Sohn Kazuo in eine staatliche Universität schicken.
(mein Sohn / [Beifgg] / Kazuo / [Hinweis] / unbedingt / staatliche-Universität / [Ort] / ich will hineinbringen / [überlegend])

2 — Natürlich! Mit einer staatlichen Universität sind die Berufsaussichten gesichert und die Studienkosten sind nicht so hoch wie in einer privaten Universität.
(so / das ist / [ü.einst.]) (diese / Seite / [Sgg] / Berufsaussicht / auch / leicht / das ist / und // Studienkosten / auch / privat / mehr als / merklich / billig sein / das ist / weil)

ANMERKUNGEN

(1) In Japan gibt es eine große Anzahl von staatlichen und privaten Universitäten. Es gibt eine Aufnahmeprüfung und die Konkurrenz ist groß, vor allem für die berühmtesten. Die privaten Universitäten sind sehr teuer, die Studienkosten verschlingen in einem Jahr oft Tausende von Mark.

(2) し vgl. Lektion 79, Anmerkung 8.

3 — その ために は 高校 から 東京 に やらなくちゃ ね。(3) (4)
4　姉さん の 所 で 預かって もらえば いい よ。(5)
5 — 中学校 の 一年生 から 英語 を しっかり と 身 に つけさせましょう。
(6) (7)

3 — sono tame ni wa kôkô kara tôkyô ni yaranakucha ne
4　neesan no tokoro de azukatte moraeba ii yo.
5 — chûgakkô no ichinensei kara eigo o shikkari to mi ni tsukesasemashô

ANMERKUNGEN (Fortsetzung)

(3) Die Schulzeit ist in drei Stufen eingeteilt: sechs Jahre Grundschule, drei Jahre Mittelschule, drei Jahre Gymnasium.

(4) やらなくちゃ Normalerweise verwendet man für „man muß machen" den Ausdruck: やらなくて は (Variante やらなければ ならない (vgl. Lektion 77, Absatz 4). In der Umgangssprache wird diese lange Wendung abgekürzt. Nur der erste Teil bleibt erhalten やらなくて は und die beiden letzten Silben て は bilden die Form: ちゃ.

(5) 預かって もらえば. もらう (Verb mit mehreren Grundformen) zeigt, wenn es an die Form auf て angehängt wird, daß ich etwas von jemandem anderen für mich machen lasse. Hier finden wir die Form もらえる, abgeleitet von もらう (vgl. Lektion 84, Absatz 2) in der Bedeutung von: „Von jemandem etwas für mich machen lassen können". Wieviele Bedeutungen so ein kleines Verb haben kann!...

3 — Dafür muß man ihn ab dem Gymnasium nach Tokio schicken.
(diese / Absicht / [Ziel] / [Vstk] / Gymnasium / von / Tokio / [Ort] / man muß machen / [ü.einst.])
4   Man könnte deine ältere Schwester bitten, ihn aufzunehmen.
(ältere Schwester / [Bzw] / Ort / [Mittel] / in Obhut nehmen-wenn man erreichen könnte / gut sein / [behauptend])
5 — Vom ersten Mittelschuljahr an werden wir darauf achten, daß er gründlich englisch lernt.
(Mittelschule / [Bzw] / Schüler der ersten Klasse / von / englische Sprache / [Erg. 4. F.] / gründlich / [ustw] / Körper / [Ziel] / festmachen lassen)

ANMERKUNGEN (Fortsetzung)

(6) Um die Schüler einer Klasse zu bezeichnen, sagt man die Nummer der Klasse + 生. 一年生 bedeutet „Schüler der ersten Klasse", 二年生 „Schüler der zweiten Klasse" usw.

(7) Nun, so sagen Sie es doch! Sie haben es doch erwartet, nicht wahr? Und Sie haben Recht! Nach den Verben mit mehreren Grundformen (vgl. Lektion 87, Anmerkung 6) können auch die Verben mit nur einer Grundform Ableitungen bilden in der Bedeutung von „... lassen". Keine Eifersucht! Hier wird 付ける „etwas festmachen", 付けさせる „festmachen lassen" abgeleitet, indem man *ru* durch *saseru* ersetzt. Von する „machen" leitet man das unregelmäßig konstruierte させる „machen lassen" ab (vgl. Lektion 69, Satz 3).

Lektion 90

6 お隣の大学生は英語が達者だと聞きましたから、個人教授をしてくれるように頼みましょう。

7 これからの社会は国際的になっていくから、なんといっても、語学がものをいますからね。

8 —でも中学校に入るまでに国語と算数がよほどできなければだめだな。(8) (9)

9 —そうすると、小学校もよほどいい所を選ばなければなりません。

6. kjoodschü

6　o tonari no daigakusei wa eigo ga tassha da to kikimashita kara, kojin kyôju o shite kureru yô ni tanonimashô
7　kore kara no shakai wa kokusaiteki ni natte iku kara, nan to itte mo, gogaku ga mono o iimasu kara ne
8 — demo chûgakkô ni hairu made ni kokugo to sansû ga yohodo dekinakereba dame da na
9 — sô suru to, shôgakkô mo yohodo ii tokoro o erabanakereba narimasen

6 Ich habe gehört, daß der Student von nebenan gut in englisch ist; bitten wir ihn doch, ihm Privatstunden zu geben.
([ungezw]-Nachbarschaft / [Bzw] / Student / [Hinweis] / englische Sprache / [Sgg] / Experte / das ist / [Zitat] / gehört haben / weil // individuell-Lehrer / [Erg. 4. F.] / machen / machen für mich / Art / [Ziel] / bitten wir)

7 Die Gesellschaft der Zukunft wird international sein, auf jeden Fall wird das Sprachstudium eine entscheidende Rolle spielen.
(von jetzt an / [Bzw] / Gesellschaft / [Hinweis] / international / [Ziel] / werden / gehen / weil // auf jeden Fall // Sprachstudium / [Sgg] / Sache / [Erg. 4. F.] / sagen / weil / [ü.einst.])

8 — Er muß jedoch vor Beginn der Mittelschule Japanisch und Mathematik wirklich beherrschen.
(jedoch / Mittelschule / [Ort] / eintreten / bis / [Zeit] / nationale Sprache / und Mathematik / [Sgg] / gut / wenn das nicht möglich ist / versäumt / das ist / [überlegend])

9 — In diesem Fall müssen wir auch für die Grundschule eine wirklich gute Schule aussuchen.
(so / machen / wenn // Grundschule / auch / sehr / gut sein / Ort / [Erg. 4. F.] / man muß aussuchen)

ANMERKUNGEN (Fortsetzung)

(8) 国語 Die Japaner nennen seit Jahrhunderten ihre Sprache „die Sprache unseres Landes". Das Wort 日本語 bezeichnet nun dasselbe, ist aber eine Neubildung vom Ende des 19. Jahrhunderts. Der erste Ausdruck wird in Schulen beibehalten, wenn es um Bücher und um den Unterricht der Landessprache geht.

(9) できなければ だめ だ verstärkte Form für „man muß...". Die erste Hälfte bleibt, die zweite wird durch das Wort だめ ersetzt, das zu der Wortgruppe gehört, die wir in der Lektion 77, Absatz 1 gesehen haben: Es heißt entweder „unmöglich" in den beiden Bedeutungen: „man kann es nicht sagen" oder „man darf es nicht machen", oder „versäumt, verfehlt, nutzlos".

Lektion 90

10 — 場合 に よって は、小学校 だけ でも 私立 に して も いい わ ね。

11 — そう なる と 幼稚園 も 問題 だ な。

12　ところで「善 は 急げ」と 言う から、さっそく 東京 の 姉さん に 電話 したら どう だ？

13 — あなた達 は ちょっと せっかち 過ぎる の じゃ ない？ 和生 は 生まれて まだ 九日 でしょう。そんな 先 の こと は もっと 後 で いい の じゃ ない？ (10)

---

10 — ba-ai ni yotte wa, shôgakkô dake demo shiritsu ni shite mo ii wa ne
11 — sô naru to yôchi-en mo mondai da na
12　　tokorode, zen wa isoge to iu kara, sassoku tôkyô no neesan ni denwa shitara dô da ?
13 — anatatachi wa chotto sekkachi sugiru no ja nai ? kazuo wa umarete mada kokonoka deshô. sonna saki no koto wa motto ato de ii no ja nai ?

386

10 — Sollte es notwendig sein, könnten wir nur für die Grundschule eine Privatschule aussuchen.
(im Fall der Notwendigkeit / [Vstk] / Grundschule / nur / sogar / privat / [Ziel] / sogar wenn man macht // gut sein / [abschwächend] / [ü.einst.])

11 — Dann ist der Kindergarten auch ein Problem!
(so / werden / wenn // Kindergarten / auch / Problem / das ist / [überlegend])

12 Also, da es heißt: „Das Gute wartet nicht", was hältst du davon, sofort deine Schwester in Tokio anzurufen?
(also / das Gute / [Hinweis] / beeile dich / [Zitat] / sagen / weil /// sofort / Tokio / [Bzw] / ältere Schwester / [Ziel] / Telefon / wenn man macht // wie / das ist)

13 — Ihr beide, glaubt ihr nicht, daß ihr es ein bißchen zu eilig habt? Kazuo ist erst neun Tage alt! All das liegt noch so weit in der Zukunft, das kann noch ein bißchen warten, nicht wahr?
(ihr / [Hinweis] / ein bißchen / eilig / zuviel sein / nämlich nicht) (Kazuo / [Hinweis] / geboren sein / nur / neun Tage / das muß sein) (eine solche / Zukunft / [Bzw] / Sache / [Hinweis] / mehr / nach / [Zeit] / gut sein / nämlich nicht)

ANMERKUNGEN (Fortsetzung)
(10) 九日 vgl. Lektion 70, Absatz 1.

Lektion 90

練習

1. この 小さな 桜 の 木 が 大きく なって、その 下 に 座れる ように なる までには 何十年 も 待たなければ だめ です。
2. 会社 に 見本 を 送って もらいました。
3. 算数 の 問題 が できなくて、お兄さん に 手伝って もらいました が、お兄さん は 算数 が あまり できない ので、無理 でした。
4. 小学校 は 国立 か 私立 か どちら が いい か わかりません。
5. 新しい 家 を 建てる ため に、父 に お 金 を 貸して くれる ように 頼みましょう。

Übungen

1. Wir müssen noch Jahrzehnte warten, bevor dieser kleine Kirschbaum so groß ist, daß man unter ihm sitzen kann.
2. Ich habe mir von der Firma Muster zuschicken lassen.
3. Da ich meine Mathematikaufgabe nicht machen konnte, habe ich meinen Bruder um Hilfe gebeten, aber da er selbst nicht gut in Mathematik ist, war das unnütz.
4. Ich weiß nicht, was für die Grundschule besser ist - eine private oder eine staatliche Schule?
5. Fragen wir meinen Vater, ob er uns das Geld borgt, um unser neues Haus zu bauen.

Lautschrift

1. kono chiisai sakura no ki ga ookiku natte, sono shita ni suwareru yô ni naru made ni wa nan jû nen mo matanakereba dame desu
2. kaisha ni mihon o okutte moraimashita
3. sansû no mondai ga dekinakute, oniisan ni tetsudatte moraimashita ga, oniisan wa sansû ga amari dekinai node, muri deshita
4. shôgakkô wa kokuritsu ka shiritsu ka dochira ga ii ka wakarimasen
5. atarashii ie o tateru tame ni, chichi ni o kane o kashite kureru yô ni tanomimashô

... に 言葉 を 入れ なさい。

1. *Wir müssen unseren Sohn schnell deutsch lernen lassen, denn ich habe vor, vom nächsten Jahr an in Deutschland zu wohnen.*

   (Die unterstrichenen Punkte entsprechen Katakanazeichen.)

   ・・・・ ・<u>・・</u>・・・・・ おぼえ ・・・・・・・ でしょう

   ね。・・・・・・<u>・・</u>・・・・・・ から です。

2. *Ein Kind, das Fleisch nicht mag, Fleisch zu essen veranlassen, welch Problem!*

   ・・・・・・・・・・・・・・・・・・・・ たいへんです。

Lektion 90

3. — *In welcher Klasse ist jetzt ihre kleine Michika?*
— *Sie ist in der 6. Grundschulklasse, im April kommt sie in die erste Mittelschulklasse.*

(In Japan fängt das Schuljahr im April an.)

. . . . なんねんせい . . .

. . . .

(. . . . . がくねん . . . .)

4. *Ich habe diesen Tisch von einem Freund machen lassen.*

. . テーブル . ゆうじん . . . .

5. *Ein Freund hat mir diesen Tisch gemacht.*

. . テーブル . . . .

片仮名 の 練習 Katakanaübungen

パ	ピ	プ	ペ	ポ
PA	PI	PU	PE	PO

* *

Antwort:

1. むすこ に ドイツご を はやく ー させた
   ほう が いい ー。 らいねん から ドイツ
   に すむ よてい だ ー。
2. にく が きらい な こども に にく を
   たべさせる の は ー。
3. みちか ちゃん は いま ー です か。
   しょうがっこう ろくねんせい です が、 しがつ
   から ちゅうがっこう いちねんせい に
   なります。(にほん で は ー は しがつ
   から はじまります。)
4. この ー は ー に つくって もらいました。
5. この ー は ゆうじん が つくって くれました。

書き取り   Diktat

1. *pea* (Paar/pair) 2. *piano* (Piano) 3. *supein* (Spanien/Spain) 4. *sûpu* (suppe/soup) 5. *supôtsu* (Sport/sports) 6. *apâto* (Wohnung/apart(ment)) 7. *supîdo* (Schnelligkeit/speed) 8. *pêji* (Seite/page) 9. *pikku.nikku* (Picknick/picnic) 10. *posuto* (Briefkasten/post) 11. *depâto* (Kaufhaus/depart(ment store))

Antwort

1. ペア   2. ピアノ   3. スペイン
4. スープ   5. スポーツ   6. アパート
7. スピード 8. ページ   9. ピク・ニック
10. ポスト 11. デパート

Zweite Welle: 第四十一課 41. Lektion

* *

<ruby>第九十一課<rt>だいきゅうじゅういっか</rt></ruby>　　　　まとめ

1. Sie haben natürlich schon bemerkt, daß die Übersetzung der Dialoge und der Übungen seit der Lektion 85 keine wörtlichen Übersetzungen des japanischen Textes sind. Das ist kein Versehen unsererseits. Bisher haben wir uns bemüht, dem japanischen Text soweit wie nur irgend möglich zu folgen, selbst wenn wir dabei manchmal der deutschen Sprache etwas Zwang antun mußten. Aber jetzt, wo Sie beginnen, sich in der japanischen Sprache auszukennen, übersetzen wir die Texte mit den natürlichsten deutschen Entsprechungen, selbst wenn sie vom japanischen Originaltext abweichen. Im Notfall steht ihnen ja nach wie vor die wörtliche Übersetzung zur Verfügung!

2. Da wir schon oft die Spezialverben in der **höheren Stufe** geübt haben (vgl. Lektion 70, Absatz 3), werden wir heute über **ihre Form** sprechen. Sie haben alle mehrere Grundformen. An die Grundform auf *i* wird die Endung －ます angehängt. Vielleicht haben Sie schon bemerkt, daß es in diesem Fall **einige kleine Eigenheiten** gibt. Wir werden Sie daher in drei Kategorien unterteilen und schrittweise die einzelnen Bildungen erklären:

● Die Verben, die nicht auf *ru* enden, sind alle regelmäßig: もうす／もうします „ich sage, ich heiße"; いただく／いただきます „ich empfange, erhalte"; いたす／いたします „ich mache, tun"; うかがう／うかがいます „ich höre sagen, ich statte einen Besuch ab".

● Die Verben, die auf *ru* enden, bei denen aber der Vokal vor *ru* **kein** *a* ist. Auch diese Bildungen sind alle regelmäßig: おる／おります „ich befinde mich"; まいる／まいります „ich gehe, ich komme".

Einundneunzigste Lektion
(ste / neun-zehn-eins / Lektion)
Wiederholung und Anmerkungen

● Die Verben auf *ru*, bei denen aber der Vokal vor *ru* ein *a* ist. In diesem Fall kommt eine Unregelmäßigkeit vor. Zum Beispiel: Von なさる „Sie machen" würde man eine Grundform auf *i* erwarten sowie + ます . Nun verschwindet aber das *r* zwischen Grundform und Endung und man erhält: なさいます (vgl. Lektion 46, Satz 7; Lektion 47, Satz 4). Andere Beispiele: くださる „Sie geben mir" wird zu くださいます; いらっしゃる „Sie befinden sich, Sie gehen, Sie kommen" いらっしゃいます (vgl. Lektion 12, Satz 4; Lektion 18, Satz 1; Lektion 47, Satz 11; Lektion 68, Satz 8); ござる „es befindet sich, es gibt (was mich anlangt)", ございます (Lektion 86, Satz 14); でござる „das ist (was mich anlangt)", で ございます (vgl. Lektion 44, Satz 1).

Bitte merken Sie sich: Um die Sache zu vereinfachen, sprechen wir hier von „ich" und „Sie". Dieses „ich" schließt alle meine Familienmitglieder ein, d.h. in der höheren Stufe verwende ich für sie und mich das gleiche Verb. Das „Sie" gilt für jedes „er", für den ich die mit „Sie" übersetzten Verben verwenden würde, wenn er mein Gesprächspartner wäre, und wenn ich zum Beispiel von den Familienmitgliedern meiner Gesprächspartner rede.

Und noch etwas: Beim Verb いらっしゃる, wenn man die Endung た oder die Endung たら anhängt, erhält man いらした、いらしたら (Lektion 78, Satz 10; Lektion 86, Satz 9), man will damit nämlich eine Anhäufung von mehreren *a* nebeneinander vermeiden. Im Japanischen stehen nie drei gleiche Vokale nebeneinander. Nun wissen Sie also alles über diese Spezialverben. Jetzt heißt es nur noch, sie richtig zu benutzen. Das wird einige Übung erfordern, aber es wird schon werden!

3. Da wir schon einmal bei **den Verben** sind, verweilen wir noch einen Moment bei ihnen, um einen wichtigen Punkt zu wiederholen: **Wenn man ein Hilfsverb an ein Verb in der Form auf て anhängt, kann man damit die Bedeutung des Verbs ändern, und zwar ganz entschieden.** Diese Hilfsverben sind selbst Verben, die unabhängig von anderen Verben verwendet werden können. Die folgenden Verben können als Hilfsverben verwendet werden: みる „anschauen", おく „setzen, stellen, legen", しまう „beenden", くれる „geben", もらう „empfangen", やる „machen". (Für くれる und もらう gibt es eine höhere Stufe: くださる und いただく, vgl. den vorstehenden Absatz.) Merken Sie sich, daß diese Verben, wenn sie als Hilfsverben verwendet werden, stets mit Hiragana geschrieben werden und nicht mit chinesischen Schriftzeichen.

Bei den drei ersten Hilfsverben handelt es sich darum „wie man etwas macht":

...て みる gibt an, daß man noch nicht mit der Handlung begonnen hat, daß man damit anfangen wird „um zu schauen, um auszuprobieren", vgl. Lektion 51, Satz 10, Anmerkung 2 und Übung 2, Satz 1; Lektion 60, Satz 12 und Anmerkung 10; Lektion 69, Satz 10; Lektion 74, Übung 1, Satz 4; Lektion 75, Übung 1, Satz 6; Lektion 79, Satz 7; Lektion 81, Übung 1, Satz 4.

...て おく (vgl. Lektion 74, Anmerkung 1) gibt an, daß man die Vorsichtsmaßnahme ergreift, im voraus etwas zu tun, was eine unumgängliche Bedingung für die zweite Handlung ist. Vgl. Lektion 29, Satz 12; Lektion 74, Satz 4 und Übung 1, Satz 3).

...て しまう. Mit しまう besteht man auf der Tatsache, daß eine Handlung ganz zu Ende geführt worden ist. Vgl. Lektion 31, Satz 14; Lektion 45, Sätze 9 und 11 und Übung 1, Satz 2; Lektion 48, Satz 6; Lektion 51, Übung 1,

Satz 3 und Übung 2, Satz 2; Lektion 57, Übung 1, Satz 1; Lektion 60, Satz 11; Lektion 62, Übung 2, Satz 5; Lektion 72, Übung 1, Satz 4; Lektion 80, Übung 2, Satz 5.

Bei den drei letzten Hilfsverben handelt es sich darum, „wer was für wen tut". Im Deutschen wird das mit den Personalpronomen ausgedrückt. Z.B. „ich habe Ihnen geschickt" wird auf japanisch durch ein Hilfsverb ausgedrückt: 送って あげました; „Sie haben mir geschickt: 送って くれました.

...てくれる. Jemand tut etwas für mich. Das Subjekt ist daher der andere. Vgl. Lektion 29, Satz 4; Lektion 32, Übung 1, Satz 1; Lektion 39, Satz 13; Lektion 41, Satz 10; Lektion 50, Übung 2, Satz 3; Lektion 55, Übung 2, Satz 5; Lektion 59, Satz 2 und Übung 1, Satz 1, Übung 2, Sätze 2 und 4; Lektion 61, Satz 8; Lektion 65, Satz 3; Lektion 69, Satz 8; Lektion 74, Satz 2 und Übung 1, Sätze 1 und 2; Lektion 80, Satz 14; Lektion 89, Satz 11; Lektion 90, Satz 6.

...てもらう. Ich bin derjenige, der spricht, ich veranlasse jemand anderen, etwas für mich zu tun. Ich bin Subjekt. Vgl. Lektion 65, Übung 2, Satz 2; Lektion 90, Satz 4.

...て やる. Dieses Mal bin ich der Sprecher, der etwas für Sie tut. Vgl. Lektion 72, Satz 8 und Übung 1, Satz 3; Lektion 76, Satz 4. Die Bildung やる ist eher eine niedrige Stufe und eher männlich. Für die mittlere Stufe, die eher weiblich ist, wird das Hilfsherb あげる/あげます verwendet, das als unabhängiges Verb „aufstehen, hinaufgehen lassen" bedeutet.

Nun sind Sie dran!

4. Es gibt im Japanischen **ganz kleine Wörter, die aber äußerst wichtig sind. Das kleine Wort** の **schlägt alle Rekorde!** Es gibt keinen Satz, in dem es nicht vorkommt. Und **es hat so viele verschiedene Anwendungsmög-**

lichkeiten! Sie dürfen es kein einziges Mal vergessen. Wir erstellen hier eine Liste, und zwar in der Reihenfolge, in der es in den Lektionen vorkam:

— Zwischen zwei Substantiven:

1. の = [Bzw], das wohl häufigste, wir kennen es schon lange (seit Lektion 4) und verwenden es täglich.

2. の = [Beifgg] ist eine Erweiterung des ersten, darf aber nicht vernachlässigt werden (vgl. Lektion 13, Anmerkung 1).

Danach gab es eine etwas längere Pause, bis wir den anderen Verwendungsmöglichkeiten begegnet sind:

— Am Satzende:

3. の = [Frage], es entspricht か, wird von Frauen und Kindern verwendet (vgl. Lektion 29, Anmerkung 14).

— Zwischen einem Verb und einer Partikel:

4. の = [ersetzend]. Hier verweist es auf ein Wort (oder eine Wortgruppe), das danach kommt (vgl. Lektion 38, Anmerkung 1; Lektion 88, Anmerkung 1).

5. の „die Tatsache, daß" (vgl. Lektion 47, Anmerkung 4). Dies entspricht etwa unserem Infinitif. Nach der ersten Verwendungsart ist dies das gebräuchlichste.

6. Vergessen wir nicht die letzte Möglichkeit: Zwischen einem Substantiv und einem Verb, das wiederum vor einem Substantiv steht: の = [Sgg]. Dieser Fall ist zwar sehr speziell, aber durchaus gebräuchlich, vgl. Lektion 55, Anmerkung 5.

Passen Sie in der zweiten Welle besonders auf diese Verwendungen von の auf, sie sind der Schlüssel zur japanischen Sprache...

5. Man könnte fast ebensoviel über **ein anderes kleines Wort** sagen: よう (aufpassen - es ist das mit dem langen o), das wir noch nicht so lange kennen. Wir werden auch hier eine Liste aufstellen.

1. Die feste Redewendung よう です (vgl. Lektion 81, Anmerkung 2), die am Satz- oder Nebensatzende steht: „Nach meinen Beobachtungen komme ich zu folgendem Schluß..." (vgl. Lektion 81, Satz 3 und Übung 2; Satz 1; Lektion 83, Satz 6).

2. Die Bedeutung von „wie", „so wie", „auf die gleiche Art wie"... Zuerst einige Wendungen: Substantiv + の ようです。„das ist wie" (vgl. Lektion 48, Satz 5). Verben +よう な 気 が します bedeutet wörtlich: „Das macht auf mich einen Eindruck wie...", „ich habe den Eindruck, daß..." (vgl. Lektion 65, Übung 2, Satz 5; Lektion 85, Satz 11).

— Substantiv + の よう に „wie" (vgl. Lektion 72, Übung 1, Satz 5), oft durch 同じ „gleich", „identisch" erweitert: Substantiv + と 同じ よう に (vgl. Lektion 71, Satz 3 und Übung 1, Satz 1); „gleich", „identisch" (Adjektiv): 同じ よう な + Substantiv (vgl. Lektion 87, Satz 9); und ein Adverb: 同じ よう に „auf gleiche Art" (vgl. Lektion 79, Satz 7).

— よう に am Nebensatzende „wie, auf die gleiche Art wie" (vgl. Lektion 72, Satz 8; Lektion 87, Übung 2, Satz 2).

3. Die Bedeutung von „damit". Auch hier gibt es zwei feste Redewendungen:

...よう に する „machen, daß; es so einrichten, daß" (vgl. Lektion 75, Satz 8 und Übung 1, Satz 3; Lektion 78, Satz 11 und Übung 1, Satz 4, Übung 2, Satz 5).

...よう に なる „die Dinge entwickeln sich so, daß es möglich wird..." (vgl. Lektion 64, Sätze 5, 6 und 11 und Übung 1, Sätze 1 und 4, Übung 2, Satz 1; Lektion 83, Übung 1, Satz 5; Lektion 90, Übung 1, Satz 1).

— よう oder よう に bei Verben, die „wünschen, bitten, raten" bedeuten (vgl. Lektion 88, Satz 15; Lektion 90, Satz 6 und Übung 1, Satz 5).

— よう に am Ende eines Nebensatzes: „damit" (vgl.

Lektion 67, Übung 1, Satz 1; Lektion 85, Satz 7 und Übung 1, Satz 2; Lektion 87, Übung 2, Satz 3).
Wer hätte geglaubt, daß so ein kleines Wort so viele Möglichkeiten anbietet?

Und nun geht es auf zur letzten Runde! Um dem Ganzen etwas Würze zu geben, präsentieren wir Ihnen wirklich japanischen Text, d.h.: Wir lassen zwischen den Wörtern keinen Zwischenraum mehr. Damit Sie nicht in Panik geraten, lassen wir die Lautschrift wie gewohnt mit Zwischenräumen zwischen den Wörtern. Aber versuchen Sie doch, ohne sie auszukommen!...

****

第九十二課　　日本のテレビ

1 ーベルナール君、その後、元気かい。(1)

Lautschrift

nihon no terebi

1 — berunâru kun, sono go, genki kai

ANMERKUNGEN

(1) ベルナール君　Wenn man von jemandem oder mit jemandem spricht, muß an seinen Namen immer noch etwas angehängt werden (vgl. Lektion 72, Anmerkung 3). Für das japanische Wort さん, das dem deutschen „Herr, Frau, Fräulein" entspricht, geben wir in der wörtlichen Übersetzung einen der drei Ausdrücke, je nach

Eigentlich muß ein japanischer Text von oben nach unten geschrieben werden, die Schriftzeichen stehen untereinander, und von rechts nach links. Das ist hier nicht möglich, aber... eines Tages...

Vergessen Sie nicht: Die zweite Welle ist für Ihre Sprachpraxis besonders wichtig; die Reihenfolge der Schriftzüge in den Schreibübungen ist grundlegend; und schließlich: die Einsetzübungen mit den Hiragana - Sie haben es versprochen! Sie werden ja jetzt schon an sie gewöhnt sein. Also, viel Glück für die letzte Runde!

Zweite Welle: 第四十二課 **42. Lektion**

* *

Zweiundneunzigste Lektion
(ste / neun-zehn-zwei / Lektion)

Das Fernsehen in Japan
(Japan / [Bzw] / Fernsehen)

1 — Mein lieber Bernard, wie geht es dir seit wir uns das letzte Mal gesehen haben?
(Bernard / das-nach / gute Gesundheit / [Frage])

ANMERKUNGEN (Fortsetzung)

Zusammenhang. Im **Falle von besonderer Vertrautheit** muß man im Japanischen 君 oder ちゃん anstelle von さん verwenden. Im Deutschen drücken wir dies damit aus, daß kein Titel angefügt wird. Daher wird auch in der wörtlichen Übersetzung nichts angegeben, sondern nur der Name. かい vgl. Lektion 75, Anmerkung 5. Der ganze Text steht in der niedrigen Stufe, da es sich um zwei Freunde handelt.

Lektion 92

2 君が僕と一緒に日本へ来られなかったのは
とても残念だ。(2)

3 テレビの好きな君はきっと日本のテレビが
気に入るだろうと思う。(3)

4 日本には公共放送のＮＨＫが二チャンネル
ある他、民間放送がたくさんあるので、
番組の種類はとても豊富だ。(4)

発音 4. schülü.i

2 kimi ga boku to issho ni nihon e korarenakatta no wa totemo zannen da
3 terebi no suki na kimi wa kitto nihon no terebi ga ki ni iru darô to omou
4 nihon ni wa kôkyô hôsô no enu etchi kê ga ni channeru aru hoka, minkan hôsô ga takusan aru node, bangumi no shurui wa totemo hôfu da

ANMERKUNGEN (Fortsetzung)

(2) 来られなかった Wiederum eine schöne Anhäufung von Endsilben! (Vgl. Lektion 71, Anmerkung 8.) Das Verb ist 来, es ist eine Form von 来る ,,kommen'', es wird in der Konstruktion 来ない ,,nicht kommen'' und 来られる ,,kommen können'' benutzt (vgl. Lektion 84, Absatz 2). 来られる ist ein Verb mit nur einer Grundform. Die Verneinungsform ,,nicht kommen können'' heißt daher: 来られない. Und da es in der Vergangenheit ist: 来られなかった ,,nicht haben kommen können''.

(3) だろう vgl. Lektion 72, Anmerkung 4. Die Wendung だろう bezeichnet nicht nur einen familiären Umgangston, sondern auch häufig eine Unterhaltung zwischen Männern. Dasselbe gilt auch für 君 ,,du'' und 僕 ,,ich''.

2 Es war wirklich schade, daß du nicht mit mir nach Japan kommen konntest.
(du / [Sgg] / ich / mit / gemeinsan / [ustw] / Japan / [R.Ang.] / nicht kommen haben können / die Tatsache, daß / [Hinweis] / sehr / bedauerlich / das ist)

3 Du siehst doch so gern fern, ich glaube, das japanische Fernsehen würde dir sehr gefallen.
(Fernsehen / [Sgg] / geliebt / das ist / du / [Hinweis] / sicherlich / Japan / [Bzw] / Fernsehen / [Sgg] / Geist / [Ort] / eintreten / das muß sein / [Zitat] / glauben)

4 In Japan gibt es nämlich außer den beiden staatlichen Sendern NHK zahlreiche private, das Programmangebot ist daher vielfältig.
(Japan / [Ort] / [Vstk] / öffentlich-Sendung / [Beifgg] / NHK / [Sgg] / zwei-Fernsehsender / sich befinden / außerdem /// privat-Sendung / [Sgg] / viel / sich befinden / weil // Fernsehprogramm / [Bzw] / Art / [Hinweis] / sehr / reichlich / das ist)

ANMERKUNGEN (Fortsetzung)
(4) NHK. Abkürzung von 日本 放送 協会 *Nippon Hôsô Kyôkai*, wörtlich „Japanische Fernsehgesellschaft" (Japan / Sendung / Gesellschaft). Eine große Gesellschaft, die abgesehen von den zwei Fernsehkanälen und staatlichen Rundfunkanstalten zahlreiche andere Unternehmen leitet, z.B. unter anderem, eine Verlagsanstalt für Bücher und Zeitschriften der Rundfunk- und Fernsehkurse (vgl. Sätze 8 bis 11). Der Name für „Japan", der 日本 geschrieben wird, kann auf zwei verschiedene Arten ausgesprochen werden: *nihon* und *nippon; nippon* steht oft im Namen offizieller Organisationen, vor allem in der Zeit vor dem Zweiten Weltkrieg. Aber heute wird lieber *nihon* verwendet.

Lektion 92

5 映画は欧米のものも随分放映されているし、
日本のものは現代劇も時代劇もあるよ。(5)(6)

6 クイズや漫画の番組も盛んだよ。(7)

7 日本のテレビには何でもあって、
お見合い番組まである。(8)

8 でも日本のテレビは娯楽のためだけではなく、勉強のための番組もあるんだ。(9)

5 eiga wa ôbei no mono mo zuibun hôei sarete iru shi, nihon no mono wa gendai geki mo jidai geki mo aru yo
6 kuizu ya manga no bangumi mo sakan da yo
7 nihon no terebi ni wa nandemo atte, omiai bangumi made aru
8 demo nihon no terebi wa goraku no tame dake de wa naku, benkyô no tame no bangumi mo aru n da

ANMERKUNGEN (Fortsetzung)
(5) 映画 vgl. Lektion 8, Anmerkung 3. 欧米 : das Zeichen 欧 bedeutet Europa, das Zeichen 米 bedeutet USA. Die beiden vereint stehen für „der Westen". Wenn wir manchmal nur Europa als Westen bezeichnen, so ist das vom fernen Osten aus gesehen anders, es wird für beide Atlantikküsten verwendet. Die Erde ist rund, alles hängt davon ab, wo man sich befindet!

5 Was Filme anbelangt, so werden enorm viel westliche Filme ausgestrahlt, und es gibt alle Arten von modernen oder historischen japanischen Filmen.
(Film / [Hinweis] / Westen / [Bzw] / Sache / auch / viel / Ausstrahlung im Fernsehen-gemacht haben / und // Japan / [Bzw] / Sache / [Hinweis] / modern-Drama / auch / Epoche-Drama / auch / sich befinden / [behauptend])

6 Daneben gibt es viele Quizsendungen und Zeichentrickfilme.
(Quizsendung / oder auch / Zeichentrickfilm / [Bzw] / Fernsehprogramm / auch / intensiv / das ist / [behauptend])

7 Im japanischen Fernsehen gibt es alles, selbst ein Programm für Heiratsvermittlungen.
(Japan / [Bzw] / Fernsehen / [Ort] / [Vstk] / was auch immer / sich befinden // [ungezw]-vermittelte Ehe-Fernsehprogramm / bis / sich befinden)

8 Aber das japanische Fernsehen bietet nicht nur Unterhaltungsprogramme, sondern auch Bildungsprogramme.
(aber / Japan / [Bzw] / Fernsehen / [Hinweis] / Zerstreuung / [Bzw] / Ziel / nur / das ist nicht // Studium / [Bzw] / Ziel / [Bzw] / Programm / auch / sich befinden / nämlich)

ANMERKUNGEN (Fortsetzung)

(6) ... される vgl. Lektion 84, Absatz 2.

(7) 漫画 vgl. Lektion 83, Anmerkung 4.

(8) 何でも Diese Fragewörter sind praktisch, wir können von ihnen ganze Reihen ableiten. Mit か vgl. Lektion 65, Anmerkung 4. Mit でも leitet man eine andere Reihe ab: 何 „was?", 何でも „was auch immer". Und genauso: いつ „wann", いつでも „wann auch immer" (vgl. Lektion 73, Satz 5; Lektion 83, Satz 12); どこ „wo?", どこでも „wo auch immer"; だれ „wer?", だれでも „wer auch immer".

(9) で は なく vgl. Lektion 85, Anmerkung 4.

Lektion 92

9 それは料理、裁縫から始まって、

バイオリン、ピアノ、フルート、ギター、

琴、三味線などの楽器や外国語の講座もある。(10)

10 その他大学の数学、社会学などの講座も

聞くことができる。

11 それはほとんどＮＨＫの教育テレビで

放送されている。(6)

12 でも僕が一番好きな番組は、

ホーム・ドラマで、それを見ていると、

日本の家族の人間関係のことがよくわかる。(11)

10. ßüügaku

9   sore wa ryôri, saihô kara hajimatte, baiorin, piano, furûto, gitâ, koto, shamisen nado no gakki ya gaikokugo no kôza mo aru
10 sono hoka daigaku no sûgaku, shaikaigaku nado no kôza mo kiku koto ga dekiru
11 sore wa hotondo enu etchi kê no kyôiku terebi de hôsô sarete iru

ANMERKUNGEN (Fortsetzung)

(10) *Koto* und *Shamisen* sind zwei traditionelle japanische Musikinstrumente. Das *Koto* ist ein Instrument mit 13 Saiten, die über ein Stück ausgehöhltem Holz gespannt sind; es ist 1,80 m lang und steht auf dem Boden. Die Saiten werden mit den Fingern gezupft. Das *Shamisen* ist ein Instrument mit 3 Saiten, einem langen Hals und einem Resonanzkasten aus Fell (herkömmlicher Weise... aus Katzenfell...). Es ist ungefähr 60 cm lang. Man hält es wie eine Gitarre und der Musiker schlägt die Saiten mit einem relativ großen Plektrum, das er mit der ganzen Hand hält.

9 Es gibt Koch und Nähkurse, Sprachkurse und Musikunterricht: Geige, Klavier, Flöte, Gitarre, Koto und Shamisen...
(das / [Hinweis] / Küche / Nähen / von / beginnen // Geige / Klavier / Flöte / Gitarre / Koto / Shamisen / diese Art von Sachen / [Beifgg] / Musikinstrument / oder auch / Fremdsprache / [Bzw] / Kurs / auch / sich befinden)

10 Man kann auch Vorlesungen hören in Mathematik, Soziologie...
(darüber hinaus / Universität / [Bzw] / Mathematik / Soziologie / diese Art von Sachen / [Bzw] / Kurs / auch / hören / die Tatsache, daß / [Sgg] / möglich sein)

11 Praktisch alle diese Kurse werden vom Bildungssender der NHK ausgestrahlt.
(das / [Hinweis] / beinahe / NHK / [Bzw] / Bildung-Fernsehen / [Mittel] / Sendung-gemacht haben)

12 Aber meine Lieblingsprogramme sind Familienserien, wenn man sie anschaut kann man die menschlichen Beziehungen in einer japanischen Familie gut verstehen.
(aber / ich / [Sgg] / das meiste / geliebt / das ist / Programm / [Hinweis] / Familienserie / das ist /// das / [Erg. 4. F.] / anschauen / wann // Japan / [Bzw] / Familie / [Bzw] / Mensch-Beziehung / [Bzw] / Sache / [Sgg] / gut / verständlich sein)

ANMERKUNGEN (Fortsetzung)

(11) ホーム・ドラマ Zweifellos eine der originellsten japanischen Fernsehprogramme. Es sind oft sehr kurze Serien (15 Min., die längsten 45 Min.), die täglich gesendet werden, die viele Wochen dauern, normalerweise mehrere Monate. Themen der Serien sind Alltagsprobleme der japanischen Druchschnittsfamilie. Sie haben nichts mit den amerikanischen Millionärsfamilien zu tun! Sie werden tagsüber gesendet und sind vor allem für Hausfrauen bestimmt.

13 民間放送の場合は一つ一つの番組が、
いくつかの企業のスポンサーによって、
放送される。(6)

14 だから放送中にその企業の広告がよく
ある。最初は物語が途中で中断されるので
いらいらしたが、このごろはその時を
利用して、お茶のためにお湯を沸かしたり、
トイレに立ったりできるので、便利だと
思う。(6) (12)

14. tschüüdan ... ojü

12 demo boku ga ichiban suki na bangumi wa, hômu-
dorama de, sore o mite iru to, nihon no kazoku no
ningen kankei no koto ga yoku wakaru
13 minkan hôsô no baai wa hitotsu hitotsu no bangumi ga,
ikutsuka no kigyô no suponsâ ni yotte, hôsô sareru
14 dakara hôsô chû ni sono kigyô no kôkoku ga yoku
aru. saisho wa monogatari ga tochû de chûdan sareru
node iraira shita ga, konogoro wa sono toki o riyô shite,
o cha no tame ni o yu o wakashitari, toire ni tattari
dekiru node, benri da to omou

ANMERKUNGEN (Fortsetzung)
(12) たり... たり する vgl. Lektion 76, Anmerkung 8. Hier
wird する durch できる ersetzt in der Bedeutung von
„machen können". Vgl. auch Lektion 84, Absatz 2.

13 Was die Privatsender angeht, so wird jedes Programm von mehreren großen Unternehmen finanziell unterstützt.
(privat-Sendung / [Bzw] / Fall / [Hinweis] / eins-eins / [Bzw] / Programm / [Sgg] / einige / [Bzw] / großes Unternehmen / [Bzw] / Unterstützer / [Ziel] / sich stützen auf // Sendung-gemacht haben)

今日 は これ ぐらい に します。

14 Mitten in den Sendungen wird dann für diese Unternehmen Werbung gemacht. Anfänglich hat mich das sehr irritiert, da die Geschichte mittendrin unterbrochen wurde, aber jetzt nutze ich diesen Moment dazu, Teewasser aufzusetzen, um auf die Toilette zu gehen, und ich finde das sehr praktisch.
(das ist warum / Sendung-Mitte / [Ort] / dieses / Unternehmen / [Bzw] / Werbung / [Sgg] / oft / sich befinden) (anfänglich / [Vstk] / Geschichte / [Sgg] / unterwegs / [Ort] / Unterbrechung-gemacht haben / weil // Irritierung-gemacht haben / aber //// diese Zeit / [Vstk] / dieser / Moment / [Erg. 4. F.] / Gebrauch-machen /// [ungezw]-Tee / [Bzw] / Ziel / [Ziel] / [ungezw]-heißes Wasser / [Erg. 4. F.] / zum Aufwallen bringen // Toilette / [Ziel] / aufstehen / möglich sein / weil /// praktisch / das ist / [Zitat] / glauben)

Lektion 92

15 もうじき僕の好きな時代劇が始まるので、今日はこれぐらいにします。妹さんにもよろしく。お元気で。(13)

15 mô jiki boku no suki na jidai geki ga hajimaru node, kyô wa kore gurai ni shimasu. imôto san ni mo yoroshiku. o genki de

練習

1. 先月 数学 の 歴史 に ついて 書かれた 本 を 読みました。ドイツ語 から 訳 された もの です。
2. 一月 から 一つ の 企業 の 広告 の 時間 は、一日 に 四十 八 分 以内 に 制限 されて しまいました。
3. 特殊 な 問題 です が、その 先生 の 説明 は とても 上手 で、だれ に でも よく 理解 できます。
4. この 十日間 に 来た 手紙 を 又 一つ 一つ 調べました けれども、吉野 さん から の 手紙 は 見つかりません でした。

15 Da es bald für meine historische Lieblingsserie Zeit ist, höre ich heute hier auf. Liebe Grüße an deine kleine Schwester. Alles Gute.
(bald / ich / [Sgg] / geliebt / das ist / Epoche-Drama / [Sgg] / beginnen / weil // heute / [Vstk] / das-ungefähr / [Ziel] / machen)(deine kleine Schwester / [Erg. 3. F.] / auch / gut) ([höflich]-gute Gesundheit / [Mittel])

ANMERKUNGEN (Fortsetzung)

(13) よろしく(お願い します) (vgl. Lektion 65, Anmerkung 3 und Lektion 78, Anmerkung 2). Noch ein weiteres Beispiel für diese Wendung: Personenname + に + よろしく entspricht unserem „Viele Grüße an So und So".

Übungen

1. Letzten Monat habe ich ein Buch über die Geschichte der Mathematik gelesen. Es war aus dem Deutschen übersetzt.
2. Ab Januar war die Zeit, die einem Unternehmen für Werbung zur Verfügung stand, auf 48 Minuten pro Tag begrenzt worden.
3. Das ist ein ganz spezielles Thema, aber die Erklärungen dieses Professors sind so klar, daß ein jeder sie verstehen kann.
4. Ich habe mir noch jeden Brief angeschaut, der in den letzten Tagen angekommen ist, aber ich habe den Brief von Herrn Yoshino nicht gefunden.

Lautschrift

1. sengetsu sûgaku no rekishi ni tsuite kakareta hon o yomimashita. doitsugo kara yaku sareta mono desu
2. ichigatsu kara hitotsu no kigyô no kôkoku no jikan wa, ichinichi ni yonjû hap pun inai ni seigen sarete shimaimashita
3. tokushu na mondai desu ga, sono sensei no setsumei wa totemo jôzu de, dare ni demo yoku rikai dekimasu
4. kono tôkakan ni kita tegami o mata hitotsu hitotsu shirabemashita keredomo, yoshino san kara no tegami wa mitsukarimasen deshita

5. 国際平和を守ることは、国際連合の仕事です。

...に 言葉を 入れなさい。

1. *Wenn es sich um etwas so banales handelt, kann man es überall kaufen.*

   そんな ふつう . . . .

2. *Da das Programm des Bildungsfernsehens sehr vielseitig ist, kann man alles mögliche studieren. Es ist möglich, Soziologie zu studieren, Vorlesungen über Chemie zu hören und sogar ein Musikinstrument zu lernen.*

   . . . . . <u>. . .</u> . . . . . . ないよう が . . . . . ,

   . . . . . べんきょう . . . . .

   . . . . , . . . こうざ

   . . . . できる . . .

3. *Meine besten Grüße an Ihre Familie.*

   . . . .

4. *Es heißt, daß dieser Arzt außergewöhnlich ist, und daß er jede Krankheiten heilen kann.*

   あの . . . . りっぱ . . . . , . . . びょうき

   . . . .

(Vergessen Sie nicht, daß die unterstrichenen Punkte den Platz für die Katakanazeichen anzeigen.)

5. Die Wahrung des internationalen Friedens ist die Aufgabe der UNO.

5. kokusai heiwa o mamoru koto wa, kokusai rengô no shigoto desu

Antwort:

1. — の もの なら、どこでも うって います よ。
2. きょういく テレビ の ばんぐみ は — ほうふ で、いろいろ な — が できます。しゃかいがく の べんきょう を したり、かがく の — を きいたり、がっき の れんしゅう も したり — の です。
3. みな さん に も よろしく。
4. — お いしゃ さん は — な かた で、どんな — でも なおせる そう です。

片仮名 の 練習　Katakanaübungen

MA　　MI　　MU　　ME　　MO

書き取り　Diktat

1. *minku* (Nerz/mink) **2.** *mêkâ* (Marke eines Fabrikanten/maker) **3.** *modan* (modern) **4.** *mine* (Mine, Eigenname) **5.** *damu* (Damm/dam) **6.** *masu-komi* (Massenkommunikation/masscomm(unication)) **7.** *mûbî* (Film/movie) **8.** *memo* (Notizbuch/memo) **9.** *modanizumu* (Modernismus/modernism) **10.** *maiku* (Mikrofon/mic(rophone)) **11.** *mainasu* (minus)

Lektion 92

Antwort

1. ミンク   2. メーカー   3. モダン
4. ミネ   5. ダム   6. マス・コミ

* *

第九十三課   遠足
<ruby>だいきゅうじゅうさんか</ruby>   <ruby>えんそく</ruby>

1 －明日の遠足、うれしいな。お母さん、
　　お弁当に何を作ってくれるの。(1) (2) (3)

Lautschrift

ensoku

1 — ashita no ensoku, ureshii na. okaasan, o bentô ni nani o tsukutte kureru no

ANMERKUNGEN

(1) 遠足 Tagesausflüge gehören zu den regelmäßigen Tätigkeiten in der Grundschule (vgl. Lektion 90, Anmerkung 3). Sie dienen zur sportlichen Erziehung, zum Kennenlernen der Heimat und Erforschen der Landschaft.
(2) お弁当 Eine traditionelle japanische Einrichtung, wenn es je eine gegeben hat...: das Mittagessen, das ein Angestellter auf die Arbeit oder ein Kind in die Schule mitnimmt. Im allgemeinen besteht das Essen aus Reis und anderen Speisen, die in einer Dose mitgenommen werden. Trotz der Einfachheit unserer Erklärung, nimmt die Vorbereitung eines *Bentô* viel Zeit in Anspruch und

7. ムービー   8. メモ   9. モダニズム

10. マイク   11. マイナス

Zweite Welle: 第四十三課 43. Lektion

****

Der Ausflug   **Dreiundneunzigste Lektion**
                         (ste / neun-zehn-drei / Lektion)

1 — Ich freue mich auf den Ausflug morgen. Was für ein Essen bereitest du mir zum Mitnehmen vor, Mutti?
(morgen / [Bzw] / Ausflug / froh sein / [überlegend]) (Mutti / [ungezw]-Mahlzeit, die man mitnimmt / [Ziel] / was / [Erg. 4. F.] / machen / machen für mich / [Frage])

ANMERKUNGEN (Fortsetzung)

bedeutet, daß die Familienmutter zeitig vor den anderen aufstehen muß. Heutzutage aber, da man in Kantinen, in Schulen oder Betrieben zu Mittag ein fertiggekochtes *Bentô* billig kaufen kann, verschwindet diese Tradition allmählich.

(3) Hier spricht ein kleiner Junge. Bis zum Alter von ungefähr 10, 11 Jahren, verwenden die Jungen die Sprechweise ihrer Mütter mit den Eigenheiten der weiblichen Sprache. Z.B. verwenden sie の, um eine Frage zu beenden (vgl. Lektion 29, Anmerkung 14 und Lektion 91, Absatz 4). Mit ungefähr 12 Jahren fangen die Jungen an, die männlichen Formen zu verwenden.

2 - 今晩のおかずは鳥と野菜のお煮染だったから、それを少し取っておいてあげましたよ。それに努が大好きな茹卵二つ。(4) (5) (6) (7)

3 - 天気予報だと、午前中は曇りだけど、午後は晴れるそうだから、よかったな。(8)

4 - 先生が明日はたくさん歩くとおっしゃっていましたから、お結びは五つ入れますよ。(9)

発音 2. jūdetamago

2 — konban no okazu wa tori to yasai no onishime datta kara, sore o sukoshi totte oite agemashita yo. sore ni tsutomu ga daisuki na yudetamago futatsu.
3 — tenki yohô da to, gozenchû wa kumori da kedo, gogo wa hareru sô da kara, yokatta na
4 — sensei ga ashita wa takusan aruku to osshatte imashita kara, o musubi wa itsutsu iremasu yo

ANMERKUNGEN (Fortsetzung)

(4) おかず Diese „verschiedenen anderen Speisen" sind Gemüse, Fisch, Fleisch, dir mit dem Reisgericht gegessen werden.

(5) 鳥 heißt „Vogel". Im Zusammenhang mit Essen bedeutet es „Hühnchen", „Huhn".

(6) 取って おいて あげました Hier haben wir wieder eine Anhäufung von Hilfsverben, von denen wir bereits in der Lektion 91, Absatz 3 gesprochen haben. Das Hauptverb ist 取る „nehmen", in der Form auf て. Wenn man おく daran anhängt, bedeutet das, daß man die Tätigkeit

2 — Ich habe dir etwas vom heutigen Abendessen zur Seite gestellt, Hühnerragout mit Gemüse und dann noch zwei hartgekochte Eier, du ißt sie so gern.
(heute Abend / [Bzw] / Speise / [Hinweis] / Huhn / und / Gemüse / [Bzw] / [ungezw]-Ragout / das war / weil // das / [Erg. 4. F.] / ein bißchen / nehmen / im voraus machen / gemacht haben für dich / behauptend) (darüber hinaus / Tsutomu / [Sgg] / geliebt / das ist / hartgekochte Eier / zwei)

3 — Laut Wetterbericht wird es am Vormittag bewölkt, aber am Nachmittag schön sein, umso besser!
(Wetter-Vorhersage / das ist / wann /// am Vormittag / [Hinweis] / bewölkt sein / das ist / obwohl // Nachmittag / [Hinweis] / schön werden / es heißt, daß / weil //// gut gewesen sein / [überlegend])

4 — Da dein Lehrer gesagt hat, daß ihr morgen viel wandern werdet, habe ich fünf Reisklößchen eingepackt.
(Lehrer / [Sgg] / morgen / [Vstk] / viel / wandern / [Zitat] / gesagt haben / weil // [ungezw]-Reisklößchen / [Hinweis] / fünf / legen / [behauptend])

ANMERKUNGEN (Fortsetzung)

„nehmen" im voraus gemacht hat: 取って おく „im voraus nehmen", d.h. „zur Seite stellen". Wenn man an das Ganze あげる anhängt, bringt man damit zum Ausdruck, daß ICH diese Tätigkeit für DICH, der du mir zuhörst (oder SIE, der Sie mir zuhören), gemacht habe. 取って おいて あげる „ich stelle... für dich (Sie) zur Zeite".

(7) 努 vgl. Lektion 52, Anmerkung 3. Hier wird der Vorname des kleinen Jungen verwendet.

(8) そう だ vgl. Lektion 53, Anmerkung 2.

(9) おっしゃる, ein Verb in der höheren Stufe: „Sie sagen" oder „er, der respektiert ist (z.B. hier der Lehrer) sagt". Es entspricht also dem Verb 言う „sagen", wir können diese Form in unsere Liste in der Lektion 70, Absatz 3, Rubrik „Sie" aufnehmen. Vgl. auch die Lektion 91, Absatz 2, für die Form auf ます.

5 ― お結び、五つ？ そんなに食べられないよ。

リュック・サックも重くなるから嫌だよ。

6 ― でもお腹がすいていたら、歩けませんよ。

7 ― デザートとお八つには何を準備して

くれたの。

8 ― りんごとお煎餅よ。(10)

9 ― それだけ？甘いものは何もないの。

チョコレートとクッキーがほしいなあ。

10 ― あら、だって、努がさっき言ったでしょう...

リュック・サックが重くなるって... 。(11)

5. ljük'kü.ßak'kü 7. dschümbi 8. o ßembee

5 — o musubi, itsutsu. sonna ni taberarenai yo. ryukku-sakku mo omoku naru kara iya da yo
6 — demo o naka ga suite itara, arukemasen yo
7 — dezâto to oyatsu ni wa nani o junbi shite kureta no
8 — ringo to o senbei yo
9 — sore dake. amai mono wa nanimo nai no. chokorêto to kukkî ga hoshii naa
10 — ara, datte, tsutomu ga sakki itta deshô... ryukku-sakku ga omoku naru tte...

ANMERKUNGEN (Fortsetzung)
(10) お 煎餅 es wird normalerweise (o ßembee) ausgesprochen. Es ist ein Gebäck, aus Weizen- oder Reismehl und Zucker mit einer Glasur aus Salz oder getrockneten Algen überzogen.
(11) って die Form der Umgangssprache von と 言って „du (er) hast (hat) gesagt, daß...".

5 — Fünf Reisklößchen! Ich werde das nicht alles essen! Und mein Rucksack wird zu schwer sein. Ich will sie nicht.
([ungezw]-Reisklößchen / fünf) (von dieser Art / [ustw] / nicht essen können / [behauptend]) (Rucksack / auch / schwer / werden / weil // entsetzlich / das ist / [behauptend])
6 — Aber wenn du Hunger hast, kannst du nicht wandern.
(aber / Bauch / [Sgg] / wenn das leer ist // nicht gehen können / [behauptend])
7 — Was hast du mir als Nachspeise und für den Nachmittag vorbereitet?
(Nachspeise / und / Vesperbrot / [Ziel] / [Vstk] / was / [Erg. 4. F.] / Vorbereitung-machen / gemacht haben für mich / [Frage])

8 — Äpfel und Sembe.
(Apfel / und / [ungezw]-Sembe / [behauptend])
9 — Ist das alles? Keine Süßigkeiten? Ich will Schokolade und Kekse.
(das / nur) (süß sein / Sache / [Hinweis] / nichts / sich nicht befinden / [Frage]) (Schokolade / und / Keks / [Sgg] / der Gegenstand des Wunsches sein / [überlegend])
10 — Aber hast du nicht gesagt, daß dein Rucksack zu schwer wird?
(nun gut / aber / Tsutomu / [Sgg] / gerade vorhin / gesagt haben / das muß sein) (Rucksack / [Sgg] / schwer / werden / [Zitat])

Lektion 93

11 さあ... あまり遅くならないうちに、寝なさい。(12)

12- うん... お母さん、お休みなさい。(13)

11　saa... amari osoku naranai uchi ni, ne nasai
12 — un... okaasan, o yasumi nasai

練習

1. どうぞ、熱い うち に 食べて 下さい （めしあがって 下さい）。
2. お母さん、勝明君 が ね、先生 に 「お腹 が 痛い」 と 言ったら ね、「チョコレート を 食べすぎた ん でしょう」 と 先生 は おっしゃいました。
3. お 名前 は 何 と おっしゃいます か。
4. 冬 の 一番 寒い 時 に、ヒーター が 故障 して しまって とても 困りました。電気屋 さん に 電話 を かけたら、「今 すぐ 直し に うかがいます よ」 と 言いました。

11 Gut, geh jetzt schlafen bevor es zu spät ist!
(gut) (zu / spät / nicht werden / während / [Zeit]
// geh schlafen)

12 — Ja. Gute Nacht, Mutti.
(ja) (Mutti / gute Nacht)

ANMERKUNGEN (Fortsetzung)

(12) 寝 なさい vgl. Lektion 84, Absatz 3.

(13) お 休み なさい vgl. Lektion 84, Absatz 3. Aber hier handelt es sich um den Gute-Nacht-Gruß zwischen Personen, die im gleichen Haus leben. Wörtlich: „Ruhen Sie sich aus".

Übungen

1. Ich bitte Sie, essen Sie solange es heiß ist.
2. Mutti, weißt du, Katsuaki, also, er hat zum Lehrer gesagt: „Ich habe Bauchweh", und dann hat der Lehrer zu ihm gesagt: „Du hast sicherlich zu viel Schokolade gegessen".
3. Wie heißen Sie bitte?
4. Als der Winter am kältesten war, ist unsere Heizung kaputtgegangen, wir waren sehr ärgerlich. Wir haben den Elektriker angerufen, und er hat gesagt: „Ich komme sofort, um sie zu reparieren".

Lautschrift

1. dôzo, atsui uchi ni tabete kudasai (meshiagatte kudasai)
2. okaasan, katsuaki kun ga ne, sensei ni "onaka ga itai" to ittara ne, "chokorêto o tabesugita n deshô" to sensei wa, osshaimashita
3. o namae wa nan to osshaimasu ka
4. fuyu no ichiban samui toki ni, hîtâ ga koshô shite shimatte totemo komarimashita. denkiya san ni denwa o kaketara, "ima sugu naoshi ni ukagaimasu yo" to iimashita

Lektion 93

5. 電気屋 さん は すぐ 直し に 来て くれました が、すぐ に 直せない 故障 だった ので、その 夜 家 の 中 は 寝られない ほど 寒かった です。

... に 言葉 を 入れ なさい。

1. *Warten Sie einen Moment, ich komme Ihnen sofort zu Hilfe.*

   . . . . , ...

2. *Als der Lehrer sagte: "Am nächsten Montag machen wir einen Ausflug", war ich so froh, daß ich (vor Freude) gesprungen bin.*

   . . . .

   . . . . て , ... て、おどりあがる

   . . . .

3. *Machen Sie sich keine Sorgen. Ich habe alles für Sie im voraus bezahlt.*

   . . . . しないで . . . .

   . . . .

4. *Mein Onkel ist wirklich wunderbar. Er hat für uns im voraus die Hotelkosten bezahlt.*

   . . . .

   . . . かんじょう も . . . .

420

5. Der Elektriker ist sofort zu uns gekommen, um den Schaden zu beheben, aber da es ein Schaden war, der nicht an Ort und Stelle repariert werden konnte, war es diese Nacht im ganzen Haus so kalt, daß wir nicht schlafen konnten.

5. denkiya san wa sugu naoshi ni kite kuremashita ga, sugu ni naosenai koshô datta node, sono yo ie no naka wa nemurarenai hodo samukatta desu

---

5. *Gehen wir doch ein bißchen spazieren, solange es nicht kalt ist.*

. . . .

Antwort:

1. ちょっと まって、 いま すぐ てつだって
   あげます よ。
2. 「らいしゅう の かようび は えんそく だ」
   と せんせい が おっしゃった とき、
   うれしくー、 うれしくー、 ー ほど でした。
3. しんぱい ー ください。 わたくし が ぜんぶ
   はらって おいて あげました。
4. おじ は ほんとう に いい ひと です。
   ホテル の ー ぜんぶ はらって おいて
   くれました。
5. さむく ならない うち に さんぽ に
   でましょう よ。

片仮名 の 練習 Katakanaübungen

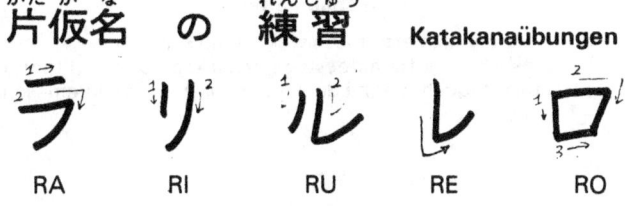

RA　　　RI　　　RU　　　RE　　　RO

Lektion 93

書き取り   Diktat

1. *kiro* (Kilometer oder Kilogramm/kilo) 2. *resutoran* (Restaurant) 3. *rôn* (Darlehen/loan) 4. *sararî.man* (Büroangestellter/salary man) 5. *kamera* (Fotoapparat/camera) 6. *igirisu* (Großbritannien/english) 7. *hômu.dorama* (Familienserie/home drama) 8. *garêji* (Garage) 9. *gorufu* (Golf) 10. *terebi* (Fernsehen/televi(sion)) 11. *furoa* (Stockwerk/floor) 12. *aruzenchin* (Argentinien/Argentine) 13. *ribingu* (Wohnzimmer/living) 14. *ea.tâminaru* (Endstation/air terminal)

****

第九十四課　　　　日常会話

1 ― 遅れてしまって申しわけありません。
2 　タクシーに乗ったのですが、迎賓館の前を通った時、すごい人込みで、車が全然通れませんでした。(1)

Lautschrift

nichijô kaiwa

1 — okurete shimatte môshiwake arimasen
2 　takushî ni notta no desu ga, geihinkan no mae o tootta toki, sugoi hitogomi de, kuruma ga zenzen tooremasen deshita

Antwort

1. キロ 2. レストラン 3. ローン
4. サラリー・マン 5. カメラ 6. イギリス
7. ホーム・ドラマ 8. ガレージ 9. ゴルフ
10. テレビ 11. フロア 12. アルゼンチン
13. リビング 14. エア・ターミナル

Zweite Welle: 第四十四課 44. Lektion

* *

Vierundneunzigste Lektion
(ste / neun-zehn-vier / Lektion)
Eine alltägliche Unterhaltung
(Alltag-Unterhaltung)

1 — Entschuldigen Sie bitte, daß ich so spät komme.
(zu spät kommen / vollkommen machen // Entschuldigung / sich nicht befinden)
2 Ich bin mit dem Taxi gekommen, aber als wir am Geihinkan vorbeikamen, waren dort so viele Leute, daß die Autos nicht weiterfahren konnten.
(Taxi / [Ziel] / eingestiegen sein / nämlich / aber /// Geihinkan / [Bzw] / vor / [Erg. 4. F.] / vorbeigefahren sein / Moment // außergewöhnlich sein / Menge / das ist // Wagen / [Sgg] / völlig / nicht vorbeifahren haben können)

ANMERKUNGEN
(1) 迎賓館 Der Name der Residenz, in der offizielle ausländische Gäste der Regierung untergebracht werden. Sie befindet sich ganz im Norden des Bezirkes 港区 (vgl. Lektion 51, Anmerkung 1), in der unmittelbaren Nähe des Kaiserpalastes und des Parlaments (vgl. Anmerkung 5).

3 車のそばにいた警察官に「どなたが
いらしたのですか」と聞いてみたら、
「総理大臣がオランダの女王を御案内して
いるところです」と言われました。(2) (3) (4)
4 迎賓館を出て、国会議事堂の方へ向かう
ところなのだそうです。(5)
5 ところで今月の父兄会に
いらっしゃいますか。

3 kuruma no soba ni ita keisatsukan ni "donata ga irashita no desu ka" to kiite mitara, "sôridaijin ga oranda no joô o go annai shite iru tokoro desu" to iwaremashita
4 geihinkan o dete, kokkai giji dô no hô e mukau tokoro na no da sô desu
5 tokoro de kongetsu no fukeikai ni irasshaimasu ka

ANMERKUNGEN (Fortsetzung)

(2) Im Japanischen gibt es so wie im Deutschen eine **direkte** und eine **indirekte Rede**. Im Japanischen wird dafür と verwendet, und zwar in beiden Fällen. Wir haben mit dem Ausdruck [Zitat] darauf in der wörtlichen Übersetzung hingewiesen. Die direkte Rede wird im Text mit kleinen Häkchen gekennzeichnet 「　」、die unseren Anführungszeichen entsprechen. Wenn die indirekte Rede (d.h. wenn man den Inhalt dessen, was man gehört hat, wiedergibt, ohne de genauen Worte zu verwenden) mit einem Verb oder Adjektiv schließt, muß dieses in der niedrigen Stufe stehen. In der direkten Rede, also, wenn die Sätze exakt wiedergegeben werden, können natürlich, je nach Umständen, alle drei Stufen vorkommen.

(3) どなた vgl. Lektion 86,. Anmerkung 2. いらした vgl. Lektion 91, Ende Absatz 2.

3 Ich habe mich bei einem Polizisten, der sich in der Nähe des Taxis befand, erkundigt: „Welche Persönlichkeit ist denn da?", und er hat gesagt: „Der Ministerpräsident empfängt die Königin der Niederlande".
(Wagen / [Bzw] / Seite / [Ort] / sich befunden haben / Polizist / [Erg. 3. F.] / wer / [Sgg] / sich befunden haben / nämlich / [Frage] / [Zitat] / fragen / wenn ich versucht habe, zu machen // Ministerpräsident / [Sgg] / Niederlande / [Bzw] / Königin / [Erg. 4. F.] / [höflich]-Empfang-machen / Moment / das ist / [Zitat] / mir wurde gesagt)

4 Es schien genau der Moment zu sein, in dem sie den Geihinkan verließen und sich zum Parlament begaben.
(Geihinkan / [Erg. 4. F.] / verlassen // Parlament-Ort der Versammlung / [Bzw] / Richtung / [R.Ang.] / sich begeben / Moment / das ist / nämlich / es scheint, daß)

5 Übrigens, gehen Sie diesen Monat zur Elternversammlung?
(übrigens / dieser Monat / [Bzw] / Elternversammlung / [Ziel] / gehen / [Frage])

ANMERKUNGEN (Fortsetzung)

(4) 言われました die Passivform abgeleitet von 言う (vgl. Lektion 84, Ende Absatz 2). Bitte beachten Sie, daß das **Passiv** in einem sehr weiten Sinn verstanden werden muß: Es kann anzeigen, daß die Handlung vom Subjekt aus, das sich ihr unterzieht, gesehen wird. Es entspricht etwa der Übersetzung: „mir wurde geantwortet", „ich erlebe die Antwort", „ihm wurde zugeteilt", „er erlebt die Zuteilung"...

(5) 国会議事堂 Die Verfassung, die seit 1946 in Kraft ist, sieht vor, daß durch allgemeines Wahlrecht das Unterhaus und das Oberhaus gewählt werden, gemeinsam bilden sie die Nationalversammlung, die gesetzgebende Funktionen ausübt. Das Gebäude, in dem die beiden Häuser tagen, befindet sich im Bezirk 千代田区 (vgl. Lektion 68, Anmerkung 5), südwestlich vom Kaiserpalast.

Lektion 94

6 - 出席するつもりです。

7　今度の国語の先生をどうお思いに

なりますか。(6)

8 - 娘の話によると、明るい感じの方だそう

ですが、とてもきびしい点をお付けになる

みたいです。(6)(7)(8)

9 - 内の娘は新しい理科の先生のことを

よく話します。(9)

10　やさしくて、その上、美男子なので、

娘はすっかり先生のファンになって

しまいました。

発音 6. schüß'ßeki

6 — shusseki suru tsumori desu
7　kondo no kokugo no sensei o dô o omoi ni narimasu ka
8 — musume no hanashi ni yoru to, akarui kanji no kata da sô desu ga, totemo kibishii ten o o tsuke ni naru mitai desu
9 — uchi no musume wa atarashii rika no sensei no koto o yoku hanashimasu
10　yasashikute, sono ue, bidanshi na node, musume wa sukkari sensei no fan ni natte shimaimashita

ANMERKUNGEN (Fortsetzung)

(6) お 思い に なります vgl. Lektion 68, Anmerkung 2.

6 — Ja, ich habe die Absicht, daran teilzunehmen.
(Anwesenheit-machen / Absicht / das ist)
7 Was halten Sie vom Japanischlehrer in diesem Jahr?
(dieses Mal / [Bzw] / Nationalsprache / [Bzw] / Lehrer / [Erg. 4. F.] / wie / [höflich]-glauben-[Ziel]-werden / [Frage])
8 — Laut meiner Tochter ist er sehr sympathisch, aber er soll sehr streng benoten.
(meine Tochter / [Bzw] / Wort / [Ziel] / sich stützen auf / wenn /// strahlend sein / Eindruck / [Bzw] / Mensch / das ist / es scheint, daß / aber // sehr / streng sein / Punkt / [Erg. 4. F.] / [höflich]-heften-[Ziel]-werden / es kommt mir vor / das ist)
9 — Meine Tochter redet nur vom neuen Naturwissenschaftslehrer.
(von uns / [Bzw] / meine Tochter / [Hinweis] / neu sein / Naturwissenschaften / [Bzw] / Lehrer / [Bzw] / Sachen / [Erg. 4. F.] / oft / sprechen)
10 Sie ist von diesem Lehrer begeistert, denn er ist liebenswürdig und noch dazu gutaussehend.
(liebenswürdig sein / darüber hinaus / gutaussehend / das ist / weil // meine Tochter / [Hinweis] / völlig / Lehrer / [Bzw] / Fan / [Ziel] / werden / bis zum Ende gemacht haben)

ANMERKUNGEN (Fortsetzung)

(7) 方 vgl. Lektion 48, Anmerkung 5.

(8)...みたい. Dieser Ausdruck wird vor allem von Frauen verwendet, er schwächt eine Behauptung ab. Seiner Bedeutung entspricht etwa よう です。(vgl. Lektion 91, Absatz 5.1). Ich drücke etwas aus, das ich von meinen eigenen Beobachtungen ableite. Diese Form wird oft nach einem Adjektiv verwendet, das den Gemütszustand von jemandem beschreibt: Freude, Trauer...

(9) 内 の 娘. 娘 allein bedeutet schon „meine (unsere) Tochter" (vgl. Lektion 84, Absatz 1). Aber sehr häufig verwendet man die Verstärkung 内 の „von mir, von uns".

Lektion 94

11 今年になってから、今まできらいだった
理科が急に好きになって、将来は理科系の
仕事がしたいと言っています。(10)

12 去年までは、国語の先生がよかったので、
新聞記者になると言っていました。
この調子だと、来年は何か他のものに
なりたがるでしょう。(11)

11 kotoshi ni natte kara, ima made kirai datta rika ga kyû ni suki ni natte, shôrai wa rika kei no shigoto ga shitai to itte imasu
12 kyonen made wa, kokugo no sensei ga yokatta node, shinbun kisha ni naru to itte imashita. kono chôshi da to, rainen wa nanika hoka no mono ni naritagaru deshô

ANMERKUNGEN (Fortsetzung)

(10) なって から vgl. Lektion 73, Anmerkung 10.

(11) なりたがる. Von なる „werden" konstruiert man eine Form in der Bedeutung von „ich will werden": なりたい (vgl. Lektion 76, Anmerkung 6). Die Endung たい wird an die Grundform der Verben mit nur einer Grundform angehängt und an die Grundform auf *i* bei den Verben mit mehreren Grundformen (ohne daß irgendwelche Änderungen notwendig werden, wie wir das bei den anderen Endsilben, die mit *t* anfangen, kennen; man sagt なって、なった、なったら aber なりたい). Was den Willen anlangt, so kenne ich nur meinen eigenen Willen und kann daher im Japanischen nichts anstelle eines anderen Menschen behaupten. Ich kann daher nicht

11 Sie hat bis jetzt Naturwissenschaften gehaßt, aber seit diesem Jahr hat sie sie plötzlich leidenschaftlich gern und will später in diesem Gebiet arbeiten.
(dieses Jahr / [Ziel] / werden / seit /// jetzt / bis / abscheulich / das war / Naturwissenschaften / [Sgg] / plötzlich / [ustw] / geliebt / [Ziel] / werden // Zukunft / [Hinweis] / Naturwissenschaften-Beziehung / [Bzw] / Arbeit / [Sgg] / ich will machen / [Zitat] / sagen)

12 Bis zum letzten Jahr sagte sie, daß sie Journalistin werden wollte, da er der Japanischlehrer war, der ihr gefiel. Wenn das so weitergeht, wird sie nächstes Jahr zweifellos noch etwas anderes werden wollen.
(letztes Jahr / bis / [Vstk] / Nationalsprache / [Bzw] / Lehrer / [Sgg] / gut gewesen sein / weil // Tageszeitung-Journalist / [Ziel] / werden / [Zitat] / gesagt haben)(diese / Wesenart / das ist / wenn // nächstes Jahr / [Vstk] /etwas / anders / [Bzw] / Sache / [Ziel] / sie will werden / das muß sein, daß)

ANMERKUNGEN (Fortsetzung)

einfach den entsprechenden Ausdruck für „er will" verwenden. Die Formen auf たい, entweder alleinstehend (in den höheren oder niedrigen Stufen) oder oft gefolgt von と 思って います bedeuten zunächst: ich will + Verb. Wenn wir sagen wollen „er (sie) will + Verb" müssen wir eine andere Konstruktion verwenden: Entweder die Person hat tatsächlich gesagt, daß sie etwas machen will, in diesem Fall verwenden wir たい, gefolgt von と 言って います : „er (sie) sagt, daß er (sie) ... will", vgl. Ende des Satzes 11: ... したい と 言って います „sie sagt, daß sie machen will", oder, wenn es nur eine Annahme meinerseits ist, verwende ich anstelle von たい (das ist ein Adjektiv, bitte nicht vergessen) たがる／たがります (dies ist ein Verb).

練習

1. 一度 瀬戸内海 で 泳いで みたい と 思って います。
2. 一度 瀬戸内海 で 泳いで みたい と 言って います。
3. あんな 狭くて きたない アパート に 住みたくない です よ。
4. その 噂 を 聞いて 以来、 あの 人 に 会いたくて、 会いたくて、 たまらない ほど でした。
5. このごろ、 夜 に なる と、 町 は あぶない ので、 人々 は 外 に 出掛けなく なりました。

… に 言葉 を 入れ なさい。

1. *Ich frage. Ich habe gefragt. Ich will fragen. Ich trinke. Ich habe getrunken. Ich will trinken. Ich schwimme. Ich bin geschwommen. Ich will schwimmen. Ich sage. Ich habe gesagt. Ich will sagen. Ich treffe. Ich habe getroffen. Ich will treffen. Ich gewinne. Ich habe gewonnen. Ich will gewinnen. Ich stelle her. Ich habe hergestellt. Ich will herstellen. Ich gehe. Ich bin gegangen. Ich will gehen. Ich gebe. Ich habe gegeben. Ich will geben.*

Übungen

1. Ich möchte einmal im Binnenmeer schwimmen.
2. Er (sagt, er) möchte einmal im Binnenmeer schwimmen.
3. Ich will nicht in einer derartig kleinen und schmutzigen Wohnung wohnen.
4. Nachdem ich auf diese Art über ihn habe reden hören, war mein Wunsch ihn kennenzulernen so stark, daß ich es fast nicht mehr aushielt.
5. Heutzutage ist die Stadt so gefährlich, wenn es dunkel wird, daß niemand mehr ausgeht.

Lautschrift

1. ichido setonaikai de oyoide mitai to omotte imasu
2. ichido setonaikai de oyoide mitai to itte imasu
3. anna semakute kitanai apâto ni sumitakunai desu yo
4. sono uwasa o kiite irai, ano hito ni aitakute, aitakute, tamaranai hodo deshita
5. konogoro, yoru ni naru to, machi wa abunai node, hitobito wa soto ni dekakenaku narimashita

---

. . .   .

. . .   .

. .   . .

. . .   .

. . .   .

Lektion 94

2. *Wann haben Sie den Ministerpräsidenten getroffen?*

. . . . お . . . .

3. *Der neue Naturwissenschaftslehrer, den wir zum ersten Mal bei der Elternversammlung getroffen haben, scheint mir sehr streng zu sein.*

. . . .

すごく . . . .

4. *Es stört mich, daß meine Uhr jeden Tag eine halbe Stunde vorgeht. Ich möchte, daß Sie sie mir so schnell wie möglich reparieren, bis wann könnten Sie es machen?*

ぼく の . . . . も

. . . . しまう . . , ...

できるだけ . . . . , ...

. . . .

Antwort:

1. きく。きいた。ききたい。のむ。のんだ。のみたい。
およぐ。およいだ。およぎたい。いう。いった。
いいたい。あう。あった。あいたい。かつ。かった。
かちたい。つくる。つくった。つくりたい。いく。
いった。いきたい。わたす。わたした。わたしたい。
2. いつ そうりだいじん に — あい に
なりました か。
3. ふけいかい の とき はじめて あった
あたらしい りか の せんせい は — きびしい
みたい です ね。

4. — とけい は いちにち に さんじゅっ ぷん
— すすんで — ので、 とても こまって
います。 はやく なおして
もらいたい の です が、 いつ までに
できる でしょう か。

片仮名 の 練習 Katakanaübungen

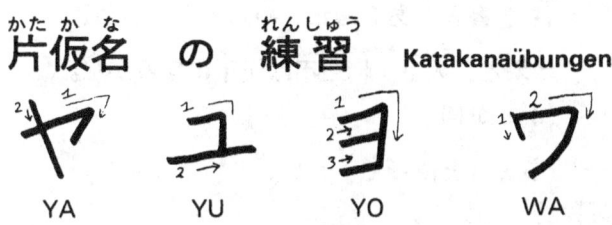

YA　　　YU　　　YO　　　WA

(Es gibt auch ein Zeichen ヲ o (wo), das aber nie für Katakanas verwendet wird, die ausländische Wörter umschreiben. Man benutzt es nur in ganz bestimmten Fällen. Wir geben es Ihnen hier nur an, damit die Liste vollständig ist.)

書き取り　　Diktat

1. *yangu* (jung/young) 2. *yôguruto* (Joghurt) 3. *mosukuwa* (Moskau) 4. *yoga* (Joga) 5. *yûmoa* (Humor) 6. *daiyamondo* (Diamant/diamond) 7. *mai.waifu* (meine Frau/my wife) 8. *wâ.puro* (Textverarbeiter/wor(d) pro(cessor)) 9. *yûro.darâ* (Eurodollar) 10. *tawâ* (Turm/tower) 11. *taiya* (Reifen/tyre)

Antwort

1. ヤング　　2. ヨーグルト　　3. モスクワ

4. ヨガ　　5. ユーモア　　6. ダイ・ヤモンド

7. マイ・ワイフ　　8. ワー・プロ

9. ユーロー・ダラー　　10. タワー　　11. タイヤ

Zweite Welle: 第四十五課　45. Lektion

第九十五課 年号

1 — 戸籍抄本を訳してもらうために
大使館へ行ったのだけれど、
「年号は西暦で書かなければいけない」と
注意書きがあるんだ。めんどうくさいよ。
ええと、大正十三年は何年になるかな。
(1) (2) (3) (4)

2 — ちょっと待って下さい。

発音 1. tschüü.i

Lautschrift

nengô

1 — kosekishôhon o yaku shite morau tame ni taishikan e itta no da keredo, ''nengô wa seireki de kakanakereba ikenai'' to chûigaki ga aru n da. mendôkusai yo. eeto, taishô jû san nen wa nan nen ni naru ka na
2 — chotto matte kudasai

ANMERKUNGEN

(1) 年号 vgl. Lektion 88, Anmerkungen 4 und 9. Wiederholen wir die drei letzten Ären: 明治 1868-1912; 大正 1912-1926; 昭和 1926-1989. Da eine neue Ära mit der Thronbesteigung beginnt, kann dies mitten im Kalenderjahr sein. So fing z.B. die Meijiära am 8. September 1868 an und hörte am 29. Juli 1912 auf, die Taishôära fing am 30. Juli 1912 an und hörte am 24. Dezember 1926 auf, und die Shôwaära fing am 25. Dezember 1926 an und hörte am 7. Januar 1989 auf. Am 8. Januar 1989 hat die 平成 Heiseiära begonnen.

Die Ären Fünfundneunzigste Lektion
(ste / neun-zehn-fünf / Lektion)

1 — Ich bin auf die Botschaft gegangen, um meine Geburtsurkunde übersetzen zu lassen; auf dem Beiblatt wurde darauf hingewiesen, daß die Daten dem westlichen Kalender angepaßt werden müssen. Das ist wirklich ärgerlich. Also... Taishô 13, welches Jahr ist das?
(Auszug aus dem Standesregister / [Erg. 4. F.] / Übersetzung-machen / sich machen lassen / damit // Botschaft / [R.Ang.] / gegangen sein / nämlich / obwohl /// Ära / [Hinweis] / westlicher Kalender / [Mittel] / man muß schreiben / [Zitat] / Beiblatt / [Sgg] / sich befinden / nämlich) (ärgerlich sein / [behauptend]) (also / Taishô / zehn-drei-Jahr / [Hinweis] / was-Jahr / [Ziel] / werden / [Frage] / [überlegend])

2 — Warte ein bißchen.
(ein bißchen / warte)

ANMERKUNGEN (Fortsetzung)

(2) して もらう・vgl. Lektion 91, Absatz 3.
(3) 書かなければ いけない vgl. Lektion 80, Anmerkung 2 und Lektion 94, Anmerkung 2.
(4) めんどうくさい wird mit einem kurzen o ausgesprochen. Dieses Adjektiv beschreibt alles, was Sie verärgert.

3 ー九一二年は大正元年に当たるから、
大正十三年は、一九一二年に
十二年足せばいいんじゃない? (5)

4 一九二四年になるわ。

5 ― おれたちが結婚したのは昭和二十三年。
昭和元年は何年だったかな。

6 ― 一九二六年です。

7 ― じゃあ一九二六年に二十二を足すと
一九四八年になるな。

3 — sen kyûhyaku jû ni nen wa taishô gannen ni ataru kara, taishô jû san nen wa, sen kyûhyaku jû ni nen ni jû ni nen taseba ii n ja nai
4 — sen kyûhyaku nijû yo nen ni naru wa
5 — oretachi ga kekkon shita no wa shôwa nijû san nen. shôwa gannen wa nan nen datta ka na
6 — sen kyûhyaku nijû roku nen desu
7 — jaa sen kyûhyaku nijû roku nen ni nijû ni o tasu to sen kyûhyaku yonjû hachi nen ni naru na

ANMERKUNGEN (Fortsetzung)
(5) Kommen wir noch einmal auf das **Ärasystem** zurück. Der Ausdruck 元年 bezeichnet das erste Jahr, das den Namen der Ära trägt. Also 大正 元年 steht für 1912 und das darauffolgende Jahr Taishô 2 ist 1913. Aber es kommt noch ein kleiner Trick dazu: Wenn Sie im Jahr Taishô 2 geboren sind, sagen Sie sich, daß man zu 1912 2 dazuzählen muß. Aber das würde 1914 ergeben und das ist falsch, denn Taishô 2 war 1913. Der Grund dazu ist der folgende: Jahr 1 ist das erste Jahr. Wenn Sie also ein Jahr einer Ära in eine Jahreszahl im westlichen Kalender umrechnen wollen, so müssen Sie immer ein Jahr von der Gesamtanzahl der Jahre der Ära abziehen. Beispiel: Das Jahr Shôwa 60 = 1926 + 60 − 1 = 1985. Und

3 1912 ist das erste Jahr von Taishô. Für Taishô 13 braucht man nur 12 zu 1912 dazuzurechnen.
(tausend-neun hundert-zehn-zwei-Jahr / [Hinweis] / Taishô / Anfangsjahr / [Ziel] / entsprechen / weil /// Taishô / zehn-drei-Jahr / [Hinweis] / tausend-neun hundert-zehn-zwei-Jahr / [Ziel] / zehn-zwei-Jahr/wenn man dazuzählt /gut sein /nämlich nicht)

4 Das ergibt 1924.
(tausend-neun hundert-zwanzig-vier-Jahr / [Ziel] / werden / [abschwächend])

5 — Wir haben im Jahr Shôwa 23 geheiratet. Welches ist das erste Jahr von Shôwa?
(wir / [Sgg] / Hochzeit-gemacht haben / [ersetzend] / [Hinweis] / Shôwa / zwanzig-drei-Jahr) (Shôwa / Anfangsjahr / [Hinweis] / was-Jahr / das war / [Frage] / [überlegend])

6 — Das ist 1926.
(tausend-neun hundert-zwanzig-sechs-Jahr/das ist)

7 — Nun, 1926 plus 22, das ergibt 1948.
(nun / tausend-neun hundert-zwanzig-sechs-Jahr / [Ziel] / zwanzig-zwei / [Erg. 4. F.] / dazuzählen / wenn // tausend-neun hundert-vierzig-acht-Jahr / [Ziel] / werden / [überlegend])

ANMERKUNGEN (Fortsetzung)

umgekehrt: 1985 = 1985 − 1926 + 1 = Shôwa 60. Die Japaner, die für alle Fälle gerüstet sind, veröffentlichen Umrechnungstabellen (年表), die vom Beginn der bekannten Ären bis heute gehen. Diese Tabellen führen die japanischen, chinesischen und koreanischen Ären auf (sie sind natürlich alle verschieden), welches Jahr in welchem Land dem Jahr in den beiden anderen Ländern entspricht und dem westlichen Kalender. Wie Sie sich vorstellen können, sind derlei Tabellen ein wichtiges Werkzeug für den Historiker... und für all diejenigen, die nicht besonders stark im Rechnen sind... Wir bestehen nicht aus purer Bosheit darauf, daß Sie dieses System lernen, sondern aus dem sehr praktischen Grund, daß diese Zählweise die offizielle ist und darüber hinaus im Alltag ständig verwendet wird.

Lektion 95

8 おれたちも年を取ったわけだなあ。(6)
9 － お祖父さんのお父さんは確か明治生まれだよね。
10 西暦の何年になるのかしら。(7)
11 明治何年の生まれ？
12 － 明治三十一年だよ。
13 － ということは、明治元年は確か一八六八年だから、それに三十年を足すと一八九八年だわ。
14 － お祖父さんのお父さんは、十九世紀に生まれたのか。すごいな。

8 oretachi mo toshi o totta wake da naa
9 — ojiisan no otôsan wa tashika meiji umare da yo ne
10 seireki no nan nen ni naru no kashira
11 meiji nan nen no umare
12 — meiji sanjû ichi nen da yo
13 — to iu koto wa, meiji gannen wa tashika sen happyaku rokujû hachi nen da kara, sore ni sanjû nen o tasu to sen happyaku kyûjû hachi nen da wa
14 — ojiisan no otôsan wa, jû kyû seiki ni umareta no ka. sugoi na

練習

1. 八に七を足せば、十五になります。

8	Wie alt wir geworden sind...
	(wir / auch / Jahr / [Erg. 4. F.] / genommen haben / Grund / das ist / [überlegend])
9	— Großvater, dein Vater ist sicher in der Meijiära geboren, nicht wahr?
	(Großvater / [Bzw] / Vater / [Hinweis] / sicherlich / Meiji-Geburt / das ist / [behauptend] / [ü.einst.])
10	Welches Jahr wäre das im westlichen Kalender?
	(westlicher Kalender / [Bzw] / was-Jahr / [Ziel] / werden / nämlich / vielleicht)
11	In welchem Jahr der Meijiära ist er geboren?
	(Meiji / was-Jahr / [Bzw] / Geburt)
12	— Im Jahr Meiji 31.
	(Meiji / dreißig-eins-Jahr / das ist / [behauptend])
13	— Da die Meijiära im Jahr 1868 beginnt, muß man 30 dazuzählen, das ergibt also 1898.
	(das heißt / Meiji-Anfangsjahr / [Hinweis] / sicherlich / tausend-acht hundert-sechzig-acht-Jahr / das ist / weil /// das / [Ziel] / dreißig-Jahr / [Erg. 4. F.] / dazuzählen / wenn // tausend-acht hundert-neunzig-acht-Jahr / das ist / [abschwächend])
14	— Der Vater von Großvater ist im 19. Jahrhundert geboren? Unglaublich!
	(Großvater / [Bzw] / Vater / [Hinweis] / zehn-neun-Jahrhundert / [Zeit] / geboren sein / nämlich / [Frage]) (unglaublich sein / [überlegend])

ANMERKUNGEN (Fortsetzung)

(6) お れ 達 vgl. Lektion 66, Anmerkung 4; Lektion 76, Anmerkung 9 und Lektion 87, Anmerkung 3.

(7) ...かしら vgl. Lektion 59, Anmerkung 5.

Übungen

1. Wenn man 8 und 7 zusammenzählt, erhält man 15.

Lautschrift

1. hachi ni nana o taseba, jû go ni narimasu

2. 六百八十五 から 六百七十八 を 引く と、七 残ります。
3. 四十四 に 十 を 掛ける と 四百四十 に なります。
   (四十四 掛ける 十 は 四百四十 です。)
4. 七百四十七 を 三 で 割る と 二百四十九 に なります。
   (七百四十七 割る 三 は 二百四十九 です。)
5. 来年 の 六月 に 新しい 大使館 を 建てる 予定 が ある と 言われました。

... に 言葉 を 入れ なさい。

1. *Mit dem Ausdruck „gannen" bezeichnet man das erste Jahr einer Ära.*

   . . . ., その . . . .

2. Wenn man 678 von 685 abzieht, erhält man 7.
3. Wenn man 44 mit 10 multipliziert, erhält man 440. (44 multipliziert mit 10 ist gleich 440.)
4. Wenn man 747 durch 3 dividiert, erhält man 249. (747 dividiert durch 3 ist gleich 249.)
5. Er hat mir gesagt, daß der Bau einer neuen Botschaft für Juni nächsten Jahres geplant sei.

2. roppyaku hachijû go kara roppyaku nanajû hachi o hiku to, nana nokorimasu
3. yonjû yon ni jû o kakeru to, yonhyaku yonjû ni narimasu (yonjû yon kakeru jû wa yonhyaku yonjû desu)
4. nanahyaku yonjû nana o san de waru to, nihyaku yonjû kyû ni narimasu (nanahyaku yonjû nana waru san wa nihyaku yonjû kyû desu)
5. rainen no rokugatsu ni atarashii taishikan o tateru yotei ga aru to iwaremashita

---

2. *Das erste Jahr Shôwa entspricht im westlichen Kalender dem Jahr 1926.*

. . . .

. . . .

3. *Jetzt werde ich Ihnen das System der japanischen Ären erklären.*

. . . . に ついて . . . .

4. *Ein japanischer Freund hat mir das System der Ären erklärt, aber da ich nicht sehr stark in Mathematik bin, habe ich überhaupt nichts verstanden.*

. . . . の こと を . . . . . .

. . . . . . , ... ちっとも できない

ひと です.., ...

Lektion 95

5. *In den Nachrichten heute Vormittag hieß es, der britische Ministerpräsident habe die Absicht, im September nach China zu reisen.*

... . · ·· ·· , ... · しゅしょう ....
.... と ....

Antwort:

1. がんねん と は、－ねんごう の さいしょ
   の とし と いう こと です。
2. しょうわ がんねん は せいれき の せん
   きゅうひゃく にじゅう ろく に あたります。
3. いま から にほん の ねんごう － せつめい
   して あげましょう。
4. にほんじん の ともだち が ねんごう －
   せつめい して くれました が、わたし は
   さんすう が － から、ぜんぜん わかりません
   でした。
5. けさ の ニュース に よると イギリス の
   － は くがつ に ちゅうごく に いく
   つもり だ － いう こと です。

片仮名 の 練習 Katakanaübungen

In vielen Wörtern in Katakana gibt es Doppelkonsonanten. Es handelt sich dabei um dieselben Konsonanten, die auch im Hiraganasystem verdoppelt werden können: K - S (SH) - T (Ch-TS) und P sowie einige andere, die nie in einem japanischen Wort, aber in einem ausländischen Wort verdoppelt werden können: G - J - D - B. Wir haben schon in Lektion 86 darüber gesprochen.

* *

Jedoch keine Panik – das Verfahren ist dasselbe wie für die Hiragana (vgl. Lektion 68, Seite 161): das kleine ッ.

Beispiel:
kukkî (cookie/Keks): クッキー
beddo (bed/Bett): ベッド

書き取り (かきとり) — Diktat

1. *ressun* (Lektion/lesson) 2. *middo.naito* (Mitternacht/midnight) 3. *yôroppa* (Europa) 4. *matchi* (Streichholz/match) 5. *guddo* (gut/good) 6. *kurashikku* (klassisch/classic) 7. *appuraito piano* (Klavier/upright piano) 8. *karejji* (Universität/college) 9. *kasetto* (Kassette) 10. *doresshingu* (Salatsoße/dressing) 11. *torakku* (Lastkraftwagen/truck) 12. *baggu* (Handtasche/bag) 13. *rojji* (kleines Haus/lodge) 14. *sunobbu* (Snob) 15. *sandouitchi* (belegtes Brot/sandwich)

Antwort

1. レッスン   2. ミッド・ナイト
3. ヨーロッパ   4. マッチ   5. グッド
6. クラシック   7. アップライト・ピアノ
8. カレッジ   9. カセット   10. ドレッシング
11. トラック   12. バッグ   13. ロッジ
14. スノッブ   15. サンドウィッチ

Zweite Welle: 第四十六課 46. Lektion

* *

第九十六課　ピアノを買う
だいきゅうじゅうろっか　　　　　　　　か

1 ― 娘がピアノを習いたいと言うので、
　　習わせようと思っています。(1) (2)

2 　どなたかいい先生を御存知だったら、
　　紹介して下さいませんか。(3) (4) (5)

Lautschrift

piano o kau

1 ― musume ga piano o naraitai to iu node, narawaseyô to omotte imasu
2 　donataka ii sensei o go zonji dattara, shôkai shite kudasaimasen ka

ANMERKUNGEN

(1) ...たい vgl. Lektion 94, Anmerkung 11.

(2) 習わせよう. 習わせる vgl. Lektion 87, Anmerkung 6: 習う „studieren, lernen". 習わせる „studieren lassen, lernen lassen". Vgl. auch Lektion 77, Absatz 3 und Lektion 84, Absatz 2 für 習わせる. Bei den Verben mit mehreren Grundformen, die auf die Silbe *u* enden, verwendet man zur Bildung des Verbs in der Bedeutung „lassen + Verb", die Endung <u>*waseru*</u>. Diese Ableitung ist ein Verb mit nur einer Grundform. 習わせよう vgl. Lektion 75, Anmerkung 1. Diese Form auf *ô* oder *yô*, gefolgt von と 思います dient dazu, ein Vorhaben auszudrücken. Das ganze entspricht dann unserem „ich möchte + Verb".

Sechsundneunzigste Lektion
(ste / neun-zehn-sechs / Lektion)
Der Kauf eines Klaviers
(Klavier / [Erg. 4. F.] / kaufen)

1 — Meine Tochter sagt, sie will Klavierspielen lernen, ich denke daran, ihr Stunden geben zu lassen.
(meine Tochter / [Sgg] / Klavier / [Erg. 4. F.] / studieren wollen / [Zitat] / sagen / weil // lassen wir studieren / [Zitat] / denken)
2 Falls Sie einen guten Lehrer kennen, könnten Sie ihn mir nicht vorstellen?
(jemand / gut sein / Lehrer / [Erg. 4. F.] / wenn Sie kennen // Vorstellung-machen / nicht machen für mich / [Frage])

ANMERKUNGEN (Fortsetzung)

(3) どなたか höhere Stufe von だれか „jemand", vgl. Lektion 86, Anmerkung 2 und Lektion 65, Anmerkung 4.
(4) 御存知 です höhere Stufe von 知る „wissen", in der Bedeutung von „Sie, er (der respektiert wird) wissen (weiß), kennen (kennt)". Wörtlich: ([höflich]-Bekanntschaft-das ist).
(5) 紹介 して 下さいません か vgl. Lektion 91, Absätze 3 und 2.

3 レッスンを始める前に、ピアノを買おうと思いますが、あなたはピアノにくわしいから一緒に見ていただけますか。(6)

店で

4 こんなにピアノの種類があるとは知りませんでした。

5 ― グランド・ピアノですか。(7)

アップライト・ピアノですか。

6 ― これから始めるのだからアップライト・ピアノにしましょう。

7 ― どのメーカーになさいますか。

外国製または国産。

発音 3. leß′ßun

3 ressun o hajimeru mae ni, piano o kaô to omo imasu ga, anata wa piano ni kuwashii kara issho ni mite itadakemasu ka

mise de

4 konna ni piano no shurui ga aru to wa shirimasen deshita
5 — gurando-piano desu ka. appuraito-piano desu ka
6 — kore kara hajimeru no da kara appuraito-piano ni shimashô
7 — dono mêkâ ni nasaimasu ka. gaikokusei mata wa kokusan.

3 Bevor ich mit den Stunden anfange, möchte ich ein Klavier kaufen. Könnten Sie mich, da Sie sich auskennen, begleiten?
(Stunde / [Erg. 4. F.] / anfangen / vor / [Zeit] / Klavier / [Erg. 4. F.] / kaufen / wir / [Zitat] / glauben / aber /// Sie / [Hinweis] / Klavier / [Erg. 3. F.] / genau sein / weil // gemeinsam / [ustw] / anschauen / erhalten können / [Frage])

Im Geschäft
(Geschäft / [Ort])

4 Ich hätte nicht gedacht, daß es so viele Sorten gibt.
(von dieser Art / [ustw] / Klavier / [Bzw] / Sorte / [Sgg] / sich befinden / [Zitat] / [Vstk] / nicht gewußt haben)

5 — Möchten Sie einen Flügel oder ein Klavier?
(Flügel / das ist / [Frage]) (Klavier / das ist / [Frage])

6 — Da sie Anfängerin ist, bevorzuge ich ein Klavier.
(von jetzt an / anfangen / nämlich / weil // Klavier / [Ziel] / machen wir)

7 — Welche Marke wollen Sie? Ein japanisches oder ein ausländisches Fabrikant?
(welche / Marke / [Ziel] / machen / [Frage]) (im Ausland produziert / oder / japanisches Erzeugnis)

ANMERKUNGEN (Fortsetzung)

(6) 見て いただけます か vgl. Lektion 91, Absätze 3 und 2. いただく ist die höhere Stufe von もらう (vgl. Anmerkung 12).
一緒 に 見て もらいます oder いただきます
„Ich bitte Sie, mir den Dienst zu erweisen, mit mir anzuschauen". Darüber hinaus hat man hier いただけます von いただく abgeleitet in der Bedeutung von „... können" (vgl. Lektion 84, Absatz 2).
一緒 に 見て いただけます か。
„Darf ich Sie bitten, mir den Dienst zu erweisen, mit mir anzuschauen".

(7) Vgl. Lektion 18, Anmerkung 3.

Lektion 96

8 色は黒いのも、白いのも茶色のもございます。
(8) (9)

9 どれになさいますか。

10 － ピアノは外観ではなく、音で決めるものよ。

弾いてみないとわからないわよ。(10)

11 こちらのは深みがある音ね。あちらのは

私の好きな音ではないわ。

そちらのはどうかしら。(11)

8 iro wa kuroi no mo, shiroi no mo chairo no mo gozaimasu
9 dore ni nasaimasu ka
10 — piano wa gaikan de wa naku, oto de kimeru mono yo. hiite minai to wakaranai wa yo
11 kochira no wa fukami ga aru oto ne. achira no wa watashi no suki na oto de wa nai wa. sochira no wa dô kashira

ANMERKUNGEN (Fortsetzung)

(8) 黒い の も 白い の も vgl. Lektion 91, Absatz 4.4.
Bitte beachten Sie (und Sie werden sofort sehen warum), daß das の ein bereits bekanntes Substantiv ERSETZT (hier ピアノ). Wenn wir dieses Wort ピアノ benutzen wollen, müßten wir の auslassen:
黒い ピアノ も 白い ピアノ も.
Diese Art des の findet sich nur nach einem Verb oder einem Adjektiv, nicht nach einem Substantiv.

(9) ございます vgl. Lektion 86, Anmerkung 14.

(10) で は なく vgl. Lektion 85, Anmerkung 4.

8 Es gibt schwarze, weiße und braune.
(Farbe / [Hinweis] / schwarz sein / [ersetzend] /
auch / weiß sein / [ersetzend] / auch / braune
Farbe / [Bzw] / auch sich befinden)

9 Welches gefällt Ihnen besser?
(welches / [Ziel] / machen / [Frage])

10 — Ein Klavier wählt man nicht nach seinem Äußeren,
sondern nach seinem Klang. Man muß sie
probieren.
(Klavier / [Hinweis] / äußere Erscheinung / das ist
nicht // Klang / [Mittel] / entscheiden / Sache /
[behauptend]) (spielen von einem Instrument /
nicht machen, um zu sehen / wenn // nicht verständlich sein / [abschwächend] / [behauptend])

11 Dieses hier hat einen tiefen Klang. Der Ton von
diesem dort gefällt mir nicht. Und dieses?
(diese Seite hier / [Bzw] / [Hinweis] / Tiefe / [Sgg]
/ sich befinden / Klang / [ü.einst.]) (jene Seite dort
/ [Bzw] / [Hinweis] / ich / [Sgg] / geliebt / das ist
/ Klang / das ist nicht / [abschwächend]) (diese
Seite dort / [Bzw] / [Hinweis] / wie / das kann
sein)

ANMERKUNGEN (Fortsetzung)

(11) こちら <u>の</u> は... 。あちら <u>の</u> は...。
そちら <u>の</u> は... 。
Achtung, hier muß man scharfsinnig sein!... Dieser Ausdruck scheint Satz 8 zu gleichen... aber das sieht nur so aus. Wenn Sie genau hinsehen, so sehen Sie, daß es sich nach wie vor um das Klavier handelt... Aber wenn Sie das Wort ピアノ in jeden dieser Ausdrücke einsetzen..., versuchen Sie es..., ja, man nimmt nichts weg. Man setzt jedes Mal ピアノ zwischen の und は：こちら <u>の</u> <u>ピアノ</u> は... 。あちら <u>の</u> <u>ピアノ</u> は...。 そちら <u>の</u>
<u>ピアノ</u> は... 。
Es ist also ein の [Bzw] zwischen zwei Substantiven, wobei man einfach das zweite Substantiv ausläßt, da man annimmt, daß es schon hinreichend bekannt ist. Das ist auch der Fall bei der letzten Farbe im Satz 8. Schauen Sie noch einmal nach...

Lektion 96

12 - どれにしたらいいのかわからないわ。
決められないから、今日はやめておきます。

13 じゃあ今日はカタログだけいただいて帰ります。**(12)**

12 dore ni shitara ii no ka wakaranai wa. kimerarenai kara, kyô wa yamete okimasu
13 jaa kyô wa katarogu dake itadaite kaerimasu

練習

1. レコードを何枚も聞かせてもらいましたが、やっぱりいいのがなかったので、一枚も買わないで店を出てしまいました。もしいいのが見つかったら知らせて下さいね。

2. 捕まえたスパイから新しいロケットのことを聞き出そうとしましたが、一言も言いませんでした。

3. どれを売ってしまったんですか。私達の子供の時から両親の家の食堂のドアと窓との間にあったものです

12 — Ich weiß nicht, welches ich nehmen soll. Ich kann mich nicht entscheiden. Ich werde es heute nicht kaufen.
(welches / [Ziel] / wenn ich mache / gut sein / nämlich / [Frage] / nicht verständlich sein / [abschwächend]) (nicht entscheiden können / weil // heute / [Vstk] / aufgeben / machen im voraus)

13 Heute werde ich nur den Katalog nehmen.
(also / heute / [Vstk] / Katalog / nur / empfangen // zurückkehren)

ANMERKUNGEN (Fortsetzung)
(12) いただく höhere Stufe von もらう „ICH empfange, ICH lasse mir geben".

か。それとも 最近 スペイン 旅行
から 持って 帰った もの です か。

Übungen
1. Ich habe mir unzählige Aufnahmen auflegen lassen, aber es gab wirklich keine einzige gute, und ich bin aus dem Geschäft gegangen, ohne etwas zu kaufen. Wenn Sie eine gute finden, sagen Sie mir bitte Bescheid.
2. Sie haben sich bemüht, den gefangenen Spion über die neuen Raketen zum Sprechen zu bringen, aber er hat kein einziges Wort gesagt.
3. Welches hast du verkauft? Das, das seit unserer Kindheit zwischen der Tür und dem Fenster des Eßzimmers unserer Eltern war? Oder jenes, das du auf deiner letzten Spanienreise mitgebracht hast?

Lautschrift
1. rekôdo o nan mai mo kikasete moraimashita ga, yappari ii no ga nakatta node, ichi mai mo kawanaide mise o dete shimaimashita. moshi ii no ga mitsukattara shirasete kudasai ne
2. tsukamaeta supai kara atarashii roketto no koto o kikidasô to shimashita ga, hitokoto mo iimasen deshita
3. dore o utte shimatta n desu ka. watashitachi no kodomo no toki kara ryôshin no ie no shokudô no doa to mado to no aida ni atta mono desu ka. soretomo saikin supein ryokô kara motte kaetta mono desu ka

4. カタログ を 見て 買う より、実物 を 手 に 取って みて 買う 方 が 安全 だ と、カメラ屋 を 開いて いる 弟 は いつも 言って います。

5. ー科学 の 雑誌 が あります か。
 ーはい、色々 ございます。どうぞ 御覧 下さい。

... に 言葉 を 入れ なさい。

1. *Ich bringe zum Weinen. Ich lasse kommen. Ich lasse schreiben. Ich bringe zum Lachen. Ich lasse kaufen. Ich lasse hinauswerfen. Ich lasse trinken. Ich lasse überlegen.*

 . . . .

 . . . .

2. *Die schwarzen sind alle ausverkauft. Ich habe nur noch braune.*

 . . . . . . うりきって しまいました

 . . . .

3. *Kennen Sie den Schriftsteller, der Carl Sternheim heißt?*

 . . . . ご . . . .

4. Mein jüngerer Bruder, der ein Fotogeschäft hat, sagt immer, daß es viel sicherer ist etwas zu kaufen, wan man ausprobiert hat, als aus einem Katalog zu bestellen.

5. — Haben Sie wissenschaftliche Zeitschriften?
— Ja, viele. Sehen Sie sich bitte um.

4. katarogu o mite kau yori, jitsubutsu o te ni totte mite kau hô ga anzen da to, kameraya o hiraite iru otôto wa itsumo itte imasu

5. — kagaku no zasshi ga arimasu ka
— hai, iroiro gozaimasu. dôzo goran kudasai

---

4. *Auf die Anfrage eines japanischen Verlegers hin (nachdem ich von einem japanischen Verleger darum gebeten worden bin), denke ich, daß ich seine Werke ins Japanische übersetzen werde.*

はい。. . . . . たの . . . , ...

. . . . おもって います。

5. *Ich weiß nur nicht, wann ich mit dieser Übersetzung fertig sein werde.*

. . . .

6. *Wenn ich nächsten Monat beginne, kann man annehmen, daß ich gegen Ende des nächsten Jahres damit fertig sein werde.*

. . . . , ...

. . . .

Antwort:

1. なかせる。こさせる。かかせる。わらわせる。
   かわせる。ださせる。のませる。かんがえさせる。
2. くろい の は －。ちゃいろ の しか
   のこって いません。

3. カール・シュテルヌハイム と いう さっか を －
   ぞんじ でしょう。
4. － にほん の しゅっぱんしゃ から.
   －まれて、 その さくひん を にほんご に
   やくそう と －。
5. けれども いつ まで に その やく が
   できあがる か わかりません。
6. らいげつ から はじめたら、 らいねん の
   おわり ごろ まで に は できあがる と
   おもわれます。

片仮名 の 練習 Katakanaübungen

Die Katakana können auch die Silben umschreiben, die wir bei den Hiraganazeichen gelernt haben (Lektion 74, Seite 220-221 und Lektion 75, Seite 230-231), und zwar einerseits: einen Konsonanten (K, G, N, H, B, P, M, R) + Y + A, U, O, und andererseits: SH, J, CH + A, U, O.

Wir gehen genau so vor: Man hängt an das Katakana, das die Vokale *i* anschließt, ein kleines ヤ oder ein kleines ユ oder ein kleines ヨ an. Lesen Sie sich noch einmal die Erklärungen in den Lektionen 74 und 75 durch, und passen Sie auf, wenn das U oder das O lang ist, dann wird nämlich die gedehnte Aussprache durch einen Strich angezeigt, da es sich um Katakana handelt.

* *

書き取り

Diktat

1. *kyanpu* (Zelten/camp) 2. *nyûsu* (Nachrichten/news) 3. *ryukku.sakku* (Rucksack) 4. *konpyûta* (Computer) 5. *channeru* (Fernsehkanal/channel) 6. *jazu* (Jazz) 7. *jogingu* (Jogging) 8. *waishatsu* (Herrenhemd/whi(te) shirt) 9. *shoppingu.sentâ* (Einkaufszentrum/shopping center) 10. *shanpen* (Champagne) 11. *chokorêto* (Schokolade/chocolate) 12. *chûrippu* (Tulpe/tulip)

Antwort

1. キャンプ　　2. ニュース
3. リュック・サック　　4. コンピューター
5. チャンネル　　6. ジャズ　　7. ジョギング
8. ワイシャツ　　9. ショッピング・センター
10. シャンペン　　11. チョコレート
12. チューリップ

Zweite Welle: 第四十七課 47. Lektion

* *

第九十七課　職業

1 ― 小学校の一年生の時、母とショッピング・センターへ買物に行って、迷子になりました。その時あまりにもこわくてどうなるかと思っていたら、親切なお巡りさんが交番へ連れていってくれて、それから家まで送ってくれました。(1)

2　そのことがあまりにもうれしかったので、将来はお巡りさんになりたいと思いました。(2)

3 ― それからどうしたの。

Lautschrift

shokugyô

1 — shôgakkô no ichinen sei no toki, haha to shoppingu-sentâ e kaimono ni itte, maigo ni narimashita. sono toki amarinimo kowakute dô naru ka to omotte itara, shinsetsu na omawarisan ga kôban e tsurete itte kurete, sorekara uchi made okutte kuremashita

2　sono koto ga amarinimo ureshikatta node, shôrai wa omawarisan ni naritai to omoimashita

3 — sorekara dô shita no

ANMERKUNGEN

(1) Zum japanischen Schulsystem vgl. Lektion 90, Anmerkungen 3 und 6.

Berufe

Siebenundneunzigste Lektion
(ste / neun-zehn-sieben / Lektion)

1 — Als ich in der ersten Klasse der Grundschule war, habe ich mich eines Tages, als ich mit meiner Mutter in einem Einkaufszentrum zum Einkaufen gegangen bin, verlaufen. Ich war zutiefst erschrocken und fragte mich, was aus mir werden sollte; ein sehr liebenswürdiger Polizist brachte mich zur Polizeiwache und fuhr mich dann nach Hause.
(Grundschule / [Bzw] / Schüler der ersten Klasse / [Bzw] / Zeit / meine Mutter / mit / Einkaufszentrum / [R.Ang.] / Einkäufe / [Ziel] / gehen // verlorenes Kind / [Ziel] / geworden sein) (dieser / Moment / äußerst / schrecklich sein // wie / werden / [Frage] / [Zitat] / wenn ich denke /// liebenswürdig / das ist / [ungezw]-Polizist / [Sgg] / Polizeiwache / [R.Ang.] / begleiten / gehen / machen für mich // dann / Haus / bis / zurückbegleiten / gemacht haben für mich)

2 Ich war so glücklich, daß ich mir vornahm, später Polizist zu werden.
(diese / Tatsache / [Sgg] / äußerst / erfreulich gewesen sein / weil // Zukunft / [Hinweis] / [ungezw]-Polizist / [Ziel] / ich will werden / [Zitat] / gedacht haben)

3 — Und dann?
(dann / wie / gemacht haben / [Frage])

ANMERKUNGEN (Fortsetzung)

(2) その こと が うれしかった。
Die Adjektive, die Gefühle ausdrücken, haben ein eigenartiges Verhalten. Der Sprecher bin ich, ich bin derjenige, der Freude, Schmerz oder Traurigkeit empfindet. Aber das, was das Gefühl verursacht, wird zum grammatikalischen Satzgegenstand des Adjektivs. (Das ist der Fall bei うれしい „glücklich sein", bei 痛い „Schmerzen haben", vgl. Lektion 46, Sätze 1 und 8; Lektion 54, Satz 13; Lektion 57, Satz 12 und zahlreiche andere Adjektive.)

Lektion 97

4 ― 四年生だったころ、トラックの運転手に
なりたかったので、毎日のように、学校が
終わると、近所の工場へ行って、
トラックが出たり入ったりするのを
見ていました。(3)

5 ― その次は何になりたくなったの。(4)

6 ― 北海道の伯父さんは広い農場を持っています。

7 　六年生の夏休みを伯父さんのところで
過ごしました。トラクターを運転したり、
牛の世話をしたりしていました。いつも
自然の中で暮らしている伯父さんを見て、
将来はお百姓さんになりたいと思いました。
(3) (5)

発音 4. untenschü

4 ― yonnensei datta koro, torakku no untenshu ni narita-katta node, mainichi no yô ni, gakkô ga owaru to, kinjo no kôba e itte, torakku ga detari haittari suru no o mite imashita
5 ― sono tsugi wa nani ni naritaku natta no
6 ― hokkaidô no ojisan wa hiroi nôjô o motte imasu.
7 　rokunensei no natsu yasumi o ojisan no tokoro de sugoshimashita. torakutâ o unten shitari, ushi no sewa o shitari shite imashita. itsumo shizen no naka de kurashite iru ojisan o mite, shôrai wa o hyakushô san ni naritai to omoimashita

ANMERKUNGEN (Fortsetzung)

(3) ... たり... たり　vgl. Lektion 76, Anmerkung 8.

(4) なりたく　なった。なりたく die Form auf く des Adjektivs なりたい、das wiederum das Verb なる +

4 — Als ich in der vierten Klasse war, wollte ich Lastkraftwagenfahrer werden. Jeden Tag nach der Schule ging ich zur Fabrik nebenan und sah zu wie die Lastwagen ein- und ausfuhren.
(Schüler der vierten Klasse / das war / Moment //// Lastwagen / [Bzw] / Fahrer / [Ziel] / werden wollen haben / weil /// jeden Tag / Schule / [Sgg] / aufhören / wenn // Nähe / [Bzw] / Fabrik / [R.Ang.] / gehen // Lastwagen / [Sgg] / ausfahren / einfahren / machen / die Tatsache, daß / [Erg. 4. F.] / angeschaut haben)

5 — Was haben Sie danach werden wollen?
(das / nachdem / [Vstk] / was / [Ziel] / werden wollen / geworden sein / [Frage])

6 — Mein Onkel in Hokkaidô hat einen großen Bauernhof.
(Hokkaidô / [Bzw] / mein Onkel / [Hinweis] / riesig sein / Bauernhof / [Erg. 4. F.] / besitzen)

7   Bei ihm verbrachte ich die Sommerferien meiner sechsten Klasse. Ich fuhr Traktoren, versorgte die Kühe. Als ich meinen Onkel so mitten in der Natur leben sah, dachte ich, daß ich in der Zukunft Landwirt werden wollte.
(Schüler der sechsten Klasse / [Bzw] / Sommer-Ferien / [Erg. 4. F.] / mein Onkel / [Bzw] / Ort / [Ort] / verbracht haben) (Traktor / [Erg. 4. F.] / Fahrt-machen / Kuh / [Bzw] / Betreuung / [Erg. 4. F.] / machen / gemacht haben) (immer / Natur / [Bzw] / innen / [Ort] / leben / mein Onkel / [Erg. 4. F.] / anschauen // Zukunft / [Hinweis] / [ungezw]-Bauer / [Ziel] / werden wollen / [Zitat] / gedacht haben)

ANMERKUNGEN (Fortsetzung)

Endung たい : „werden wollen" ist. Wörtlich: „Ich bin soweit gekommen, werden zu wollen".

(5) Bei uns sind die Sommerferien die „großen Ferien", d.h. das neue Schuljahr fängt nach den Sommerferien an. In Japan beginnt das Schuljahr im April. Die Sommerferien sind daher nur die Ferien zwischen dem ersten und dem zweiten Trimester des Schuljahres.

8 ― それからどうしたの。

9 ― 中学生の時、修学旅行で東京まで来て、オリンピックのために建てたスタジアムなどを見、建築家とは夢を形に表わすことのできる職業だと思いました。

10 ― それからどうなったのですか。

11 ― 高校を卒業するころは、外国旅行がしたかったので商社マンか通訳になろうかと思いましたが、遂に、俳優になりました。

(6) (7) (8)

9. schüügaku ljokoo 11. haj'jüü

8 — sorekara dô shita no
9 — chûgakusei no toki, shûgaku ryokô de tôkyô made kite, orinpikku no tame ni tateta sutajiamu nado o mi, kenchikuka to wa yume o katachi ni arawasu koto no dekiru shokugyô da to omoimashita
10 — sorekara dô natta no desu ka
11 — kôkô o sotsugyô suru koro wa, gaikoku ryokô ga shitakatta node shôshaman ka tsûyaku ni narô ka to omoimashita ga, tsui ni, haiyû ni narimashita

ANMERKUNGEN (Fortsetzung)

(6) したかった、aus する „machen". An die einzige Grundform し、hängt man die Endung たい an. したい „ich will machen" oder „(etwas) ist der Gegenstand meines Wunsches zu machen...". Diese Endung ist ein Adjektiv (wie ない vgl. Lektion 64, Anmerkung 4 und weiter oben Anmerkung 4). Seine Form in der Vergangenheit ist daher したかった (vgl. Lektion 35, Absatz 3).

8 — Und dann?
   (dann / wie / gemacht haben / [Frage])
9 — Als ich in der Mittelschule war, haben wir eine Klassenfahrt nach Tokio gemacht; als ich das Stadium sah, das für die Olympischen Spiele gebaut worden war, dachte ich mir, daß Architekt ein Beruf ist, der es ermöglichte, seinen Träumen Gestalt zu geben.
   (Schüler der Mittelschule / [Bzw] / Zeit / Klassenstudienfahrt / [Mittel] / Tokio / bis / kommen /// Olympische Spiele / [Bzw] / Ziel / [Ziel] / gebaut haben / Stadium / diese Art von Sachen / [Erg. 4. F.] / anschauen // Architekt / [Zitat] / [Hinweis] / Traum / [Erg. 4. F.] / Form / [Ziel] / ausdrücken / die Tatsache, daß / [Sgg] / möglich sein / Beruf / das ist / [Zitat] / gedacht haben)
10 — Nun und was ist daraus geworden?
    (dann / wie / geworden sein / nämlich / [Frage])
11 — Da ich, als ich die Schule verließ, im Ausland reisen wollte, dachte ich daran, Geschäftsmann oder Dolmetscher zu werden, aber schließlich bin ich Schauspieler geworden.
    (Gymnasium / [Erg. 4. F.] / Abschlußprüfung machen / Moment / [Vstk] //// Ausland-Reise / [Sgg] / der Gegenstand des Wunsches zu machen gewesen sein / weil // Geschäftsmann / oder / Dolmetscher / [Ziel] / werden wir / [Frage] / [Zitat] / gedacht haben / aber /// schließlich / [ustw] / Schauspieler / [Ziel] / geworden sein)

ANMERKUNGEN (Fortsetzung)

(7) 高校 „Gymnasium", Abkürzung von 高 (等 学) 校, wörtlich „höhere Schule".

(8) ... なろう か と 思いました vgl. Lektion 96, Anmerkung 2. Hier zeigt uns das Zeichen か (das natürlich weiterhin [Frage] bedeutet), daß man noch etwas zögert, bevor man sich für ein bestimmteres Vorhaben entscheidet: „Ich frage mich, ob ich nicht ... werden würde".

Lektion 97

12 そうすれば、一回でも子供の時から
夢に見ていたこれらの職業にみんな
つくことができるからです。

12 sô sureba, ikkai demo kodomo no toki kara yume ni mite ita korera no shokugyô ni minna tsuku koto ga dekiru kara desu

練習

1. 日本の学年は四月から始まり、夏休みはフランスより短いです。
2. 昨日は休みでしたから、子供達と芝居を見に行きましたが、子供達はその芝居に出てくる熊がこわくて、泣いてしまいました。
3. だけど、こわくても、一生懸命見ていました。
4. 熊なら、私はこわくないよ。
5. 大きくなったら、バスの運転手になりたいよ。

12 Auf diese Weise ist es mir möglich, zumindest einmal all die Berufe auszuüben, von denen ich seit meiner Kindheit geträumt habe.
(so / wenn ich machte // eins-Mal / sogar / Kind / [Bzw] / Zeit / von / Traum / [Ort] / angeschaut haben / diese / [Bzw] / Beruf / [Ziel] / alle / erreichen / die Tatsache, daß / möglich sein / weil / das ist)

---

6. 僕が熊なら、人に
捕まえられない ように 高い 山に
住む よ。

Übungen

1. In Japan beginnt das Schuljahr im April, die Sommerferien sind viel kürzer als in Frankreich.
2. Gestern war ein Feiertag und so bin ich mit den Kindern ins Theater gegangen, aber da sie vor dem Bären, der in dem Stück vorkam, Angst hatten, begonnen sie zu weinen.
3. So sehr sie auch Angst hatten, sie haben eifrigst zugeschaut.
4. Ein Bär? Ich werde keine Angst vor ihm haben...
5. Wenn ich groß bin, will ich Busfahrer werden.
6. Wenn ich ein Bär wäre, würde ich noch in den Bergen wohnen, um nicht von den Menschen gefangen zu werden.

Lautschrift

1. nihon no gakunen wa shigatsu kara hajimari, natsu yasumi wa furansu yori mijikai desu
2. kinô wa yasumi deshita kara, kodomotachi to shibai o mi ni ikimashita ga, kodomotachi wa sono shibai ni dete kuru kuma ga kowakute, naite shimaimashita
3. dakedo, kowakute mo, isshokenmei mite imashita
4. kuma nara, watashi wa kowakunai yo
5. ookiku nattara, basu no untenshu ni naritai yo
6. boku ga kuma nara, hito ni tsukamaerarenai yô ni, takai yama ni sumu yo

Lektion 97

... に 言葉 を 入れ なさい。

1. *Wenn ich eines Tages Architekt werde, werde ich es so einrichten, daß ich keine derartig schrecklichen Gebäude baue.*

. . . ., あんな . . . .

. . . .
.

2. *Wenn wir Fukuzawa Yukichi treffen könnten, könnten wir uns viele spannende Geschichten aus der Meijiperiode erzählen lassen.*

. . . ., ...

はなし . きかせて . . . .

3. *Wenn Sie Fujii treffen, fragen Sie ihn nach der Adresse des Arztes, den er mir das letzte Mal empfohlen hat.*

. . . ., この まえ . . . .

. . . .

4. *Als Sie mit dem Japanischlernen begonnen haben, haben Sie sich nicht vorgestellt, daß Sie es so schnell lernen würden.*

. . . . しはじめた . . ., こんな に . . .

. . . .

5. *Mit der Assimil-Methode kann man mit Freude schnell lernen, deswegen empfehle ich sie Ihnen aufs lebhafteste.*

. . . . . たのしく , ..., ...,

. . . .

Antwort:

1. わたくし が けんちくか に なれば、 —
   ひどい たてもの は たてない ように
   します。
2. ふくざわ ゆきち に あえれば、 めいじ
   じだい の いろいろ な おもしろい — を
   — くれる でしょう。
3. ふじい さん に あったら、 — しょうかい
   して もらった いしゃ の じゅうしょ を
   きいて ください。
4. にほんご を べんきょう — とき、 —
   はやく おぼえられる と は おもわなかった
   です ね。
5. アシミル で —、 はやく、 おぼえられます
   から、 ぜひ お すすめ します。

アシミル で たのしく はやく、
おぼえられます から、ぜひ お すすめ します。

片仮名 の 練習 Katakanaübungen

Auf japanisch werden ausländische Namen oder Wörter immer so umgeschrieben, daß die Aussprache die gleiche wie in der Originalsprache bleibt. Es gibt Silben, die in einigen Sprachen verwendet werden, aber nicht im Japanischen. Es ist also unmöglich, sie anhand der Hiraganazeichen nachzubilden, was wir bisher gemacht haben. Es gibt daher einige Neubildungen für die Katakanazeichen. Wir werden jeden Fall untersuchen.

Lektion 97

1. SH + Vokale. *shi* verursacht keine Probleme: シ . *sha, shu, sho* bilden wir auf folgende Art: シャ、シュ、ショ. Aber *she?* Es gibt kein Katakana für *ye*, wir schreiben daher: *shi* + ein kleines *e* ェ. *she:* シェ.

2. T oder D + Vokal. Für die Silben *ta(da), te(de), to(do)* ist es leicht... es gibt die Kana: タ（ダ）、テ（デ）、ト（ド）. *tu(du)* wird mit ツ（ズ）wiedergegeben. Aber *ti* und *di?* Unmöglich? Nein. Nichts ist im Japanischen unmöglich. Man verwendet zwei Kana, wobei das zweite kleiner geschrieben wird. *ti:* ティ , *di:* ディ (manchmal verwendet man einfach チ und ジ).

3. W (englische Aussprache) + Vokale. Hier sind wir etwas eingeschränkt, denn wir haben nur *wa* ワ. Für die Silben *wi, we, wo...* gilt dasselbe Prinzip: Für das W wird das Kana ウ *(u)* genommen, an das man ein kleines ィ oder ein kleines ェ oder ein kleines ォ anhängt: *wi* ウィ, *we* ウェ, *wo* ウォ. *wu* wird nur annäherungsweise durch ブ *(bu)* wiedergegeben.

4. Weiten wir das Prinzip aus:
— Eine Silbenreihe mit F + Vokal geht vom Katakana フ *fu* aus, dem die kleinen Vokale *fa* ファ, *fi* フィ, *fe* フェ, *fo* フォ angehangen werden.
— Eine Reihe mit V (englische Aussprache) + Vokal (mit Ausnahme von *vu*, das mit ブ geschrieben wird), verwendet das Katakana ウ, an welches man zwei kleine Punkte anhängt: ヴ = V und... raten Sie mal... natürlich die kleinen Vokale: *va* ヴァ, *vi* ヴィ, *ve* ヴェ, *vo* ヴォ. (Im letzten Fall ist die Schreibweise noch nicht völlig festgesetzt, oft werden diese Silben mit der Reihe B gebildet: *va* バ, *vi* ビ, *ve* ベ, *vo* ボ).

Bevor Sie das Diktat beginnen, vergessen Sie nicht: **Die langen Vokale werden immer durch einen Strich angezeigt.** Denken Sie auch an die verdoppelten Konsonanten. Denken Sie an alles!

* *

書き取り <small>か　と</small>

Diktat

1. *wîn* (Wien) 2. *chekku.in* (Abfertigung/check in) 3. *fasshon* (Mode/fashion) 4. *bodî* (Gehäuse des Fotoapparates/body) 5. *reveiyon* (Silvesterabend/réveillon) 6. *fôku* (Gabel/fork) 7. *sentoraru.hîtingu* (Zentralheizung/central heating) 8. *shêkusupia* (Shakespeare) 9. *kakuteru.pâti* (Cocktailparty) 10. *romantikku* (romantisch/romantique) 11. *yû.fô* (UFO/U(nidentified) F(lying) O(bject))

Antwort

1. ウイーン　　2. チェック・イン

3. ファッション　4. ボディー　5. レヴェイョン

6. フォーク　　7. セントラル・ヒーティング

8. シェークスピア　　9. カクテル・パーティー

10. ロマンティック　　11. ユー・フォー

Sie werden schon festgestellt haben, daß die Lautschrift der Fremdwörter im Japanischen recht amüsant ist. Man muß einigen Spürsinn und Vorstellungskraft besitzen, um manchmal daraufzukommen, welches Wort sich nun hinter den Katakana, die noch dazu oft Abkürzungen sind, versteckt. Aber geben Sie doch selbst zu... Es gibt wenige Sprachen, die Ihnen derlei Abenteuer und Entdeckungen bieten!

グッド・バイ、レディス　アンド　ジェントルメン

Zweite Welle: 第四十八課 48. Lektion

* *

だいきゅうじゅうはっか
第九十八課　　　まとめ

Wir sind bei unserer letzten Wiederholungslektion angekommen. Es ist Zeit, Ihnen den japanischen Titel, den wir mit **„Wiederholung und Anmerkungen"** wiedergegeben haben, zu erklären.

まとめ ist ein Substantiv, das vom Verb まとめる abgeleitet ist. Es bezeichnet einfach, den Vorgang anzuhalten, etwaige Fragen zu klären und über das Getane nachzudenken. Dieses Anhalten kann mehrere Formen haben: Es kann eine Zusammenfassung, das Organisieren von Ideen, eine Schlußfolgerung sein. Es ist ein sehr schönes Wort, und das war der Grund, warum wir es verwendet haben!...

Es tut gut, sich hinzusetzen und noch einmal auf den durchlaufenen Weg zurückzublicken. Auf jeden Fall verdienen Sie viel Lob für Ihre Arbeit und Ihre Ausdauer!

Wenn wir zurückblicken, beiben wir an einigen Punkten hängen. Keine Angst, wir werden Sie in die letzten Geheimnisse einweihen.

1. Vielen Wörtern oder Ausdrücken aus dem Alltagsleben ist お vorangestellt, das wir mit [ungezw] oder [höflich] oder auch gar nicht übersetzt haben, wenn es sich um feststehende Wendungen handelte. Sie werden bemerkt haben, daß wir bis zur Lektion 90 manchmal einen Zwischenraum zwischen diesem お und dem Wort eingeschoben haben. Wie Sie aber seit der Lektion 92 wissen, ist das nicht notwendig, denn das „normale" Japanisch kennt keine Zwischenräume zwischen den Wörtern. Aber wir wollten Ihnen damit helfen, zwischen den verschiedenen Verwendungsmöglichkeiten unterscheiden zu lernen:

— Es gibt Fälle, bei denen das お derartig in den Aus-

Achtundneunzigste Lektion
(ste / neun-zehn-acht / Lektion)
Wiederholung und Anmerkungen

druck oder in das Wort integriert ist, daß es praktisch **untrennbar** geworden ist.

— Es gibt andererseits aber auch Fälle, bei denen das Wort, vor dem お steht, noch **eine gewisse Unabhängigkeit** behalten hat, so daß es in einem anderen Zusammenhang ohne お stehen kann.

Hier nun einige Beispiele aus den letzten Lektionen:

— **Für den ersten Fall:** Lektion 78, Satz 1 おめでとうございます, Satz 3 お願い します; Lektion 80, Satz 1 おふくろ; Lektion 82, Satz 11 お宅; Lektion 85, Sätze 5 und 11 お坊さん; Lektion 86, Satz 4 お久し降り. Diese Ausdrücke oder Wörter können nicht ohne お verwendet werden.

— **Für den zweiten Fall:** Lektion 78, Sätze 3 und 4 お世話, Satz 6 お 辞儀, Satz 12 お見送り; Lektion 83, Satz 9 お 邪魔; Lektion 85, Sätze 2, 3 und 11 お 寺; Lektion 86, Satz 6 お 玄関, Satz 11 お 食事; Lektion 88, Satz 1 お 金, Sätze 2, 3, 4, 6 und 8 お 礼; Lektion 89, Satz 7 お 国, Sätze 11 und 12 お 団子 und die Verben, bei denen お die Bildung der höheren Stufe gestattet: Lektion 86, Sätze 4 und 7 お 上がり 下さい, Satz 13 お 越し下さった, Satz 14 お 訪ね して; Lektion 88, Satz 15 お 読み に なる, お 勧め します.

2. **Die Adverben** (des Ortes, der Zeit, der Art und Weise, des Grundes...) verlangen auch noch eine Klärung. Sie sind in allen Sprachen etwas kompliziert, denn die Adverben stammen häufig aus anderen Wortkategorien. Im Deutschen können die meisten Adjektive und Partizipien (Präsens) als Adverben gebraucht werden: schön schreiben, dankend erhalten, laut reden. **Im Japanischen besteht der Großteil der Adverben aus nur einem**

Wort. Z.B.: Lektion 90, Satz 1: ぜひ „auf jeden Fall"; Satz 2: ずっと „bemerkenswert"; Sätze 8 und 9: よほど „gut"; Satz 12: さっそく „sofort"; Satz 13: ちょっと „ein wenig", まだ „noch nicht", もっと „mehr".

In einigen Fällen wird das Adverb aus einem Wort gebildet (oft ein Adjektiv), dem ein に folgt. In solchen Fällen haben wir darauf mit [ustw] hingewiesen: 一緒に „gemeinsam" (Lektion 50, Satz 3; Lektion 65, Satz 3; Lektion 71, Satz 4; Lektion 86, Satz 11; Lektion 87, Satz 4; Lektion 89, Satz 10; Lektion 92, Satz 2, Lektion 96, Satz 3), たまに „selten" (Lektion 73, Satz 9; Lektion 80, Satz 10), 特に „besonders" (Lektion 83, Satz 5; Lektion 88, Satz 13), 別に „(nicht) besonders" (Lektion 83, Satz 7), 非常に „äußerst" (Lektion 50, Satz 7).

Andere Adverben, die auf die Silbe RI enden, haben zwei Verwendungsmöglichkeiten. Entweder steht das Wort allein (はっきり „deutlich" Lektion 55, Satz 13; ゆっくり „ruhig, langsam" Lektion 58, Satz 12; Lektion 86, Satz 8; すっかり „völlig" Lektion 74, Satz 11) oder es folgt ihm と (dasselbe ゆっくり: ゆっくりと Lektion 72, Satz 8; Lektion 89, Satz 4; しっかりと „fest, gründlich" Lektion 90, Satz 5), wobei die Bedeutung gleich bleibt.

3. In der Anmerkung 4 zur Lektion 59 haben wir das **Verbpaar** 直る／直す besprochen. Das erste ist **intransitiv** und das zweite **transitiv**: Ein **intransitives Verb** beschreibt einen Vorgang, der nur das Subjekt betrifft, ein **transitives Verb** beschreibt einen Vorgang, der sich auf das Objekt oder auf einen Gegenstand oder auf eine andere Person im Satz bezieht: 直る „wiederhergestellt werden, gesund werden", 直す „wiederherstellen, heilen". Der einzige Unterschied in der Form besteht im Wechsel von R/S. Es gibt ähnliche Paare: 残る intransitiver Gebrauch in der Bedeutung von „bleiben, übrig sein" (Lektion 45, Satz 6) und 残す transitiver Gebrauch in der Bedeutung von „etwas lassen, zur Seite legen"; 戻る

intransitiv „wieder umkehren (Lektion 32, Satz 13) und 戻す transitiv „wieder hinstellen, einen Gegenstand auf seinen Platz zurückstellen"; 通る „an einem Ort vorbeigehen, an einem Platz vorüberkommen" (Lektion 57, Sätze 3, 4 und 6) und 通す „vorbeigehen lassen"; 渡る „überqueren" (Lektion 36, Satz 12), 渡す „überqueren lassen, vorbeigehen lassen, geben" (Lektion 79, Satz 8). Wenn man den Vokal ändert, erhalten wir die Paare: 起きる „aus dem Bett aufstehen" (Lektion 11, Sätze 1, 2 und 6) und 起こす „etwas oder jemanden aufrichten" (Lektion 72, Satz 10); 落ちる „fallen" (Lektion 48, Satz 4), 落とす „etwas fallen lassen" (Lektion 73, Satz 3).

Es gibt aber noch mehr Verbpaare, bei denen der Bedeutungsunterschied derselbe ist (die Handlung bezieht sich nur auf das Subjekt oder die Handlung betrifft einen Gegenstand oder eine andere Person), aber bei denen der Unterschied in der Form durch ein A oder E vor der Schlußsilbe RU angezeigt wird. Das intransitive Verb endet auf ARU und ist daher ein Verb mit mehreren Grundformen. Das transitive Verb endet auf ERU und ist ein Verb mit nur einer Grundform.

上がる „sich erheben, aufsteigen, aufstehen" (Lektion 86, Sätze 4 und 7), 上げる „etwas aufheben". 預かる „zur Aufbewahrung erhalten, in Verwahrung nehmen" (Lektion 90, Satz 4), 預ける „in Verwahrung geben" (Lektion 45, Satz 6). 集まる „sich versammeln" (Lektion 47, Satz 11), 集める „zusammenbringen". 当たる „entsprechen, übereinstimmen mit" (Lektion 95, Satz 3), 当てる „in Übereinstimmung bringen, anwenden". 終わる „aufhören" (Lektion 48, Satz 1), 終える „etwas beenden". 変わる „ändern, sich verändern" (Lektion 41, Satz 7), 変える „abändern, etwas verändern".. かかる „aufgehängt sein, angehängt sein" (Lektion 31, Satz 7), かける „aufhängen, anhängen" (Lektion 16, Satz 12).

Lektion 98

決まる „entschieden, festgesetzt werden" (Lektion 27, Satz 2), 決める „entscheiden, bestimmen" (Lektion 55, Satz 13). 静まる „sich beruhigen" (Lektion 85, Satz 2), 静める „beruhigen". たすかる „entkommen, sich retten vor" (Lektion 20, Satz 11), たすける „jemandem helfen, jemanden retten". 泊まる „sich aufhalten, verweilen" (Lektion 57, Satz 9), 泊める „jemanden bei sich empfangen, jemandem Gastfreundschaft zuteil werden lassen". 止まる „stehen bleiben" (Lektion 68, Satz 1), 止める „etwas anhalten". 始まる „(etwas) beginnt, fängt an" (Lektion 92, Satz 15), 始める „etwas beginnen" (Lektion 47, Satz 7). みつかる „gefunden sein" (Lektion 24, Satz 1), みつける „finden".

Achtung: Sie können nicht selbst Verben auf ERU von allen Verben auf ARU und umgekehrt ableiten.

4. Bleiben wir bei **den Verben** und schauen wir uns noch einmal **die Formen der höheren Stufe** an, die wir seit der letzten Wiederholungslektion gelernt haben (Lektion 70, Absatz 3. Vgl. aber auch Lektion 91, Absatz 2 sowie Lektion 49, Absatz 2). Sie wissen schon, daß wir die höhere Stufe in zwei Kategorien einteilen, und zwar die a) „Sie (oder „er", der respektiert wird)" und b) „ich (oder „er" aus meiner Familie oder aus meiner Gruppe)" ausdrückt.

— Für „Sie": おっしゃる/おっしゃいます „sagen, heißen" entspricht dem Verb 言う (vgl. Lektion 93, Satz 4, Übung 1, Sätze 2 und 3, Übung 2, Satz 2). 御存知 です „wissen, kennen" entspricht dem Verb 知る (vgl. Lektion 96, Satz 2, Übung 2, Satz 3).

— Für „ich": ございます „sich befinden, es gibt" entspricht dem Verb ある, für Gegenstände, die ICH besitze (vgl. Lektion 96, Satz 8, Übung 1, Satz 5). いただく „etwas empfangen" entspricht dem Verb もらう (vgl. Lektion 73, Satz 9; Lektion 96, Satz 13).

Mit diesen vier zusätzlichen Formen haben wir die am

meisten benutzten Verben der höheren Stufe gelernt. Jetzt müssen Sie sie nur noch richtig anwenden. Aber wir haben keine Sorge, Sie werden es mit einem bißchen Übung schaffen!

5. Nach dieser heutigen Wiederholungslektion und der Lektion 99 beginnen Sie die Aktivphase des zweiten Bandes, wie Sie das bereits mit dem ersten Band getan haben. Sie haben die Sätze, Wörter und Redewendungen verstehen gelernt und werden jetzt anfangen, sie selbständig anzuwenden. Während dieser Aktivphase, d.h. also, wenn Sie alle Lektionen des zweiten Bandes wieder durchnehmen, schenken Sie bitte dem folgenden Problem, das wir bisher kaum erwähnt haben, auch wenn wir die Wörter häufig angewendet haben, besondere Aufmerksamkeit. Wir werden diese Punkte anhand von Beispielen aus dem ersten Band erklären (Sie können sie bereits auswendig). Auf diese Weise muten wir Ihnen nicht noch mehr Schwierigkeiten zu. Sie können dann gewappnet in der Aktivphase des zweiten Bandes diesen Punkt weiter verfolgen.

Es handelt sich um das **SYSTEM DER DEMON-STRATIVEN WÖRTER.** Sie stellen das letzte Hindernis auf unserem Weg dar. Machen wir uns also an die Arbeit, danach ist der Weg frei...

Die Demonstrative gehen im Japanischen auf drei Wurzeln zurück: こ, そ und あ, von denen sowohl die substantivischen, adjektivischen als auch adverbialen demonstrativen Wörter gebildet werden.

Beginnen wir mit こ : Alle Ausdrücke, die von dieser Wurzel abgeleitet werden, bezeichnen **die unmittelbare Wirklichkeit, die entweder ganz nahe dem MIR ist oder bei der ICH der Mittelpunkt bin** - Gegenstände, Personen, Ort, Zeitangaben. Das ist der Fall bei den substantivischen demonstrativen Wörtern: ここ (Lektion 5, Satz 8; Lektion 6, Satz 3; Lektion 40, Sätze 3 und 5;

Lektion 46, Sätze 10 und 11) ,,hier'', d.h. ,,der Ort, an dem ICH mich befinde, die Stelle, die ICH berühre oder auf die ICH mit dem Finger deute, um sie Ihnen zu zeigen''. こちら ,,von dieser Seite hier'', d.h. ,,die Richtung, in die ICH mit dem Finger zeige, um sie Ihnen anzudeuten'' (vgl. Lektion 40, Satz 4). これ ,,dies, das'' heißt ,,der Gegenstand, den ICH halte, der nahe bei MIR ist, die Sache, die MICH beschäftigt und die ich Ihnen zeige'' (Lektion 22, Satz 3; Lektion 33, Sätze 2 und 4).

Adjektivische demonstrative Wörter: この + Substantiv ,,dieser, diese, diese + Substantiv''. Es handelt sich um einen Gegenstand, den ICH halte oder der nahe bei MIR ist (Lektion 18, Satz 10; Lektion 19, Sätze 1 und 2; Lektion 31, Sätze 9 und 11); den Moment, den ICH lebe (Lektion 19, Satz 13); der Ort, an dem ICH mich befinde (Lektion 20, Sätze 1 und 7; Lektion 48, Satz 3); eine Sache, die MICH beschäftigt (Lektion 41, Satz 13). こんな bedeutet ,,auf diese Weise'' aber ,,auf die Weise, in der ICH Ihnen zeige, erkläre, in der es MICH beschäftigt'' (Lektion 45, Satz 13; Lektion 48, Satz 10).

Mit diesen substantivischen oder adjektivischen demonstrativen Wörtern werden zahlreiche Ausdrücke gebildet, Zeit oder Art und Weise betreffend. Für die Zeit: これから wötlich ,,von diesem an'', wo これ den Moment angibt, in dem ICH lebe, also: ,,von jetzt an'' (vgl. Lektion 40, Satz 2); このあいだ wörtlich ,,dieser Zwischenraum, in dem ICH mich befinde'',, also: ,,vor kurzer Zeit, neulich'' (vgl. Lektion 31, Satz 10; Lektion 41, Satz 10); このごろ ,,dieser Moment, heutzutage'' (vgl. Lektion 46, Satz ').

Für die Art und Weise: こんな に,,wie ICH feststelle'' (vgl. Lektion 39, Satz 4).

Die Regel ist daher: Alles, was mit こ zusammengesetzt ist, bezieht sich auf MICH.

Die Zusammensetzung mit そ zeigt im Gegensatz dazu **eine Wirklichkeit an, die uns beide angeht, SIE und**

MICH, die dabei sind, miteinander zu reden. Oft bezieht sich die zusammengesetzte Form auf etwas, daß von IHNEN oder MIR bereits gesagt worden ist (entweder ein Wort, ein oder mehrere Sätze) **und das wir beide also kennen. Manchmal** dient sie auch dazu, **eine Wirklichkeit** (Gegenstand, Ort) zu bezeichnen, **die uns beiden nahe ist.** Sehen wir uns zuerst Beispiele für den ersten Fall an, d.h. wenn die Zusammensetzungen mit そ sich auf etwas bereits Gesagtes beziehen.

Substanstive demonstrative Wörter: そこ ,,dort, der Ort, von dem wir gesprochen haben'': schauen Sie bei der Lektion 6, Satz 6 nach. そこ nimmt den Ort, der im Satz 4 genannt wurde auf, ,,die Megurostation'', Lektion 27, Satz 5, そこ nimmt ,,die Hakozakiendstation'' auf, von dem im Satz zuvor die Rede war. Lektion 30, Satz 4, そこ nimmt ,,Ooshima'' auf, was zwei Sätze zuvor vorkam und im Satz davor erklärt wurde (dasselbe übrigens auch für Satz 5). Lektion 31, Satz 2, そこ nimmt ,,Mitsukoshi'' auf, von dem im selben Satz, aber früher, die Rede war. Lektion 43, Satz 8, そこ nimmt ,,den Mond'' auf, der im Satz zuvor genannt wurde. Ein anderes Wort funktionniert genauso: それ und bedeutet: ,,das, worüber wir gesprochen haben'' (vgl. Lektion 4, Satz 7; Lektion 16, Satz 6, wo それ aufnimmt, was seit dem Satz 3 gesagt worden ist; Lektion 19, Satz 12; Lektion 23, Sätze 5, 8 und 11; Lektion 24, Sätze 4 und 10; Lektion 26, Satz 10; Lektion 27, Satz 11; Lektion 31, Sätze 4 und 8; Lektion 32, Satz 12; Lektion 43, Satz 6; Lektion 46, Satz 3).

In dieser Reihe treffen wir auf ein adverbiales demonstratives Wort, das besonders häufig verwendet wird: そう ,,so, wie wir es uns gesagt haben''. Es ist das そう von そう です : ,,das ist so; das ist so, wie wir es gesagt haben'' (vgl. Lektion 2, Satz 6; Lektion 5, Satz 10; Lektion 9, Satz 6; Lektion 10, Satz 4; Lektion 12, Satz 12; Lektion 17, Satz 10; Lektion 23, Satz 4; Lektion 27, Satz 8; Lektion

36, Satz 2; Lektion 41, Satz 7; Lektion 44, Satz 9). Vgl. auch Lektion 26, Satz 12; Lektion 36, Satz 6; Lektion 48, Satz 12.

Adjektivisches demonstratives Wort: その + Substantiv „diese, dieses, diese... der, die, das, die sich auf das bezieht, von dem wir gesprochen haben". Vgl. Lektion 20, Satz 10, wo sich その auf 大きい 本屋 im Satz zuvor bezieht; Lektion 30, Satz 8, wo sich その auf 六時半 im Satz zuvor bezieht; Lektion 31, Satz 8, wo sich その auf タオル im Satz zuvor bezieht; Lektion 37, Satz 8; Lektion 39, Satz 13; Lektion 47, Satz 12.

Die Notwendigkeit, sich in der Konversation darauf zu erinnern, wovon man gesprochen hat, erklärt, warum die Zusammensetzungen mit in so vielen adverbialen Ausdrücken vorkommen. Nach Häufigkeit geordnet, ergibt sich folgende Liste:

それでは „in diesem Fall (von dem wir gesprochen haben)" (Lektion 3, Satz 11; Lektion 18, Sätze 10 und 13; Lektion 19, Satz 13; Lektion 20, Satz 14; Lektion 27, Satz 14; Lektion 44, Satz 13; Lektion 45, Satz 4).

それから „von dem Moment an, von dem wir gesprochen haben; dann" (Lektion 6, Satz 7; Lektion 18, Satz 6; Lektion 20, Satz 8; Lektion 29, Satz 2; Lektion 39, Satz 6).

それに „außerdem das, wovon wir gesprochen haben" (Lektion 26, Satz 9; Lektion 32, Sätze 5 und 10; Lektion 34, Satz 12; Lektion 36, Satz 2; Lektion 45, Satz 11).

それなら „wenn das so ist, wie wir es besprochen haben" (Lektion 11, Satz 9; Lektion 29, Satz 4; Lektion 43, Satz 12).

そんな に „in der Art, in der wir denken, in der Art, in der wir erklärten" (Lektion 20, Satz 4; Lektion 34, Satz 14; Lektion 36, Satz 5).

それでも „trotz all dem, was wir gesagt haben" (Lektion 11, Satz 7; Lektion 37, Satz 3).

それで „dann, unter den Bedingungen, von denen wir

gesprochen haben" (Lektion 32, Satz 13; Lektion 46, Satz 5).

それとも „abgesehen davon, was wir gesagt haben" (Lektion 29, Satz 9).

それほど „in dem Grad, von dem wir gesprochen haben" (Lektion 24, Satz 12).

そのご „nach dem Moment, von dem wir gesprochen haben; seit" (Lektion 23, Satz 12).

そのまま „in unverändertem Zustand" (Lektion 32, Satz 13).

Für den Fall, wo die Zusammensetzungen mit そ **eine Wirklichkeit** bezeichnen, **die UNS allen nahe ist**, gibt es nur wenige Beispiele, und sie werden weitaus seltener verwendet: そこ Lektion 29, Satz 6; その Lektion 17, Sätze 1 und 3; Lektion 46, Satz 9.

Für die letzte Wurzel あ finden wir im ersten Band nur eine Zusammensetzung, die eine Ortsangabe bezeichnet: あそこ (Lektion 1, Satz 5; Lektion 12, Satz 3; Lektion 31, Satz 7), es wird damit **ein Ort** angegeben, **der weit von MIR entfernt ist**, dem Sprecher, „dort hinten, da drüben usw.".

Bei der Wiederholung des zweiten Bandes widmen Sie bitte der demonstrativen Wörter besondere Aufmerksamkeit. Sie werden einige, von Ihnen noch unbekannte, treffen. Sie folgen jedoch demselben Prinzip. Die Ableitungen aus こ bezeichnen die unmittelbare Wirklichkeit, ganz nahe von MIR, der/die spricht. Der einzige neue Ausdruck ist: これら in dem Ausdruck これら の + Substantiv, der als eine Art Plural von この fungiert, im Fall von Zweideutigkeit. So könnte man in der Lektion 97, Satz 12, wenn man sagen würde この 職業(しょくぎょう) verstehen, daß es sich um den letzten Beruf handelt, von dem man gesprochen hat. Aber es handelt sich dort um alle Berufe, die erwähnt worden sind. Vgl. auch Lektion 99, Satz 15.

Lektion 98

Die Ableitungen von そ drücken eine Wirklichkeit aus, die UNS beide betrifft: そちら „diese Richtung, die wir beide sehen" (vgl. Lektion 96, Satz 11). そんな „in der Art, in der wir gesprochen haben" (vgl. Lektion 68, Übung 1, Satz 1; Lektion 76, Satz 11; Lektion 87, Satz 13; Lektion 90, Satz 13).

Die Ableitung aus あ sind im zweiten Band zahlreicher als im ersten. Sie drücken **eine Wirklichkeit aus, die von MIR, dem Sprecher, entfernt ist. Die Entfernung kann nun wirklich sein, ortsbedingt** (vgl. あそこ „dort hinten") **oder beabsichtigt, d.h., daß ICH einen Abstand zwischen mir und dem Gegenstand herstellen will.**

Schauen wir uns noch einmal den ersten Fall an: eine örtliche Entfernung: あちら „von jener Seite, in jener Richtung, weit von mir" (vgl. Lektion 78, Satz 10; Lektion 96, Satz 11). あの + Substantiv „dort" (vgl. Lektion 52, Satz 1). あれ „derjenige, diejenige, dasjenige dort" (vgl. Lektion 52, Sätze 2 und 3). In allen genannten Sätzen dient die Ableitung aus あ dazu, einen Ort oder einen Gegenstand zu bezeichnen, der wirklich von MIR, dem Sprecher, entfernt ist. Schauen wir uns nun die anderen Beispiele an: hier handelt es sich um eine beabsichtigte Distanz, keine wirkliche. ICH will eine Distanz zwischen diesem Gegenstand oder diesem Mensch und MIR herstellen, auf Grund der Gefühle, die ich für ihn empfinde: Ärger, Veracht, Bedauern, Überdruß, Sehnsucht... あの + Substantiv: „dieser, diese, dieses + Substantiv". Im

****

Satz 13 der Lektion 73, あの 旅行 handelt von der Reise, von der mir dieser Nachbar dauernd erzählt. あれ in der Lektion 79, Satz 5 „das", ich bin wütend auf den Bahnhof, der wie ein Labyrinth ist. あんな Lektion 94, Übung 1, Satz 3: „auf diese Art", ich mag diese Wohnung nicht, sie flößt mir Angst ein. あいつ „diese Person", Lektion 72, Sätze 2, 5 und 8; Lektion 73, Satz 12: in diesen beiden Fällen handelt es sich um jemanden, der die Ursache meines Ärgers ist.

Die Ableitungen dieser drei Wurzeln こ、そ und あ sind sehr wichtig. Sie werden ständig verwendet und sie sind die Ausdrücke, die es mir erlauben, das Verhältnis zwischen mir und der Wirklichkeit, die mich umgibt, auszudrücken. Sie sind etwas schwierig anzuwenden, aber mit ein wenig Beobachtung und Scharfsinn werden Sie sie bald völlig beherrschen.

Un nun, gut gerüstet, sind Sie für die Aktivphase des zweiten Bandes bereit.

Sie müssen noch Ihre Schreibkenntnisse vervollständigen. Die Hiragana und Katakana bereiten Ihnen keine Schwierigkeiten mehr, es bleiben noch **die chinesischen Schriftzeichen** (漢字). Da sie nicht über Nacht gelernt werden können, haben wir ihnen den ganzen dritten Band gewidmet. Warten Sie also nicht lange und nehmen Sie den **dritten Band** in Angriff.

Zweite Welle: 第四十九課 49. Lektion

★ ★

第九十九課　最後に
だいきゅうじゅうきゅうか　さいごに

1 — よく日本語はむずかしいと言われて
　　いますが、あなたは、正直言って
　　どう思いますか。(1)

2　アシミルのおかげで日本語を「無理なく」
　　覚えたでしょう。(2)

3　今は話すことも、平仮名と片仮名を
　　読むことも書くこともできるでしょう。

4　ね！すばらしいでしょう。
　　それに面白いでしょう。

Lautschrift

saigo ni

1 — yoku nihongo wa muzukashii to iwarete imasu ga, anata wa, shôjiki itte, dô omoimasu ka
2　ashimiru no o kage de nihongo o ''muri naku'' oboeta deshô
3　ima wa hanasu koto mo, hiragana to katakana o yomu koto mo kaku koto mo dekiru deshô
4　ne ! subarashii deshô. soreni omoshiroi deshô

Neunundneunzigste Lektion
(ste / neun-zehn-neun / Lektion)

Zum Abschluß
(letzter / [ustw])

1 — Man sagt oft, daß Japanisch schwierig ist, was meinen Sie ganz ehrlich dazu?
(oft / japanische Sprache / [Hinweis] / schwierig sein / [Zitat] / gesagt werden / aber /// Sie / [Hinweis] / ehrlich / sagen // wie / denken / [Frage])
2 Dank Assimil haben Sie es ,,mühelos" erlernt.
(Assimil / [Bzw] / dank / japanische Sprache / [Erg. 4. F.] / ,,ohne Mühe" / gelernt haben / das muß sein)
3 Von nun an können Sie sprechen, lesen und die Hiragana- und Katakanazeichen schreiben.
(jetzt / [Vstk] / sprechen / die Tatsache, daß / auch / Hiragana / und / Katakana / [Erg. 4. F.] / lesen / die Tatsache, daß / auch / schreiben / die Tatsache, daß / auch / möglich sein / das muß sein)
4 Großartig, nicht war? Und interessant!
([ü.einst.]) (großartig sein / das muß sein) (darüber hinaus / interessant sein / das muß sein)

ANMERKUNGEN

(1) 言われて います vgl. Lektion 84, Absatz 2.
(2) でしょう vgl. Lektion 55, Anmerkung 4. Wir verwenden viele でしょう in dieser Lektion (Sätze 3, 4, 5, 8). Der Grund ist der folgende: Obwohl wir absolut überzeugt sind, daß Sie aufgrund der ausgezeichneten Methode ,,ohne Mühe" japanisch gelernt haben (Satz 2), daß Sie sprechen, lesen und Silbenzeichen gelernt haben (Satz 3), daß das sogar interessant war (Satz 4), daß Sie eine ganze Menge über Japan gelernt haben (Satz 5), und daß Sie sogar schon eine große Anzahl Kanji erkennen können (Satz 8)... können wir das alles nicht an Ihrer Stelle bestätigen. Deshalb verwenden wir wiederholt でしょう.

Lektion 99

5 その上、言葉だけでなく、日本についても
いろいろな事がわかるように
なったでしょう。(3)

6 ですから今ここでやめてはいけません。
まだ勉強する事がたくさんあります。(4)

5 sono ue, kotoba dake de naku, nihon ni tsuite mo iroiro na koto ga wakaru yô ni natta deshô

6 desukara ima koko de yamete wa ikemasen. mada benkyô suru koto ga takusan arimasu

ANMERKUNGEN (Fortsetzung)

(3) Das Wort こと ist etwas schwierig. Wir haben es schon in zwei Verwendungsmöglichkeiten angetroffen. Normalerweise wird es als Substantiv verwendet und heißt dann „etwas, eine Sache, Sachen" aber „etwas, das nicht durch die fünf Sinne erfaßt werden kann". In seiner zweiten Verwendungsart wird es zu einer festen Redewendung, die gestattet, ein Verb wie ein Substantiv zu verwenden, in diesem Fall haben wir es immer mit „die Tatsache, daß..." übersetzt. Im modernen Japanisch ist es üblich, solche ein Element, das von einer Kategorie in die andere wechselt, mit Hiragana zu schreiben. Man behält das Kanji (事) für den Fall bei, daß das Wort in seiner ursprünglichen Bedeutung vorkommt. Das ist hier der Fall und so finden wir die beiden Schriftarten im selben Satz (vgl. Sätze 11 und 14), wo das in seinen beiden Verwendungsarten vorkommt. Für よう に vgl. Lektion 91, Absatz 5.

(4) やめて は いけません vgl. Lektion 77, Absatz 4 und Lektion 80, Anmerkung 2. Wir haben diese Wendungen schon gelernt, wo der zweite Teil ならない／なりません oder いけない／いけません ist und folgendes ausdrücken will: „man muß...". Diese Wendungen werden mit zwei Verneinungen gebildet, z.B. 書かなければ

5   Darüber hinaus haben Sie nicht nur die Sprache gelernt, sondern auch viel über Japan.
    (darüber hinaus / Sprache / nur / das ist nicht // Japan / mit Bezug auf / auch / aller Art / das ist / Sachen / [Sgg] / verständlich sein / so daß / geworden sein / das muß sein)
6   Das heißt also, daß Sie hier nicht aufhören dürfen. Es gibt noch viel zu tun.
    (also / jetzt / hier / [Ort] / man darf nicht stehenbleiben) (noch / Studium-machen / Sachen / [Sgg] / viel / sich befinden)

次 に 大切 な 事 は 続ける こと です。

ANMERKUNGEN (Fortsetzung)

いけ<u>ません</u>   „man muß schreiben, ich muß schreiben", wörtlich: „wenn man nicht schreibt, kann das nicht gehen". Nun aber, welche Konstruktion müssen wir verwenden, um folgendes zu sagen: „man darf nicht..."? Im Deutschen fügen wir die Verneinung dazu, im Japanischen lassen wir die erste Verneinung weg. Wenn wir sagen wollen: „man darf nicht schreiben", müssen wir wörtlich sagen: „wenn man schreibt, kann das nicht gehen":

書い<u>て</u> <u>は</u> いけません (なりません)

Ausgehend von やめる „aufhören, innehalten": „ich darf (muß) aufhören":

やめ<u>なければ</u> いけません (なりません)

„ich darf (muß) nicht aufhören":

やめ<u>て</u> <u>は</u> いけません (なりません)

Lektion 99

7 まず、毎日、規則正しく復習をして下さい。
この二冊目のレッスンを一つずつ
やりなおすのです。カセットを聞いて、
テキストを暗記するくらい勉強して下さい。(5) (6) (7)

8 ところで、まだ漢字が残っていますね。
でももうどれがどの字か見ればわかる
でしょう。

9 漢字ぬきの日本語は片足で歩こうとする
ようなものです。(8)

発音 7. foukouschüü

7 mazu, mainichi, kisoku tadashiku fukushû o shite kudasai. kono ni satsu me no ressun o hitotsu zutsu yarinaosu no desu. kasetto o kiite, tekisuto o anki suru kurai benkyô shite kudasai
8 tokoro de, mada kanji ga nokotte imasu ne. demo mô dore ga dono ji ka mireba wakaru deshô
9 kanji nuki no nihongo wa kataashi de arukô to suru yô na mono desu

ANMERKUNGEN (Fortsetzung)

(5) Ordnungszahlen (auf -te) können auf zwei Arten gesagt werden: 第 + Ziffer + Substantiv (vgl. Nummern der Lektionen) oder: Ziffer + Substantiv + 目. Manchmal werden beide miteinander verbunden: 第 + Ziffer + Substantiv + 目.

(6) やりなおす zusammengesetztes Verb aus やる „machen" und なおす „reparieren". Man verwendet das なおす wie das zweite Element eines zusammengesetzten Verbes, um anzuzeigen, daß man mit derselben Handlung wieder beginnt: „noch einmal machen, wiederum machen".

7   Zuerst sollen Sie mit der zweiten Welle weitermachen, regelmäßig jeden Tag. Nehmen Sie sich jede Lektion des zweiten Bandes eine nach der anderen vor. Hören Sie sich die Kassette an und versuchen Sie, den Text im Kopf zu behalten.
(zuerst / jeden Tag / regelmäßig / Wiederholung / [Erg. 4. F.] / machen Sie) (diese hier / zweigedruckter Gegenstand-(te) / [Bzw] / Lektion / [Erg. 4. F.] / eins-jede / ein neues Mal machen / nämlich) (Kassette / [Erg. 4. F.] / hören // Text / [Erg. 4. F.] / Erinnerung-machen / so gut wie / Studium-machen Sie)

8   Dann bleiben uns die Kanji. Aber Sie können sie schon erkennen.
(dann / noch / chinesische Schriftzeichen / [Sgg] / bleiben / [ü.einst.]) (aber / schon / welches / [Sgg] / welches / Schriftzeichen / [Frage] / wenn man anschaut / verständlich sein / das muß sein)

9   Japanisch ohne Kanji ist als ob man versucht, mit nur einem fuß zu gehen.
(chinesisches Schriftzeichen-ohne / [Bzw] / japanische Sprache / [Hinweis] / ein einziger Fuß / [Mittel] / gehen wir / [Zitat] / machen / gleich / das ist / Sache / das ist)

ANMERKUNGEN (Fortsetzung)

(7) Wir kennen くらい oder ぐらい nach einer Zahlen- oder Mengenangabe (vgl. Lektion 46, Satz 13; Lektion 47, Satz 11; Lektion 57, Satz 8; Lektion 92, Satz 15) oder aber auch nach einem Fragewort (vgl. Lektion 25, Satz 13; Lektion 34, Satz 10; Lektion 47, Satz 6). In diesem Fall bedeutet es „ungefähr". Hier folgt くらい (niemals ぐらい) einem Verb. Es bedeutet also „so gut wie". Wir haben ein zweites Beispiel dafür in der Lektion 89, Satz 3 gehabt. Dasselbe gilt auch nach einem Adjektiv; vgl. Lektion 60, Satz 10: 寒い くらい wörtlich „so gut wie kalt", was wir mit „fast kalt" übersetzt haben.

(8) Form auf ô, vgl. Lektion 75, Anmerkung 1. Ein Verb in dieser Form + と する bedeutet „versuchen zu". よう な vgl. Lektion 91, Absatz 5.

10 大丈夫ですよ。三冊目の漢字の本を一緒に勉強しましょう。ゆっくりと、無理なく、しかし完璧に。

11 外国語を会得するのは、何語であっても、時間がかかります。一番大切な事は、まず、始めることです。

12 日本に大変面白い諺があります。(9)
「千里の行も一歩より始まる」。

13 一歩一歩、かなり進みましたね。

14 次に大切な事は続けることです。

---

10 daijôbu desu yo. san satsu me no kanji no hon o issho ni benkyô shimashô. yukkuri to, muri naku, shikashi kanpeki ni
11 gaikokugo o etoku suru no wa, nani go de atte mo, jikan ga kakarimasu. ichiban taisetsu na koto wa, mazu, hajimeru koto desu
12 nihon ni taihen omoshiroi kotowaza ga arimasu. ''sen ri no kô mo ippo yori hajimaru''
13 ippo ippo, kanari susumimashita ne
14 tsugi ni taisetsu na koto wa tsuzukeru koto desu

ANMERKUNGEN (Fortsetzung)

(9) Im modernen japanischen Sprachgebrauch wird より fast ausschließlich in einem Vergleich verwendet (vgl. Lektion 19, Satz 11; Lektion 47, Übung 1, Satz 1; Lektion 61, Satz 9 und Übung 1, Satz 5; Lektion 71, Übung 2,

10 Aber machen Sie sich nichts daraus! Wir werden gemeinsam im dritten Band die Schrift durcharbeiten. Werden die Kanji langsam und ohne Mühe, dafür aber gründlich lernen.
(ohne Problem / das ist / [behauptend]) (dreigedruckter Gegenstand-(te) / [Beifgg] / chinesisches Schriftzeichen / [Bzw] / Buch / [Erg. 4. F.] / gemeinsam / [ustw] / Studium-machen wir) (langsam / ohne Mühe / aber / perfekt / [ustw])

11 Wenn man eine Fremdsprache lernt, egal welche, braucht man Zeit. Die erste, wohl wichtigste Sache, ist anzufangen.
(Fremdsprache / [Erg. 4. F.] / Verständnis-machen / die Tatsache, daß / [Hinweis] / egal welche Sprache sie auch sei / Zeit / [Erg. 4. F.] / verwendet werden) (am meisten / wichtig / das ist / Sache / [Hinweis] / anfangen / die Tatsache, daß / das ist)

12 Es gibt in Japan ein sehr schönes Sprichwort: ,,Selbst ein Marsch von tausend Meilen fängt mit dem ersten Schritt an''.
(Japan / [Ort] / äußerst / interessant sein / Sprichwort / [Sgg] / sich befinden) (tausend-Meile / [Bzw] / Marsch / auch / eins-Schritt / von / beginnen)

13 Ein Schritt nach dem anderen, wir haben schon schöne Fortschritte gemacht.
(eins Schritt-eins Schritt / genug / forgeschritten sein / [ü.einst.])

14 Die zweitwichtigste Sache ist, weiterzumachen.
(folgende [ustw] / wichtig / das ist / Sache / [Hinweis] / weitermachen / die Tatsache, daß / das ist)

ANMERKUNGEN (Fortsetzung)

Satz 1; Lektion 76, Satz 10). Im alten Japanischen entsprach より ,,von, aus, seit...'' (wie から heutzutage). Das ist heute noch der Fall bei Redewendungen, Sprichwörtern.

15 そのためにはこれらのアシミルの本は
あなたの好伴侶にならなくてはなりません。
何度でも、レッスンを勉強しなおして
下さい。問題も書き取りもやりなおして
下さい。話す機械を自分からどんどん
作って下さい。あなたならできますよ。(6)(10)(11)

16 ではがんばって、続けて下さい。
さようなら。

15 sono tame ni wa korera no ashimiru no hon wa anata no kôhanryo ni naranakute wa narimasen. nan do demo ressun o benkyô shinaoshite kudasai. mondai mo kakitori mo yarinaoshite kudasai. hanasu kikai o jibun kara dondon tsukutte kudasai. anata nara dekimasu yo
16 dewa ganbatte, tsuzukete kudasai. sayônara

練習

1. 書き取り を もう 一度 読みなおして
下さい。間違い が あったら、
書きなおして 下さい。
2. どこでも 売って います。

15 Zu diesem Zweck müssen die beiden Assimilbände Ihre treuen Gefährten bleiben. Sie werden öfter die Lektionen wiederholen. Sie werden die Übungen und Diktate erneut machen. Sie selbst werden immer mehr Gelegenheiten zum Sprechen wahrnehmen. Sie sind dazu fähig!
(das / Ziel / [Ziel] / [Vstk] / diese-hier / [Bzw] / Assimil / [Beifgg] / Buch / [Hinweis] / Sie / [Bzw] / treuer Gefährte / [Ziel] / es muß werden) (eine unbestimmbare Anzahl von Malen / Lektion / [Erg. 4. F.] / studieren-machen Sie wieder) (Übungen / auch / Diktat / auch / machen Sie wieder) (sprechen / Gelegenheit / [Erg. 4. F.] / Sie selbst / von / reichlich / machen Sie) (Sie / wenn das ist // möglich sein / [behauptend])

16 Also weiterhin viel Glück! Auf Wiedersehen!
(dann / standhalten // setzen Sie fort) (auf Wiedersehen)

ANMERKUNGEN (Fortsetzung)

(10) ならなくて は なりません

Immer dieses „man muß"! Bei der Wendung, die wir bisher geübt haben (vgl. Lektion 77, Absatz 4 und Lektion 80, Anmerkung 2), endet der erste Teil auf なければ. Man kann ihn durch eine andere Form (eine Verneinungsform) ersetzen, die auf なくて は endet. „Ich muß... werden": ならなければ なりません oder ならなくて は なりません。

(11) どんどん vgl. Lektion 64, Anmerkung 5.

Übungen

1. Lesen Sie Ihr Diktat noch einmal durch. Sollten Sie Fehler gemacht haben, so verbessern Sie sie.
2. Das wird überall verkauft.

Lautschrift

1. kakitori o mô ichido yominaoshite kudasai. machigai ga attara, kakinaoshite kudasai
2. dokodemo utte imasu

3. どこ へ 行って も 買えます。

4. いくら に なって も 買います。

5. だれ に でも できる スポーツ です。

6. だれ が 来て も、お父さん は
留守 だ と 言い なさい。

7. どうでも かまいません。

... に 言葉 を 入れ なさい。

1. *Man muß sich beeilen. Man muß wählen. Man darf nicht zu spät kommen. Man muß es zurückgeben. Man muß gut überlegen.*

   . . . .

   . . . .

   . . . .

2. *Man darf nicht laut in einem Zimmer sprechen, in dem sich ein Kranker befindet.*

   びょうにん . . . .

   . . . .

3. *Man darf anderen nicht leihen, was man sich selbst von jemandem anderen ausgeborgt hat.*

   . . . . また . . . .

4. *In dem Moment, in dem ich aus dem Haus trat, habe ich bemerkt, daß ich meinen Regenschirm vergessen hatte.*

   . . . と . . . . . , ...

3. Man kann es kaufen, wo man auch hingeht.
4. Ich kaufe es, was auch immer es kostet.
5. Das ist ein Sport, den jeder betreiben kann.
6. Wer auch immer kommt, sag ihm, daß dein Vater nicht daheim ist.
7. Was wir auch immer machen, es ist mir egal.

3. doko e itte mo kaemasu
4. ikura ni natte mo kaimasu
5. dare ni demo dekiru supôtsu desu
6. dare ga kite mo, otôsan wa rusu da to ii nasai
7. dôdemo kamaimasen

---

5. *Das Kind, das gefallen war, wollte zu weinen beginnen, aber da niemand in seiner Nähe war, verzichtete es darauf.*

ころんだ . . . . , ...

. . . ., ...

Antwort

1. いそがなければ なりません。えらばなければ
   なりません。おくれて は いけません
   かえさなければ なりません
   よく かんがえなければ いけません

2. - の いる へや で は おおき な こえ
   で はなして は いけません。

3. ひと から かりた もの を - べつ の
   ひと に かして は いけません。

4. でよう - した とき、かさ を わすれた
   こと に き が つきました。

5. - こども は なこう と しました が、
   まわり に だれも いなかった ので、
   やめました。

Lektion 99

ANHANG I

Die Antworten der zweiten Übungen in Lautschrift.

Lektion 85:

1. ima demo tôkyô de yoku kaji ga okoru to iwarete imasu ga, sore wa hontô desu ka 2. sobo wa sen happyaku kyûjû kyû nen jûnigatsu sanjû ichi nichi ni umaremashita 3. aru sakka ga o tera ni hi o tsuketa obôsan no hanashi o shôsetsu ni shimashita 4. bijutsukan o kengaku suru tsumori de, ueno ni ikimashita ga, kankôkyaku ga oozei narande ite, boku mo matte iru jikan ga nakatta node, hairemasen deshita.

Lektion 86:

1. - itsu irasshaimasu ka - kitto saraishû mairimasu 2. - go shujin no soba ni suwatte iru kata wa donata desu ka. oigosan de irasshaimasu ka - hai oi desu 3. hito no namae o oboerarenai kara, totemo komarimasu 4. akita no oba o tazuneru tsumori de kuruma de ikimashita ga, tochû de kuruma ga koshô shite, akita made ikenaku natte, kisha de modoru koto ni narimashita 5. - matsumoto san. denwa yo. oneesan yo - a. ane. dômo. moshi moshi

Lektion 87:

1. goran no toori, bokutachi no kôjô wa ima abunai jôtai desu 2. mae ni itta yô ni, watashitachi no kaisha no jôtai wa kyonen kara hijô ni yoku narimashita 3. tonari no denkiyasan wa, obotchan ga ongakka ni naru yô ni, maiban ichijikan kurashikku ongaku o kikasete imasu. obotchan ga kawaisô desu ne 4. ani no aru chijin wa issen man en no zeikin o harau sô desu. o kanemochi desu ne. urayamashii. boku mo zeikin o takusan haraitai naa

Lektion 88:

1. - abunai yo. ki o tsukete - iya, eda ga jôbu da kara, daijôbu da 2. mukashi atsumete ita furui kuruma wa sandai shika nokotte imasen. basho ga nai kara, hoka no wa minna utte shimaimashita 3. kono furui reizôko wa mô sugu koshô shi sô desu kara, atarashii no o kau yô o susume shimasu 4. meiji jidai no yûmei na shisôka de aru fukuzawa yukichi wa, meiji ishin no mae ni, yôroppa o ryokô shite, furansu de saisho no nihongo no sensei ni aimashita

Lektion 89:

1. hana o minagara, o sake o nondari, uta o utattari, tanka o yondari, hanashi o shitari shite imasu 2. ichiban hayaku mankai ni naru no wa, kôkyo no soba ni aru sakura desu 3. maishû ni san kai toshokan e itte, hon o karimasu. toshokan wa uchi kara chikai node, totemo benri desu 4. kotoshi no natsu wa atsui desu ne. yoru ni nattemo, sukoshi mo suzushiku naranai no desu 5. kankô ryokô o shite, bijutsukan e iku yori oishii resutoran o motomeru koto wa "hana yori dango" to iemasu

Lektion 90:

1. musuko ni doitsugo o hayaku oboesaseta hô ga ii deshô ne. rainen kara doitsu ni sumu yotei da kara desu 2. niku ga kirai na kodomo ni niku o tabesaseru no wa taihen desu 3. - michika chan wa ima nannensei desu ka - shôgakkô rokunensei desu ga, shigatsu kara chûgakkô ichinensei ni narimasu (nihon de wa gakunen wa shigatsu kara hajimarimasu) 4. kono têburu wa yûjin ni tsukutte moraimashita 5. kono têburu wa yûjin ga tsukutte kuremashita

Lektion 92:

1. sonna futsû no mono nara, dokodemo utte imasu yo 2. kyôiku terebi no bangumi wa naiyô ga hôfu de, iroiro na benkyô ga dekimasu. shakaigaku no benkyô o shitari, kagaku no kôza o kiitari, gakki no renshû mo shitari dekiru no desu 3. mina san ni mo yoroshiku 4. ano o isha san wa rippa na kata de, donna byôki demo naoseru sô desu

Lektion 93:

1. chotto matte, ima sugu tetsudatte agemasu yo 2. "raishû no kayôbi wa ensoku da" to sensei ga osshatta toki, ureshikute, ureshikute, odoriagaru hodo deshita 3. shinpai shinaide kudasai. watakushi ga zenbu haratte oite agemashita 4. oji wa hontô ni ii hito desu. hoteru no kanjô mo zenbu haratte oite kuremashita 5. samuku naranai uchi ni sanpo ni demashô yo

Lektion 94:

1. kiku. kiita. kikitai. nomu. nonda. nomitai. oyogu. oyoida. oyogitai. iu. itta. iitai. au. atta. aitai. katsu. katta. kachitai. tsukuru. tsukutta. tsukuritai. iku. itta. ikitai. watasu. watashita. watashitai 2. itsu sôridaijin ni o ai ni narimashita ka 3. fukeikai no toki hajimete atta atarashii rika no sensei wa sugoku kibishii mitai desu ne 4. boku no tokei wa ichinichi ni san jup pun mo susunde shimau node, totemo komatte imasu. dekirudake

hayaku naoshite moraitai no desu ga, itsu made ni dekiru deshô ka

Lektion 95:

1. gannen to wa, sono nengô no saisho no toshi no koto desu **2.** shôwa gannen wa seireki no sen kyûhyaku nijû roku ni atarimasu. **3.** ima kara nihon no nengô ni tsuite setsumei shite agemashô **4.** nihonjin no tomodachi ga nengô no koto o setsumei shite kuremashita ga, watashi wa sansû ga chittomo dekinai hito desu kara, zenzen wakarimasen deshita **5.** kesa no nyûsu ni yoru to, igirisu no shushô wa kugatsu ni chûgoku ni iku tsumori da to iu koto desu

Lektion 96:

1. nakaseru. kosaseru. kakaseru. warawaseru. kawaseru. dasaseru. nomaseru. kangaesaseru **2.** kuroi no wa urikitte shimaimashita. chairo no shika nokotte imasen **3.** kâru shuterunuheimu to iu sakka o go zonji deshô. **4.** hai. nihon no shuppansha kara tanomarete, sono sakuhin o nihongo ni yakusô to omotte imasu **5.** keredomo itsu made ni sono yaku ga dekiagaru ka wakarimasen **6.** raigetsu kara hajimetara, rainen no owari goro made ni wa dekiagaru to omowaremasu

Lektion 97:

1. watakushi ga kenchikuka ni nareba, anna hidoi tatemono wa tatenai yô ni shimasu **2.** fukuzawa yukichi ni aereba, meiji jidai no iroiro na omoshiroi hanashi o kikasete kureru deshô **3.** fujii san ni attara, kono mae shôkai shite moratta isha no jûsho o kiite kudasai **4.** nihongo o benkyô shihajimeta toki, konna ni hayaku oboerareru to wa omowanakatta desu ne **5.** ashimiru de tanoshiku, hayaku, oboeraremasu kara, zehi o susume shimasu

Lektion 99:

1. isoganakereba narimasen. erabanakereba narimasen. okurete wa ikemasen. kaesanakereba narimasen. yoku kangaenakereba ikemasen **2.** byônin no iru heya de wa ooki na koe de hanashite wa ikemasen **3.** hito kara karita mono o mata betsu no hito ni kashite wa ikemasen **4.** deyô to shita toki, kasa o wasureta koto ni ki ga tsukimashita **5.** koronda kodomo wa nakô to shimashita ga, mawari ni daremo inakatta node, yamemashita

ANHANG II

Wörterverzeichnis (Band 1 und 2)

Die erste Ziffer nach jedem Wort bezieht sich auf die Lektion, die zweite auf den Satz, in dem dieses Wort zum ersten Mal vorkommt. Wenn mehrere Ziffer-Serien angegeben sind, beziehen sich die letzten (manchmal die ersten) auf eine Lektion, in der das Wort in einer Anmerkung behandelt wird.

Dieses Wörterverzeichnis unterscheidet sich aber von dem im ersten Band: Die Wörter werden in den Hiraganazeichen (wenn es sich um japanische Wörter handelt) **oder in den Katakanazeichen** (wenn es sich um Lehnwörter aus westlichen Sprachen handelt) **gedruckt.** Da Sie beide Systeme lesen können, wird Ihnen das keine Schwierigkeit bereiten. Aus diesem Grund ist die Anordnung in diesem Band nicht die gleiche.

Gehen wir zum Silbenschriftzeichen zurück. Schlagen Sie bitte die Seiten 313 und 314 des ersten Bandes auf oder nehmen Sie die Faltkarte zur Hand. Sie haben es sicherlich schon bemerkt: Eine große Anzahl von Silben unterscheidet sich nur dadurch, daß zwei kleine Punkte (oder in der P-Reihe ein kleiner Kreis) rechts vom Kana entweder weggelassen oder dazugefügt werden: *ka* か, *ga* が; *ki* き, *gi* ぎ ... *sa* さ, *za* ざ; *shi* し, *ji* じ, usw.

In der Tabelle haben wir diese Silbenpaare in derselben Unterabteilung gedruckt, ohne sie durch einen Längsstrich zu trennen. Das heißt also: FÜR DIE REIHENFOLGE, IN DER DIE SILBEN IM WÖRTERBUCH ANGEORDNET SIND, IST ES WICHTIG, OB DIE PUNKTE DA SIND ODER

NICHT. WAS ZÄHLT IST EINZIG UND ALLEIN DAS KANA. Und nun schlagen Sie das Wörterverzeichnis in Rubrik け auf und sehen Sie sich jetzt die Reihenfolge an. Wir finden (hier in Lautschrift) die Reihenfolge: ... *kei, keizai, keisatzukan,* dann *geihinkan,... keiyu,* dann *geki, kesa, keshiki,* dann *genkan, genki, kenkyû, genkô, genjitsuteki* und *gendai, kenchikuka, kenbutsu, kenpô.* Es handelt sich also bei allen ersten Silben um das Hiragana け mit oder ohne Punkte. Noch ein Detail: Wenn zwei Wörter sich nur durch die Punkte unterscheiden, so wird das Wort ohne Punkte zuerst im Wörterverzeichnis angeführt. Vgl. den Beginn der Rubrik し. Vgl. auch: かっこう, dann がっこう; こうこう, dann こうごう; じき vor じぎ; ため vor だめ.

Im ersten Band haben wir das Wörterverzeichnis in der Lautschrift gedruckt, so daß es schwierig war, K und G nebeneinander anzuführen. Wir haben sie also getrennt, als ob die Tabelle der Kana Spalte für Spalte so gelesen werden müßte: KA, KI, KU, KE, KO und erst danach GA, GI, GU, GE, GO; SA, SHI, SU, SE, SO und erst danach ZA, JI, ZU, ZE, ZO usw. Im zweiten Band nun nehmen wir jede Unterabteilung nacheinander vor: か／が, dann き／ぎ, dann く／ぐ, dann け／げ, dann こ／ご...

Diese Anordnung wird von Ihnen eine kleine Umstellung erfordern, aber wenn es Ihnen gelingt, damit zurecht zu kommen, **dann sind Sie in der Lage, alle japanischen Wörterbücher zu benutzen** (zum Beispiel das japanisch-deutsche Wörterbuch). Alle Wörterbücher, Telefonbücher, Verzeichnisse usw. sind genau wie dieses Wörterverzeichnis angeordnet. Sie sehen also, daß sich diese letzte Anstrengung lohnen wird.

Und noch etwas abschließend: Wie wir Ihnen versprochen haben, **geben wir Ihnen die Kategorie aller Verben an.** Die Verben, bei denen die Endsilbe RU unterstrichen ist, sind Verben MIT EINER EINZIGEN GRUNDFORM, alle anderen Verben haben mehrere Grundformen.

INDEX

あ

あ	*Ausdruck des Erstaunens*	50.9
ああ	*Ausdruck der Zustimmung*	52.2
あいきょう (愛嬌)	Drolligkeit	39.8
あいさつ (挨拶)	Begrüßung	68.10
アイス・クリーム	Eis, Eiskrem	54.11
あいだ (間)	Zwischenzeit, -raum	37.5
あいだ (間) に	während, währenddessen	62.7
あいつ	er, sie *(verächtlich)*	72.2, 98. Abs.5
あう (会う)	treffen	23.10
あう (合う)	übereinstimmen	71.2
あおい (青い)	blau sein *(od.* bestimmte Grüntöne)	31.7
あおやま (青山)	AOYAMA *(Ortsname)*	34.1
あかい (赤い)	rot sein	31.7
あがる (上がる)	steigen	86.4
あかるい (明るい)	leuchtend sein	94.8
あき (秋)	Herbst	48. Titel
あきた (秋田)	AKITA *(Ortsname)*	37.1
あきらめる	aufgeben, verlassen	34.14
あく (開く)	sich öffnen	60.8
あげる	ICH mache für Sie	93.2
あさ (朝)	früh	11.1
あさくさ (浅草)	ASAKUSA *(Ortsname)*	82.8
あさって	übermorgen	43.1
あさひ (朝日)	aufgehende Sonne	30.9
あし (足)	Fuß, Bein, Pfote	40.4
あじ (味)	Geschmack	75.11
あしおと (足音)	Geräusch von Schritten	48.2
あした (明日)	morgen	2.7
アシミル	die ASSIMIL-Methode	99.2
あじわう (味わう)	genießen	85.9
あずかる (預かる)	in Empfang nehmen	90.4
あずける (預ける)	anvertrauen, übergeben	45.6
あそこ	dort	1.5, 98. Abs.5
あそぶ (遊ぶ)	sich vergnügen, spielen	45.7

あたし	ich, mir, mich *(Frauen)* **29.1**
あたたかい (温かい)	warm, herzlich sein **41.1**
あたま (頭)	Kopf **50.1**
あたらしい (新しい)	neu sein **50.**
あたり (辺り)	Umgebung **32.1**
あたる (当たる)	entsprechen **95.**
あちら	diese Seite dort **78.10, 98. Abs.**
あっ	*Ausdruck des Erstauenens* **73.**
あつい (暑い)	sehr warm sein **1.**
アップライト・ピアノ	Piano **96.**
あつまる (集まる)	sich versammeln **47.1**
あつめる (集める)	versammeln **88. Übung 2.**
あと (後)	nach **45.**
... あと	nachdem **79.**
あなた	du, dir, dich **29.**
あに (兄)	mein älterer Bruder **27.13, 84. Abs.**
あね (姉)	meine ältere Schwester **31.10, 84. Abs.**
あの	diese... dort **52.1, 98. Abs.**
アパート	Wohnung **24.**
あぶない (危ない)	gefährlich sein **54.1**
アフリカ	AFRIKA **39.**
あまい (甘い)	süß sein **93.**
あまりにも	zu, zu viel **48.**
あみ (網)	Netz **52.**
あめ (雨)	Regen **31.**
アメリカ	AMERIKA **8.**
あら	also dann! **54.1**
あらわす (表す)	ausdrücken **36.**
ありがとう (ございます)	danke! **9.11, 18.1**
ある	existieren, sich befinden *(von Gegenständen)* **4.3, 35. Abs.**
ある *(+ Substantiv)*	ein gewisser **37.**
あるく (歩く)	zu Fuß gehen **6.**
アルゼンチン	ARGENTINIEN **41.**
アルバイト	Nebenarbeit, Job **80.1**
あれ	das dort **52.2, 98. Abs.**
あれ	na also! *(Männer)* **64.1**
あんき (暗記) する	auswendig lernen **83.**

あんしん（安心）	Ruhe, Beruhigung **23.14**
あんぜん（安全）	Sicherheit **43.10**
あんな	so wie, so **82.8, 98. Abs**.5
あんない（案内）する	führen **40.2**

い

い（胃）	Magen **46.1**
いい	gut, schön sein **2.5**
いいえ	nein! **9.8**
いう（言う）	sagen, sich nennen **33.2, 77. Abs**.3
いえ（家）	Haus **34.1**
いかいよう（胃潰瘍）	Magengeschwür **46.2**
いかが	wie? **16.8**
イギリス	ENGLAND **22.5**
いく（行く）	gehen **1.2**
いくつ	wieviele? **15.6**
いくつか	viele, ich weiß nicht wieviele **65.6**
いくら	wieviel? *(Preis)* **17.1**
いけ（池）	Becken, Teich **85.2**
いけばな（生け花）	Blumengestecke **34.6**
いしゃ（医者）	Arzt **46.1**
... いじょう（以上）	mehr als **39.3**
いしん（維新）	(politische) Wiederherstellung **88.10**
いす（椅子）	Sitz, Stuhl **60.11**
いず（伊豆）	IZU *(Ortsname)* **67.5**
いぜん（以前）	vor **57.11**
いそがしい	beschäftigt sein **41.9**
いそぐ（急ぐ）	sich beeilen **32.9**
いたい（痛い）	schmerzhaft sein **46.1**
いたす（致す）	ICH mache *(höhere Stufe)* **69.11, 70. Abs**.3
いただく	ICH empfange *(höhere Stufe)* **73.9, 96.13**
いち（一）	eins **11.2, 63. Abs**.1
いちにち（一日）	ein Tag **39.14**
いちにちじゅう（一日中）	der ganze Tag **30.6**
いちばん（一番）	der Erste, der ...te **52.9**
いつ	wann? **12.12**

いっさい（一切）	auf keinen Fall	**81.8**
いっしょう（一生）	das ganze Leben	**67.12**
いっしょうけんめい（一生懸命）	aus allen Kräften	**83.2**
いっしょ に （一緒 に）	zusammen	**5.3**
いったい	also daher! *(Ausruf)*	**59.11**
いっちょうら（一張羅）	einzig korrektes Kleiderstück	**74.1**
いつつ（五つ）	fünf	**59.6, 70. Abs.1**
いつでも	wann auch immer	**73.5**
いっぱい（一杯）	voll	**80.5**
いつも	immer	**32.10**
いとう ひろぶみ（伊藤 博文）	ITÔ Hirobumi *(Eigenname)*	**88.7**
いない（以内）	innerhalb	**92. Übung 1.2**
いなか（田舎）	Land, Ebene	**36.9**
いぬ（犬）	Hund	**33.1**
いのち（命）	Leben	**48.8**
いはん（違反（犯））	Übertretung	**32.7**
いま（今）	jetzt	**12.11**
いみ（意味）	Bedeutung	**36.13**
いもうと（妹）	meine jüngere Schwester	**39.11, 84. Abs.1**
いや	nein, ich bitte Sie, das ist zu viel!	**78.4**
いや（嫌）	widerwärtig	**93.5**
いらい（以来）	seit	**59.12**
いらいら する	ärgerlich sein	**92.14**
いらっしゃる	gehen, kommen, sein *(höhere Stufe)*	**12.4, 47.11, 70. Abs.3**
いりぐち（入口）	Eingang	**79.9**
いる	existieren, sich befinden *(von Lebewesen)*	**15.4, 35. Abs.5**
いれる（入れる）	stecken	**1. Übungstitel, 47.12**
いろ（色）	Farbe	**30.1**
いろいろ（色々）	viele Arten, viele	**62.6, 77. Abs.1**
いわ（岩）	Felsen	**54.8**
いわい（祝い）	Feier	**46.14**
いわくら ともみ（岩倉 具視）	IWAKURA Tomomi *(Eigenname)*	**88.7**
いわしぐも（いわし雲）	Herbstwolke, Zirrokumulus	**48.3**
いんしょう（印象）	Eindruck	**85.10**
インド	INDIEN	**39.7**

う

ウィーク・エンド	Wochenende	**72.1**
ウィーン	WIEN	**78.9**
うえ（上）	über, oben	**23.1**
うえの（上野）	UENO *(Ortsname)*	**39.1**
うかがう	ICH höre, frage, ICH besuche jemanden *(höhere Stufe)*	**47.2, 59.4, 70. Abs.3**
うかぶ（浮かぶ）	schweben, schwimmen	**48.3**
うけとる（受け取る）	empfangen	**61.1**
うごかす（動かす）	in Bewegung setzen	**40.11**
うし（牛）	Kuh	**97.7**
うしろ（後ろ）	hinter	**22.2**
うそ（嘘）	Irrtum, Lüge	**85.7**
うた（歌）	Lied, Gedicht	**19.7**
うたう（歌う）	singen	**19.7**
うち（家）	Haus, daheim	**53.12**
うち（内）	innen, Innenseite	**89.2**
うちゅう（宇宙）	Universum	**43.4**
うつくしい（美しい）	schön, hübsch sein	**19.1**
うつくしさ（美しさ）	Schönheit	**85.5**
うまい	geschickt sein, tüchtig	**75.10, 87. Anm.5**
うまれる（生まれる）	geboren werden	**38.4**
うみ（海）	Meer	**30.7**
うら（裏）	Rückseite	**17.13**
ウラジオストック	WLADIWOSTOK	**55.8**
うらやましい	neidisch sein	**30.14**
うる（売る）	verkaufen	**48.12**
うるさい	lästig, beschwerlich sein	**24.5**
うれしい	glücklich sein	**93.1**
うわさ（噂）	Gerücht	**73.14**
うん	ja *(ungezwungen)*	**73.4**
うんてんしゅ（運転手）	Fahrer	**97.4**
うんてん（運転）する	ein Auto fahren	**97.7**
うんどう（運動）	Bewegung	**58.7**

え

え（絵）	Bild **50.6**
え	was! *(überrascht)* **75.12**
エア・ターミナル	Endstation **27.5**
えいが（映画）	Film, Kino **8. Titel, Anm.3**
えいご（英語）	englische Sprache **64.1**
ええ	ja *(ungezwungen)* **12.11**
ええと	oh, ach **58.3**
えがく（描く）	malen, zeichnen **88.4**
えき（駅）	Bahnhof **6.4**
エス・エフ	Science-fiction **43.3**
エスカレーター	Rolltreppe **79.8**
えだ（枝）	Ast **39.9**
えど（江戸）	EDO *(Ortsname)* **17.10**
えとく（会得）	Begreifen, Verstehen **99.11**
エヌ・エッチ・ケー	NHK, die japanische nationale Rundfunkanstalt **92.4**
えのしま（江の島）	ENOSHIMA *(Ortsname)* **16.8**
えはがき（絵葉書）	Ansichtskarte **39.13**
えらびかた（選び方）	Art auszuwählen **65.13**
えらぶ（選ぶ）	wählen **65. Titel**
えん（円）	Yen **17.4**
えんそう（演奏）	Vorstellung **29.11**
えんそく（遠足）	Ausflug **93. Titel**
えんりょ（遠慮）	Zurückhaltung **86.7**

お

お あがり（上がり）ください	treten Sie ein! **86.7**
おい（甥）	mein Neffe **69.1, 84. Abs.1**
おいごさん（甥御さん）	Ihr Neffe **69.2, 84. Abs.1**
おいこす（追い越す）	überholen **32.6**
おいしい	köstlich sein **9.12**
おうせつま（応接間）	Sitzzimmer, Empfangszimmer **66.10**
おうべい（欧米）	Abendland **88.10, 92. Anm.5**
おおい（多い）	zahlreich sein **34.9**
おおきい（大きい）	groß sein **20.9, 77. Anm.1**

おおさか（大阪）	ÔSAKA (Ortsname)	60.13
おおしま（大島）	ÔSHIMA (Ortsname)	30.3
オーストラリア	AUSTRALIEN	38.5
オーストリア	ÖSTERREICH	78.9
おおぜい（大勢）	große Anzahl (von Personen)	79.7
おおそうじ（大掃除）	großer Hausputz	74.5
おおどおり（大通り）	Hauptstraße, breite Straße	58.8
オーボエ	Oboe	47.5
おおみそか（大晦日）	Altjahrstag	74.11
おおよろこび（大喜び）	große Freude	39.2
おかあさん（お母さん）	Ihre (seine) Mutter, meine Mutter (kleines Kind)	71.4, 84. Abs.1
お かえり（帰り）なさい	guten Abend! (wenn man nach Hause zurückkehrt)	73.2
お かけ ください	setzen Sie sich!	46.7
お かげ さま で	Dank Ihnen!	23.13
お かげ で	dank, durch	60.10
おかし（お菓子）	Kuchen	12.8
おかしい	seltsam sein	59.9
おかず	Gericht, das mit Reis gegessen wird	93.2
おがむ（拝む）	verehren	74.9
おきあがる（起き上がる）	aufstehen, sich aufrichten	72.10
おき（気）の どく（毒）に	wie ärgerlich!	23.11
おき<u>る</u>（起きる）	aufstehen	11.1
おく（置く）	(hin)setzen, (hin)stellen, (hin)legen	40.5, 91. Abs.3
おくさん（奥さん）	Frau, Ihre Ehefrau	59.11, 84. Abs.1
おくじょう（屋上）	Dach	52.5
おくる（送る）	senden, begleiten	33.9
おく<u>れ</u>る（遅れる）	zu spät kommen	79.2
お げんき（元気）で	bleiben Sie gesund!	92.15
おこす（起こす）	aufrichten	72.10
おこる（起こる）	vorkommen	43.6
おじ（伯父）	mein Onkel	34. **Übung** 1.4, 84. Abs.1
おじいさん（お祖父さん）	Großvater	39.1, 84. Abs.1
おしえ<u>る</u>（教える）	unterrichten, lehren	29.4
お じゃま（邪魔）しました	entschuldigen Sie, daß ich Sie gestört habe!	83.9

日本語	Deutsch	参照
おじょうさん (お嬢さん)	Ihre Tochter	15.6, 84. Abs.1
おす (押す)	drücken	46.10
お すまい (お 住い)	IHRE (seine) Wohnung *(höhere Stufe)*	68.7
お せわ (世話) に なりました	danke für all das, was Sie für mich gemacht haben!	78.3
おそい (遅い)	spät sein	11.3
お だいじ (大事) に	schonen Sie sich!	53.13
おたく (お宅)	IHRE (seine) Wohnung *(höhere Stufe)*	82.11
おちる (落ちる)	fallen	48.4
おっしゃる	SIE sagen *(höhere Stufe)*	93.4
おと (音)	Geräusch, Laut	24.6
おとうさん (お父さん)	Ihr Vater, mein Vater *(kleines Kind)*	71.4, 73.2, 84. Abs.1
おとこ の こ (男 の 子)	Junge	15.5
おとす (落とす)	fallen lassen	73.3
おととい	vorgestern	39.1
おととし (一昨年)	vorvoriges Jahr	89.4
おとな (大人)	Erwachsener	44.5
おとなしい (大人しい)	artig, ruhig sein	54.10
お とも (供) する	mitgehen, begleiten *(höhere Stufe)*	26.8
おどる (踊る)	tanzen	76.10
おどろく (驚く)	erstaunen	39.11
おなか (お腹)	Bauch	93.6
おなじ (同じ)	der, die, dasselbe, identisch	36.2, 77. Abs.1
おにいさん (お兄さん)	Ihr älterer Bruder, mein älterer Bruder *(kleines Kind)*	71.5, 84. Abs.1
おにしめ (お煮染)	Ragout	93.2
お ねがい (願い) します	bitte!	9.9, 16.13
おばあさん (お祖母さん)	Großmutter	39.1, 84. Abs.1
お はよう ございます	guten Tag!	3.1
お ひさしぶり (久し振り) です	es ist eine Weile her!	30.1
おふくろ	meine Mutter *(niedrige Stufe, Männer)*	80.1
オペラ	Oper *(Musik)*	41.8
おぼうさん (お坊さん)	buddhistischer Mönch	85.5
おぼえる (覚える)	sich erinnern	36.14
おぼっちゃん (お坊ちゃん)	Ihr kleiner Sohn	15.10, 84. Abs.1
おまえ (お前)	du, dir, dich *(niedrige Stufe, Männer)*	73.6

おまわりさん（お巡りさん）	Polizist	**97.1**
おみあい（お見合）	vermittelte Ehe	**69. Titel**
お めでとう ございます	herzliche Glückwünsche!	**23.5**
お め（目）に かかる	ICH begegne, treffe *(höhere Stufe)*	**68.9, 70. Abs.3**
おも（主）	hauptsächlich	**83.4**
おもい（重い）	schwer sein	**93.5**
おもいだす（思い出す）	sich erinnern	**78.9**
おもいちがい（思い違い）	Mißverständnis	**74. Titel**
おもう（思う）	denken	**25.11, 36. Anm.6, 77. Abs.3**
おもしろい（面白い）	interessant sein	**6.9**
おも に（主 に）	hauptsächlich	**40.3**
お やすみ（休み）なさい	schlafen Sie gut!	**93.12**
おやつ（お八つ）	Vesperbrot	**93.7**
およぐ（泳ぐ）	schwimmen	**30.6**
オランダ	NIEDERLANDE	**94.3**
おり（檻）	Käfig	**39.11**
お<u>り</u>る（降りる）	aus-, absteigen	**51.13**
オリンピック	Olympische Spiele	**97.9**
おれ	ich, mir, mich *(niedrige Stufe, Männer)*	**66.4**
おわり（終わり）	Ende	**48.6**
おわる（終わる）	aufhören, beenden	**48.1**
おんがく（音楽）	Musik	**47.2**
おんがっかい（音楽会）	Konzert	**29.2**
おんな・（女）	Frau, weibliches Geschlecht	**41.6**
おんな の こ（女 の 子）	Mädchen	**15.5**

か

か	[Frage]	**2.1**
が *(nach Substantiv)*	[Satzgegenstand][Sgg]	**4.5, 7. Abs.5**
が *(nach Verb)*	aber	**19.10**
カーブ	Kurve	**72.9**
かい（階）	Stockwerk	**24.7, Anm.2**
かい	[Frage] *(niedrige Stufe, Männer)*	**75.5**
... かい （... 回）	*(Ziffer)* Mal	**97.12**
かいがん（海岸）	Strand	**30.8**

日本語	ドイツ語	参照
がいかん（外観）	äußere Erscheinung	96.10
がいこく（外国）	Ausland	71.4
がいこくご（外国語）	Fremdsprache	92.9
がいこくじん（外国人）	Fremder	45.13
がいこくせい（外国製）	ausländisches Erzeugnis	96.7
かいさつぐち（改札口）	Schalter	79.8
かいしゃ（会社）	Gesellschaft, Firma	23.7
かいぬし（飼い主）	Herr *(für ein Tier)*	37.1
かいもの（買物）	Einkäufe	5. Titel
かいるい（貝類）	Muscheln	30.11
かいわ（会話）	Gespräch	94. Titel
かう（買う）	kaufen	5.4, 77. Abs.3
かう（飼う）	aufziehen *(von einem Tier)*	33.8
ガウン	Morgenrock	31.11
かえす（返す）	zurückgeben	76.12
かえる（帰る）	nach Hause zurückkommen	31.12, 35. Abs.5
かお（顔）	Gesicht	50.8
かがく（科学）	Wissenschaft	78.7
かがく（化学）	Chemie	81.8
かかる	hängen	31.7
かかる	nehmen *(Zeit)*	32.8
かがやく（輝く）	leuchten	48.6
かき（柿）	Kakibaum	48.6
かきとり（書き取り）	Diktat	57. Übungstitel
かく（書く）	schreiben	17.13
かくしゅう（隔週）	jede zweite Woche	47.11
がくせい（学生）	Student	78.8
カクテル・パーティー	Cocktail	47. Titel
がくひ（学費）	Ausbildungskosten	90.2
かける（でんわ（電話）を）	telefonieren	16.12
かさ（傘）	Schirm	31.9
かじ（火事）	Brand, Feuer	85.7
かしゅ（歌手）	Sänger, Sängerin	19.6
... かしら	vielleicht	59.10
かす（貸す）	leihen	32.1
かぜ（風邪）	Schnupfen	81. Titel
カセット	Kassette	47.9

かぞく（家族）	Familie **67.7**
かた（方）	eine Person *(höhere Stufe)* **48.9**
かたあし（片足）	ein einziger Fuß **99.9**
かたかな（片仮名）	Katakana **78. Übungstitel**
かたち（形）	Form **97.9**
かたづける（片付ける）	aufräumen **80.1**
カタログ	Katalog **96.13**
かつ（勝つ）	gewinnen, besiegen **54.9**
がっかり する	den Mut verlieren **85. Übung 1.3**
がっき（楽器）	Musikinstrument **47.4**
かっこう（恰好）	Gestalt, Aussehen **82.6**
がっこう（学校）	Schule **82.1**
かつどう（活動）	Tätigkeit, Aktivität **47.7**
... がてら	während **31.3**
かない（家内）	meine Ehefrau **18.8, 84. Abs.1**
かなしい（悲しい）	traurig sein **48.4**
かなた（彼方）	dort **43.10**
カナダ	KANADA **45.5**
かならず（必ず）	sicherlich, unfehlbar **27.7**
かならずしも（必ずしも）*(+ Verneinung)*	nicht notwendigerweise **36.6**
かね（金）	Geld **31.4**
かねもち（金持）	reich **87.11**
かのじょ（彼女）	sie **71.4**
かばん（鞄）	Tasche **31.1**
かぶき（歌舞伎）	Kabuki **29.9**
かぶる（被る）	aufhaben, (den Hut) aufsetzen **54.5**
かへい（貨幣）	Währung **88. Titel**
かまいません	es ist mir egal **99. Übung 1.7**
がまん（我慢）	Geduld **71.10**
かみ（紙）	Papier **88.2**
カメラ	Fotoapparat **4.1**
カメラやさん（カメラ屋さん）	Fotohändler **65.6**
... かもしれない	vielleicht **75.11**
かよう（通う）	täglich (einen Ort) besuchen **83.3**
かようび（火曜日）	Dienstag **29.1**
から *(nach Substantiv)*	von **6.3, 7. Abs.5**
から *(nach Verb)*	weil **24.10, 31. Anm.4**

(... て) から	nachdem **61.3**
からだ (体)	Körper **73.9**
からっぽ	ganz leer *(ungezwungen)* **45.9**
かりる (借りる)	ausleihen **54.1**
かるい (軽い)	leicht sein **65.12**
ガレージ	Garage **34.7**
かれは (枯葉)	welkes Blatt **48.4**
かわ (側)	Seite **20.9**
かわ (川)	Fluß **36.12**
かわいい (可愛い)	lieblich sein **33.11**
かわり (代り)	Ersatz, Stellvertretung **39.13**
かわる (変わる)	wechseln **41.7**
かん (燗)	heißer Sake **73.5**
かんがえ (考え)	Idee **16.6**
かんがえる (考える)	nachdenken, denken **66.10**
かんかく (感覚)	Gefühl, Sinn **55.11**
かんけい (関係)	Beziehung **23.7**
かんこう (観光)	Tourismus, Fremdenverkehr **26.7**
かんこうきゃく (観光客)	Tourist **85.9**
かんさい (関西)	KANSAI *(Ortsname)* **32.1**
かんじ (感じ)	Eindruck, Gefühl **71.1**
かんじ (漢字)	Kanji, chinesische Schriftzeichen **99.8**
かんしん (感心)	Bewunderung **33.5**
かんたん (簡単)	leicht, einfach **18.12**
がんねん (元年)	erstes Jahr einer Periode **95.3**
カンパイ	auf Ihr Wohl! **74.12**
がんばる (頑張る)	durchhalten **Einleitung**
かんぺき (完璧)	perfekt, höchst- **85.5**
かんぽうやく (漢方薬)	altchinesische Medizin **81.8**

き

き (木)	Baum **39.9**
き (気) が する	Lust haben auf **43.13**
き (気) が つく	gewahr werden, daß **81. Übung 2.4**
き (気) に いる	gefallen **24.11**
き (気) に なる	stören **62.11**

き (気) を つける	auf etwas aufmerksam machen **40.4**
きいろい (黄色い)	gelb sein **53.9**
きかい (機会)	Gelegenheit **19.13**
きがえる (着替える)	(Kleidung) umziehen **54.3**
きぎょう (企業)	Geschäft, Unternehmen **92.13**
きく (聞く)	hören, fragen **29.8, 42. Abs.5**
きぐ (器具)	Gerät **59.12**
きげん (機嫌)	(sich nach jemandem) Befinden (erkundigen) **87.12**
きこえる (聞こえる)	hörbar sein **24.6**
きこく (帰国)	Rückkehr in die Heimat **45.6**
きじ (記事)	Zeitungsartikel **64.8**
きしゃ (汽車)	Zug *(Fernverkehr)* **32.9**
きしゃ (記者)	Journalist **69.1**
きせつ (季節)	Jahreszeit **39.5**
きそく (規則)	Regel **99.7**
きた (北)	Nord **75.4**
ギター	Gitarre **92.9**
きたく (北区)	KITA-KU *(Ortsname)* **61.5**
きたない	schmutzig sein **80.8**
きちがい (気違い)	Verrückter **82.9**
きっかけ	günstige Gelegenheit **47.7**
きっさてん (喫茶店)	Kaffeehaus **12.3**
きっと	sicherlich **39.11**
きっぷ (切符)	Karte **29.12**
きのう (昨日)	gestern **8.1**
きびしい (厳しい)	streng sein **94.8**
きまる (決まる)	entschieden worden sein **27.2**
きみ (君)	du, dir, dich *(niedrige Stufe, Männer)* **75.3**
きめる (決める)	entscheiden **55.13**
きもち (気持)	Gefühl **48.7**
きもの (着物)	Kimono **78.5**
きゃく (客)	Gast **34.9**
キャンプ	Camping, Zelten **75. Titel**
きゅう (九)	neun **63. Abs.1, 81.4**
きゅうしゅう (九州)	KYÛSHÛ *(Ortsname)* **60.1**
きゅうちゅうさんが (宮中参賀)	öffentliche Ehrerbietung für den Kaiser **68.10**

きゅう に (急 に)	plötzlich **94.11**
きょう (今日)	heute **11.6**
きょういく (教育)	Erziehung **92.11**
きょういくか (教育家)	Erzieher, Pädagoge **88.11**
きょうじゅ (教授)	Professor **90.6**
きょうそう (競争)	Wettbewerb **54.8**
きょうと (京都)	KYÔTO *(Ortsname)* **60.11**
きょうみ (興味)	Interesse **43.13**
きょかしょう (許可証)	Erlaubnisschein **38.11**
きょだい (巨大)	riesig **52.1**
きょねん (去年)	das letzte Jahr **55.3**
きらい (嫌い)	verabscheut **81.6**
きらう (嫌う)	verabscheuen **75.7**
きらく (気楽)	angenehm **87.6**
ギリシャ	GRIECHENLAND **22.7**
きりん	Giraffe **39.6**
き<u>る</u> (着る)	(ein Kleidungsstück) tragen **54.14**
きれい	schön 30.1
キロ	Kilometer **32.4**
きんいろ (金色)	vergoldet **85.2**
きんえん (禁煙)	sich vom Rauchen enthalten, Rauchverbot **20. Titel**
きんかくじ (金閣寺)	KINKAJU-JI *(Name eines Klosters)* **85. Titel**
ぎんこう (銀行)	Bank **31.13**
きんし (禁止)	Verbot **82.2**
きんじょ (近所)	Nähe **82.10**
きんだい (近代)	modern **88.12**
きんぺん (近辺)	Umgebung **82.2**
きんようび (金曜日)	Freitag **53.5**

く

く (区)	Bezirk **51.6**
クイズ	Quizsendung **92.6**
くうき (空気)	Luft **75.2**
くうこう (空港)	Flughafen **27.3**
くげ (公家)	Hofadeliger **36.7**
くさる	verderben **67.3**

くすり（薬）	Medikament **81.5**
くたくた	erschöpft **80.10**
... ください（... 下さい）	geben Sie mir... **9.9**
くださる（下さる）	für MICH machen *(höhere Stufe)* **86.13**
くたびれ<u>る</u>	erschöpft sein **72.11**
くだもの（果物）	Obst **53.7**
くつ（靴）	Schuh **82.7**
クッキー	Keks, Biskuit **93.9**
くつした（靴下）	Socken **5.5**
くに（国）	Land **38.3**
くび（首）	Hals **39.6**
くびわ（首輪）	Halsband **82.10**
くま（熊）	Bär **39.8**
くみたて<u>る</u>（組み立てる）	zusammensetzen **40.13**
くも（雲）	Wolke **67.6**
くもり（曇り）	bewölktes Wetter **93.3**
くらい/ぐらい	ungefähr **25.11**
クラシック	klassisch **47.3**
くらす（暮らす）	leben **97.7**
クラブ	Klub, Gruppe **38.13**
グランド・ピアノ	Flügel *(Klavier)* **96.5**
くらべ<u>る</u>（比べる）	vergleichen **60.5**
くりかえす（繰り返す）	wiederholen **58.6**
くる（来る）	kommen **8.2, 77. Abs.2**
くるま（車）	Wagen **34.7**
くれ<u>る</u>	für MICH machen **29.4, 91. Abs.3**
くろい（黒い）	schwarz sein **96.8**
くわしい（詳しい）	genau sein **51.10**
... くん（... 君）	*nach dem Namen eines Jungen (ungezwungen)* **72.4**

け

... けい（... 係）	der sich bezieht auf... **94.11**
けいざい（経済）	Wirtschaft **69.1**
けいさつかん（警察官）	Polizist **94.3**
げいひんかん（迎賓館）	GEIHINKAN *(Ortsname)* **94.1**
... けいゆ（... 経由）	über *(+ Ortsname)* **55.5**

げき (劇)	Drama, Theater 92.5
けさ (今朝)	heute Morgen 13.1
けしき (景色)	Landschaft 72.5
げしゅく (下宿)	in einem Haus gemietetes Zimmer 62.1
げつ (月) *(nach Ziffer + ka)*	Monat (30/31 Tage) 34.11
けっこう	vollkommen 4.11, 12.9
けっこん (結婚)	Heirat 15.3
げつようび (月曜日)	Montag 26.11
けど	= keredomo *(ungezwungen)* 44.12
けれど	= keredomo *(ungezwungen)* 45.13
けれども	obwohl 24.3
... けん (... 軒)	*um Häuser zu zählen* 34.2, 63. Abs.1
けんがく (見学)	Studienaufenthalt 40. Titel
げんかん (玄関)	Vorraum 62.7
げんき (元気)	Gesundheit 23.1
けんきゅう (研究)	Forschung 78.7
げんこう (原稿)	Manuskript 76.2
げんじつてき (現実的)	Realist 48.11
げんじ ものがたり (源氏 物語)	Die Geschichte vom Prinzen Genji 83.2
げんだい (現代)	zeitgenössisch 50.1
けんちくか (建築家)	Architekt 97.9
けんぶつ (見物)	Touristenbesuch 76.7
けんぽう (憲法)	Verfassung (eines Landes) 88.5

こ

ご (五)	fünf 15.7, 63. Abs.1
... ご (語) *(nach Landesnamen)*	Sprache dieses Landes 26.2, 28. Anm.1
... ご (後) *(nach Substantiv)*	nach 31.11
こい (恋)	Liebe 43.11
こういん (工員)	Arbeiter, Angestellter 40.9
こうえん (公園)	öffentlicher Garten, Park 68.12
こうきょ (皇居)	Kaiserpalast 68.7
こうきょう (公共)	öffentlich 92.4
こうぎょう (工業)	Industrie 64.9
こうくう (航空)	Luftverkehr 22.4

こうこう（高校）	Gymnasium **90.3**
こうごう（皇后）	Kaiserin **68.8**
こうこく（広告）	Anzeige **92.14**
こうざ（口座）	Bankkonto **45.1**
こうざ（講座）	Lehrgang **92.9**
こうしつ（皇室）	Kaiserfamilie **68. Titel**
こうしゅう でんわ（公衆 電話）	öffentliches Telefon **51.10**
こうじょう（工場）	Fabrik **40. Titel**
こうすい（香水）	Parfum **31.1**
こうせいぶっしつ（抗生物質）	Antibiotikum **81.8**
こうそくどうろ（高速道路）	Autobahn **32.3**
こうつう（交通）	Verkehr **23.10**
こうとうがっこう（高等学校）	Gymnasium **47.7**
こうば（工場）	Fabrik **97.4**
こうばん（交番）	Polizeiwache **97.1**
こうはんりょ（好伴侶）	treuer Kamerad **99.15**
（おがた）こうりん（尾形 光琳）	OGATA Kôrin *(Eigenname)* **76.5**
コート	Mantel **76.3**
コーヒー	Kaffee **3.5**
ごがく（語学）	Sprachstudium **71.3**
こがた（小型）	von kleinem Format **65.6**
ごがつ（五月）	Mai **23.10**
こくご（国語）	Nationalsprache, japanisch **90.8**
こくさいてき（国際的）	international **90.7**
こくさいれんごう（国際連合）	UNO **92. Übung 1.5**
こくさん（国産）	japanisches Erzeugnis **96.7**
こくせき（国籍）	Staatsangehörigkeit **38.2**
こくどう（国道）	Bundesstraße **32.3**
こくみん（国民）	Volk **68.9**
こくりつ（国立）	national **90.1**
ごくろう（苦労）さま	danke für die Mühe, die Sie sich für mich gemacht haben! **74.12**
ここ	hier **5.8, 98. Abs.5**
ごご（午後）	Nachmittag **11.8**
... ごこち（... 心地）	Gefühl **60.11**
ここのつ（九つ）	neun **70. Abs.1, 90.13**
こころ（心）	Herz, Gefühl **85.2**

ござ (茣蓙)	Strohmatte **89.8**
ござる	existieren *(höhere Stufe,* ICH) **86.14**
こしょう (故障)	Panne, Störung **59. Titel**
こじん (個人)	individuell **64.4**
こす (越す)	vorbeigehen, vorübergehen, durchqueren **86.13**
こせきしょうほん (戸籍抄本)	Auszug aus der Geburtsurkunde **95.1**
ごぜん (午前)	Vormittag **27.3**
こそ	[Verstärkung][Vst] **67.9**
ご ぞんじ (御 存知) です	SIE kennen, wissen *(höhere Stufe)* **96.2**
こた<u>える</u> (答える)	antworten **39.5**
ごちそう	Festessen **41.10**
ごちそう さま でした	danke für das Essen, den Tee...! **83.11**
こちら	hierher **40.4, 98. Abs.5**
こっかい ぎいん (国会 議員)	Abgeordneter zum Bundestag / Nationalrat **69.8**
こっかい ぎじ どう (国会 議事 堂)	Parlamentsgebäude **94.4**
こてん (古典)	klassische Literatur **83.2**
こと	Tatsache, Ereignis **32.3, 42. Abs.3**
こと (琴)	Koto *(Musikinstrument)* **92.9**
ことし (今年)	dieses Jahr **23.2**
ことば (言葉)	Wort **1. Übungstitel**
こども (子供)	Kind **15.4**
ことわざ (諺)	Sprichwort **89.3**
ことわる (断る)	ablehnen, absagen **41.9**
この	dieser, diese, dieses (vor ich) **18.10, 98. Abs.5**
このあいだ (この間)	neulich **31.10, 98. Abs.5**
このごろ	heutzutage **46.4, 98. Abs.5**
このまえ (この前)	vorhergehend **80.12**
ご ぶさた (御無沙汰) して おります	es ist schon lange her, daß ich Ihnen kein Lebenszeichen gegeben habe! **86.3**
こまかい (細かい)	dünn sein **51.11**
こまる (困る)	verlegen sein **13.8**
こむ (混む)	überfüllt sein **32.3**
こむぎ (小麦)	Weizen **30.1**
ごめん ください	ist jemand da? **86.1**
ごめん くださいませ	darf ich mich verabschieden! *(wenn man aufbricht)* **83.13**

ごめん なさい	entschuldigen Sie mich bitte!	**17.6**
ごらく(娯楽)	Zerstreuung, Unterhaltung	**92.8**
ごらん(御覧)くださる	SIE schauen *(höhere Stufe)*	**65.7, 70. Abs.3**
ごらん の とおり(御覧 の 通り)	wie Sie es sehen	**87.12**
こりごり です	satt bekommen	**79.5**
ゴルフ	Golf	**52.2**
これ	dies	**17.2, 98. Abs.5**
これから	von jetzt an	**40.2, 98. Abs.5**
これら	diejenigen	**97.12, 98. Abs.5**
…ころ／ごろ	gegen, um *(+ Zeitangabe)*	**55.13**
ころ(頃)	Moment, Zeit	**78.9**
ころぶ(転ぶ)	fallen	**72.9**
こわい	erschreckt sein, erschreckend	**39.11**
こんかい(今回)	dieses Mal	**58.13**
コンクリート	Beton	**66.2**
こんげつ(今月)	dieser Monat	**94.5**
コンサート	Konzert	**19.9**
こんしゅう(今週)	diese Woche	**80.1**
こんど(今度)	diesmal	**19.9**
こんな	so ein, so eine	**45.13, 98. Abs.5**
こんな に	so	**39.13, 98. Abs.5**
こんにち は	guten Tag!	**12.1**
こんばん(今晩)	heute Abend	**9.1**
こんばん は	guten Abend!	**73.10**
コンピューター	Computer	**40.11**
こんや(今夜)	diese Nacht	**75.13**

さ

さ	[abschwächend]	**80.10**
さあ	gut!	**54.3**
サービス	Kundendienst	**61.7**
…さい(…歳) *(nach Ziffer)*	Jahre *(Alter)*	**15.7, 70. Abs.1**
さいきん(最近)	heutzutage, neulich	**47.9**
さいご(最後)	letzter, Ende	**43.11**
さいこん(再婚)	Wiederverheiratung	**15.9**

さいしょ（最初）	erster, Anfang	**32.3**
さいふ（財布）	Geldbörse	**45.9**
さいほう（裁縫）	Nähen	**92.9**
さがす（捜す）	suchen	**34.1**
さかな（魚）	Fisch	**9.5**
さかん（盛ん）	blühend	**52.7**
さき（先）	vorher	**90.13**
さけ（酒）	Alkohol, Sake	**4.9**
さくねん（昨年）	Vorjahr	**78.3**
さくひん（作品）	Werk	**83.4**
さくら（桜）	Kirschbaum	**89.1**
さそう（誘う）	einladen	**16.5**
さつ（札）	Banknote	**88.2**
...さつ（...冊）	*um Bücher zu zählen*	**99.7**
さっか（作家）	Schriftsteller(in)	**83.6**
さっきょくか（作曲家）	Komponist(in)	**41.6**
ざっし（雑誌）	Zeitschrift	**64. Titel**
さっそく（早速）	ohne zögern	**50.4**
さとう（砂糖）	Zucker	**80.7**
さびしい（寂しい）	traurig, melancholisch sein	**48.7**
...さま	*nach Personennamen (höhere Stufe)*	**44.3**
さむい（寒い）	kalt sein	**60.10**
さよう で ございます	ach ja? *(höhere Stufe,* SIE)	**86.13**
さようなら	auf Wiedersehen!	**99.16**
さらいしゅう（再来週）	in zwei Wochen	**46.6**
サラリーマン	Büroangestellter	**52.4**
さる（猿）	Affe	**39.9**
さん（三）	drei	**11.5, 63. Abs.1**
...さん	*nach Personennamen*	**12.5, 16.5, 19.4**
さんすう（算数）	Rechnen, Arithmetik	**90.8**
サンドウイッチ	Sandwich	**16.10**
サントリー	SUNTORY *(Firmenname)*	**51.5**
ざんねん（残念）	bedauerlich, schade	**19.10**
さんぽ（散歩）	Spaziergang	**31.3**

し

し (詩)	Poesie	48.5
し	und *zwischen zwei Sätzen*	71.3, 79. Anm.8, 86. Anm.7
...じ (...時)	Uhr	11.1
じ (字)	Schriftzeichen, Buchstabe	99.8
しあさって	überübermorgen	27.3
しあつ (指圧)	Akupressur	81.8
シーズン	Jahreszeit	10.3
シーソー	Wippe	82.3
しか (+ *Verneinung*)	nur	30.6
しかし	aber	26.5
しかた (仕方)	Art, Weise	58.9
しかた (仕方) が ない	man kann nichts machen!	44.13
しがつ (四月)	April	23.7
しかも	außerdem	61.6
じかん (時間)	Stunde, Zeit	13.1
しき (四季)	die vier Jahreszeiten	66.5
...しき (...式)	in der Art von	66.10
じき (直)	bald, sofort	64.6
じぎ (辞儀)	Verbeugung	78.6
しききん (敷金)	Kaution	34.12
しきもう (色盲)	farbenblind	79.13
しく (敷く)	ausbreiten	89.8
じこ (事故)	Unglück, Unfall	23.10
しごと (仕事)	Arbeit	23. Titel
じしん (地震)	Erdbeben	66.3
しずおか (静岡)	SHIZUOKA *(Ortsname)*	32.12
しずか (静か)	ruhig	57.6
しずまる (静まる)	sich beruhigen	85.2
しぜん (自然)	Natur	36.10
しそうか (思想家)	Gelehrter, Denker	88.9
した (舌)	Zunge	46.9
した (下)	unten	80.8
じだい (時代)	Zeit, Epoche	17.10
したぎ (下着)	Unterwäsche	80.7
したく (支度)	Vorbereitungen	73.3

しち（七）	sieben **27.3, 63. Abs.1**
しちがつ（七月）	Juli **55.13**
しっかりと	fest, stark **90.5**
しつぎょうしゃ（失業者）	Arbeitsloser **40.12**
じっさい（実際）	wirklich **85.9**
じつ（実）は	in Wirklichkeit **15.9**
じつぶつ（実物）	(wirklicher) Gegenstand **67.3**
しつもん（質問）	Frage **40.7**
しつれい（失礼）	Unhöflichkeit **88.13**
じてんしゃ（自転車）	Rad **57.7**
じどうしゃ（自動車）	Wagen **23.7**
しにん（死人）	ein Tod **75.6**
しぬ（死ぬ）	sterben **37.6**
しばい（芝居）	Theater **29.2**
しぶや（渋谷）	SHIBUYA *(Ortsname)* **6.6**
じぶん（自分）	sich selbst **18.9**
シベリア	SIBIRIEN **55.5**
しま（島）	Insel **30.4**
しまう	beenden **31.14, 91. Abs.3**
じまん（自慢）	Stolz **72.4**
じむしょ（事務所）	Büro **40.6**
じゃ	dann **54.12**
じゃあ	dann **81.7**
しゃかい（社会）	Gesellschaft **88.14**
しゃかいがく（社会学）	Soziologie **92.10**
しゃこうせい（社交性）	Gemeinschaftssinn **69.5**
しゃこうてき（社交的）	gesellig **71.1**
しゃしん（写真）	Fotografie **19.2**
ジャズ	Jazz **19.8**
しゃっきん（借金）	Schuld **76.12**
しゃない（車内）	Wageninnere **60.7**
しゃべり	Geschwätz **73.13**
しゃみせん（三味線）	Shamisen *(Musikinstrument)* **92.9**
しゃめん（斜面）	Abdachung **75.9**
シャワー	Dusche **62.1**
シャンペン	Champagner **47.1**
しゅう（周）	Rundfahrt **76.6**

じゅう (十)	zehn	**11.**2, **63.** Abs.1
...じゅう (...中)	in	**59.**12
じゅういちがつ (十一月)	November	**67.**12
しゅうがく りょこう (修学 旅行)	Studienreise	**97.**9
しゅうかん (週間)	Woche	**46.**13
しゅうかん (習慣)	Gebrauch, Gewohnheit	**74.**11
じゅうしょ (住所)	Adresse	**38.**7
しゅうしょく (就職)	Stelle, Stellung	**90.**2
ジュース	Fruchtsaft	**16.**11
じゅうにがつ (十二月)	Dezember	**74.**1
じゅうぶん (十分)	genug	**73.**9
しゅうまつ (週末)	Wochenende	**32.**1
しゅじゅつ (手術)	(chirurgischer) Eingriff, Operation	**53.**8
しゅじん (主人)	mein Ehemann	**31.**10, **84.** Abs.1
しゅじんこう (主人公)	Held *(in einem Roman)*	**25.**7
しゅっせき (出席)	Anwesenheit	**94.**6
しゅっちょう (出張)	Geschäftsreise	**89.**4
しゅっぱつ (出発)	Abreise	**32.**1
しゅっぱん (出版)	Veröffentlichung	**25.**4
しゅと (首都)	Hauptstadt eines Landes	**76.**7
しゅみ (趣味)	persönlicher Geschmack, Freizeittätigkeit	**47.**5
しゅるい (種類)	Sorte	**92.**4
じゅん... (純...)	rein	**66.**4
じゅんび (準備)	Vorkehrung, Vorbereitung	**66.**11
...じょう (...畳)	*um Tatamis zu zählen*	**34.**6
しょうかい (紹介)	Vorstellung	**15.** Titel
しょうがつ (正月)	Neujahrstag	**68.**10, **74.** Anm.3
しょうがっこう (小学校)	Grundschule	**90.**9
じょうきょう (上京)	Auffahrt zur Hauptstadt	**80.**12
しょうぐん (将軍)	Shogun	**68.**11
じょうけん (条件)	Bedingung	**69.**6
しょうご (正午)	Mittagszeit	**44.**11
しょうじき (正直)	ehrlich	**99.**1
しょうしゃマン (商社マン)	Geschäftsmann	**97.**11
しょうしょう	ein bißchen	**18.**5
しょうしん (昇進)	Beförderung	**46.**14
じょうず (上手)	gewandt	**69.**5

しょうせつ（小説）	Roman 25. Titel
じょうたい（状態）	Stand, Lage 87.8
しょうとく たいし（聖徳 太子）	Prinz SHŌTOKU (Eigenname) 88.5
しょうばい（商売）	Handel 48.12
じょうぶ（丈夫）	fest, stark 88.2
しょうゆ	Sojasauce 75.11
しょうらい（将来）	Zukunft 94.11
しようりょう（仕用料）	Gebühr 45.12
しょうわ（昭和）	Shôwaperiode (1926-1989) 88.11
じょおう（女王）	Königin 94.3
ジョギング	Jogging, Dauerlauf 68.12
しょくぎょう（職業）	Beruf 38.8
しょくご（食後）	nach dem Essen 41.12
しょくじ（食事）	Speise 26.11
しょくどう（食堂）	Eßzimmer, Speisesaal 66.10
しょくひん（食品）	Nahrungsmittel 48.12
ショッピングセンター	Einkaufszentrum 97.1
じょゆう（女優）	Schauspielerin 19.5
じょりゅう（女流）	weiblich 83.6
しょるい（書類）	Formular 38. Titel
しらべる（調べる）	untersuchen 22.9
しりつ（私立）	privat 90.10
しる（知る）	wissen 6.1
しろ（城）	Schloß 68.11
しろい（白い）	weiß sein 31.8
しわ	Falte 39.6
...じん（...人） (nach Landesnamen)	Einwohner dieses Landes 31.1, 28. Abs.1
しんかんせん（新幹線）	SHINKANSEN (Zug) 60. Titel
しんこん りょこう（新婚 旅行）	Hochzeitsreise 65.1
しんしつ（寝室）	Schlafzimmer 66.10
しんしゅう（信州）	SHINSHŪ (Ortsname) 89.8
しんじゅく（新宿）	SHINJUKU (Ortsname) 65.2, 79. Anm.1
しんせき（親戚）	Verwandte 36.5
しんせつ（親切）	liebenswürdig 97.1
しんせん（新鮮）	frisch 30.12
じんと	plötzlich und stark (Schmerz) 46.8

しんねん（新年）　あけまして　おめでとう　ございます
.... frohes neues Jahr! **78.1**
しんぱい（心配） .... Beunruhigung **27.12**
じんぶつ（人物） .... Persönlichkeit **88.4**
しんぶん（新聞） .... Tageszeitung **69.1**
しんりゃく（侵略） .... Invasion **43.9**

す

すいぞくかん（水族館）................... Aquarium *(Gebäude)* **6.8**
すいちゅう　めがね（水中　眼鏡）........... Taucherbrille **54.4**
ずいぶん（随分） .... sehr **13.2**
すいへいせん（水平線）................... Meereshorizont **30.9**
すいみん（睡眠） .... Schlaf **73.9**
すいようび（水曜日）................................... Mittwoch **46.6**
すいり　しょうせつ（推理　小説）....... Kriminalroman **25.3**
すう（吸う）... einatmen **20.13**
...すう（...数） .... die Zahl von **66.9**
すうがく（数学） .... Mathematik **92.10**
すうねん（数年） .... mehrere Jahre **76.8**
スープ .... Suppe **9.5**
すがた（姿）... Aspekt **68.10**
すき（好き）... geliebt sein **10.9**
...すぎ .... nach *(+ Uhrzeit)* **62.5**
スキー .... Schi **72. Titel**
すきま（隙間） .... Spalte, Ritze **76.1**
すぎる（過ぎる） .... vergehen, vorübergehen **48.7**
すく .... leer sein **62.5**
すぐ .... sofort **16.12**
すごい.. furchtbar sein **32.12**
すこし（少し）..................................... ein wenig **26.8**
すごす（過ごす）........................... verbringen *(Zeit)* **97.7**
すし（寿司)....................... Sushi *(japanisches Gericht)* **16.10**
すずしい（涼しい）................... angenehm frisch sein **60.10**
すすむ（進む）..................................... vorwärtsgehen **32.4**
すすめる（勧める）...................................... beraten **18.10**
スタジアム .... Stadium **97.9**

...ずつ	jeder	39.13
すっかり	völlig	74.11
ずっと	sehr	82.8
すてき	entzückend	74.3
すな（砂）	Sand	54.12
スパイ	Spion	25.8
すばらしい	herrlich sein	30.9
スピーカー	Lautsprecher	58.4
スピード	Geschwindigkeit	32.4
スペイン	SPANIEN	38.6
すべて	alle	76.7
スポーツ	Sport	52.6
スポンサー	Förderer, Sponsor	92.13
すみ（墨）	Tinte	89.9
すみません	entschuldigen Sie mich!	40.7
すむ（住む）	wohnen	15.2
すむ（澄む）	durchsichtig sein	75.2
すもう（相撲）	Sumô *(Sport)*	10.1
する	tun, machen	8.1, 20.12, 42. Anm.4, 77. Abs.2
すわる（座る）	sich setzen	54.12

せ

せ（背）	Wuchs, Größe	71.5
せいかく（正確）	genau	61.9
せいかつ（生活）	Lebensweise	71.4
ぜいかん（税関）	Zoll	4. Tite
せいき（世紀）	Jahrhundert	88.5
せいげん（制限）	Beschränkung	32.4
せいじか（政治家）	Politiker	88.6
せい しょうなごん（清 少納言）	Sei shônagon *(Eigenname)*	83.5
せいぞう（製造）	Herstellung	40.6
せいと（生徒）	Schüler	82.
せいひん（製品）	hergestellte Ware	40.3
せいふ（政府）	Regierung	78.
せいよう（西洋）	Westen	88.10
せいれき（西暦）	westlicher Kalender	95.

せかい（世界）	Welt **76.6**
せちりょうり（節料理）	Neujahrstag-Gericht **74.7**
せっかく	eigens **72.12**
せっかち	hastig **81.11**
せっけん	Seife **80.9**
せったい（接待）	Empfang, Aufnahme **69.5**
せつび（設備）	Einrichtung **62.6**
せつめい（説明）	Erklärung **38.1**
せとないかい（瀬戸内海）	SETONAIKAI, das Binnenmeer **30.4**
せなか（背中）	Rücken **54.13**
ぜひ（是非）	um jeden Preis, jedenfalls **19.14**
せびろ（背広）	Herrenanzug **74.1**
せまい（狭い）	eng sein **24.2**
せわ（世話）	geleisteter Dienst **78.3**
せん（千）	tausend **17.6, 63. Abs.1**
ぜん…（全…）	ganz, völlig **76.8**
ぜん（善）	das Wohl **89.5**
せんきょ（選挙）	Wahl **58. Titel**
せんけつ（先決）	dringende Notwendigkeit **76.12**
せんげつ（先月）	letzter Monat **73.12**
ぜんじどう（全自動）	ganz automatisch **65.10**
せんしゅう（先週）	letzte Woche **29.14**
せんせい（先生）	Professor **33.7**
ぜんぜん（全然） *(+ Verneinung)*	überhaupt nicht **24.6**
せんそう（戦争）	Krieg **18.2**
せんたく（洗濯）	Wäsche **62.7**
せんたくき（洗濯機）	Waschmaschine **59.2**
せんとう（銭湯）	öffentliches Bad **62. Titel**
セントラル・ヒーティング	Zentralheizung **76.1**
ぜんぶ（全部）	ganz, vollständig **31.14**
せんべい（煎餅）	Salzgebäck, Sembe **93.8**

そ

そう	so **1.7, 98. Abs.5**
そう	entlang gehen **57.4**
…そう（です）	es scheint, daß **53.3**

...そう（です）	aussehen **71.2. Anm.2, 81.1. Anm.1**
ぞう（象）	Elefant **39.6**
そうこ（倉庫）	Lagerhaus **40.5**
そうしき（葬式）	Leichenbegräbnis **67.7**
そうじき（掃除機）	Staubsauger **59.7**
そうりだいじん（総理大臣）	Ministerpräsident **94.3**
そくたつ（速達）	Expreßsendung **61.9.**
そこ	dort **6.6, 98. Abs.5**
そして	und dann **30.7**
そちら	diese Seite **96.11, 98. Abs.5**
そつぎょう（卒業）	Diplom **23.3**
そと（外）	außen **60.10**
その	jener, jene, dieser, diese **17.1, 98. Abs.5**
そのあと	nach dem **57.12**
そのうえ	außerdem **72.10**
その うち に	wenig später **37.2**
そのご（その後）	dann, danach **23.12, 98. Abs.5**
その たんび に	jedes Mal **72.10**
そのまま	so wie es ist (war) **32.13, 98. Abs.5**
そば	Nähe **51.5**
そふ（祖父）	mein Großvater **84. Abs.1, 89.8**
そぼ（祖母）	meine Großmutter **84. Abs.1, 89.11**
そら（空）	Himmel **48.3**
それ	jenes, das **4.7**
それから	dann **6.7, 98. Abs.5**
それじゃ	dann, also **64.6**
それで	daher **52.5, 98. Abs.5**
それでは	also, so **3.11, 98. Abs.5**
それでも	trotzdem **11.7, 98. Abs.5**
それとも	oder auch **29.9, 98. Abs.5**
それなら	in diesem Fall **11.9, 98. Abs.5**
それに	außerdem **26.9, 98. Abs.5**
それほど	an diesem Punkt, so **24.12, 98. Abs.5**
そろそろ	langsam **48.1**
そんな	so, so ein **68. Übung 1.1, 98. Abs.5**
そんな に	so **20.4, 98. Abs.5**

た

た（田）	Reisfeld 36.11
だい（第）(+ Ziffer)	Ziffer ste 1. Titel
...だい（...台）	um Autos zu zählen 34.7, 63. Abs.1
だい（題）	Buchtitel, Titel 50.13
たいいん（退院）する	aus dem Krankenhaus entlassen werden 23.13
ダイエット	Diät 12.11
だいがく（大学）	Universität 23.2
だいがくせい（大学生）	Student 90.6
たいくつ（退屈）	Langeweile 55.11
たいざい（滞在）	Aufenthalt 38.11
たいしかん（大使館）	Botschaft 95.1
たいしょう（大正）	Taishôperiode (1912-1926) 88.11
だいじょうぶ（大丈夫）	ohne Problem 27.6
たいしょく（退職）	Abschied 59.12
だいすき（大好き）	sehr geliebt, beliebt 9.3
たいせつ（大切）	wichtig 99.11
たいせん（大戦）	Weltkrieg 88. Übung 1.2
だいどころ（台所）	Küche (eine Wohnungs-) 34.8
だいなし	verschwendet 72.12
ダイニング	Eßzimmer 34.5
だいひょうてき（代表的）	repräsentativ 83.8
だいぶ（大分）	genug 53.11
たいへん（大変）	außerordentlich 11.10
ダイヤモンド	Diamant 76.3
たいよう（太陽）	Sonne 30.5
たえ<u>る</u>（耐える）	aushalten 85.5
タオル	Handtuch 31.1
たかい（高い）	teuer sein, hoch sein 5.9
だから	daher 34.13
たくさん	viel 6.10
タクシー	Taxi 51. Titel
だけ	nur 4.7
たしか（確か）	sicher 60.10
たす（足す）	hinzufügen 95.3
だす（出す）	herausbringen 46.9

たすかる	gerettet sein	**20.11**
たずね<u>る</u>	einen Besuch abstatten **70. Abs.3**,	**86.14**
ただ	einfach	**46.12**
ただいま	guten Tag! *(wenn man in sein Haus zurückkommt)*	**73.1**
ただしい（正しい）	richtig, genau	**99.7**
たたみ（畳）	tatami	**80.5**
たたむ（畳む）	falten, rollen	**80.3**
...たち（...達）	*Mehrzahlform* **66.11**,	**76. Anm.9**
たつ（経つ）	vergehen *(Zeit)*	**46.8**
たつ（立つ）	stehen	**24.10**
たっしゃ（達者）	tüchtig	**90.6**
だって	[Zitat]	**44.12**
...だて（...建て）	gebaut aus **76.1**,	**85. Anm.7**
たてもの（建物）	Gebäude	**40.6**
たてる（建てる）	bauen	**37.7**
たとえば	zum Beispiel	**36.11**
たのしい（楽しい）	angenehm sein	**39.14**
たのしみ（楽しみ）に する	sich freuen	**41.10**
たのしむ（楽しむ）	sich freuen	**66.5**
たのむ（頼む）	bitten	**29.13**
タバコ	Zigarette	**20.13**
タバコや（タバコ屋）	Tabaksladen	**20.1**
たびたび（度々）	oft	**45.1**
タヒチ	TAHITI *(Ortsname)*	**76.10**
たべすぎ（食べすぎ）	Überessen	**46.12**
たべもの（食べ物）	Nahrungsmittel	**46.13**
たべ<u>る</u>（食べる）	essen	**3.3**
たま（玉）	Geldstück	**51.12**
たまご（卵）	Ei	**3.11**
たま に	von Zeit zu Zeit	**73.9**
たまらない	nicht aushalten	**54.13**
ため *(nach Substantiv)*	für	**16.11**
ため *(nach Verb)*	um... zu	**38.12**
ため	wegen, weil	**60.9**
だめ（駄目）	unmöglich, verboten **67.9**,	**75.5**
ためいき（溜息）	Seufzer	**48.5**
...たら	wenn, wann, als **60.12**,	**62.9**

...だらけ	bedeckt mit **39.6**
...たり ...たり する（できる）	*Aufzählung von Handlungen* **76.10, 92.14**
たりる（足りる）	genügen **32.13**
だれ	wer? **19.1**
だれか	irgendeiner(e) **69.1**
だれも *(+ Verneinung)*	niemand **30.8**
タワー	Turm **6.1**
たんか（短歌）	Tanka *(Gedichtform)* **89.9**
だんご（団子）	Reisklößchen **89.11**
だんじょ（男女）	Männer und Frauen **62.8**
たんじょうび（誕生日）	Geburtstag **29.1**
だんだん（段々）	allmählich **36.8**

ち

ちいさい（小さい）	klein sein **27.10, 77. Abs.1**
チェック・イン	Registrierung **44.11**
ちか（地下）	unterirdisch **79.6**
ちかい（近い）	nahe sein **6.5**
ちかく（近く）	unweit, Nähe **57.12**
ちかづく（近づく）	sich nähern **58.11**
ちかてつ（地下鉄）	Metro **31.5**
ちきゅう（地球）	Globus, Erde **43.4**
ちじん（知人）	Bekannter, Freund **67.7**
ちち（父）	mein Vater **64.11, 84. Abs.1**
ちゃ（茶）	Tee **34.6**
ちゃいろ（茶色）	braun **96.8**
ちゃわん（茶碗）	Teetasse **17.1**
ちゃん	*nach Personennamen (ungezwungen)* **39.11**
ちゃんと	richtig **61.5**
チャンネル	Fernsehkanal **92.4**
...ちゅう（...中）	in **78.3**
ちゅういがき（注意書き）	Notabene **95.1**
ちゅうがくせい（中学生）	Schüler einer Mittelschule **97.9**
ちゅうがっこう（中学校）	Mittelschule **90.5**
ちゅうかりょうり（中華料理）	chinesische Küche **9. Titel**

ちゅうごく (中国)	CHINA **26. Titel**
ちゅうだん (中断)	Unterbrechung **92.14**
チューリップ	Tulpe **53.9**
ちょう (腸)	Darm **53.8**
ちょうし (調子)	Weise **41.13**
ちょうしょく (朝食)	Frühstück **3. Titel**
ちょうてい (朝廷)	Kaiserhof **83.7**
ちょうど	gerade **24.10**
チョコレート	Schokolade **93.9**
ちよだく (千代田区)	CHIYODA-KU *(Ortsname)* **68.7**
ちょっと	ein wenig, ein bißchen **17.7**
ちりょう (治療)	ärztliche Behandlung **46.4**
ちる (散る)	fallen, verblühen **89.3**

つ

ついたち (一日)	der erste Tag des Monats **65.4, 70. Abs.1**
ついで に	bei Gelegenheit, gelegentlich **59.7**
つい に (遂 に)	schließlich **97.11**
つうこう (通行)	Autoverkehr **82.2**
つうやく (通訳)	Dolmetscher(in) **97.11**
つうろ (通路)	Weg, Durchfahrt **79.6**
つかう (使う)	benutzen **31.14, 77. Abs.3**
つかえる (仕える)	zu Dienst stehen, dienen **37.1**
つかまる (捉まる)	ergreifen **32.12**
つかる (浸かる)	untertauchen **62.5**
つかれ (疲れ)	Müdigkeit **73.3**
つかれる (疲れる)	müde sein **75.1**
つき (月)	Mond **43.7**
つぎ (次)	nächste **19.13, 77. Abs.1**
つく (着く)	ankommen **5.6**
つく	haften **31.11**
つくえ (机)	Tisch **80.5**
つくる (作る)	anfertigen, machen **18.11**
つけっぱなし	in Betrieb sein *(Radio)* **47.10**
つける	anhängen, heften **36.10**
つごう (都合)	Umstand **19.10**

つづき (続き)	Fortsetzung **37. Titel**
つづく (続く)	andauern, folgen **20.12**
つづけ<u>る</u> (続ける)	fortsetzen **99.14**
...って	[Zitat] **67.1**
つとめ (勤め)	Beschäftigung, Beruf **23.6**
つとめ<u>る</u> (勤める)	arbeiten, angestellt sein **23.7**
つま (妻)	meine Frau **34.6, 84. Abs.1**
つまらない	langweilig, wertlos **55.6**
つまり	sozusagen **75.6**
つめたい (冷たい)	kalt beim Angreifen sein **54.7**
つもり	Absicht **25.4**
つよい (強い)	stark sein **30.5**
つらい	beschwerlich sein **20.13**
つる (釣る)	fischen **30.12**
...づれ	mit, in Gesellschaft von **82.5**
つれ<u>る</u> (連れる)	begleiten **26.4**

て

て (手)	Hand, Arm **64.13**
で	[Ort][Mittel] **6.6, 14. Abs.3**
ていねん (定年)	Altersgrenze **66.6**
テーブル	Tisch **82.3**
でかけ<u>る</u> (出掛ける)	ausgehen **67.5**
てがみ (手紙)	Brief **39. Titel**
できあがる	fertig machen **40.5**
てきこく (敵国)	feindliches Land **43.11**
テキスト	Text **99.7**
でき<u>る</u>	möglich sein **13.9, 42. Abs.5**
でき<u>る</u>	fertig werden **40.5, 42. Abs.5**
でぐち (出口)	Ausgang **79.8**
で ございます	das ist *(höhere Stufe, ICH)* **44.1, 70. Abs.3**
デザート	Nachtisch **93.7**
ですから	daher **30.6**
てつだう (手伝う)	helfen **80.14**
テニス	Tennis **38.13**
では	also, denn, nun **17.11**
デパート	Kaufhaus **5.2**

...ても	sogar wenn	**62.8**
でも	aber	**5.9**
...でも	sogar *(+ Substantiv)*	**58.12**
てら（寺）	buddhistisches Kloster	**57.4**
でる（出る）	ausgehen, verlassen	**27.13**
テレビ	Fernsehen	**10. Titel**
...てん（...展）	Ausstellung	**2. Titel**
てん（点）	Punkt	**43.7**
てんき（天気）	Wetter	**16.2**
でんき（電気）	Elektrizität	**40.3**
でんきやさん（電気屋さん）	Elektriker	**59.1**
てんきん（転勤）	Versetzung	**69.3**
てんごく（天国）	Paradies	**82.2**
でんしゃ（電車）	Zug *(Nahverkehr)*	**6.6, 32.9**
テント	Zelt	**75.1**
てんのう（天皇）	Kaiser	**68.5**
てんぷら	Tempura *(japanisches Gericht)*	**29.3**
でんわ（電話）	Telefon	**13.10**
でんわちょう（電話帳）	Telefonbuch	**36.3**

と

と	und *(zwischen zwei Substantiven)*	**4.**
と	[Zitat]	**15.1, 36.10, 37.**
と *(nach Verb)*	wann, wenn	**46.1**
...ど（...度）	*(Ziffer)* Mal	**58.8, 60.1**
...ど（...度）	*(Ziffer)* Grad	**81.**
ドア	Tür	**74.**
ドイツ	DEUTSCHLAND	**13. Übung 2.3, 28. Abs.2**
トイレ	Toiletten	**92.14**
...とう（...頭）	*um große Tiere zu zählen*	**39.6, 63. Abs.**
とう（十）	zehn	**61.3, 70. Abs.**
どう	wie?	**6.**
どう いたしまして	ich werde nichts damit machen! ich bitte Sie *(z.B. nachdem man sich bedankt hat)*	**83.12**
とうか（十日）	zehn Tage	**61.3, 70. Abs.**

とうきょう（東京）	TÔKYÔ *(Ortsname)* **6. Titel**
どうして	warum? **36.5**
どうしょうだいじ（唐招提寺）	TÔSHÔDAI-JI *(Name eines Klosters)* **57.5**
どうぞ	ich bitte Sie! **9.10**
どうぞう（銅像）	Bronzestatue **33.1**
とうだい（東大）	die Universität von Tokio **23.3**
とうだいじ（東大寺）	TÔDAI-JI *(Name eines Klosters)* **57.5**
どうぶつ（動物）	Tier **82.9**
どうぶつえん（動物園）	Tiergarten **39.1**
どうも　（ありがとう）	danke! **17.12**
どうりょう（同僚）	Kollege **32.1**
とおい（遠い）	weit sein **20.3**
とおる（通る）	vorbeigehen, vorübergehen **57.3**
とき（時）	Moment, Zeit **32.9**
ときどき（時々）	manchmal **10.6**
とくしゅ（特殊）	speziell **92. Übung 1.3**
とくに（特に）	besonders **47.3**
とくべつ（特別）	speziell, besonders **68.2**
とけい（時計）	Uhr, Uhrarmband **80.9**
とこ	Ort *(niedrige Stufe)* **87.9**
どこ	wo? **1.4**
どこか	irgendwo **29.1**
ところ（所）	Ort **27.13**
ところが	aber, doch **61.3**
ところで	nun, hierauf **50.1**
とし（年）	Jahr **95.8**
としこし　そば（年越　蕎麦）	Nudelgericht für den Silvestertag **74.9**
…と　して	als **78.7**
としょかん（図書館）	Leihbücherei **83.3**
とちじ（都知事）	Stadtverwaltung von Tokio **58.14**
とちゅう（途中）	auf dem Weg **75.13**
どちら	welcher von beiden? **10.9**
とつぎさき（嫁ぎ先）	Schwiegerfamilie, wo die Frau nach der Eheschließung wohnt **86.8**
とつぜん（突然）	plötzlich, unerwartet **86.14**
どっち	welcher von beiden? **29.10**
とても	sehr **9.13**
ととのう（整う）	in Ordnung sein, vorbereitet sein **74.7**

どなた	wer? *(höhere Stufe)* **86.2**
どなたか	irgendeiner (-e) *(höhere Stufe)* **96.2**
となり（隣）	Nachbar **20.6**
どの	welche...? **51.4**
どのぐらい	wieviel ungefähr? **25.13**
とびうつる（飛び移る）	von einem Platz zum anderen springen **39.9**
とびたつ（飛び立つ）	abfliegen **43.8**
とまる（泊まる）	sich aufhalten **57.9**
とまる（止まる）	anhalten, stehenbleiben **68.1**
ともだち（友達）	Freund **8.2**
どようび（土曜日）	Samstag **19.9**
トラクター	Traktor **97.7**
トラック	Lastwagen **32.5**
トランク	Koffer **4.4**
とり（鳥）	Vogel, Huhn **93.2**
とる（取る）	nehmen, ergreifen **9.5**
どれ	welcher, -e, -es? **65.9**
とれる（取れる）	beseitigt, abgelegt sein **59.6**
どんどん	haufenweise **64.12**
どんな	was für ein...? **19.7**

な

な	[überlegend] **19.12**
ナイフ	Messer **80.8**
ないよう（内容）	Inhalt **43.13**
なおす（直す）	reparieren, heilen **59.2**
なおる（直る）	repariert werden, heil werden **46.4**
なか（中）	Innenseite, innen **4.4**
ながい（長い）	lang sein **25.12**
なかなか *(+ Verneinung)*	überhaupt nicht **47.8**
なかま（仲間）	Kamerad **47.11**
ながめ（眺め）	Aussicht **24.9**
...ながら *(+ Verb)*	während, indem **58.8**
なく（泣く）	weinen **39.11**
なくなる	sterben, verschwinden **37.2**
なさる	SIE tun, machen *(höhere Stufe)* **46.4, 70. Abs.3**

なす (那須)	NASU *(Ortsname)*	**68.8**
なぜ	warum?	**33.3**
なつ (夏)	Sommer	**30. Titel**
なつかしい	sehnsüchtig sein	**78.9**
なつめ そうせき (夏目 漱石)	NATSUME Sôseki *(Eigenname)*	**88.12**
...など *(nach Substantiv)*	diese Art von Sachen	**33.3, 36. Anm.2**
なな (七)	sieben	**63, Abs.1, 88.5**
なにか (何か)	etwas	**34.1**
なにも (何も)	*(+ Verneinung)* nichts	**24.10**
なまえ (名前)	Personenname	**36.1**
なみ (波)	Welle	**89. Übung 1.4**
なら *(nach Substantiv)*	wenn es sich um ... handelt	**29.8**
なら (奈良)	NARA *(Ortsname)*	**57.1**
ならう (習う)	lernen	**64.3, 77. Abs.3**
ならす (鳴らす)	läuten	**74.1**
ならぶ (並ぶ)	Schlange stehen	**39.3**
ならべる (並べる)	in eine Reihe setzen, legen	**82.3**
なりた (成田)	NARITA *(Ortsname)*	**27.3**
なる	werden.	**22.11**
なるべく	soviel wie möglich	**78.11**
なん／なに (何)	was?	**2.2, 8. Anm.5**
...なんか	so... wie, solch ein	**80.5**
なんて	das, wan man nennt, was heißt	**43.13**
なんでも (何でも)	was auch immer	**92.7**
なんようび (何曜日)	welcher Tag der Woche?	**53.4**

に

に	[Ortsangabe], [Ziel], [umstandwörtlich], [ust]	**4.1, 14. Abs.3**
に	[Aufzählung]	**16.10**
に	[Passiv Konstruktion]	**32.12, 35. Abs.1**
に (二)	zwei	**24.10, 63. Abs.1**
にあう (似合う)	passen, (gut) stehen	**71.5**
にぎやか	belebt *(Ort)*	**51.10**
にく (肉)	Fleisch	**9.5**
にし (西)	Westen	**30.4**
にせ (偽)	Imitation, falsch	**82.10**

にちじょう（日常）.......................... täglich **94. Titel**
にちようび（日曜日）........................... Sonntag **16.1**
に ついて .... hinsichtlich, über **66.1**
にっこう（日航） .... Japan Air Lines **27.3**
にっせき（日赤）................ das japanische Rote Kreuz **53.3**
にっちゅう（日中）.............................. Mittag **30.10**
にとべ いなぞう（新渡戸 稲造）NITOBE Inazô *(Eigenname)* **88.11**
にほん（日本）................................... JAPAN **18.7**
にもつ（荷物）................................. Gepäck **27.9**
にゅういん（入院）する .... ins Krankenhaus eintreten **23.9**
にゅうがく（入学）する .... in eine Schule eintreten **38.12**
にゅうきょ（入居）する .... beziehen *(Haus)* **34.13**
ニュース .... Nachrichten *(Radio, Fernsehen)* **10.8**
に<u>る</u>（似る）................................. ähnlich sein **39.9**
にわ（庭）..................................... Garten **34.3**
...にん（...人）.. *um Personen zu zählen* **47.11, 63. Abs.1, 70. Abs.1**
にんげん（人間）..................... Mensch, Menschheit **88.14**

ぬ

...ぬき... ohne **99.9**
ぬけ<u>る</u>（抜ける）............................. fehlen **59.11**

ね

ね .... [übereinstimmend], [ü.einst.] **1.6**
ねえさん（姉さん）........ meine große Schwester **84. Abs.1, 90.4**
ねがい（願い）................................ Anfrage **45.13**
ねかせ<u>る</u>（寝かせる）...................... liegen lassen **75.6**
ねこ（猫）..................................... Katze **50.9**
ねじ... Schraube **59.6**
ねだん（値段）................................... Preis **65.8**
ねつ（熱）..................................... Fieber **81.3**
ねむい（眠い）........................... schläfrig sein **39.10**
ねむる（眠る）................................ schlafen **60.11**
ね<u>る</u>（寝る）........................... schlafen, liegen **11.4**

... ねん （... 年）................... Jahr *(Datum oder Dauer)* **15.3**
... ねんかん （... 年間）..................... Jahr *(Dauer)* **37.5**
ねんごう （年号）................... Name einer Periode **95. Titel**
ねんし （年始）............................. Jahresbeginn **74.9**
... ねんせい （... 年生）............. Schüler der... Klasse **90.5**
ねんだい （年代）............................... Zeitalter **40.5**

の

の .... [Beziehungswort], [Bzw] **4.4**
の .... [Frage] **29.10**
の .... [ersetzend] **38.3**
の .... die Tatsache, daß **47.7**
の .... [Satzgegenstand], [Sgg] **55. 11. Anm.5**
のうぎょう （農業）....................... Landwirtschaft **64.11**
のうじょう （農場）..................... Farm, Bauernhof **97.6**
のこる （残る）................................... bleiben **45.6**
のちほど （後ほど）.............................. dann **69.11**
ので .... weil **31.14, 33. Anm.1**
のに .... obwohl **41.9**
のみ の いち （のみ の 市） .... Flohmarkt **17. Titel**
のむ （飲む）................................... trinken **3.5**
のりかえる （乗り換える）..................... umsteigen **55.8**
のる （乗る）................................. einsteigen **31.5**
のる （載る）........ geschrieben werden, erscheinen **66. Übung 1.4**

は

は .... [Verstärkung], [Vstk] **11.6**
は .... [Hinweis] **15.6 Anm.2**
は （葉）........................... Blatt eines Baumes **48.6**
バー .... Bar **11.8**
ばあい （場合）..................................... Fall **68.4**
バーゲン .... Ausverkauf **31. Titel**
はい .... ja **4.2, 7. Abs.4**
... はい （... 杯）......... *um volle Gläser zu zählen* **37.10, 63. Abs.1**

バイオリン	Geige **92.9**
はいたつ（配達）	Austragung der Briefe **61.7**
はいゆう（俳優）	Schauspieler **97.11**
はいる（入る）	eintreten, hineingehen **5.7**
はか（墓）	Grab **67.8**
はがき（葉書）	Postkarte **22.4**
はかす	Schuhe anziehen lassen **82.7**
はかない	flüchtig sein **48.8**
バカンス	Ferien **55.1**
はきはき	lebhaft **71.1**
はく／ぱく	*(Ziffer)* Übernachtung **86.10**
はこ（箱）	Schachtel **17.1**
はこざき（箱崎）	HAKOZAKI *(Ortsname)* **27.5**
はし（箸）	Eßstäbchen **9.7**
はじまる（始まる）	anfangen **92.9**
はじめ（初め）	Beginn **55.13**
はじめて（初めて）	zum ersten Mal **39.2**
はじめ<u>る</u>（始める）	beginnen, eröffnen **47.7**
ばしょ（場所）	Ort **52.4**
はしる（走る）	laufen, fahren **32.3**
はず（筈）	Wahrscheinlichkeit **79.12**
バス	Bus **6.7**
はずかしい（恥ずかしい）	beschämt sein **62.9**
はた（旗）	Vorhang **58.3**
はだか（裸）	nackt **62.8**
はたけ（畑）	Feld **57.4**
はたち（二十）	20 Jahre (alt) **70. Abs.1, 83.4**
はたらく（働く）	arbeiten **11.8**
はち（八）	acht **32.4, 63. Abs.1**
はつおん（発音）	Aussprache **35**
はっきり	klar, bestimmt **55.13**
ばっきん（罰金）	Strafe **32.12**
バッグ	Reisetasche **27.10**
ハッピー・エンド	Happy-End, guter Ausgang **43.11**
はて（果て）	äußerster Rand, Ende **43.9**
パト・カー	Polizeiauto **32.12**
はな（鼻）	Nase **50.11**

はな (花)	Blume 53.7
はなし (話)	Geschichte 25.6
はなしあう (話しあう)	sprechen, unterreden 66.1
はなす (話す)	sprechen, erzählen 33.4
はなみ (花見)	Fahrt zum Kirschbaumblütenanschauen 89. Titel
はなれる (離れる)	entfernt sein 44.7
はは (母)	meine Mutter 84. Abs.1, 97.1
はら (原)	Ebene 61.5
はらじゅく (原宿)	HARAJUKU *(Ortsname)* 68.1
はやい (早い)	früh sein 27.5
はやい (速い)	schnell sein 32.9
はやく	schnell 1.1
はらう (払う)	zahlen 32.12, 77. Abs.3
はり (鍼)	Akupunkturnadel 81.8
パリ	PARIS 55.7
はる (春)	Frühling 26.1
はる (張る)	befestigen 52.5
はれる (晴れる)	schönes Wetter sein 93.3
...はん (...半)	... und ein halb 30.7
ばん (晩)	Abend 26.11
パン	Brot 3.3
ばんぐみ (番組)	Programm *(Radio, Fernsehen)* 92.4
ばんごはん (晩御飯)	Abendessen 83.11
パンダ	Pandabär 39.12
ばんち (番地)	Hausnummer 61.5
はんとう (半島)	Halbinsel 67.5
ハンド・バッグ	Handtasche 76.3
はんにち (半日)	Halbtag 72.10
はんぶん (半分)	Hälfte 61.4
ばんめし (晩飯)	Abendessen *(niedrige Stufe)* 75.3

ひ

ひ (日)	Sonne, Tag 30.12
ひ (火)	Feuer 85.5
び (美)	das Schöne 85.8

ピアノ	Klavier **29.6**
ピーナッツ	Erdnüsse **39.8**
ビール	Bier **3.7**
ヒーロー	Held *(Film)* **43.10**
ビオロン	Geige *(altertümlich)* **48.5**
ひかえる（控える）	enthalten **46.13**
ひがし（東）	Osten **79.11**
ひからびる	ausgetrocknet sein **80.9**
ひかり（光）	Licht **30.5**
ひく（引く）	ziehen **81.2**
ひく（弾く）	(Klavier) spielen **96.10**
ピクニック	Picknick **16.3**
ひぐれ（日暮れ）	Tagesende **48.6**
ひこうき（飛行機）	Flugzeug **27.2**
ひこうじょう（飛行場）	Flughafen **27.4**
ひさしぶり（久し振り）に	nach langer Zeit **73.8**
びじゅつかん（美術館）	Kunstmuseum **50. Titel**
ひしょ（避暑）	Flucht von der Hitze des Sommers **76.2**
ひじょう に（非常 に）	äußerst **50.7**
ひだり（左）	links **17.3**
びだんし（美男子）	schöner Mann **94.10**
びっくり する	überrascht sein **80.13**
ひつよう（必要）	notwendig **34.7**
ビデオ	Video **82.1**
ひと（人）	Mensch **19.1**
ひどい	schrecklich sein **80.13**
ひどい め（目）に あう	sich in einer schrecklichen Lage befinden **72.2**
ひとごみ（人込み）	Menge **94.2**
ひとつ（一つ）	eins **65.1, 70. Abs.1**
ひとびと（人々）	die Leute **37.7**
ひとり（一人）	eine Person **44.3, 70. Abs.1**
ひとりで（一人で）	allein **47.12, 70. Abs.1**
ひので（日の出）	Sonnenaufgang **74.9**
ひま（暇）	freie Zeit **26.9**
ひゃく（百）	hundert **22.10, 63. Abs.1**
ひゃくしょう（百姓）	Bauer **97.7**

ひやけ（日焼け）............................... Sonnenstich 54.13
ひやす（冷やす）.............................. abkühlen lassen 74.4
びよういん（美容院）......................... Schönheitssalon 82.10
びょういん（病院）................................ Krankenhaus 46.7
びょうき（病気）.................................... Krankheit 41.12
ひょうし（表紙）......................... Buchdeckel, Titelbild 85.1
ひょうじばん（表示板）.......................... Lichtanzeiger 79.12
ひらがな（平仮名）....................... Hiragana 57. **Übungstitel**
ひらく（開く）... öffnen 45.1
ビル............................... Gebäude **24.10, 32. Anm**.5
ひるね（昼寝）... Siesta 30.6
ひろい（広い）......................... breit, geräumig sein 52.5
ひろびろ と する............................. geräumig sein 62.4
...びん（...便）*(nach Ziffer)* .... Flugnummer 27.3

ふ

ファッション・モデル........................... Mannequin 25.7
ファン.................................... Fan, Anhänger 94.10
...ふう（...風）........................... Art und Weise 48.10
ふうけい（風景）.................................. Landschaft 85.9
ふうとう（封筒）................................. Briefumschlag 61.4
ふえる（増える）.................................. vergrößern 45.7
フォーク... Gabel 9.8
ふかい（深い）...................................... tief sein 62.4
ふかみ（深み）... Tiefe 96.11
ふく（吹く）... blasen 47.8
ふくげん（復元）........................... Wiederherstellung 85.4
ふくざわ ゆきち（福沢 諭吉）FUKUZAWA Yukichi *(Eigenname)* 88.9
ふくしゅう（復習）............................... Wiederholung 99.7
ぶけ（武家）.. Krieger 36.7
ふけいかい（父兄会）................... Elternversammlung 94.5
ふさい（夫妻）.. Ehepaar 66.1
ふしぎ（不思議）..................................... seltsam 50.7
ふじさん（富士山）......................... Fuji (Berg) 67. **Titel**
ふたつ（二つ）............ zwei (Gegenstände) **27.10, 70. Abs**.1
ふたり（二人）................. zwei Personen **15.4, 70. Abs**.1

ふち（縁）	Rand, Bord **31.11**
ふつう（普通）	gewöhnlich **45.3, 77. Abs.1**
ふつか（二日）	zwei Tage **45.5, 70. Abs.1**
ふとい（太い）	dick sein **71.9**
ふどうさんや（不動産屋）	Häusermakler **34. Titel**
ふとん（布団）	Matratze **80.3**
ふね（船）	Schiff **55.9**
ふべん（不便）	unpraktisch **62.2**
ふもと	Fuß des Berges **72.6**
ふゆ（冬）	Winter **45.7**
ブラジル	BRASILIEN **69.3**
ブランコ	Schaukel **82.3**
フランス	FRANKREICH **13.1**
ふりそで（振り袖）	langärmeliger Kimono **71.9**
ふる（降る）	fallen *(Regen, Schnee)* **31.5**
ふるい（古い）	alt sein **17.9**
フルート	Flöte **92.9**
ふろ（風呂）	Bad **62.1**
フロア	Stockwerk **44.12**
ふろば（風呂場）	Badezimmer **66.10**
ふん／ぷん（分）	Minute **24.3**
ぶん（分）	Teil **34.12**
ふんいき（雰囲気）	Atmosphäre **85.9**
ぶんか（文化）	Kultur, Zivilisation **82.1**
ぶんかい（分解）	Zerlegung **59.12**
ぶんがく（文学）	Literatur **83. Titel**
ぶんがくしゃ（文学者）	Schriftsteller **67.8**
ぶんかじん（文化人）	Intellektueller **88.8**

へ

へ	[Richtungsangabe], [R.Ang.] **1.4, 7. Abs.5**
ペア	Paar **31.7**
へいあん（平安）	Heianperiode (794–1185) **83.4**
へいか（陛下）	Seine Majestät **68.5**
へいき（平気）	egal, gleichgültig **62.10**

へいみん（平民）	Volk **36.8**
へいわ（平和）	Frieden **18.2**
へえ	*Ausdruck der Bewunderung* **64.10**
ページ	Seite **25.10**
べそ を かく	weinerlich tun **72.6**
べっそう（別荘）	Villa **76.2**
ペット	Haustier **82. Titel**
ベッド	Bett **46.9**
べつ に（別 に）	besonders **83.7**
べつべつ（別々）	getrennt **62.8**
ベル	Glocke **74.1**
へや（部屋）	Zimmer **44.2**
へん（辺）	Umgebung **20.1**
へん（変）	seltsam, fremd **58.1**
...へん（...編）	*(Ziffer)* Mal **67.4**
べんきょう（勉強）	Studium, Lernen **64.1**
へんじ（返事）	Antwort **61. Titel**
べんとう（弁当）	Imbiß **93.1**
べんり（便利）	praktisch **24.4**

ほ

...ほ／ぽ（...歩）	*(Ziffer)* Schritt **99.13**
ほう（方）	Seite, Richtung **32.9**
ほうえい（放映）	Fernsehübertragung **92.5**
ぼうけん（冒険）	Abenteuer **43.4**
ほうこう（方向）	Richtung **67.6**
ぼうし（帽子）	Hut **54.5**
ほうせき（宝石）	Edelstein **82.10**
ほうそう（放送）	Radio, Fernsehsendung **92.4**
ほうふ（豊富）	reichlich **92.4**
ほうめん（方面）	Gebiet **64.11**
ほうりゅうじ（法隆寺）	HÔRYÛ-JI *(Name eines Klosters)* **57.5**
ほえる（吠える）	brüllen **39.11**
ホーム	Bahnsteig **79.6**
ホーム・ドラマ	Fernsehserie **10.8**

ほか（他）	andere 41.9, 77. Anm.1
ぼく（僕）	ich, mir, mich *(Männer)* 20.13
ほこうしゃ（歩行者）	Fußgänger 82.2
ほし（星）	Stern 43.8
ほしい（欲しい）	gewünscht sein, erwünscht sein 34.6
ポスト	Briefkasten 61.2
ぼち（墓地）	Friedhof 67.8
ほっかいどう（北海道）	HOKKAIDÔ *(Ortsname)* 97.6
ボディー	Gehäuse 65.11
ホテル	Hotel **44. Titel**
...ほど	so daß 67.3
ほとんど	fast alle, fast total 36.9
ほぼ	fast 83.4
ポルトガル	PORTUGAL 71.3
ほん（本）	Buch 4.6
...ほん（...本)	*um lange und runde Gegenstände zu zählen* 53.9, 63. Abs.1
ぼんさい（盆栽）	Bonsai, Zwergbaum 66.6
ほんとう（本当）	wirklich 19.12
ほんねん（本年）	das laufende Jahr 78.3
ほんや（本屋）	Buchhandlung **18. Titel**

ま

マージャン	Mah-Jong 41.9
...まい（...枚）	*um dünne Gegenstände zu zählen* 22.10, 63. Abs.1
まいあさ（毎朝）	jeden Morgen 30.7
まいご（迷子）	verlorengegangenes Kind 97.1
まいしゅう（毎週）	jede Woche 60.13
まいど（毎度）ありがとう ございます	(danke) für jedes Mal! 18.14
まいとし（毎年）	jedes Jahr 55.3
まいにち（毎日）	jeden Tag 37.3
まいばん（毎晩）	jeden Abend 62.3
まいる（参る）	ICH gehe *(höhere Stufe)* 86.10
まえ（前）	vor *(örtlich und zeitlich)* 13.1, 15.3
まがる（曲がる）	abbiegen 20.8

まくら（枕）	Kopfkissen 75.4
まくら の そうし（枕 草子）	das Kopfkissenbuch 83.2
まご（孫）	Enkel(in) 60.1, 84. Abs.1
まさか	wirklich 82.8
まじめ（真面目）	ernst 64.10
まず（先ず）	zuerst 6.4
ますます（益々）	immer mehr 73.13
また（又）	wiederum 9.14
まだ	noch nicht (+ Verneinung) 2.4
また は	oder auch 50.3
まちがえる（間違える）	sich irren 88.4
まつ（待つ）	warten 13.1
まっすぐ	geradeaus 20.7
まったく（全く）	völlig, ganz, genau 48.5
マッチ	Zündhölzer 75.11
まで	bis 6.4, 7. Abs.5
まど（窓）	Fenster 60.8
ままごと	Puppenmahlzeit 89.10
まもる（守る）	erhalten 43.10
まわり（回り）	Rundgang, Umfang 57.3
まん（万）	zehntausend 17.4, 63. Abs.1
まんいん（満員）	vollbesetzt 62.5
まんが（漫画）	Comics, Zeichentrickfilm 83.2, 92.6
まんかい（満開）	volle Blüte 89.1
まんなか（真中）	ganz in der Mitte 68.11

み

み（身）	menschlicher Körper, Person 90.5
みあたる（見当たる）	finden 75.11
みえる（見える）	sichtbar sein 8.10
みおくる（見送る）	(zum Bahnhof) begleiten 78.12
みかん	Mandarine 16.10
みぎ（右）	rechts 17.1
みじかい（短い）	kurz sein 92. Übung 1.1
みしま ゆきお（三島 由紀夫）	MISHIMA Yukio (Eigenname) 85.8

みず（水）	kaltes Wasser **31.11**
みずぎ（水着）	Badekostüm **54.3**
みせ（店）	Geschäft **6.10, 29. Anm.6**
みせ<u>る</u>（見せる）	zeigen **17.7**
…みたい	das ist wie **48.2**
みち（道）	Straße, Weg **20.7**
みっか（三日）	drei Tage **20.12, 70. Abs.1**
みつかる	gefunden worden sein **24.1**
みつこし（三越）	MITSUKOSHI *(Eigenname)* **31.2**
みっつ（三つ）	drei **59.9, 70. Abs.1**
みどりいろ（緑色）	grüne Farbe **50.6**
みな／みんな	alle **36.5**
みなと（港）	Hafen **51.6**
みなと-く（港区）	MINATO-KU *(Ortsname)* **51.6**
みなみ（南）	Süden **75.8**
みほん（見本）	Warenprobe **90. Übung 1.2**
みまい（見舞）	Krankenbesuch **53. Titel**
みみ（耳）	Ohr **39.7**
みやげ	Geschenk **6.10**
みょうごにち（明後日）	übermorgen **53.5**
みょうじ（苗字）	Familienname **36. Titel**
み<u>る</u>（見る）	anschauen, sehen **2.1, 91. Abs.3**
みんかん（民間）	privat **92.4**
ミンク	Nerz **76.3**
みんしゅく（民宿）	Fremdenzimmer Vermieter **75.13**

む

むかい（向かい）	gegenüber **24.10**
むかう（向かう）	sich begeben nach **94.4**
むか<u>える</u>（迎える）	entgegengehen **27.4**
むかし（昔）	früher **36.7**
む<u>ける</u>（向ける）	sich drehen nach **75.7**
むこう（向こう）	dort, drüben **39. Übung 1.5**
むしあつい（蒸暑い）	heiß und feucht sein *(Wetter)* **60.10**
むしゃむしゃ	*eine Art zu kauen* **39.8**

むずかしい	schwierig sein	32.6
むすこ（息子）	mein Sohn	26.4, 84. Abs.1
むすこさん（息子さん）	Ihr Sohn	23.1, 84. Abs.1
むすび（結び）	Reisklößchen	93.4
むすめ（娘）	meine Tochter, Mädchen	76.10, 84. Abs.1, 86.8
むなしい（空しい）	leer sein	48.3
むら（村）	Dorf	30.10
むらさき しきぶ（紫 式部）	MURASAKI Shikibu *(Eigenname)*	83.6
むり（無理）	unvernünftig	19.12

め

…め（…目）	*(Ziffer)* ste	31.8
め（目）	Auge	39.10
…めい（…名）	*um Personen zu zählen (offiziell)*	44.5, 63. Abs.1
めいじ（明治）	Meijiperiode (1868-1912)	88.7
めいぶつ（名物）	Spezialität	30.4
めいろ（迷路）	Labyrinth	79.5
メーカー	Produktmarke	65.10
めがね（眼鏡）	Brille	8.9
めぐろ（目黒）	MEGURO *(Ortsname)*	6.4
めずらしい	selten sein	41.6
めんどうくさい	ärgerlich sein	95.1

も

も	auch	6.10
もう	schon	25.13
もうしわけ（申し訳）ありません（ございま せん）	entschuldigen Sie mich!	86.14
もうす（申す）	ICH heiße, sage *(höhere Stufe)*	15.1, 70. Abs.3
もえる（燃える）	brennen	85.7
もくぞう（木造）	aus Holz gebaut	85.7
もくようび（木曜日）	Donnerstag	39.1
もし	wenn *(Bedingung)*	76.2
もしもし	hallo	27.1
モスクワ	MOSKAU	55.7

モダン	modern **66.10**
もちろん（勿論）	sicher **67.2**
もつ（持つ）	besitzen, haben **4.1**
もっと	mehr **19.11**
もっぱら	hauptsächlich **47.9**
モデル	Probe, Musterstück **65.7**
もと（元）	Basis **40.4**
もと<u>める</u>（求める）	fordern **85.5**
もどる（戻る）	umkehren **32.13, 35. Abs.5**
もの（物）	Sache, Gegenstand **17.10**
ものがたり（物語）	Erzählung **43.6**
もらう	empfangen **31.10, 91. Abs.3**
もり（森）	Wald **50.14**
もんだい（問題）	Problem **46.4**

や

やきゅう（野球）	Baseball **52.9**
やくしじ（薬師寺）	YAKUSHI-JI *(Name eines Klosters)* **57.5**
やく（訳）する	übersetzen **95.1**
やくそく（約束）	Verabredung **13. Titel**
やくひん（薬品）	Medikament **81.8**
やけ<u>る</u>（焼ける）	brennen **30.1**
やさい（野菜）	Gemüse **80.7**
やさしい	freundlich sein **94.10**
やすい（安い）	billig sein **31.9**
やすみ（休み）	Urlaub **30. Titel**
やすむ（休む）	sich ausrasten **46.13**
やちん（家賃）	Miete **24.11**
やっと	endlich **24.1**
やっと の おもいで	aus reiner Verzweiflung **79.10**
やはり／やっぱり	wie erwartet **67.9**
やぶれ<u>る</u>（破れる）	zerbrochen sein **88.3**
やま（山）	Berg **36.11**
やまごや（山小屋）	Hütte **72.11**
やまなか こ（山中 湖）	Yamanakasee **76.2**

やまのて せん（山手　線）................................ Yamanotelinie **68.1**
やめる .... aufhören, verlassen, aufgeben **5.11**
やりかた...................................... Art und Weise **58.10**
やる .... tun, machen *(ungezwungen)* **17.13, 91. Abs.3**

ゆ

ゆ（湯）.. heißes Wasser **73.7**
ゆうがた（夕方）... Abend **33.10**
ゆうしょく（夕食）....................................... Abendessen **73.3**
ゆうじん（友人）.. Freund **69.8**
ゆうびん（郵便）.. Kurier **22.4**
ゆうびんきょく（郵便局）........................... Postamt, Post **22.1**
ゆうべ（夕べ）.................................... gestern Abend **61.1**
ゆうめい（有名）... berühmt **37.8**
ゆうやけ（夕焼け）..................................... Dämmerung **48.3**
ゆうりょう（有料）... zahlend **32.10**
ゆき（雪）... Schnee **72.11**
ゆっくり／ゆっくりと............................ langsam, ruhig **39.10**
ゆでたまご（茹で卵）............................. hartgekochtes Ei **93.2**
ゆびわ（指輪）.. Ring, Reif **76.3**
ゆぶね（湯槽）............ Schwimmbecken in der Badeanstalt **62.4**
ゆめ（夢）... Traum **50.14**

よ

よ .... [behauptend] **2.5**
よ（世）... Welt **48.3**
よう... Art und Weise **48.5**
…よう（…用）... für **82.8**
よう　こそ　いらっしゃいました .... willkommen **40.1**
…よう　（です）............ man könnte sagen, daß **81.3, 91. Abs.5**
…よう　（に　する）........ es so einrichten, daß **78.11, 91. Abs.5**
…よう　（に　なる）.......... es wird möglich zu **64.5, 91. Abs.5**
ようじ（用事）..................................... Angelegenheit **86.9**
ようちえん（幼稚園）................................ Kindergarten **24.6**

ようふく（洋服）	Kleidung	4.6
ヨーロッパ	EUROPA	73.12
よく	gut, wohl	8.10
よく	oft	10.5
よくじつ（翌日）	nächster Tag	45.8
よこ（横）	Seite	31.8
よこはま（横浜）	YOKOHAMA *(Ortsname)*	60.11
よさん（予算）	Budget	32.13
よっぱらう（酔っ払う）	betrunken sein	48.11
よてい（予定）	Vorhersehung	45.9
よなか（夜中）	Nacht	11.5
よほう（予報）	Vorschau	93.3
よほど	gut	90.8
よむ（読む）	lesen	64.5
よむ（詠む）	(Gedichte) verfassen	89.9
よめ（嫁）	Gemahlin	86.10
よやく（予約）	Reservierung	44.2
よゆう（余裕）	freie Zeit, Verfügbarkeit	80.10
よよぎ（代々木）	YOYOGI *(Ortsname)*	68.1
より	*(Adjektiv* + *er)* als	19.11
よる（夜）	Nacht, Abend	11.4
よる	vorbeigehen an, sich stützen auf	31.13, 55.11
よろしい	gut sein *(höhere Stufe)*	23.8
よろしく	ich bitte Sie!	65.5, 92.15
よん／よ（四）	vier	24.8, 46.6, 63. Abs.1

ら

ライオン	Löwe	39.11
らいげつ（来月）	nächster Monat	44.6
らいしゅう（来週）	nächste Woche	23.13
らいねん（来年）	nächstes Jahr	26.1
らく（楽）	angenehm	90.2
らくだ	Gemse	39.10
ラジオ	Radio	47.9

り

り（里）	Meile **99.12**
りか（理科）	Wissenschaften **94.9**
りかい（理解）	Verständnis **92. Übung 1.3**
りし（利子）	Zins **45.7**
りそう（理想）	Ideal **69.5**
りっこうほしゃ（立候補者）	Wahlkandidat **58.8**
りっぱ（立派）	sensationell **62.4**
リビング	Wohnzimmer **34.5**
リフト	Skilift **72.5**
リムジン・バス	Luxusautobus **27.5**
りゅうがくせい（留学生）	im Ausland studierender Student **78.7**
リュック・サック	Rucksack **93.5**
りよう（利用）	Verwendung **92.14**
りょう（両）	die beiden **68.9**
りょうきん（料金）	Preis, Tarif **22.4**
りょうしん（両親）	Küche *(Zubereitung der Speise)* **9. Titel, Anm.2**
りょうり（料理）	Küche *(Zubereitung der Speise)* **9. Titel**
りょこう（旅行）	Reise **31.1**
りんご	Apfel **3.9**

る

るす（留守）	Abwesenheit **18.8**

れ

れいえん（霊園）	Friedhofspark **67.7**
れいきん（礼金）	Gebühren **34.12**
れいぞうこ（冷蔵庫）	Kühlschrank **59.10**
れいとう（冷凍）	Tiefkühlung **48.12**
れいぼう（冷房）	Klimaanlage **60.10**
レヴェイヨン	Silvesterschmaus **74.11**
れきし（歴史）	Geschichte *(Studium der Vergangenheit)* **57. Titel**
レコード	Schallplatte **47.9**
レストラン	Restaurant **46.14**

れっしゃ（列車）	Zug **68.7**
レッスン	Privatunterricht **64.4**
れんしゅう（練習）	Übung **1. Übungstitel, 47.12**
れんしゅうじょう（練習場）	Trainingsplatz **52.2**
れんらく（連絡）	Kontaktnahme **69.11**

ろ

ろく（六）	sechs **30.7, 63. Abs.1**
ロケット	Rakete **43.7**
ロック	Rockmusik **64.14**
ロボット	Roboter **40.10**
ロマンティック	romantisch **48.9**

わ

わ	[abschwächend] **27.8**
わあ	*Ausdruck der Überraschung* **54.7**
ワイシャツ	Herrenhemd **80.7**
わかい（若い）	jung sein **83.1**
わかす（沸かす）	zum Aufwallen bringen **73.7**
わがはい（吾輩）	ich *(altertümlich)* **88.13**
わかる	verständlich sein **1.3**
わかれる（別れる）	getrennt sein, sich scheiden **34.5**
わくせい（惑星）	Planet **43.8**
わけ	Grund **36.6**
わざわざ	absichtlich **53.14, 61. Anm.5**
わしつ（和室）	japanisches Zimmer **34.6**
わすれる（忘れる）	vergessen **8.9**
わたくし／わたし（私）	ich, mir, mich **9.4, 12.6**
わたくしども（私共）	wir *(offiziell)* **40.2**
わたしたち（私達）	wir **39.2**
わたす（渡す）	halten, geben **79.8**
わたる（渡る）	durchqueren **36.12**
わに（鰐）	Krokodil **76.3**

わらう (笑う) .... lachen **89.13**
わるい (悪い) .... schlecht sein, böse sein **19.10**
わるもの (悪者) .... ein Bösewicht **43.9**

を

を .... [Erg. 4. F.] **2.2, 7. Abs**.5

ANHANG III:
Themen der Wiederholungslektionen

Lektion 7:
1. Verbformen
2. Das Verb ある/あります
3. Die japanische Sprache und der Satzgegenstand
4. Die Antworten „ja" und „nein"
5. Die Partikeln: を、が、に、へ、で、から、まで
6. Einige Bemerkungen zur Rechtschreibung

Lektion 14:
1. Die Schreibweise der komplexen Silben
2. Die zwei Punkte und der Kreis
3. Die Partikeln: に und で
4. そう です

Lektion 21:
1. Die chinesischen Schriftzeichen (Kanji)
2. Die Adjektive: Verschiedene Formen
3. Die Partikeln: は und より
4. Die Verben: Drei Stufen: mittlere, höhere, niedrige Stufe

Lektion 28:
1. Von Ländernamen abgeleitet: Der Name der Einwohner, der Name der Sprache, das Adjektiv der Staatsangehörigkeit
2. Die Fragewörter
3. Die Konstruktionen, die ein Substantiv näher bestimmen
4. Die Verben: Gebrauch der mittleren und der niedrigen Stufe

Lektion 35:
1. Die Partikeln: Weitere Verwendungsmöglichkeiten von に und は
2. Die Fragewörter
3. Die Formen der Adjektive
4. Die Verben: Formen der mittleren Stufe und der niedrigen Stufe
5. Bemerkungen über einige Verben: ある/いる-帰る/戻る

Lektion 42:
2. Die Kanji
3. Das Wort こと : Bildung: ... こと + Partikel + Verb
4. Die Verben: Die verschiedenen Verbformen
5. Bemerkungen über die Verben: 聞く. できる

Lektion 49:
1. Die Verben: Formen: Grundform + Endungen. Mittlere Stufe, niedrige Stufe. Verben mit nur einer Grundform und Verben mit mehreren Grundformen
2. Die Verben: Die höhere Stufe

Lektion 56:
1. Die Verben: Die Formen auf て und た der Verben mit nur einer Grundform und der Verben mit mehreren Grundformen

Lektion 63:
1. Zahlen und Ziffern: Das System chinesischen Ursprungs
2. Die Schrift: Gebrauch der Silbenschriftzeichen und der Kanji
3. Weiteres zum Kanji 月

Lektion 70:
1. Zahlen und Ziffern: Das System japanischen Ursprungs

2. Die Formen auf です
3. Die Verben: Höhere Stufe

Lektion 77:
1. Die andere Gruppe von Adjektiven: Die unveränderlichen Adjektive
2. Die Verben: Die unregelmäßigen Formen der Verben する und くる
3. Die Verben: Die Verneinungsform (auf ない) der Verben mit der Schlußsilbe U
4. Die Verben: Der Ausdruck なければ ならない

Lektion 84:
1. Die Ausdrücke für Verwandtschaftsverhältnisse
2. Die abgeleiteten Verben: „... können" und das Passiv
3. Die Verbformen, die man benutzt, um jemandem zu sagen, daß er etwas tun soll

Lektion 91:
1. Die Verben: Spezialformen einiger Verben der höheren Stufe
2. Die Verben: Form auf て + Hilfsverb:
   みる、おく、しまう、くれる、もらう、やる
3. Die Partikel の
4. Das Wort よう

Lektion 98:
1. Die Wörter, denen お [höflich] oder [ungezw.] vorangestellt wird
2. Die Adverben
3. Die Verben: Verbpaar: transitive / intransitive Verben
4. Die Verben: Höhere Stufe
5. Das System der Demonstrativwörter, abgeleitet von こ, そ und あ

日本語

LITERATURHINWEISE

Sie möchten Ihr Studium der japanischen Sprache fortsetzen oder mehr über Sprache, Schrift, Land und Leute erfahren?

Dann finden Sie hier einige Anregungen:

Vom ASSIMIL-Sprachverlag

Japanisch ohne Mühe – Band 1
Garnier Catherine; Mori Toshiko; Deutsche Übersetzung und Bearbeitung von Dorothea McEwan,
Assimil Verlag Köln 1990/2014
Buch allein ISBN 978-2-7005-0150-6
Buch mit 3 CDs ISBN 978-2-7005-2009-5

Der erste Band und damit der Beginn des Kurses „Japanisch ohne Mühe" mit den Lektionen 1–49. Ein lexikalischer Index am Ende des Buches beinhaltet alle Wörter in Rōmaji- und in japanischer Schrift. Das Buch enthält zum praktischen Nachschlagen nach Lektion 49 zwei Tabellen mit den Hiragana- und den Katakana-Zeichen sowie Erklärungen zu den Silbenschriftsystemen.

Japanisch ohne Mühe – Die Kanji-Schrift
Assimil Verlag Köln 2022 (überarb. Aufl.), ISBN 978-2-7005-0152-0

Hierin finden Sie neben vielen Details zur Geschichte und Entwicklung der Kanji-Schrift auch ausführliche Informationen zu den Bedeutungen der ca. 1.000 Kanji-Zeichen aus den Bänden 1 und 2 von „Japanisch ohne Mühe":
• genaue Strich-für-Strich-Anleitungen für die Schreibung aller Zeichen
• Aussprache- und Bedeutungsvarianten aller Zeichen
• zahlreiche Wortbeispiele und vieles mehr.

Die erläuterten Kanji-Zeichen sind die Grundbestandteile der knapp 2.000 japanischen Wörter aus dem Kurs und bilden das Fundament für den vermittelten Basiswortschatz der japanischen Sprache.

Digitale Übersetzungshilfe

Rikaichan Plugin für Mozilla Firefox
Das kostenlos herunterladbare Rikaichan Plugin übersetzt direkt im Browser einzelne japanische Schriftzeichen per Mausklick ins Englische, Deutsche, Französische und Russische. Auch die Kanji-Lesung und die grammatische Form des Wortes werden angezeigt. Dabei stellen auch fehlerhafte Darstellungen bei nicht installiertem japanischem Zeichensatz für die Software kein Problem dar. Das Programm unterscheidet zwischen den chinesischen Kanji-Schriftzeichen und den Silbenschriften Hiragana und Katakana.

Sprachführer

Lutterjohann, Martin: **Japanisch – Wort für Wort**. Kauderwelsch-Band 6, RKH-Verlag Bielefeld 2018. ISBN 978-3-8317-6485-3.

Dieser Sprachführer bietet einen schnellen Einstieg in die japanische Sprache. Alle fremdsprachigen Sätze im Buch werden sinngemäß und Wort für Wort ins Deutsche übersetzt. Die Grammatik wird kurz und verständlich für den einfachen Sprachgebrauch erklärt. Das Wörterverzeichnis am Ende hält einen Grundwortschatz und wichtige Begriffe für Reisende bereit. Wissenswertes über Land und Leute und Besonderheiten der Kommunikation werden nebenbei vermittelt. Ziel des Sprachführers ist es, schon nach kurzer Zeit tatsächlich sprechen zu können, wenn auch nicht immer druckreif. Hierdurch ist es möglich, auf Reisen in einen intensiveren Kontakt mit den Einheimischen zu treten und Erfahrungen zu machen, die „sprachlosen" Reisenden verborgen bleiben.

Landeskunde

Lutterjohann, Martin: **KulturSchock Japan**. 13., neu bearbeitete und aktualisierte Auflage. RKH-Verlag Bielefeld 2020.
ISBN 978-3-8317-3385-9.

Japan fasziniert mit seinen Widersprüchen: einzigartige Traditionen und zugleich ungebrochener Glaube an den technischen Fortschritt, tiefe Liebe zur Natur trotz schier uferloser Metropolen zwischen Gebirge und Meer. Bilder vom schneebedeckten Vulkan Fuji, von Kirsch-

blüten, Samurais und Geishas mischen sich mit Firmenlogos, Hightech-Produkten und der quirligen Geschäftigkeit von Megastädten wie Tokio. Dieser Band beleuchtet diese für uns Außenstehende schwer zu vereinbarenden Gegensätze. Er legt Denk- und Verhaltensweisen der Japaner dar, erklärt geschichtliche, religiöse und soziale Hintergründe und bietet somit eine Brücke vom staunenden Beobachten zum besseren Verständnis. Familienleben, Moralvorstellungen und Anstandsregeln werden ebenso erläutert wie Umgangsformen, religiöse Gebote oder Tischsitten.

Ebenfalls bei Assimil erschienen

Der **Assimil**-Verlag bietet Sprachkurse u. a. auch für weitere Sprachen des ostasiatischen Raums an: Chinesisch, Koreanisch und Vietnamesisch. Die Grundkurse umfassen die Niveaustufen A1 bis B2 des Europäischen Referenzrahmens für Sprachen. Nach der bewährten **Assimil**-Methode führen die Kurse in die moderne Umgangssprache des Landes ein und vermitteln je nach Sprache einen Wortschatz von ca. 1.700–3.000 Wörtern. Zu allen Sprachkursen sind neben dem jeweiligen Lehrbuch auch Tonaufnahmen auf Audio-CDs und/oder einer MP3-CD erhältlich. Weitere Informationen finden Sie auf **www.assimilwelt.com**.

Kantor, Philippe:
Chinesisch ohne Mühe.
Band 1 ISBN 978-2-7005-0177-3
Band 2 ISBN 978-2-7005-0178-0.
Deutsche Übersetzung und Bearbeitung von Susanne Gagneur und Frank Petzold.
Assimil Verlag Köln 1994/2020.

Kantor, Philippe:
Die chinesische Schrift.
Deutsche Übersetzung und Bearbeitung
von Susanne Gagneur und Frank Petzold.
Assimil Verlag Köln 1994.
ISBN 978-2-7005-0179-7.

Kim-Juquel, Inseon:
Koreanisch ohne Mühe.
Deutsche Übersetzung und Bearbeitung
von Daniel Krasa und Susanne Gagneur.
Assimil Verlag Köln 2021.
ISBN 978-3-89625-035-3.

ĐỖ Thé Dũng; LÊ Thanh Thủy:
Vietnamesisch ohne Mühe.
Deutsche Übersetzung und Bearbeitung
von Trang-Dai Vu.
Assimil Verlag Köln 2001/2015.
ISBN 978-3-89625-009-4.

Eigene Notizen...

Eigene Notizen...

Eigene Notizen...

KATAKANA

A ア	KA カ	GA ガ	SA サ	ZA ザ	TA タ	DA ダ	NA ナ	HA ハ	BA バ	PA パ	MA マ
I イ	KI キ	GI ギ	SI シ	JI ジ	CHI チ	JI ヂ	NI ニ	HI ヒ	BI ビ	PI ピ	MI ミ
U ウ	KU ク	GU グ	SU ス	ZU ズ	TSU ツ	ZU ヅ	NU ヌ	FU フ	BU ブ	PU プ	MU ム
E エ	KE ケ	GE ゲ	SE セ	ZE ゼ	TE テ	DE デ	NE ネ	HE ヘ	BE ベ	PE ペ	ME メ
O オ	KO コ	GO ゴ	SO ソ	ZO ゾ	TO ト	DO ド	NO ノ	HO ホ	BO ボ	PO ポ	MO モ

	YA	YU	YO
	ヤ	ユ	ヨ

RA	RI	RU	RE	RO	WA	(W/O)
ラ	リ	ル	レ	ロ	ワ	ヲ

N
ン